포토샵
CC 2025

지은이 윤이사라(포완카)

네이버 상위 0.1% 카페인 '포완카(포토샵 완전정복 카페)'를 23년째 운영하고 있습니다. 아모레퍼시픽 라네즈, 한국콘텐츠진흥원, 전쟁기념관 스마트 전시, 신한은행 글로벌, KTB자산운용, 한빛소프트 등과 디자인 프로젝트를 진행했고, 《맛있는 디자인 포토샵&일러스트레이터 CC 2025》, 《포토샵 완전정복》, 《디자이너's 포토샵 무작정 따라하기》를 집필했습니다.

포완카 cafe.naver.com/pstutorial
이메일 yisara.yun@gmail.com

지은이 김신애

강원도 태백에서 코워킹스페이스 무브노드와 막장 책방, 기억을 모으는 미술관 ART-TEA를 운영하는 디자이너입니다. 회사 'NULL-TEA'를 통해 다양성을 이야기하고 그 안에서 사람들이 지닌 경험과 생각들이 표현되길 바랍니다. 《디자인 굿즈 만들기 with 포토샵&일러스트레이터》, 《바로바로 할 수 있는 포토샵 CS6》, 《디자인문구 다락방》을 집필했습니다.

페이스북 facebook.com/movenode

핵심 기능을 담은 기본편+실무 예제가 풍부한 활용편
맛있는 디자인 **포토샵 CC 2025**

초판 1쇄 발행 2025년 03월 24일
초판 2쇄 발행 2025년 08월 22일

지은이 윤이사라, 김신애 / **펴낸이** 전태호
펴낸곳 한빛미디어(주) / **주소** 서울시 서대문구 연희로2길 62 한빛미디어(주) IT출판1부
전화 02-325-5544 / **팩스** 02-336-7124
등록 1999년 6월 24일 제25100-2017-000058호 / **ISBN** 979-11-6921-358-5 13000

총괄 배윤미 / **책임편집** 장용희 / **기획·편집** 박지수 / **교정** 박서연
디자인 이아란 / **전산편집** 김희정
영업마케팅 송경석, 김형진, 장경환, 조유미, 한종진, 이행은, 김선아, 고광일, 성화정, 김한솔 / **제작** 박성우, 김정우

이 책에 대한 의견이나 오탈자 및 잘못된 내용은 출판사 홈페이지나 아래 이메일로 알려주십시오.
파본은 구매처에서 교환하실 수 있습니다. 책값은 뒤표지에 표시되어 있습니다.
홈페이지 www.hanbit.co.kr / **이메일** ask@hanbit.co.kr

Published by HANBIT Media, Inc. Printed in Korea
Copyright © 2025 윤이사라, 김신애 & HANBIT Media, Inc.
이 책의 저작권은 윤이사라, 김신애와 한빛미디어(주)에 있습니다.
저작권법에 의해 보호를 받는 저작물이므로 무단 복제 및 무단 전재를 금합니다.

지금 하지 않으면 할 수 없는 일이 있습니다.
책으로 펴내고 싶은 아이디어나 원고를 이메일(writer@hanbit.co.kr)로 보내주세요.
한빛미디어(주)는 여러분의 소중한 경험과 지식을 기다리고 있습니다.

맛있는 디자인

Ps

포토샵 CC 2025

윤이사라, 김신애 지음

머리말

모든 포토샵 입문자에게
힘이 되고 싶습니다!

디자인 커뮤니티 회원 수 1위 카페인 '포완카(포토샵 완전정복 카페)'를 운영한 지 올해로 23년이 되었습니다. 애인도 없고 그렇다고 약속도 없었던 2003년 크리스마스, 뭐 재미난 거 없을까 싶어 만들었던 작은 카페가 어느새 많은 사람이 북적이는 거대 커뮤니티로 바뀌었습니다. 전혀 예상하지 못했지만 너무나 고맙고 신나고 즐거운 시간이었습니다.

포완카에는 포토샵을 처음 접하는 분들이 많다 보니 포토샵과 관련하여 적게는 수십, 많게는 수만 개의 피드백을 하고 질문에도 답을 하게 됩니다. 이렇게 긴 시간을 지내면서 포토샵 입문서만큼은 꼭 출간하고 싶었고, 〈맛있는 디자인〉 시리즈로 그 소망을 이루었습니다.

포토샵은 '사진을 수정한다'라는 의미로 웹디자이너, 사진 전문가, 그래픽 디자이너 등 비주얼 업무를 하는 사람들에게 없어서는 안 될 필수품입니다. 포토샵은 CS6 버전까지 소프트웨어를 단품으로 판매하는 방식이었으나, CC 버전부터는 매달 사용료를 지불하는 온라인 구독 방식으로 바뀌었고 현재 CC 2025까지 발매되었습니다. 가격에 대한 진입 장벽이 많이 낮아져서 현재는 페이스북과 인스타그램 등 SNS를 운영하는 일반인 수요도 꾸준히 증가하고 있습니다.

포토샵은 디자인을 하기 위한 하나의 도구입니다. 이 책은 포토샵이라는 도구를 능숙하게 다룰 수 있도록 돕는 간단 실습과 도구를 자유자재로 활용하고 응용해서 다양한 디자인 결과물을 만들어낼 수 있는 실무 실습 예제로 구성했습니다. 제가 처음 포토샵을 접했을 때를 떠올리며 더 쉽고 친절하게 설명하려고 노력했습니다. 예제를 차근차근 따라 하다 보면 어느새 디자인 실력도 쑥쑥 올라갈 것입니다. 디자인은 실전 연습이 가장 중요합니다. 책을 그대로 따라 하는 것을 넘어 나만의 응용 작품을 꼭 만들어보길 바랍니다.

SPECIAL THANKS TO

회사 업무를 병행하면서 책을 집필하기란 쉬운 일이 아니었습니다. 그때마다 힘을 더해주고 이런저런 것들을 꼼꼼히 챙겨준 한빛미디어 장용희 팀장님, 박지수 책임님과 항상 옆에서 격려해주고 응원해주는 내 사랑하는 신랑과 가족, 친구들에게 고마움을 전합니다. 마지막으로 이 책을 쓸 수 있도록 마음을 먹게 하고 끝까지 힘을 내게 도와준 포완카 회원님께 감사의 마음을 전합니다.

윤이사라(포완카)

재미있다면
더 쉽게 제대로 배울 수 있습니다!

저는 고등학생 때 포토샵을 처음 알게 되었습니다. 그때는 포토샵의 기능도 잘 몰랐던 터라, 브러시와 지우개 도구, 그리고 검은색만 사용하여 그림을 그리곤 했습니다. 당시 저는 컴퓨터로 그림을 그리고 싶었기 때문에 누가 가르쳐주지 않아도 책상 앞에 앉아 포토샵을 독학하며 하나씩 배워갔죠. 그렇게 포토샵을 처음부터 익혀갔습니다. 시간이 참 더디게 가고 재미도 없던 시절이었습니다.

그 뒤로 포토샵을 다루는 숙련도를 올리게 된 계기가 있었습니다. 대학생 때 만화를 배우겠다며 휴학을 했습니다. 그리고 어느 만화가의 문하생으로 일하며 또다시 포토샵을 독학했습니다. 만화 원고를 만들며 매일 반복되는 작업을 시작하다 보니 포토샵이 내 몸처럼 편해졌습니다. 기능을 외우고 싶지 않아도 저절로 손에 익은 상황이 된 것이죠. 그렇게 포토샵이 손에 익은 후에는 제 삶 속에서 작업할 수 있는 것들을 찾았습니다. 포토샵으로 노트를 만들어 쓴다거나 스티커를 직접 디자인하고 티셔츠를 만드는 등 다양한 프로젝트에 필요한 것들을 만들었습니다. 당연히 포토샵으로 말이죠. 저는 디자인을 전공하지 않았음에도 불구하고 지금 포토샵으로 먹고살 수 있는 것이 바로 그때의 힘이라 생각합니다. 일정 시간을 들여 포토샵을 익혔고 계속해서 포토샵을 활용하며 만들어가는 것들이 있었기 때문입니다.

이 책을 접할 여러분들은 앞으로 포토샵을, 혹은 디자인을 잘하기 위해서는 아마도 예전의 저처럼 참 더디고 재미없는 시간을 견뎌야 할 거라 짐작됩니다. 물론 재미있다면 더없이 좋겠지만 말입니다. 저는 이 책이 그 힘든 시간을 함께 견딜 수 있는 길잡이가 되었으면 좋겠습니다. 매번 원고 마감을 하며 그 힘듦에 다시는 쓰지 말아야지 다짐하면서도 또다시 저자로 살아가는 이유는 아마도 그런 마음 때문일 것입니다. 바쁜 와중에 책 쓴다고 고생시켜드린 많은 분께 죄송한 마음을 전하고, 책으로 만나 뵐 여러분께도 감사드립니다. 더불어 포토샵을 통해 더 멋지고 기대되는 자신만의 세계를 만날 수 있길 희망합니다.

김신애

맛있게 학습하기

맛있는 디자인 6단계 레시피

한눈에 실습
주요 기능의 사용법과 활용 과정을 한눈에 살펴보며, 결과를 바로 확인할 수 있습니다.

Start — ① — ② — ③

간단 실습
왕초보도 따라 하기 쉬운 예제로 포토샵 기능을 제대로 익힙니다.

핵심 기능
[한눈에 실습]에서 학습할 기능을 미리 확인합니다. 모르는 부분은 도구 설명과 [간단 실습]에서 복습합니다.

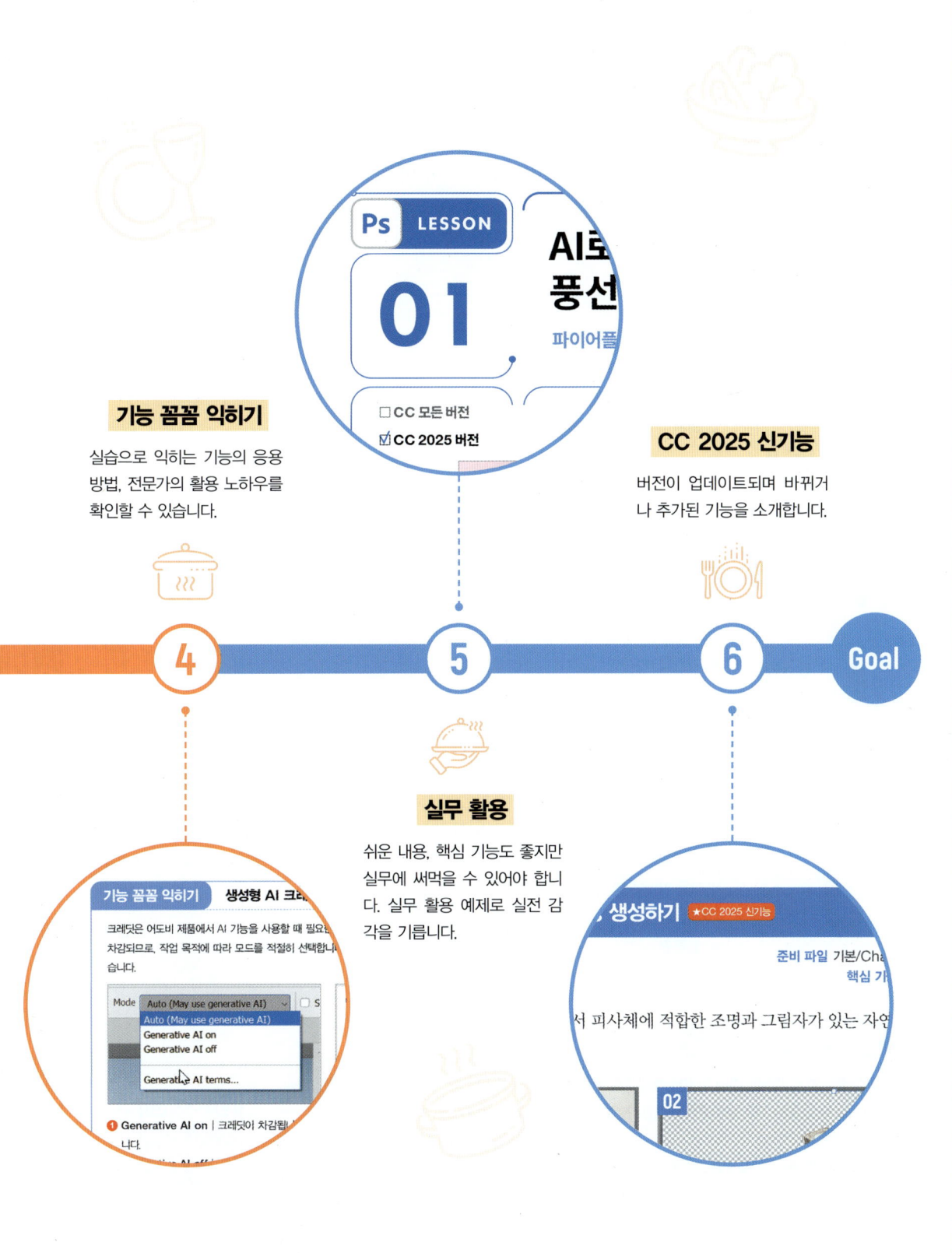

기능 꼼꼼 익히기

실습으로 익히는 기능의 응용 방법, 전문가의 활용 노하우를 확인할 수 있습니다.

CC 2025 신기능

버전이 업데이트되며 바뀌거나 추가된 기능을 소개합니다.

실무 활용

쉬운 내용, 핵심 기능도 좋지만 실무에 써먹을 수 있어야 합니다. 실무 활용 예제로 실전 감각을 기릅니다.

맛있게 학습하기　　007

3단계 학습 구성&예제 완성 갤러리

맛있는 디자인의
수준별 3단계 학습 구성

맛있는 디자인은 포토샵을 처음 다뤄보는 왕초보부터 이전 버전을 어느 정도 다뤄본 사람까지 누구나 쉽게 학습할 수 있도록 구성되어 있습니다. 핵심 기능과 응용 기능을 빠르게 학습하고 실무 예제를 활용해 실력을 쌓아보세요.

1단계

포토샵은 처음이에요!

포토샵 프로그램을 다뤄본 경험이 전혀 없다면 무료 체험판을 먼저 설치한 후 기본적인 프로그램 환경과 조작 방법을 배워보세요! 간단한 기능 학습만으로도 포토샵과 친해질 수 있습니다.

▶ **맛있는 디자인 헬프 페이지 활용 방법** p.010

2단계

포토샵 실행은 해봤어요!

포토샵을 실행해본 적이 있어 기본적인 조작에 익숙하다면 [간단 실습]으로 본격적인 기능 학습을 시작해보세요! 포토샵의 기능별 예제를 실습하다 보면 어느새 실력이 쑥쑥 향상됩니다.

▶ **기본편** p.038

3단계

체계적인 학습을 통해 기능 활용법을 모두 배우고 싶어요!

포토샵의 기본 기능을 알고 있다면 [한눈에 실습]과 [실무 활용]을 통해 모르는 부분만 집중적으로 다시 학습해보세요! 다양한 실무 활용 예제로 주요 기능의 응용법까지 알아보면 포토샵의 거의 모든 기능을 쉽고 빠르게 학습할 수 있습니다.

▶ **기본편** p.038
▶ **활용편** p.274

학습 예제 완성 갤러리

포토샵 실습을 진행하며 예제 파일의 완성 이미지를 확인해보세요! 맛있는 디자인을 통해 어떤 기능을 학습할 수 있을지, 어떤 작업물을 완성할 수 있을지 생생한 화면으로 확인할 수 있습니다.

스마트폰 카메라로 오른쪽 QR 코드를 비추면 이동 가능한 페이지가 나타납니다.
접속 주소 : https://m.site.naver.com/1DjCp

예제&완성 파일
다운로드

이 책에서 나오는 모든 예제 소스(준비 파일, 완성 파일)는 홈페이지에서 다운로드할 수 있습니다. 한빛출판네트워크 홈페이지는 검색 사이트에서 **한빛출판네트워크**로 검색하거나 **www.hanbit.co.kr**로 접속합니다.

01 한빛출판네트워크 홈페이지에 접속하고 [자료실]을 클릭합니다.

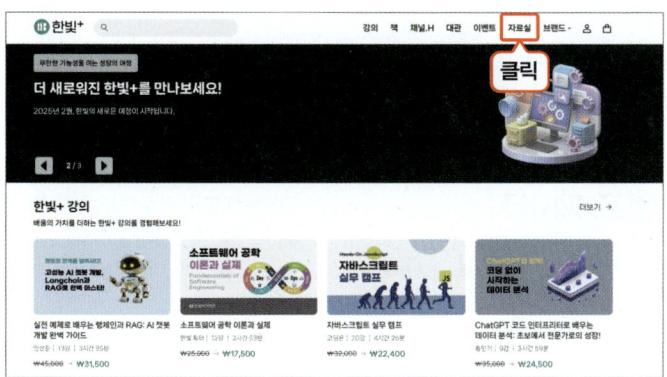

02 ❶ 검색란에 **포토샵 2025**를 입력하고 ❷ 검색 버튼을 클릭합니다. ❸ 《맛있는 디자인 포토샵 CC 2025》가 나타나면 [예제소스]를 클릭합니다. 바로 다운로드됩니다. 파일의 압축을 해제해 사용합니다.

▶ **빠르게 다운로드하기**
단축 주소 **www.hanbit.co.kr/src/11358**로 접속하면 바로 예제 파일 다운로드 페이지로 이동합니다.

맛있는 디자인 헬프 페이지

실습하기 전 꼭 확인하고 읽어보세요!

맛있는 디자인으로 학습할 때 미리 알아야 할 내용은 '맛있는 디자인 헬프 페이지'에서 확인할 수 있습니다. 어도비 무료 체험판 구독 방법부터 각 프로그램의 영문판 설치, 도서 실습 활용에 유용한 정보 등 실습하며 만날 수 있는 다양한 문제에 대한 해결책도 확인해보세요!

- ▶ 어도비 크리에이티브 클라우드 무료 체험판 설치하기
- ▶ 포토샵 영문판 설치하기
- ▶ 한글판을 영문판으로 쉽게 변경하는 방법
- ▶ 예제 파일 활용과 압축 해제 방법
- ▶ 도서 오탈자 확인 및 제보하기

접속 주소 : https://m.site.naver.com/1AcBQ

맛있는 디자인 CC 2025 헬프 페이지

아래 주소에서 [복사]를 클릭하여 카카오톡 혹은 PC에 연결 가능한 메신저에서 '나에게 메시지 보내기'로 보내 PC 웹 브라우저에서 확인하실 수도 있습니다.

https://m.site.naver.com/1AcBQ

- 맛있는 디자인 CC 2025 예제 갤러리
- 맛있는 디자인 CC 2025 준비 파일(예제) 서체 파일 안내
- 어도비 크리에이티브 클라우드 무료 체험판 설치하기
  - 어도비 회원가입하고 구독 신청하기(7일 무료 체험판)
  - 크리에이티브 클라우드 데스크톱 앱 영문판 설치하기
- 프리미어 프로&애프터 이펙트 예제 파일 에러 발생 해결하기
  - 프리미어 프로 예제 파일 에러 해결
  - 애프터 이펙트 예제 파일 에러 해결
- 프리미어 프로와 애프터 이펙트 연동하기
  - [Adobe Dynamic Link] 기능 활용해 연동하기
  - 드래그하여 컴포지션 불러오기
  - [Import] 메뉴로 컴포지션 불러오기
  - 디자인 템플릿 만들어서 연동하기

맛있는 디자인으로 학습하기 위해 꼭 필요한 내용, 알아두면 좋은 내용을 친절하고 자세하게 구성했습니다.

실습에 활용한 서체(폰트) 파일에 대한 정보도 확인해보세요!

따라 해보며 포토샵 무료 체험판을 설치해보세요!

맛있는 디자인 포토샵 CC 2025
- 예제 파일 다운로드
- 오탈자 확인/제보
- 도서 판매 링크
  예스24 | 교보문고 | 알라딘

도서 오탈자, 예제 파일도 확인할 수 있습니다!

맛있는 디자인 스터디 공식 카페 활용하기

오늘부터 잇(IT)생! 스터디 그룹과 함께 학습해요!

포토샵, 일러스트레이터, 프리미어 프로, 애프터 이펙트를 쉽고 빠르게 학습할 수 있는 '스터디 그룹'이 있습니다. 혼자 학습하기 막막한 분이나 제대로 학습하기를 원하는 분은 6주 커리큘럼에 맞추어 학습을 시작해보세요.

제대로 학습하며, 막히는 부분은 질문하기

그래픽 프로그램의 핵심 기능만 골라 담아 알차게 익힐 수 있도록 6주 커리큘럼을 제공합니다. 학습 분량과 일정에 맞춰 스터디를 진행하고 과제를 수행해보세요. 학습하다가 막히는 부분이 있다면 [학습 질문] 게시판을 이용할 수 있답니다! 모르는 부분이나 실습이 제대로 되지 않는 부분을 질문하면 학습 멘토가 빠르고 친절하게 답변해드립니다.

먼저 스터디한 분들의 강력 추천

- 혼자였다면 작심삼일에서 끝났을 텐데 스터디 덕분에 책 한 권과 왕초보 딱지를 뗄 수 있었어요! _이로미 님
- 처음 공부하는 분들께 맛디 스터디 카페를 강력 추천합니다! 기초부터 실무에 적용할 수 있는 내용까지 뭐 한 가지 부족한 것이 없습니다. _박해인 님
- 혼자인듯 혼자 아닌 스터디 모임에 참여할 수 있어서 좋았습니다. 혼자서 공부 못 하는 분들이라면 부담 갖지 말고 꼭 참여하길 추천합니다! _ 김은솔 님
- 클릭하라는 대로 따라 하면 되니 처음으로 디자인이 쉽고 재밌었어요. 디자인 스터디 꼭 해보고 싶었는데 한빛미디어 덕분에 버킷리스트 하나 이뤘어요! _ 한유진 님

스터디 그룹은 어떻게 참여하나요?

맛있는 디자인 스터디 카페를 통해 스터디 그룹에 참여할 수 있습니다. 100% 온라인으로 진행되는 스터디입니다. 학습 일정표에 따라 공부하면서 그래픽 프로그램의 핵심만 콕 짚어 완전 정복해보세요! 한빛미디어 홈페이지에서 '메일 수신'에 동의하면 스터디 모집 일정을 메일로 안내해드립니다. 또는 맛있는 디자인 스터디 공식 카페(https://cafe.naver.com/matdistudy)에 가입하고 [카페 공지] 게시판을 확인하세요.

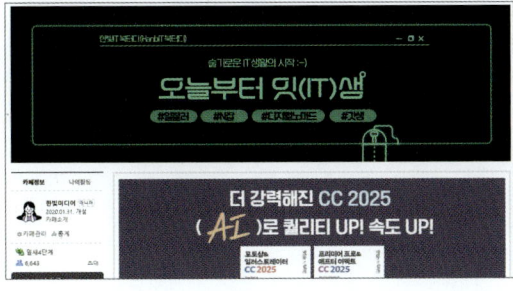

포토샵 CC 2025 신기능

포토샵 CC 2025 신기능

포토샵 CC 2025에서는 어도비 파이어플라이(Adobe Firefly)를 기반으로 한 AI 기능을 대폭 강화해 기존의 합성, 이미지 개선 작업의 효율을 높였습니다. 제거 도구, 생성형 채우기, 배경 생성 기능 등 2024년에 업데이트된 기능이 개선되고 새로운 기능이 추가되어, 작업 시간을 단축하고 창의적인 작업을 간편하게 완성할 수 있습니다.

이미지에서 전선 및 사람 제거하기 ★AI 신기능

한 번의 클릭으로 사진에서 방해 요소를 제거해보세요. AI 기반의 제거 도구를 활용하면 사진 속 배경의 전선이나 사람처럼 원하지 않는 부분을 자동으로 인식하고 깔끔하게 삭제해줍니다. 복잡한 장면도 순식간에 정리되어 보다 깔끔한 결과물을 얻을 때 매우 유용합니다.

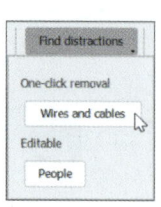 ▶

개선된 생성형 채우기(Generative Fill)

어도비 파이어플라이 이미지 모델을 사용해 빈 공간이나 배경을 매끄럽게 채우는 것은 물론, 피사체도 보다 간편하게 변경할 수 있습니다. 복잡하게 합성해야 했던 작업이 클릭 몇 번으로 생동감 넘치는 결과물을 손쉽고 정확하게 완성할 수 있습니다.

개선된 생성형 확장(Generative Expand)

생성형 확장 기능이 더욱 개선되었습니다. 피사체를 포함한 이미지의 경계를 자연스럽게 확장하고, 장면에 완벽히 어우러지는 새로운 콘텐츠를 추가할 수 있게 되었습니다. 이를 통해 세로로 긴 이미지를 가로로 긴 이미지로 순식간에 변경하고 확장할 수 있습니다.

유사 항목 생성(Generate Similar)

유사 항목 생성 기능을 사용하면 별도의 프롬프트 입력 작업 없이도 이미지 변형을 간단하고 빠르게 생성할 수 있습니다. 이미지 내 피사체가 마음에 들지 않더라도 간단한 클릭 작업으로 보다 간편하게 변경할 수 있습니다.

▲ 출처 : 어도비 공식 홈페이지

배경 생성(Generate Background)

이미지의 배경을 없앨 때 배경 삭제(Remove background) 기능을 활용해 제거한 후 배경 생성 기능을 활용하면 피사체에 적합한 조명과 그림자, 추가 요소가 있는 자연스러운 배경으로 바꿀 수 있습니다. 새로운 배경은 사용자가 프롬프트를 활용해 원하는 스타일로 생성할 수 있습니다.

맛있는 디자인, 미리 맛보기

포토샵 AI 신기능을 활용한 예제

▲ 생성형 채우기를 활용한 피사체 제거, 변경 작업

  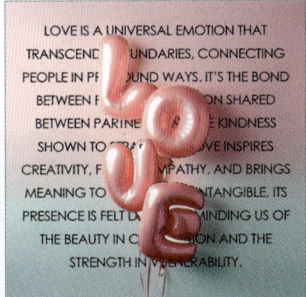 

▲ 옷 바꾸기(작업 전/후)　　　▲ 파이어플라이로 타이포그래피 작업하기　　　▲ AI로 아트워크 만들기

▲ 원근 왜곡을 활용한 자동차 합성 작업과 AI로 이미지 작업 완성하기

▲ 배경 생성하기　　　▲ 불필요한 전선, 사람 지우기　　　▲ 청년을 노인으로 바꾸기

포토샵을 활용한 디자인 기본편

▲ 명도 조절하기

▲ Screen 모드 적용하기

▲ 기본 기능 맛보기

▲ 그레이디언트 활용

▲ 1초 만에 자동으로 색상 보정하기

▲ AI로 유사 항목 생성하기

▲ 흑백 사진을 컬러 사진으로 바꾸기

▲ 퀵마스크로 일부만 흑백으로 바꾸기

▲ 잡티 제거하고 피부 보정하기

▲ 리파인 헤어로 머리카락까지 누끼따기

포토샵을 활용한 디자인 활용편

▲ 트렌디한 북 표지 디자인

▲ 인물에 라인 일러스트 그리기

▲ 타이포그래피 웹 포스터

▲ 조각 문자 디자인

▲ 자연스럽게 숨어 있는 입체 글자

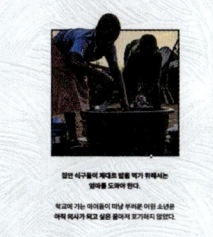
▲ 카드뉴스 만들기

목차

머리말 004

3단계 학습 구성&예제 완성 갤러리 008

맛있는 디자인 헬프 페이지 010

포토샵 CC 2025 신기능 012

맛있게 학습하기 006

예제&완성 파일 다운로드 009

맛있는 디자인 스터디 공식 카페 활용하기 011

맛있는 디자인, 미리 맛보기 015

 PART 01
기초가 튼튼해지는 포토샵 기본편

CHAPTER 01
포토샵 CC 2025 파헤치기

LESSON 01 반갑다, 포토샵 038
포토샵은 무엇이고 어디에 쓰이는가

포토샵은 어디에 쓰이나요 038

LESSON 02 포토샵, 어떻게 생겼지 041
포토샵 실행 화면 살펴보기

포토샵 CC 2025 홈 화면 041

[간단 실습] 어두운 작업 화면 밝게 설정하기 043

도구바 넓히기/좁히기 052

패널 자세히 알아보기 055

포토샵 CC 2025 기본 화면 042

도구 이름과 기능 살펴보기 045

[간단 실습] 나만의 도구바 설정하기 053

패널 조작하기 060

LESSON 03 꼭 알아야 할 그래픽 기초 지식 061
벡터, 비트맵, RGB, CMYK, 해상도, 파일 형식

벡터와 비트맵의 차이는? 061

RGB와 CMYK 컬러 모드 062

해상도 063

이미지 파일 형식, 어떤 포맷으로 저장해야 할까 064

색의 3속성 065

CHAPTER 02
이것만 알면 포토샵 완전 정복

LESSON 01 먼저 맛보는 포토샵 기본 기능 20가지 068
이것만 따라 해도 포토샵 완전 정복

① 새 문서를 만드는 New 069
② 이미지를 불러오는 Open 070
③ 이미지 크기를 조절하는 Image Size 070
④ 이미지 복사해서 붙여넣기 071
⑤ 오브젝트를 옮기는 이동 도구 071
⑥ 작업 화면 비율을 조절하는 돋보기 도구 072
⑦ 드래그하여 빠르게 선택하는 개체 선택 도구 072
⑧ 오브젝트 크기를 조절하는 Transform 073
⑨ 자연스럽게 제거하는 스팟 복구 브러시 도구 074
⑩ 필요한 부분만 오려내는 올가미 도구 074
⑪ 이미지를 합성하는 Place Embedded 075
⑫ 원본 손상 없이 숨겨주는 레이어 마스크 076
⑬ 캔버스 크기를 조절하는 Canvas Size 076
⑭ 도형을 그리는 셰이프 도구 077
⑮ 문자를 입력하는 문자 도구 077
⑯ 레이어를 합성하는 블렌딩 모드 078
⑰ 색상을 추출하는 스포이트 도구 079
⑱ 불필요한 부분을 제거하는 자르기 도구 080
⑲ 화면을 옮기는 손바닥 도구 080
⑳ 이미지로 저장하는 Export As 081

LESSON 02 파일 관리하기 082
새 작업 문서를 만들고 파일 불러오기, 저장하고 창 닫기

[간단 실습] 새 작업 문서 만들기 082
[간단 실습] 이미지 불러오기 084
[간단 실습] 이미지 저장하기 087
이미지와 캔버스 크기 조절하기 088
[간단 실습] 이미지 크기 줄이기 088
[한눈에 실습] 확대해도 깨지지 않는 이미지 만들기 090
[한눈에 실습] 캔버스 크기 조절하기 091
[한눈에 실습] 작업 화면 닫고 포토샵 종료하기 092

목차

LESSON 03　선택하기
다양한 방법으로 원하는 영역 선택하기　093

사각형, 원형으로 선택하는 선택 도구 093
`한눈에 실습` Feather로 가장자리 부드럽게 만들기 096
자유롭게 선택하는 올가미 도구 097
클릭 또는 드래그 한 번으로 선택하는 개체 선택 도구 098
`한눈에 실습` 개체 선택 도구로 선택하기 100
클릭 한 번으로 섬세하게 선택하는 Refine Hair 101
`간단 실습` 머리카락 한 올까지 정교하게 선택하기 101
브러시로 섬세하게 선택하는 퀵 마스크 모드 103
`한눈에 실습` 퀵 마스크 모드로 흑백 배경 만들기 104
`한눈에 실습` Color Range로 한번에 색상 바꾸기 105
`한눈에 실습` Focus Area로 피사체와 배경 분리하기 106
선택 영역을 수정하는 Modify 107
정교하게 선택하는 펜 도구 108

LESSON 04　이동하기
선택 영역을 자유롭게 옮기기　109

`간단 실습` 선택 영역만 잘라 옮기기 109
`간단 실습` 복제하여 옮기기 110
`간단 실습` 서로 다른 작업 화면에 있는 이미지를 한곳으로 합치기 110

LESSON 05　변형하기, 회전하기
이미지를 변형, 회전, 왜곡하기　112

`간단 실습` 이미지 크기 조절하고 회전하기 112
`한눈에 실습` 다양하게 이미지 왜곡하기 115

LESSON 06 자르기, 분할하기
이미지의 일부를 자르고 분할하기 — 116

- 간단 실습 이미지를 잘라내는 자르기 도구 116
- 간단 실습 이미지 확장하기 117
- 한눈에 실습 자르기 도구로 비뚤어진 사진 바로잡기 119
- 한눈에 실습 원근 자르기 도구로 정확하게 자르기 120
- 한눈에 실습 분할 도구로 이미지를 한번에 자르기 121
- 한눈에 실습 프레임 도구로 원하는 모양의 이미지 마스크 만들기 122

LESSON 07 그리기, 채색하기
자유롭게 그리고 색 채우기 — 123

- 손 가는 대로 그리는 브러시 도구, 연필 도구 123
- 간단 실습 브러시 설치하기 125
- 간단 실습 태블릿 필압을 적용하여 브러시 사용하기 126
- 간단 실습 점선 모양의 브러시 만들기 127
- 이미지를 지우고 삭제하는 지우개 도구 129
- 간단 실습 이미지와 배경 지우기 129
- 두 색상을 자연스럽게 채우는 그레이디언트 도구 130
- 간단 실습 그레이디언트로 채우기 130
- 간단 실습 새로운 그레이디언트 만들고 등록하기 131
- 한눈에 실습 그레이디언트로 몽환적인 느낌 표현하기 132
- 한번에 채우는 페인트 도구 133
- 간단 실습 색상으로 채우기 133
- 간단 실습 패턴으로 채우기 134
- 색상을 선택하는 전경색/배경색 134
- 간단 실습 전경색/배경색 설정하기 135
- 다른 방법으로 전경색/배경색 지정하기 136

LESSON 08 리터칭, 보정하기
원하는 대로 이미지 보정하기 — 137

뿌옇게 하거나 선명하게, 매끈하게 보정하는 블러 도구, 샤픈 도구, 스머지 도구 137
블러/샤픈/스머지 도구 옵션바 완전 정복 138
어둡거나 밝게, 명도와 채도를 조절하는 닷지 도구, 번 도구, 스펀지 도구 139
닷지/번/스펀지 도구 옵션바 완전 정복 140
잡티를 없애고 깨끗하게 만드는 복구 브러시 도구 141
스팟 복구 브러시/복구 브러시 도구 옵션바 완전 정복 142
부드럽게 복제하는 패치 도구, 내용 인식 이동 도구, 적목 현상 도구 142
[한눈에 실습] 조정 브러시로 이미지 보정하기 144
[한눈에 실습] 잡티가 있는 피부를 뽀얗게 보정하기 145
[한눈에 실습] 클릭 한 번으로 쉽게 없애기 146
특정 영역의 이미지를 복제하는 복제 도장 도구 147

LESSON 09 문자 입력하기
원하는 대로 문자 입력하고 속성 바꾸기 — 148

문자를 입력하는 문자 도구 148
문자 도구 옵션바와 패널 완전 정복 150
[Paragraph] 패널 완전 정복 153
문자 속성을 자유자재로 변형하는 가변 글꼴 155
자주 사용하는 Warp Text Style 157
[간단 실습] 문자 입력하기 149
[간단 실습] 단락 입력하기 152
문자 속성을 바꾸는 세 가지 방법 154
[한눈에 실습] Warp Text로 문자 모양 변형하기 156
[간단 실습] 패스를 따라 흐르는 곡선 문자 만들기 158

LESSON 10 벡터 방식의 패스, 셰이프 그리기
섬세한 작업에 필요한 다양한 도형 그리기 — 160

벡터 방식 160
[간단 실습] 다양한 방법으로 패스 그리기 161
[간단 실습] 펜 도구로 셰이프 만들기 164
[간단 실습] 패스를 활용하여 이미지 소스 추출하기 165
패스로 정교하게 추출하는 펜 도구 161

벡터 도형을 그리는 셰이프 도구 167

`간단 실습` 실시간으로 모양을 확인하며 삼각형 그리기 169

LESSON 11 원하는 대로 화면 보기
화면 확대, 이동, 넓게 보기
171

`간단 실습` 돋보기 도구로 화면 확대/축소하기 171
`간단 실습` 손바닥 도구로 화면 이동하기 174
손바닥 도구 옵션바와 패널 완전 정복 175
`간단 실습` 회전 보기 도구로 화면 회전하기 176
작업 공간을 넓게 보는 화면 편집 모드 176

LESSON 12 편하게 작업하기
새로운 기능 활용하고 작업 환경 설정하기
178

더 빠르게 작업하고 더 쉽게 실습하기 178
`간단 실습` 도움말 활용해 빠르게 작업하기 178
`간단 실습` 전선 및 사람 등 산만한 요소 제거 180
`한눈에 실습` 개선된 생성형 채우기, 유사 항목 생성하기 182
`한눈에 실습` AI 활용해 이미지 배경 생성하기 183
작업 화면 설정하기 184
`간단 실습` 나만의 작업 화면 설정하기 184
`한눈에 실습` 포토샵 환경 설정하기 187

CHAPTER 03
합성의 기본 레이어와 채널

LESSON 01 레이어의 모든 것
레이어 기초 이해하기
190

레이어 이해하기 190
`간단 실습` 레이어 개념 이해하기 191
레이어를 자유자재로 사용하고 관리하기 194
`간단 실습` 레이어 선택하고 이름 바꾸기 194
`간단 실습` 새 레이어 만들고 레이어 그룹 만들기 194
`간단 실습` 레이어 복사하고 삭제하기 195

목차

- 간단 실습 | 레이어 순서 바꾸기 **195**
- 간단 실습 | [Background] 레이어를 일반 레이어로 전환하기 **196**
- 간단 실습 | 레이어 합치기 **197**
- 간단 실습 | 레이어 숨기기 **197**

[Layers] 패널 **198**

[Layers] 패널 팝업 메뉴 **199**

- 간단 실습 | 레이어 크기에 맞춰 이미지 확대하기 **200**

레이어 블렌딩 모드 **200**

- 간단 실습 | 흰색을 투명하게 하는 Multiply 모드 **204**
- 간단 실습 | 검은색을 투명하게 하는 Screen 모드 **205**
- 간단 실습 | 이미지 선명도를 높이는 Overlay 모드 **206**
- 한눈에 실습 | 빛을 더 강하게 표현하는 Color Dodge 모드 **207**

레이어 스타일 **208**

- 간단 실습 | 레이어 스타일 자유자재로 활용하기 **208**

레이어 마스크 **211**

- 간단 실습 | 레이어 마스크 적용하기 **211**
- 간단 실습 | 클리핑 마스크 적용하기 **212**

조정 레이어 **214**

- 간단 실습 | 조정 레이어 활용하기 **214**
- 간단 실습 | 조정 레이어 다루기 **215**

스마트 오브젝트 **216**

- 간단 실습 | 스마트 오브젝트 활용하기 **216**
- 간단 실습 | 스마트 오브젝트 레이어로 편집하기 **217**

LESSON 02 | 채널의 모든 것 — 채널 기초 이해하기 **218**

채널의 중요한 역할 **218**

[Channels] 패널 살펴보기 **218**

- 간단 실습 | 색상 채널을 이용하여 채널별 보정하기 **219**
- 간단 실습 | 컬러 모드 변경하고 채널 확인하기 **221**
- 간단 실습 | 알파 채널을 이용하여 사진 일부만 흑백으로 만들기 **222**

CHAPTER 04
전문가처럼 보정하는 이미지 보정법과 필터

LESSON 01 전문가처럼 보정하기
[Adjustments] 메뉴를 활용하는 다양한 방법 — 226

Adjustments 종류 226

조정 레이어 사용하기 226

[한눈에 실습] 1초 만에 자동으로 색상 보정하기 227

[간단 실습] 흑백 이미지 만들기 *중요 228

[간단 실습] 흑백 이미지를 원하는 톤으로 보정하기 228

이미지를 선명하게 만들기 229

[간단 실습] Brightness/Contrast로 밝기와 대비를 빠르게 조절하기 229

[간단 실습] Levels로 명도 조절하기 *중요 230

[간단 실습] Curves로 선명하게 보정하기 *중요 231

[간단 실습] Shadows/Highlights로 역광 보정하기 232

[간단 실습] Exposure로 카메라 노출 보정하기 233

[간단 실습] Hue/Saturation으로 색상, 채도, 명도를 한번에 조절하기 *중요 234

[간단 실습] Color Balance로 색상 조절하기 *중요 235

[간단 실습] Photo Filter로 다양한 필터 효과 내기 236

[간단 실습] Selective Color로 특정 색상만 보정하기 237

[간단 실습] Replace Color로 옷감 색상 바꾸기 238

[간단 실습] Posterize로 포스터 느낌 표현하기 239

[간단 실습] Threshold로 이미지 단순화하기 240

[간단 실습] Invert로 이미지 반전하기 240

[간단 실습] Gradient Map으로 이미지에 그레이디언트 색상 입히기 241

LESSON 02 프로 사진가처럼 이미지 보정하기
Camera Raw 활용하기 — 242

Camera Raw 기본 화면 살펴보기 242

[간단 실습] Camera Raw로 노출과 색상 보정하기 243

목차

LESSON 03   **인물 사진 필수 보정법 다섯 가지**   245
꼭 알아두어야 할 SNS 사진 보정법

- 간단 실습   인물 사진 필수 보정법 ① 다리를 더 길게 만들기 **245**
- 간단 실습   인물 사진 필수 보정법 ② 화이트 밸런스를 맞춰 색감 보정하기 **246**
- 간단 실습   인물 사진 필수 보정법 ③ 피부 보정하기 **247**
- 간단 실습   인물 사진 필수 보정법 ④ 얼굴형, 눈 크기 보정하기 **248**
- 간단 실습   인물 사진 필수 보정법 ⑤ 인물의 경계선을 살려 선명하게 보정하기 **249**

LESSON 04   **풍경 사진 필수 보정법 네 가지**   250
2% 부족한 사진을 멋지게 완성하기

- 간단 실습   사진 필수 보정법 ① 하늘 바꾸기 **250**
- 간단 실습   사진 필수 보정법 ② 명암 조절하기 **252**
- 간단 실습   사진 필수 보정법 ③ 선명도 조절하기 **253**
- 간단 실습   사진 필수 보정법 ④ 원하는 색상 강조하기 **253**

LESSON 05   **필터가 만드는 환상의 세계**   256
[Filter] 메뉴 알아보기

한눈에 보는 필터의 모든 효과 **256**
Neural 필터 **257**
- 간단 실습   클릭 한 번으로 청년을 노인으로 바꾸기 **259**
- 간단 실습   흑백 사진을 컬러 사진으로 바꾸기 **260**
- 간단 실습   사계절 풍경 바꾸기 **261**

다양한 필터 효과 갤러리 **262**

PART 02
지금 당장 써먹을 수 있는 포토샵 활용편

CHAPTER 01
포토샵 AI 기능으로 감각적인 이미지 만들기

LESSON 01 **AI로 만드는 풍선 텍스트 디자인** — 274
파이어플라이로 풍선 질감의 타이포그래피 디자인 만들기

텍스트로 이미지 생성하기 275
어도비 파이어플라이에서 타이포그래피 디자인 만들기 278
결과물을 포토샵에서 다듬기 282

LESSON 02 **생성형 AI로 인물의 옷 바꾸기** — 285
생성형 AI 신기능으로 원하는 옷으로 간편하고 자연스럽게 합성하기

텍스트로 이미지 생성하기 286
어색한 부분 수정하고 완성하기 289
참조 이미지로 옷 바꾸기(Beta 버전) 290

LESSON 03 **원근 왜곡으로 자연스럽게 합성하기** — 292
원근 왜곡으로 배경과 자연스럽게 어우러지는 합성 방법 알아보기

생성형 채우기로 자동차 제거하기 293
합성할 이미지 가져오기 294
배경에 맞게 자동차 원근 뒤틀기 295
색감 및 그림자 조정하기 297
Generative Expand로 배경 확장하기 299

LESSON 04	**AI 기능으로 손쉽게 아트워크 완성하기**	300
	의도하지 않은 결과를 활용한 독특한 느낌의 아트워크 만들어보기	

생성 채우기로 이미지 합성하기 **301**
완성된 아트워크 색 보정하기 **303**
이미지를 추가 합성해 아트워크 만들기 **302**

CHAPTER 02
포토샵 활용의 첫 단계, 이미지 활용 예제

LESSON 01	**북 커버 디자인하기**	306
	그리드 레이아웃으로 에세이 표지 만들기	

새 문서 만들고 여백 안내선 설정하기 **307**
표지 색 지정하고 텍스처 배경 합성하기 **310**
목업 만들기 **315**
문자 입력하고 정렬하기 **308**
책 띠지 구성하기 **312**

LESSON 02	**타이포그래피 웹 포스터 만들기**	317
	안내선 활용하여 오브젝트를 안정감 있게 배치하기	

새 문서 만들고 안내선 설정하기 **318**
스트라이프 패턴 만들기 **320**
웹 포스터 세부 정보 입력하기 **323**
문자 입력하고 정렬하기 **319**
문자에 스트라이프 패턴 입히기 **321**
컬러 베리에이션하여 완성하기 **326**

LESSON 03	**SNS에 활용할 카드뉴스 만들기**	327
	Artboards 기능으로 문서를 한번에 관리하기	

아트보드 만들고 안내선 설정하기 **328**
문자 입력하고 꾸미기 **330**
사각형 박스에 이미지 삽입하기 **333**
이미지 불러오고 흑백으로 만들기 **329**
아트보드 추가하고 배경 꾸미기 **332**

사각형 박스 밖으로 이미지가 보이게 수정하기 335

여러 개의 아트보드 만들어 한번에 저장하기 336

LESSON 04 인물에 라인 일러스트 그리기 338
브러시 도구로 라인 그리고 채색하기

이미지 불러와 배경을 흑백으로 만들기 339

옷 꾸미고 채색하기 342

어울리는 문자 입력하여 완성하기 346

라인 일러스트 만들기 340

꽃 소스 합성하기 344

저작권 걱정 없는 무료 이미지 웹사이트 347

CHAPTER 03
문자를 요리하는 타이포그래피 활용 예제

LESSON 01 자연스럽게 숨어 있는 입체 글자 만들기 350
마스크 적용하여 이미지에 어울리는 문자 배치하기

문자 입력하고 정렬하기 351

문자에 마스크 적용하여 문자의 일부분 지우기 352

브러시 도구를 이용해 이미지 꾸미기 354

셰이프 도구를 이용해 이미지 꾸미기 355

LESSON 02 조각 문자 디자인 357
영역을 선택하고 필요 없는 부분 지우기

문자 입력하고 정렬하기 358

문자를 래스터라이즈한 후 자유롭게 자르기 359

LESSON 03 물결치는 그림자 문자 만들기 363
자유 변형(Free Transform) 기능 반복하기

새 문서 만들고 문자 입력하기 364

자유 변형 기능으로 문자 변형하기 365

이전에 적용한 변형 작업 반복하여 그림자 만들기 366

마스크 적용하여 입체감 표현하기 367

스마트 오브젝트 레이어로 오브젝트 수정하기 369

LESSON 04 TV 노이즈 화면 애니메이션 만들기 370
글리치 효과와 애니메이션 적용하기

노이즈 효과의 검은 배경 만들기 371

문자 입력하기 373

문자에 글리치 효과 적용하기 374

그룹 레이어 만들어 애니메이션 적용하기 378

LESSON 05 타이포가 돋보이는 이미지 카드 디자인하기 380
클리핑 마스크 적용하여 타이포 강조하기

이미지 불러와 인물만 선택하기 381

배경에 색 채우기 382

채널 활용해 이미지 보정하고 색 채우기 383

타이틀 입력하고 클리핑 마스크 적용하기 384

문자를 래스터라이즈하여 완성하기 386

CHAPTER 04
실력을 업그레이드하는 트렌디한 이미지 활용 예제

LESSON 01 그림자와 색을 합치는 블렌딩 디자인 390
Noise 필터와 블렌딩 모드를 이용해 색상 겹치기

개체 선택 도구로 인물과 배경 분리하기　　　391

이미지를 흑백으로 만들기 393
자연스럽게 배치하기 394
이미지 색상 조절하기 395
Noise 필터 적용하기 396
인물의 그림자 만들기 397

LESSON 02 라인을 왜곡한 포스터 디자인 — 399
도형에 클리핑 마스크 적용하여 라인 왜곡하기

선택 영역 만들어 복사하기 400
라인 왜곡하기 401
도형 그리고 클리핑 마스크 적용하기 402
타이틀 입력하여 완성하기 404

LESSON 03 사진기로 찍는 듯한 콜라주 느낌 표현하기 — 405
퀵 마스크 모드로 이미지 분리하고 콜라주 만들기

이미지 불러와 배경과 피사체 분리하기 406
빈 배경에 바탕색 채우기 408
사진을 찍는 듯한 영역 만들기 408
풍경 이미지 합성하기 409
빈티지한 색감으로 보정하기 411

LESSON 04 자연스러운 색감의 합성 이미지 만들기 — 413
상황별 표시줄을 활용해 빠르게 이미지 합성 작업 진행하기

합성할 소스 이미지 준비하기 414
퀵 마스크 기능으로 원본 이미지 세밀하게 선택하기 415
합성할 이미지 배치하기 417
완성 이미지 구도 수정하고 보정하기 419

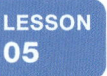

LESSON 05 오브젝트 이미지를 활용한 포스터 디자인
블렌딩 모드를 이용해 혼합 색상 표현하기 — 420

개체 선택 도구로 오브젝트와 배경 분리하기 **421**
오브젝트를 한곳에 모아 정렬하기 **424**
오브젝트 색 보정하기 **426**
블렌딩 모드 적용하기 **428**
어울리는 문자 입력하고 도형 그리기 **429**
스마트 오브젝트 레이어로 오브젝트 형태 수정하기 **431**

LESSON 06 빈티지한 레트로 인물 포스터
Neural 필터와 Color Halftone 필터 활용하기 — 433

Neural 필터로 웃는 얼굴 만들기 **434**
개체 선택 도구로 인물과 배경 분리하기 **435**
인물을 선명하게 보정하기 **436**
필터 갤러리를 활용해 인물에 빈티지 효과 적용하기 **437**
필터 갤러리를 활용해 빈티지 느낌의 배경 만들기 **440**
블렌딩 모드와 조정 레이어 활용하기 **441**
액자 모양의 테두리 적용하기 **443**

LESSON 07 패턴 안에 이미지를 넣어 독특한 분위기 연출하기
패턴 문양을 만들고 이미지에 클리핑 마스크를 적용해 디자인하기 — 444

새 작업 문서 만들기 **445**
셰이프 도구로 패턴 문양 만들기 **445**
패턴 문양에 클리핑 마스크 적용하기 **447**
완성 이미지 레벨 조정하기 **449**

LESSON 08　색이 변하는 글자 애니메이션 만들기　450
GIF 애니메이션 만들기

새 문서 만들고 문자 입력하기 **451**

문자를 가리는 선택 영역 만들기 **452**

클리핑 마스크 적용하기 **455**

타임라인을 활용해 애니메이션 적용하기 **455**

LESSON 09　손으로 그린 일러스트 패턴 만들기　458
Offset 기능으로 패턴 적용하기

새 문서 만들고 손그림 일러스트 그리기 **459**

Offset 기능으로 오브젝트 정렬하기 **462**

이미지를 패턴으로 등록하기 **463**

원하는 영역에 패턴 채우기 **464**

LESSON 10　유튜브 채널아트 디자인하기　465
그룹 레이어에 마스크 적용하기

채널아트 템플릿에 배경 이미지 합성하기 **466**

안전 영역에 이미지 합성하기 **468**

안전 영역에 타이틀 입력해 완성하기 **473**

포토샵 실속 단축키 **475**

찾아보기 **478**

PART 01

기초가 튼튼해지는
포토샵 기본편

**포토샵을 시작하기 전에
꼭 알아두어야 할 완벽한 레시피**

포토샵은 디자인을 하기 위한 하나의 도구로,
더 이상 디자이너만 사용해야 하는
어려운 프로그램이 아닙니다.
입문자라도 쉽고 재미있게,
요리를 만들 듯 맛있는 디자인 레시피로
포토샵과 친해질 수 있습니다.
차근차근 따라 해보면
어느새 포토샵과 친해진 모습을
확인할 수 있을 것입니다.

CHAPTER
01

포토샵 CC 2025 파헤치기

포토샵(Photoshop)은 어도비(Adobe)에서 만든 그래픽 프로그램으로
대중적이고 친근하여 많은 분야에서 사용되고 있습니다.
포토샵은 무엇이며 어디에 사용할 수 있는지 알아보고,
화면 구성과 디자인 작업에 필요한 기초 지식을 알아보겠습니다.

LESSON 01

반갑다, 포토샵

포토샵은 무엇이고 어디에 쓰이는가

포토샵은 어도비(Adobe)에서 1990년에 발표한 프로그램으로 눈에 보이는 모든 이미지를 자신이 원하는 대로 만들고 자유롭게 편집할 수 있도록 돕습니다. 디자인 분야의 많은 전문가가 포토샵을 사용하고 있으며, 일반인도 SNS를 이용하면서 포토샵을 자주 사용합니다. 이제 포토샵은 모두의 필수 프로그램이 되었습니다.

포토샵은 어디에 쓰이나요

가깝게는 디지털카메라로 찍은 사진을 편집할 수 있고 멀게는 현실 세계에서 볼 수 없는 새로운 세계를 이미지로 만들어내기도 합니다. 포토샵을 이용하여 제작할 수 있는 것들을 살펴보겠습니다.

사진 리터칭과 합성

포토샵을 이용하면 디지털카메라로 찍은 사진을 수정하거나 카메라만으로는 표현할 수 없는 특별한 효과를 만들 수 있습니다. 또한 여러 개의 이미지를 합성하여 새로운 느낌의 이미지를 재탄생시킬 수도 있습니다.

▲ PS Mind

▲ Hidrèlèy

그래픽 작업

컴퓨터 그래픽은 컴퓨터를 이용하여 그림을 그리는 분야로 실존하지 않는 이미지를 시각화하여 보여줍니다. 포토샵은 그래픽 분야 디자이너들에게 필수 프로그램입니다.

▲ stock reels

▲ Webflippy

타이포그래피와 캘리그래피

메시지를 직관적이고 간결하게 전달하기 위한 수단으로 다양한 디자인 분야에서 활용되고 있습니다. 포토샵을 활용하여 문자의 질감과 그림자를 만들 수 있으며, 손글씨 느낌을 좀 더 효과적으로 표현할 수 있습니다.

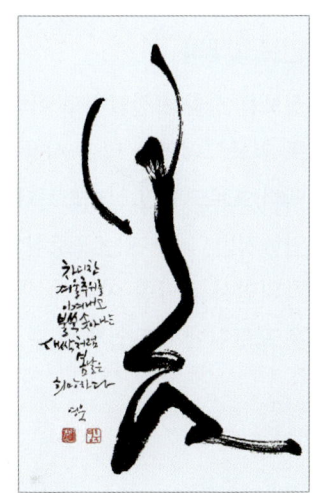

▲ Creative Fabrica　　　　　▲ 강병인

매트 페인팅

유명 영화나 온라인 게임을 보면 장대한 스케일의 배경이 매우 자연스럽게 표현된 것을 볼 수 있습니다. 이것은 대부분 컴퓨터 그래픽을 이용한 합성 작업으로 포토샵을 이용해 작업한 것입니다.

▲ Klaus Wittman　　　　　▲ swissgo4design

웹/앱 콘텐츠 디자인

웹사이트를 만들거나 모바일 화면의 앱 디자인을 할 때도 포토샵을 이용합니다. 웹디자이너는 웹 요소와 이미지를 비트맵 방식으로 작업하기 때문에 다른 프로그램보다 포토샵을 사용하는 비중이 매우 높습니다.

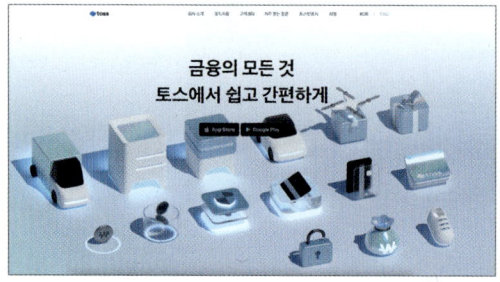

▲ toss

▲ gongdangi

인포그래픽

정보를 정확히 전달하고 이해시키려는 방법으로 인포그래픽을 많이 사용합니다. 예전에는 벡터 프로그램인 일러스트레이터를 이용해 작업했지만, 최근에는 포토샵의 벡터 기능이 강화되면서 간단한 이미지 작업이나 패스 작업은 포토샵에서도 쉽게 할 수 있습니다.

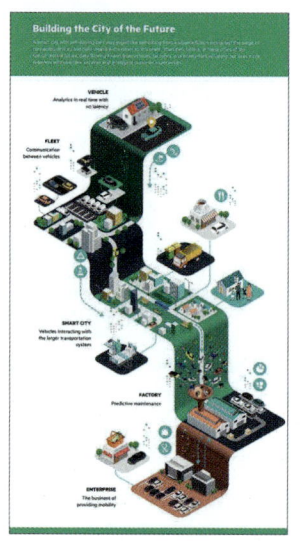

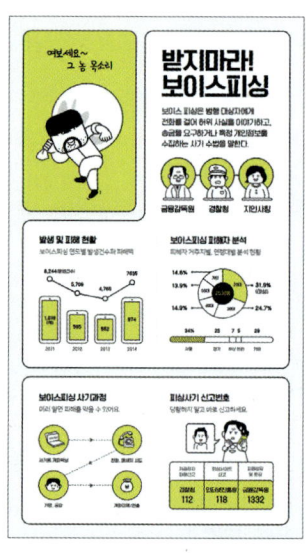

▲ Marc Jordan   ▲ mangoboard

광고 디자인

광고 디자인은 전달해야 하는 목적을 사람들에게 직관적으로 보여줘야 하고 눈에 잘 띄는 것은 물론, 내용도 빠르게 전달해야 합니다. 포토샵의 다양한 기능을 활용하면 아이디어를 시각적으로 아름답게 표현할 수 있습니다.

▲ Pradyut Alemyan   ▲ Jonathan

포토샵, 어떻게 생겼지
포토샵 실행 화면 살펴보기

포토샵 CC 2025를 실행했을 때 처음 보이는 홈 화면과 기본 화면부터 살펴보겠습니다. 포토샵 화면을 구성하는 요소의 이름, 위치, 기능을 파악하고 화면을 사용자에게 맞게 구성하는 방법까지 알아보겠습니다.

포토샵 CC 2025 홈 화면

포토샵 CC 2025를 시작하면 가장 먼저 보이는 화면입니다. [New file]이나 [Open]을 클릭해 새 작업 문서를 만들거나 이미지를 불러올 수 있습니다.

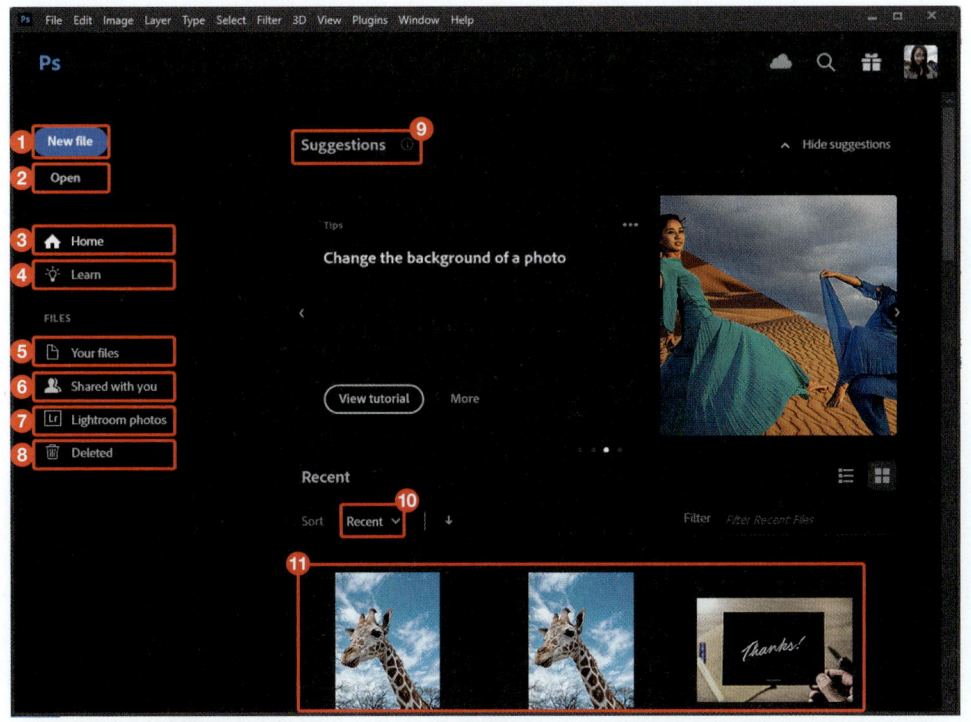

① **새로 만들기(New file)** | 원하는 크기로 새 작업 문서를 만듭니다.
② **열기(Open)** | 기존 파일을 불러옵니다.
③ **홈(Home)** | 포토샵이 시작되는 홈 화면으로 접속합니다.

④ **학습(Learn)** | 포토샵 프로그램 학습을 위한 기초 매뉴얼과 튜토리얼을 제공합니다.

⑤ **내 파일(Your files)** | 어도비 클라우드 문서에 저장된 내 파일 목록을 볼 수 있습니다. 클라우드 문서에 저장하면 자동으로 동기화되어 데스크톱, 노트북, 스마트폰, 태블릿 PC에서 언제든지 작업을 이어갈 수 있습니다.

⑥ **나와 공유됨(Shared with you)** | 어도비 클라우드 문서에 나와 공유된 파일 목록을 볼 수 있습니다.

⑦ **라이트룸 사진(Lightroom photos)** | 라이트룸에서 작업한 이미지를 포토샵에서 편집할 수 있습니다.

⑧ **삭제 파일(Deleted)** | 클라우드 문서에서 삭제한 파일을 보관합니다. 복원하거나 영구 삭제할 수 있습니다.

⑨ **Suggestions** | 숙련도에 따라 초보자라고 체크한 사용자의 경우 어도비의 학습 콘텐츠를 제안합니다. [Hide suggestions]를 클릭하여 항목을 숨길 수도 있습니다.

⑩ **최근 파일 열기(Recent)** | 가장 최근에 불러온 파일을 표시합니다.

⑪ **작업 내역** | 이미지 파일을 폴더에서 이 영역으로 드래그하여 파일을 열 수 있습니다. 최근 작업 내역이 있을 때 파일이 표시됩니다.

> **홈 화면 없이 바로 기본 화면이 보이도록 설정하는 방법**
> [Edit]-[Preferences]-[General] 메뉴를 선택하고 [Auto show the Home Screen]의 체크를 해제하면 다음에 실행할 때부터 기본 화면이 바로 보입니다.

포토샵 CC 2025 기본 화면

기본 화면은 크게 메뉴바, 도구바, 작업 화면 영역, 패널 영역으로 구성되어 있습니다. 각 요소의 이름과 기능을 살펴보겠습니다.

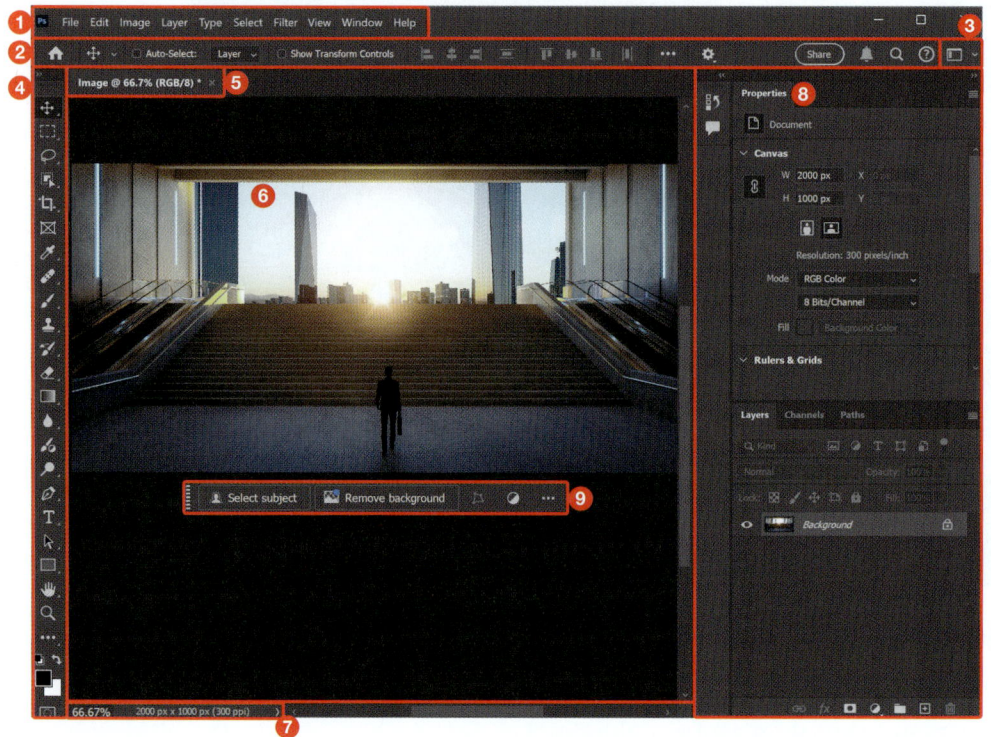

① **메뉴바** | 포토샵의 모든 기능을 특정 기능별로 모아둔 메뉴입니다.

② **옵션바** | 도구바에서 선택한 도구의 옵션을 표시합니다.

③ **작업 화면 선택** | 작업 목적에 따라 화면을 원하는 형태로 설정하거나 선택할 수 있습니다.

④ **도구바** | 가장 많이 사용하는 기능(도구)을 모아둔 패널입니다.

⑤ **파일 탭** | 파일 이름, 이미지 확대/축소 비율, 컬러 모드 등 파일의 기본 정보를 탭 형태로 표시합니다.

⑥ **작업 화면, 캔버스** | 실제 작업 영역입니다. Ctrl + N 을 누르면 새 작업 화면을 만들 수 있습니다.

⑦ **상태 표시줄** | 현재 작업 중인 이미지의 정보가 표시되며 화면 확대/축소 비율을 설정할 수 있습니다.

⑧ **패널** | 작업할 때 필요한 기능과 옵션을 바로 설정할 수 있도록 특정 기능별로 모아둔 곳입니다. 모든 패널은 [Window] 메뉴에서 보이게 하거나 숨길 수 있습니다.

⑨ **상황별 작업 표시줄** | 사용자 행동에 따라 다음 작업들을 예상해서 제안합니다. 패널이나 메뉴를 일일이 찾아다닐 필요가 없어 편리하지만, 작업 영역을 가려 불편하다면 [Window]-[Contextual Task Bar] 메뉴의 체크를 해제하여 숨길 수 있습니다.

간단 실습   어두운 작업 화면 밝게 설정하기

포토샵 CC 2025를 처음 실행하면 짙은 회색의 어두운 화면이 나타납니다. 어두운 화면은 사용자 눈에 더 안정적이고 작업에 집중할 수 있도록 돕지만, 익숙하지 않다면 사용자의 기호에 따라 밝기를 선택할 수 있습니다.

01 메뉴바에서 [Edit]-[Preferences]-[Interface] 메뉴를 선택합니다.

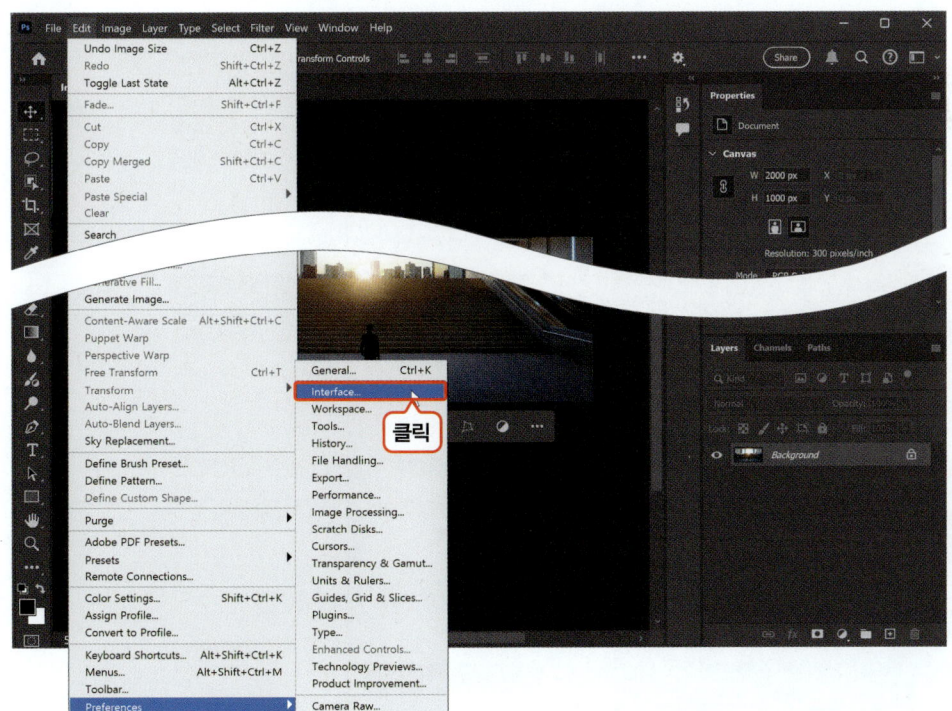

02 ❶ [Preferences] 대화상자가 나타나면 [Color Theme]에서 가장 밝은 테마를 선택하고 ❷ [OK]를 클릭합니다.

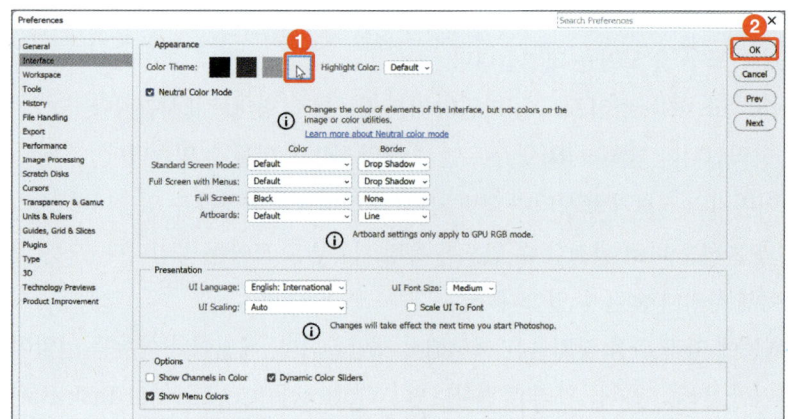

> 포토샵의 기본 작업 화면은 짙은 회색입니다. 짙은 화면으로 인쇄하면 가독성이 떨어지므로, 이 책에서는 가장 밝은 테마를 선택하였습니다.

기능 꼼꼼 익히기   자연스러운 컬러 적용하기

[Preferences] 대화상자에서 [Interface]-[Appearance]의 [Neutral Color Mode] 항목에 체크합니다. 작업 화면 상단 오른쪽의 파란색 [Share] 버튼을 라인 모양으로 변경할 수 있습니다.

03 작업 화면이 전체적으로 밝아졌습니다.

044   PART 01   기초가 튼튼해지는 포토샵 기본편

도구 이름과 기능 살펴보기

포토샵에서 작업할 때 가장 많이 사용하는 기능이나 유용한 기능을 모아둔 곳이 도구바입니다. 모양만 봐도 기능을 짐작할 수 있는 아이콘으로 만들어져 있어 사용이 어렵지 않습니다. 각 도구의 이름과 기능을 살펴보겠습니다.

도구바 한눈에 살펴보기

도구바는 비슷한 기능끼리 다섯 개 그룹으로 나누어 살펴볼 수 있습니다. 도구를 자유자재로 다루기까지는 많은 시간과 노력이 필요하므로 여기서는 어떤 도구들이 있는지 간단히 훑어보고, 필요할 때마다 다시 찾아보는 것이 좋습니다.

이동, 선택, 자르기

① 이동 도구 V | 선택 영역이나 레이어를 이동하기 ★중요
② 선택 도구 M | 원하는 영역을 선택하기 ★중요
③ 올가미 도구 L | 드래그한 모양대로 선택하기
④ 개체 선택 도구 W | 드래그 한 번으로 개체 선택하기
⑤ 자르기 도구 C | 필요 없는 부분은 자르기 ★중요
⑥ 프레임 도구 K | 간단하게 마스크 만들기
⑦ 스포이트 도구 I | 색상값 추출하기

그리기, 지우기, 칠하기, 보정 리터칭

⑧ 스팟 복구 브러시 도구 J | 잘못된 곳을 자연스럽게 복구하기
⑨ 브러시 도구 B | 붓, 연필처럼 원하는 색상으로 그리기 ★중요
⑩ 복제 도장 도구 S | 도장처럼 특정 이미지를 다른 위치에 복제하기
⑪ 작업 내역 브러시 도구 Y | 작업이 잘못된 경우 전 단계로 돌아가기
⑫ 지우개 도구 E | 잘못된 곳을 드래그하여 지우기 ★중요
⑬ 그레이디언트 도구 G | 두 가지 이상의 색을 자연스럽게 혼합하기 ★중요
⑭ 블러 도구 | 이미지를 뿌옇게 하거나 선명하게 보정하기
⑮ 조정 브러시 | 원본 훼손 없이 특정 부분을 드래그하여 밝게 또는 어둡게 보정하기
⑯ 닷지 도구 O | 이미지를 밝게 하거나 어둡게 보정하기

벡터, 드로잉, 문자, 도형

⑰ 펜 도구 P | 패스를 그려 세밀하게 선택 영역 만들기
⑱ 문자 도구 T | 문자 입력하기 ★중요
⑲ 패스 선택 도구 A | 패스를 선택하여 이동하거나 변형하기
⑳ 셰이프 도구 U | 사각형, 원형, 다각형 등 벡터 도형 만들기

	화면 이동, 확대/축소	㉑ 손바닥 도구 `H`, `SpaceBar` 🖐	드래그하여 화면 이동하기
		㉒ 돋보기 도구 `Z` 🔍	원하는 크기로 확대하거나 축소하기 ★중요
	색상 선택, 보기 모드	㉓ 더 보기 도구 ···	나만의 도구바 설정하기
		㉔ 전경색/배경색 ■	색상 선택하기 ★중요
		㉕ 퀵 마스크 모드 `Q` ▢	브러시 도구, 선택 도구로 편리하게 선택하기
		㉖ 화면 모드 변경 `F` ▢	작업 화면 보기 방식 변경하기

이동 선택, 자르기 도구

① **이동 도구** `V` ✥ | 선택된 영역이나 레이어를 원하는 위치로 이동합니다. ★중요

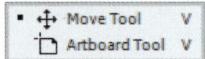

- **아트보드 도구** | 스마트폰, 태블릿, 데스크톱의 해상도에 맞는 작업 화면을 만듭니다.

② **선택 도구** `M` ▢ | 가장 많이 사용하는 도구로 이미지에서 원하는 영역을 선택합니다. ★중요

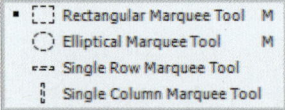

- **사각형 선택 도구** | 원하는 영역을 사각형으로 선택합니다.
- **원형 선택 도구** | 원하는 영역을 원형으로 선택합니다.
- **가로선 선택 도구** | 원하는 영역을 1Pixels 크기의 가로줄로 선택합니다.
- **세로선 선택 도구** | 원하는 영역을 1Pixels 크기의 세로줄로 선택합니다.

③ **올가미 도구** `L` ⌒ | 드래그한 모양대로 선택 영역을 만듭니다. 불규칙한 모양의 이미지를 빠르게 선택할 때 유용하지만, 선택 영역을 세밀하게 지정하기는 어렵습니다.

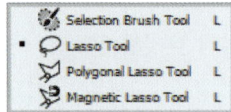

- **선택 영역 브러시 도구** | 브러시로 영역을 직접 드래그하여 선택합니다.
- **올가미 도구** | 자유롭게 드래그하여 원하는 모양으로 선택합니다.
- **다각형 올가미 도구** | 원하는 영역을 다각형으로 선택합니다.
- **자석 올가미 도구** | 색상 차이가 분명한 경계선을 따라 자동으로 선택합니다.

④ **개체 선택 도구** W | 클릭하거나 드래그 한 번으로 원하는 영역을 정확하게 선택합니다. 복잡한 선택 프로세스를 가장 빠르게 수행합니다.

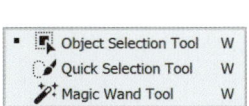

- **개체 선택 도구** | 사각형 영역이나 올가미로 드래그하여 가장 빠르게 선택합니다.
- **빠른 선택 도구** | 클릭하거나 드래그하여 쉽고 빠르게 선택합니다.
- **마술봉 도구** | 클릭한 지점을 기준으로 인접한 색상을 선택합니다.

⑤ **자르기 도구** C | 이미지에서 필요한 부분만 자르고 나머지 부분은 버립니다. ★중요

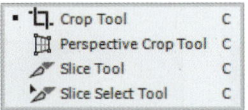

- **자르기 도구** | 이미지에서 필요한 부분만 자르고 나머지 부분은 버립니다.
- **원근 자르기 도구** | 자르기 영역에 원근감을 적용하여 자릅니다.
- **분할 도구** | 이미지를 분할하여 각각의 이미지로 저장할 수 있습니다.
- **분할 선택 도구** | 분할 영역을 선택하고 이동, 복사, 삭제할 수 있습니다.

⑥ **프레임 도구** K | 간단하고 빠르게 마스크를 만들 수 있습니다.

⑦ **스포이트 도구** I | 특정 부분의 색상값을 추출하여 전경색이나 배경색으로 설정합니다.

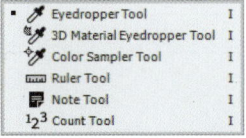

- **스포이트 도구** | 색상을 추출합니다.
- **3D 재질 스포이트 도구** | 3D 오브젝트에서 색상을 추출합니다.
- **색상 샘플러 도구** | 사용자가 선택한 색상을 [Info] 패널에서 분석하고 비교합니다.
- **눈금자 도구** | 드래그하여 길이를 확인합니다.
- **노트 도구** | 작업 화면에 영향을 주지 않고 간단히 메모할 수 있습니다.
- **카운트 도구** | 이미지의 오브젝트 개수를 셉니다.

그리기, 지우기, 칠하기, 보정 리터칭 도구

⑧ **스팟 복구 브러시 도구** 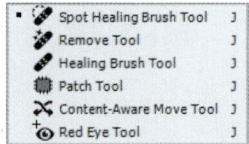 | 이미지의 질감을 복제하여 자연스럽게 합성합니다.

- **스팟 복구 브러시 도구** | 클릭 한 번으로 이미지를 수정합니다. 사진의 잡티를 제거할 때 유용합니다.
- **제거 도구** | 브러시를 사용해 이미지에서 불필요한 피사체를 제거합니다.
- **복구 브러시 도구** | 브러시 형태대로 주변의 색상과 혼합시키면서 복제합니다.
- **패치 도구** | 복구 브러시 도구와 비슷합니다. 이미지 영역을 선택 영역으로 지정해 옮기면 주변의 색상과 혼합시키면서 복제합니다.
- **내용 인식 이동 도구** | 선택 영역으로 지정한 이미지를 원하는 위치로 최대한 자연스럽게 옮깁니다.
- **적목 현상 도구** | 빨갛게 나온 눈동자를 까맣게 바꿉니다.

 ▶

⑨ **브러시 도구**  | 붓과 같은 기능으로 드래그하여 원하는 색상을 칠할 수 있습니다. ★중요

- **브러시 도구** | 브러시 크기와 속성을 설정하고 자유롭게 드로잉합니다.
- **연필 도구** | 사용법은 브러시 도구와 같지만 브러시 가장자리가 딱딱합니다.
- **색상 대체 도구** | 브러시가 지나가는 영역을 추출하여 다른 색상으로 교체합니다.
- **혼합 브러시 도구** | 브러시 색상을 섞어줍니다.

⑩ **복제 도장 도구** 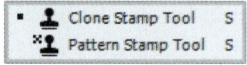 | 특정 영역의 이미지를 복제할 수 있습니다.

- **복제 도장 도구** | 원하는 곳을 지정해 자연스럽게 복제합니다.
- **패턴 도장 도구** | 드래그한 부분에 설정한 패턴을 채웁니다.

 ▶

⑪ **작업 내역 브러시 도구** Y 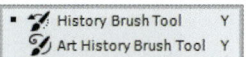 | 원본이 훼손되었을 경우 브러시로 문질러 이미지를 복구합니다.

- **작업 내역 브러시 도구** | 효과가 적용된 이미지를 원래 이미지로 복구합니다.
- **미술 작업 내역 브러시 도구** | 회화적인 기법으로 이미지를 재구성해 원래 이미지로 복구합니다.

⑫ **지우개 도구** E | 이미지의 일부분을 지웁니다. ★중요

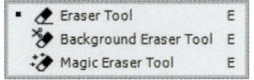

- **지우개 도구** | 드래그한 영역의 이미지를 지웁니다.
- **배경 지우개 도구** | 드래그하면 이미지의 제거된 부분이 투명해집니다.
- **자동 지우개 도구** | 자동 선택 도구와 지우개 도구가 합쳐진 기능입니다.

⑬ **그레이디언트 도구** G | 두 가지 이상의 색을 자연스럽게 혼합합니다. ★중요

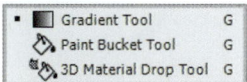

- **그레이디언트 도구** | 두 가지 이상의 색을 혼합합니다.
- **페인트 도구** | 전경색이나 패턴으로 특정 영역을 채웁니다.
- **3D 재질 놓기 도구** | 3D 오브젝트에서 특정 영역을 전경색이나 패턴으로 채웁니다.

⑭ **블러 도구** | 이미지를 뿌옇게 하여 번진 느낌을 냅니다.

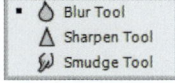

- **블러 도구** | 클릭하거나 드래그한 부분을 뿌옇게 만듭니다. 흐림 효과 도구라고도 합니다.
- **샤픈 도구** | 클릭하거나 드래그한 부분을 선명하게 만듭니다.
- **스머지 도구** | 드래그한 방향으로 이미지를 뭉갭니다.

⑮ **조정 브러시** | 원본 훼손 없이 특정 부분을 드래그하여 밝게 하거나 어둡게 보정합니다.

⑯ **닷지 도구**  | 이미지를 밝게 하거나 어둡게 합니다.

- **닷지 도구** | 클릭하거나 드래그한 부분을 밝게 합니다.
- **번 도구** | 클릭하거나 드래그한 부분을 어둡게 합니다.
- **스펀지 도구** | 클릭하거나 드래그한 부분의 채도를 높이거나 낮춥니다.

벡터, 드로잉, 문자, 도형 도구

⑰ **펜 도구** P | 원하는 영역을 세밀하게 지정할 때 사용하며 지정한 영역은 패스로 만들어집니다.

- **펜 도구** | 패스를 그립니다.
- **자유 형태 펜 도구** | 브러시 도구처럼 자유롭게 드래그한 형태대로 패스가 만들어집니다.
- **곡률 펜 도구** | 부드러운 곡선과 직선 패스를 빠르고 쉽게 만듭니다.
- **기준점 추가 도구** | 기존 패스에 기준점을 추가합니다.
- **기준점 삭제 도구** | 기존 패스의 기준점을 삭제합니다.
- **기준점 변환 도구** | 패스 기준점의 속성을 바꿉니다.

⑱ **문자 도구** T | 원하는 문자를 입력할 수 있습니다. ★중요

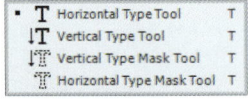

- **수평 문자 도구** | 문자를 가로 방향으로 입력합니다.
- **세로 문자 도구** | 문자를 세로 방향으로 입력합니다.
- **세로 문자 마스크 도구** | 입력한 세로 문자 형태대로 선택 영역을 지정합니다.
- **수평 문자 마스크 도구** | 입력한 가로 문자 형태대로 선택 영역을 지정합니다.

⑲ **패스 선택 도구** 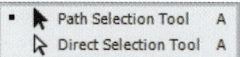 | 패스를 선택하여 옮기거나 변형할 수 있습니다.

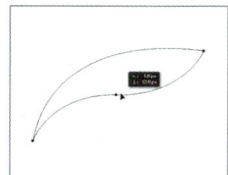

- **패스 선택 도구** | 패스의 전체 기준점이 선택됩니다.
- **직접 선택 도구** | 패스의 베지어 곡선과 기준점을 선택할 수 있습니다.

⑳ **셰이프 도구** U □ | 다양한 벡터 방식의 모양 또는 패스를 만들 수 있습니다.

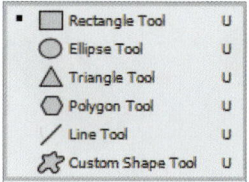

- **사각형 셰이프 도구** | 사각형으로 모양 또는 패스를 만듭니다.
- **타원 셰이프 도구** | 원형으로 모양 또는 패스를 만듭니다.
- **삼각형 셰이프 도구** | 모서리가 뾰족하거나 둥근 삼각형 모양 또는 패스를 만듭니다.
- **다각형 셰이프 도구** | 입력한 수치의 꼭짓점 개수에 맞게 다각형 모양 또는 패스를 만듭니다.
- **선 셰이프 도구** | 옵션바에서 설정한 굵기대로 선을 만듭니다.
- **사용자 정의 셰이프 도구** | 옵션바에서 [Shape] 항목을 클릭하면 나타나는 라이브러리 중 하나를 선택하거나 사용자가 직접 등록한 모양대로 모양 또는 패스를 만듭니다.

화면 이동, 확대/축소 도구

㉑ **손바닥 도구** H, SpaceBar | 작업 화면보다 이미지가 클 때 화면을 이동할 수 있습니다.

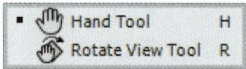

- **손바닥 도구** | 이미지가 작업 화면보다 클 때 화면을 이동합니다. 손 도구라고도 합니다.
- **회전 보기 도구** | 작업 화면을 클릭하면 자연스럽게 회전합니다.

㉒ **돋보기 도구** Z 🔍 | 화면의 특정 부분을 확대하거나 축소할 수 있습니다. ★중요

색상 선택, 보기 모드 도구

㉓ **더 보기 도구** | 나만의 도구바를 설정합니다.

㉔ **전경색/배경색** | 전경색은 문자를 입력하거나 도형을 그릴 때 사용되는 색상이고, 배경색은 지우개 도구로 지웠을 때 나타나는 색상입니다. 색을 클릭하여 원하는 색상을 설정할 수 있습니다. ★중요

㉕ **퀵 마스크 모드** Q | 브러시 도구와 선택 도구를 이용하여 선택 영역을 좀 더 편리하게 추출할 수 있도록 만듭니다. 표준 모드와 퀵 마스크 모드를 전환할 수 있습니다.

㉖ **화면 모드 변경** F | 표준 화면 모드, 메뉴바와 패널이 있는 전체 화면 모드, 전체 화면 모드 중 선택하여 볼 수 있습니다.

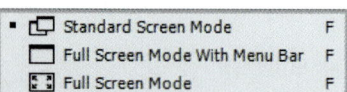

도구바 넓히기/좁히기

도구바 상단의 도구바 넓히기 »를 클릭하면 세로로 한 줄이던 도구바가 두 줄로 바뀝니다. 다시 한 줄로 바꾸려면 도구바 좁히기 «를 클릭합니다. 작업 영역을 넓게 사용하려면 도구바를 한 줄로 선택하는 것이 좋습니다.

▲ 도구바 축소형 　▲ 도구바 확장형

기능 꼼꼼 익히기 | 숨은 도구 선택하기

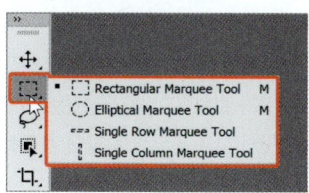

도구 오른쪽 아래에 삼각형이 보이면 숨은 도구가 있다는 것을 의미합니다. 도구를 클릭한 채로 2초가량 있거나 마우스 오른쪽 버튼으로 클릭하면 숨은 도구들이 나타납니다.

간단 실습 | 나만의 도구바 설정하기

① 도구바의 더 보기 도구 ┅ 에서 마우스 오른쪽 버튼을 클릭하고 ② [Edit Toolbar]를 선택합니다. ③ [Customize Toolbar] 대화상자가 나타나면 [Toolbar] 영역에 있는 이동 도구(Move Tool)를 드래그하여 [Extra Tools] 영역으로 옮깁니다. ④ [Toolbar] 영역에서 이동 도구가 사라집니다. 같은 방식으로 도구를 옮기며 나만의 도구바를 설정할 수 있습니다.

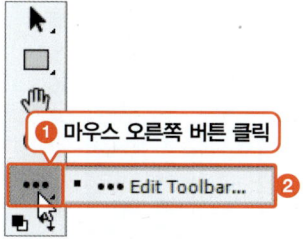

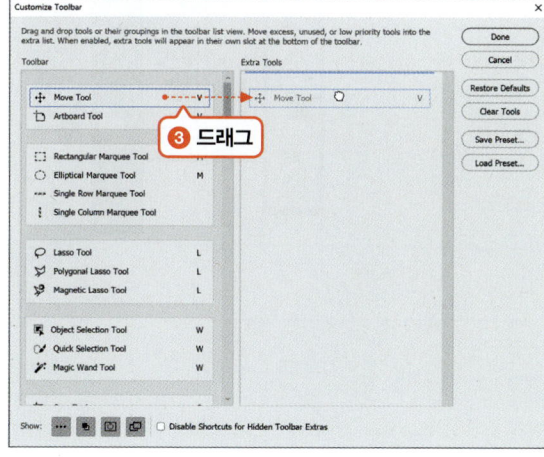
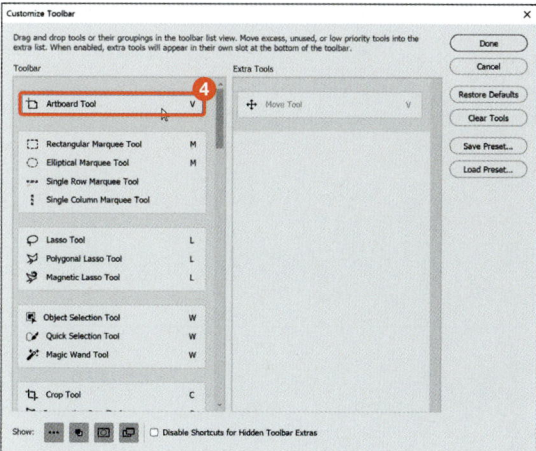

| 기능 꼼꼼 익히기 | 버전별 도구바의 변천사 |

포토샵은 1990년 포토샵 1.0 버전이 매킨토시용으로 발표된 후 2025년 현재까지 여러 차례의 버전 업그레이드가 이루어졌습니다. 업그레이드에 맞춰 도구바 역시 버전별로 여러 차례 바뀌었습니다. 포토샵의 첫 번째 도구바부터 가장 최신 버전인 CC 2025 버전의 도구바를 비교해보면서 어떤 도구가 유지되었고 사라졌으며, 어떤 도구가 변형되고 새로 생겼는지 알아보는 것도 재미있습니다. 선택 도구, 지우개 도구, 손바닥 도구, 스포이트 도구, 블러 도구, 닷지 도구 등은 처음부터 꾸준히 자리를 지켰습니다. CC 버전에서는 프레임 도구와 개체 선택 도구, 삼각형 셰이프 도구가 추가되었습니다.

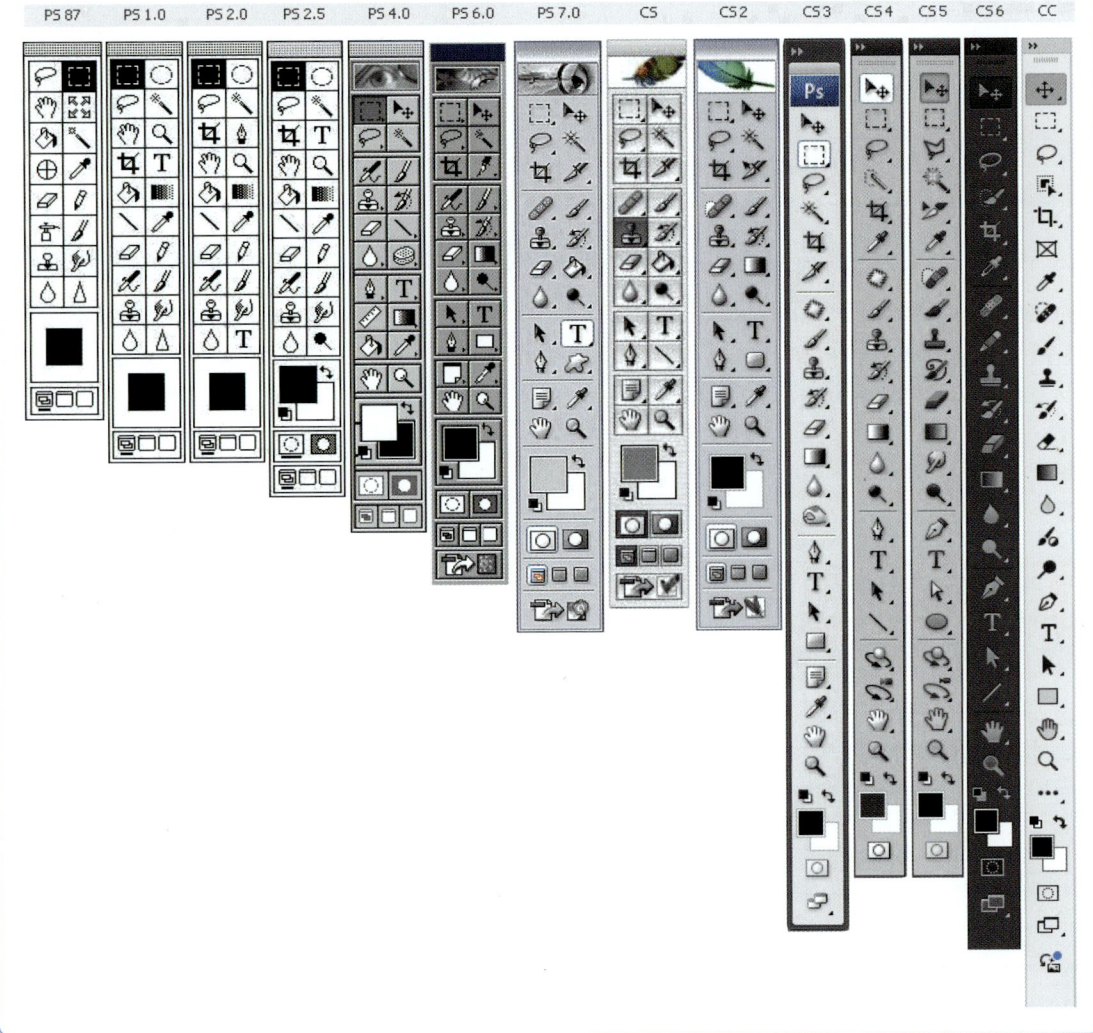

패널 자세히 알아보기

메뉴바에서 [Window] 메뉴를 선택하면 포토샵의 모든 패널을 확인할 수 있습니다. 각 메뉴는 같은 이름을 가진 패널을 불러올 수 있으며, 기능 또한 관련되어 있어 작업의 효율을 높입니다. 패널의 종류와 기능을 살펴보겠습니다.

패널 종류와 기능 살펴보기

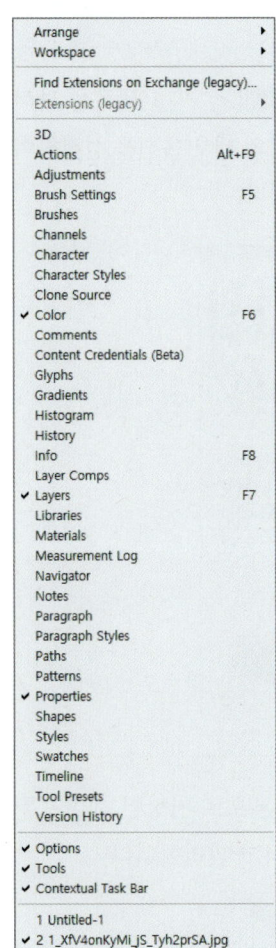

패널 보기와 숨기기는 [Window] 메뉴에서 제어할 수 있습니다. 아래에서는 자주 사용하는 패널* 먼저 설명하며, 해당 패널을 작업 화면 오른쪽에 열어두면 작업하기에 편리합니다.

① [Layers] 패널 F7 ★중요 | 레이어를 추가하거나 삭제하고 블렌딩 모드나 레이어 스타일과 같은 다양한 레이어의 기능을 관리합니다.

② [Channels] 패널 ★중요 | 이미지의 색상값을 채널별로 분리하여 볼 수 있고 필요에 따라 알파 채널을 만들 수도 있습니다.

③ [Adjustments] 패널 ★중요 | 각 아이콘을 클릭하면 해당 옵션이 [Properties] 패널에 나타나고 [Layers] 패널에는 조정 레이어가 더해집니다. 색상, 채도, 명도 등 세부 옵션을 조절할 수 있습니다.

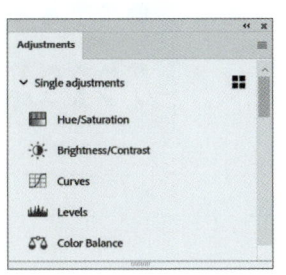

④ [Character] 패널 AI ★중요 | 글꼴, 글자 크기, 글자색 등 문자 도구의 세부 옵션을 설정합니다.

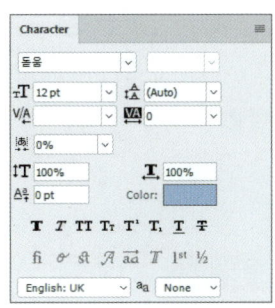

⑤ [Character Styles] 패널 ▫A▫ | 자주 사용하는 문자 스타일을 등록하고 관리합니다.

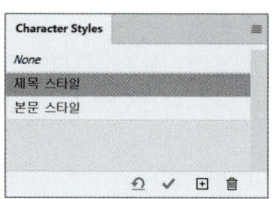

⑥ [Actions] 패널 Alt + F9 ▶ ★중요 | 반복되는 작업을 기록하여 다음 작업에 쉽게 적용합니다.

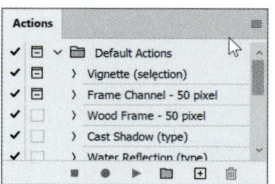

⑦ [Brushes] 패널 ★중요 | 자주 사용하는 브러시를 등록하고 관리합니다. 드래그하여 브러시 순서를 변경하고, 폴더 및 하위 폴더를 만들어 브러시를 관리할 수 있습니다.

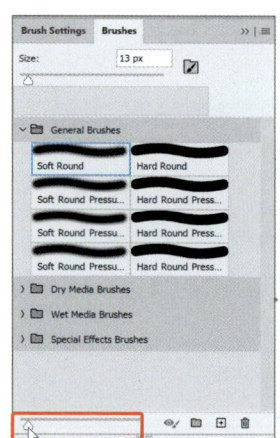

하단의 확대/축소 슬라이더를 조절하여 미리보기의 브러시 크기를 조정할 수 있습니다.

⑧ [Brush Settings] 패널 F5 ★중요 | 새로운 브러시를 등록하거나 브러시의 세부 옵션을 설정하여 나만의 브러시를 만듭니다.

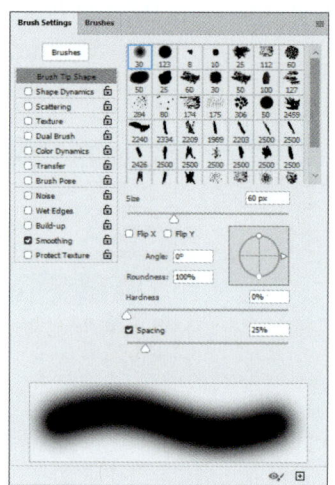

⑨ [Gradients] 패널 ▫ | 기본으로 저장된 그레이디언트를 적용하거나 새로 등록하고 관리합니다.

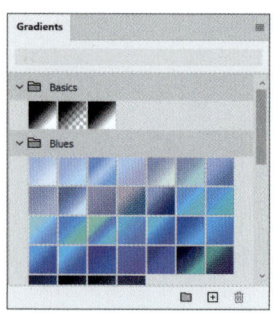

⑩ [Shapes] 패널 ▫ | 기본으로 저장된 셰이프를 적용하거나 새로 등록하고 관리합니다.

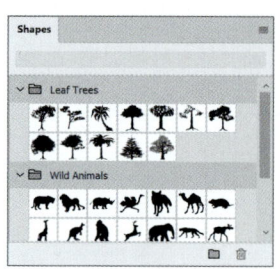

⑪ **[History] 패널** ★중요 | 작업 과정을 단계별로 기록하여 이전 단계로 쉽게 되돌릴 수 있습니다.

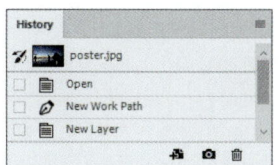

⑫ **[Paths] 패널** ★중요 | 패스로 작업한 내용을 저장하고 관리합니다.

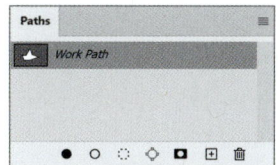

⑬ **[Properties] 패널** ★중요 | 선택한 레이어에 대한 세부 속성을 설정할 수 있습니다.

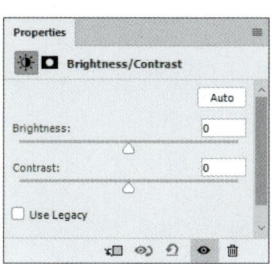

⑭ **[Patterns] 패널** | 기본으로 저장된 패턴을 적용하거나 새로 등록하고 관리합니다.

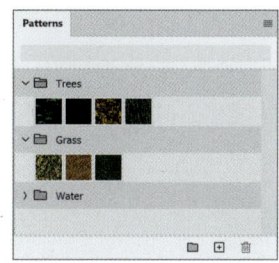

⑮ **[Color] 패널** F6 ★중요 | 슬라이더 조절점을 이용하거나 수치를 직접 입력하여 전경색과 배경색을 변경할 수 있습니다.

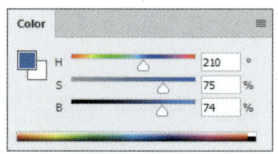

⑯ **[Navigator] 패널** ★중요 | 작업 중인 이미지를 확대하거나 축소하여 볼 수 있습니다.

⑰ **[Info] 패널** F8 ★중요 | 색상 정보, 크기, 각도, 좌표 등의 기본 정보를 수치로 표시합니다.

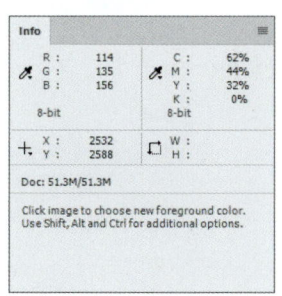

⑱ **[Layers Comps] 패널** | 레이어에 적용된 작업 과정을 스냅샷으로 기록하여 필요할 때마다 불러와 사용할 수 있습니다.

⑲ **[Styles] 패널** | 기본으로 저장된 스타일을 선택하여 적용하거나 새로운 스타일을 등록할 수 있습니다.

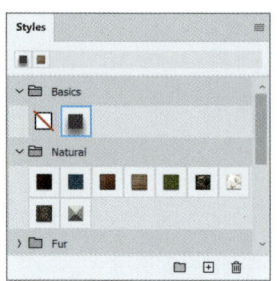

⑳ **[Swatches] 패널** | 자주 사용하는 기본 색상을 팔레트 형태로 모아두었습니다. 색상을 추가, 삭제할 수 있습니다.

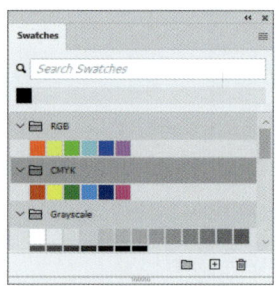

㉑ **[Libraries] 패널** | 색상, 문자 스타일, 그래픽, 단락 스타일 등의 에셋을 체계적으로 정리하고 다른 사용자와 공유합니다.

㉒ **[Paragraph] 패널** | 단락의 정렬, 들여쓰기, 내어쓰기 등 단락을 편집합니다.

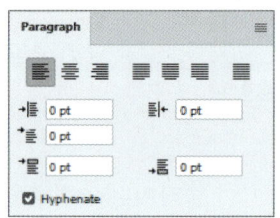

㉓ **[Paragraph Styles] 패널** | 자주 사용하는 단락 스타일을 등록하고 관리합니다.

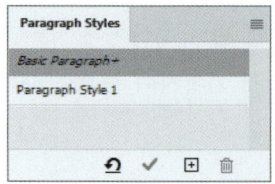

㉕ **[Version History] 패널** | 작업한 파일을 버전별로 저장하고 이전 버전으로 쉽게 되돌려 사용할 수 있습니다. 이 기능을 사용하려면 파일을 클라우드 문서에 저장해야 합니다.

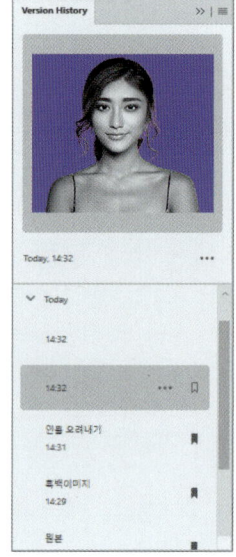

㉔ **[Modifier Keys] 패널** | 패널을 실행하면 작업 화면 왼쪽에 보조키(Shift, Ctrl, Alt)가 실행되고, 해당 키를 설정한 후 작업할 수 있습니다.

㉖ **[3D] 패널** | 3D 오브젝트의 각 속성을 설정합니다.

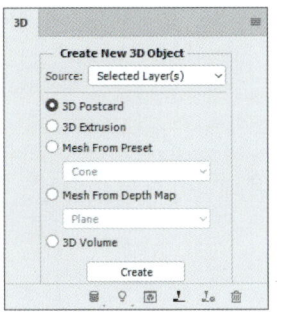

㉗ **[Clone Source] 패널** | 복제 작업을 할 때 이미지 정보를 담을 수 있습니다.

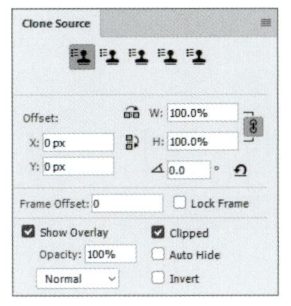

㉘ **[Comments] 패널** | 클라우드 기반으로 구성되며 공동 작업자가 코멘트를 남길 수 있습니다.

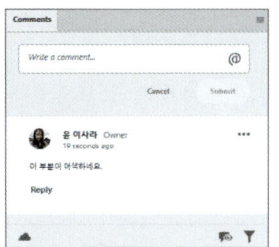

㉙ **[Histogram] 패널** | 이미지 전체의 색상 분포를 그래프로 보여줍니다.

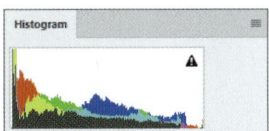

㉚ **[Measurement Log] 패널** | 눈금자 도구로 측정한 내용을 추가하고 정보를 저장할 수 있습니다.

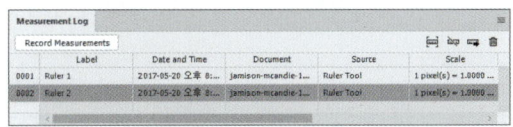

㉛ **[Notes] 패널** | 노트 도구로 작업 화면에 간단하게 메모할 수 있습니다.

㉜ **[Timeline] 패널** | 애니메이션 작업을 할 때 필요한 기능을 모아두었습니다.

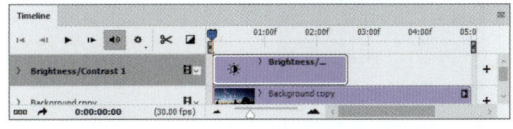

㉝ **[Tool Presets] 패널** | 자주 사용하는 도구의 옵션값을 저장하여 모아두었습니다. 다음 작업 시 해당 옵션값을 빠르게 적용할 수 있습니다.

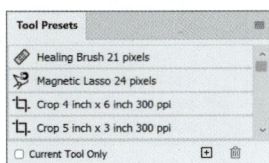

㉞ **[Glyphs] 패널** | 하나의 글꼴에서 이용 가능한 특수문자를 삽입할 수 있습니다.

패널 조작하기

패널을 여러 개 열어두면 더 빠르게 작업할 수 있어 편할 것 같지만 그만큼 공간이 줄어들어 작업하는 데 방해가 됩니다. 작업에 따라 꼭 필요한 패널만 적절하게 펼쳐놓고 사용하는 것이 더 효율적입니다. 패널을 다루는 방법을 알아보겠습니다.

패널 펼치고 접기

[Color] 패널 이름 부분을 더블클릭하면 패널이 접힙니다. 접힌 패널을 클릭하면 패널이 펼쳐집니다.

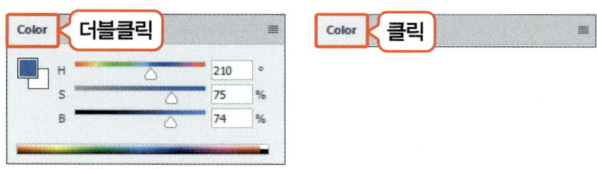

패널 분리하기/합치기

패널의 이름 부분을 클릭하고 캔버스 영역으로 드래그하면 패널이 분리됩니다. 반대로 분리되어 있는 패널을 다시 패널 영역으로 드래그하면 패널이 합쳐집니다.

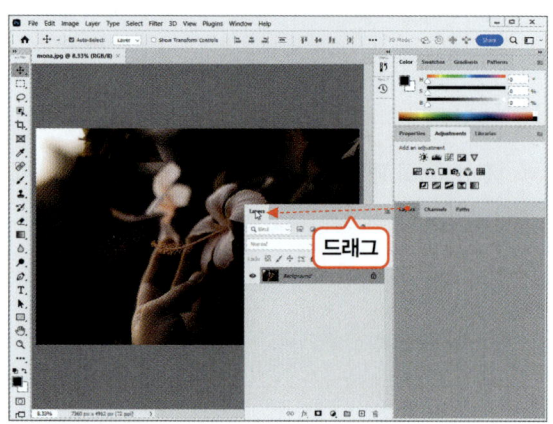 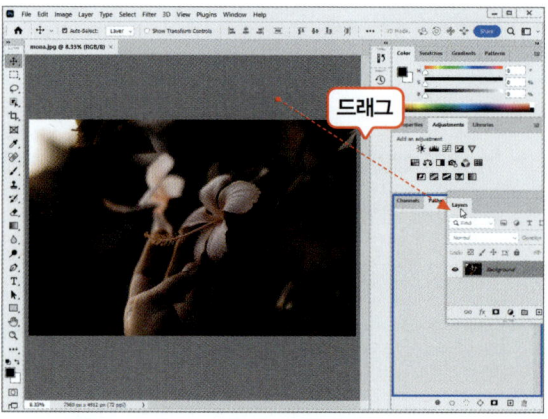

패널 숨기기

패널의 이름 부분에서 마우스 오른쪽 버튼을 클릭합니다. 메뉴의 [Close]를 선택하면 패널을 숨길 수 있습니다.

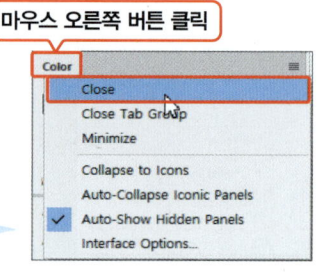

해당 패널 탭에 있는 다른 패널까지 모두 숨기고 싶다면 [Close Tab Group] 메뉴를 선택합니다.

LESSON 03 꼭 알아야 할 그래픽 기초 지식

벡터, 비트맵, RGB, CMYK, 해상도, 파일 형식

벡터와 비트맵의 차이는?

컴퓨터에서 사용하는 이미지의 형식은 크게 두 가지로 나눌 수 있습니다. 바로 벡터와 비트맵입니다. 포토샵은 주로 비트맵 형식을 사용합니다. 물론 펜 도구와 셰이프 도구, 스마트 오브젝트는 비교적 간단한 벡터 기능을 포함하고 있습니다.

수식 기반의 벡터

벡터(Vector) 파일이란 수학적인 오브젝트에 의해 정의된 선과 곡선으로 구성되는 이미지를 이야기합니다. 벡터 이미지는 비트맵 이미지와 달리 어떤 해상도에서도 자동으로 크기를 조절하므로 해상도와 관계없이 깨끗한 이미지를 얻을 수 있습니다.

픽셀 기반의 비트맵

비트맵(Bitmap) 파일이란 픽셀이라고 불리는 조그만 사각형이 각각의 색상을 가지고 모여서 이미지를 만들어내는 방식입니다. 그 때문에 확대해서 보면 픽셀의 형태가 보이는 계단 현상이 일어납니다. 자연스럽고 사실적인 표현이 가능하나 고품질의 이미지를 만들기 위해서는 고해상도를 사용해야 합니다.

▲ 100% 크기의 파일

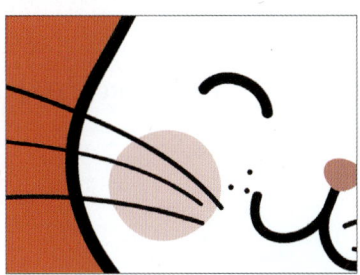
▲ 확대한 벡터 파일

▲ 확대한 비트맵 파일

> **기능 꼼꼼 익히기**   한눈에 보는 벡터와 비트맵

	벡터 방식	비트맵 방식
장점	크기를 확대하거나 축소해도 이미지가 선명하고, 비트맵보다 용량이 적음	많은 픽셀로 정교하고 다양한 색상을 가진 이미지를 만듦
단점	사실적이고 정교한 이미지 표현에는 한계가 있음	확대하거나 축소하면 이미지 깨짐 현상이 있음
저장 방식	수학 기반의 선과 곡선의 모임	픽셀이라는 작은 사각형의 모임
파일 용량	이미지 해상도에 영향을 받지 않음	이미지 해상도가 클수록 용량이 커짐
저장 파일	AI, EPS, SVG	JPG, GIF, PNG, TIFF
프로그램	일러스트레이터, 코렐드로우, 플래시	포토샵, 페인터
이미지	로고, 포장 디자인 등 간단한 이미지 제작에 사용됨	사진, 그래픽, 자연스러운 이미지 표현이 가능함

RGB와 CMYK 컬러 모드

모니터로 볼 때는 RGB 모드

디지털카메라로 촬영하거나 웹에서 보는 대부분의 이미지는 RGB 모드입니다. 빛의 3원색인 빨강, 청록, 파랑 세 가지 색의 혼합으로 이루어집니다. 이 색상은 빛에 의한 표현 방법이기 때문에 많은 색이 혼합될수록 밝아집니다. 색이 전혀 들어가 있지 않으면 검은색(무색)이 되고 모든 색을 혼합하면 가장 밝은색인 흰색이 됩니다. 이러한 방식을 가산 혼합이라고 합니다.

인쇄할 때는 CMYK 모드

책, 광고물, 신문 등 우리가 보는 모든 인쇄물은 CMYK 모드입니다. 색의 3원색 하면 흔히 빨강, 노랑, 파랑으로 알고 있지만 정확히는 Cyan(하늘색 계열), Magenta(다홍색 계열), Yellow(노랑) 세 가지 색입니다. 여기에 Black(K)을 더하여 CMYK라고 부르고 있습니다. Black을 더하는 이유는 세 가지 색을 모두 섞어도 불순물에 의하여 순수한 검은색이 나오기 힘들 뿐 아니라, 잉크의 낭비를 막기 위해서라고 합니다. CMYK는 RGB 색상보다 표현할 수 있는 색이 적으나 인쇄할 때는 RGB 색상을 사용할 수 없으므로 인쇄 목적의 이미지 제작에서 쓰입니다.

▲ RGB 가산 컬러   ▲ CMYK 감산 컬러

RGB, CMYK 모드 설정하기

[File]-[New] 메뉴를 선택하거나 Ctrl + N 을 누르면 [New Document] 대화상자가 나타납니다. 이때 [Color Mode] 항목에서 [RGB Color] 혹은 [CMYK Color] 모드를 설정할 수 있습니다.

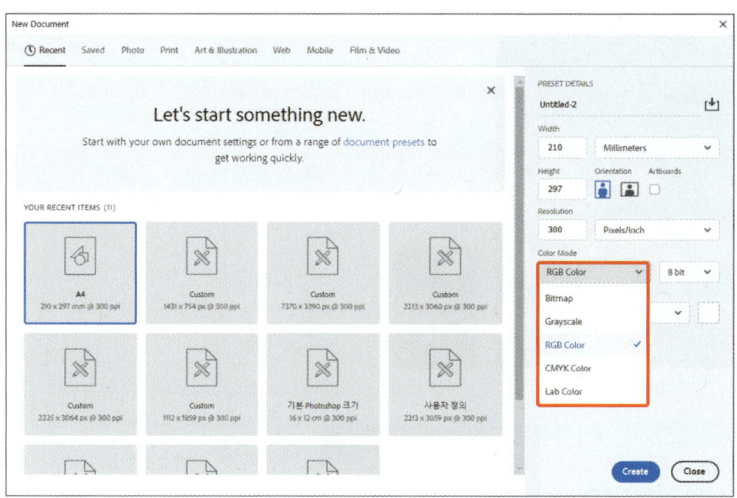

[Color] 패널에서 옵션을 클릭합니다. 팝업 메뉴에서 원하는 모드(RGB, CMYK 모드)의 컬러로 설정할 수도 있습니다.

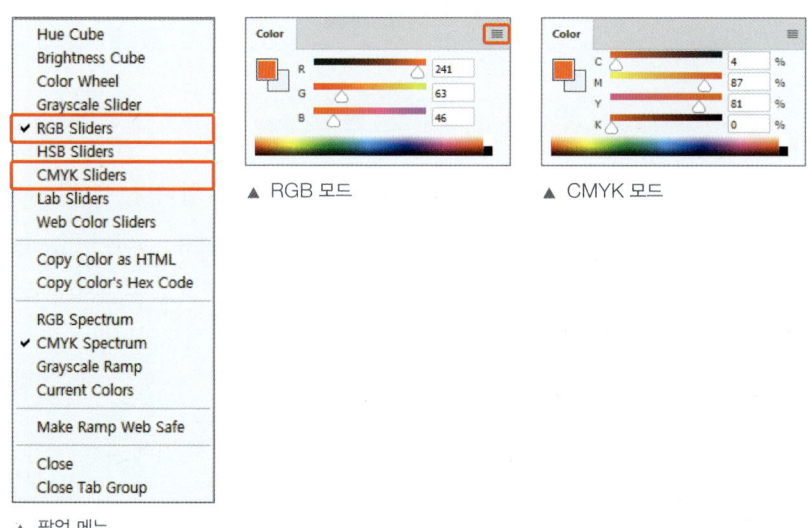

▲ RGB 모드　　　　　▲ CMYK 모드

▲ 팝업 메뉴

해상도

해상도는 1Inch 안에 몇 개의 픽셀 또는 점으로 이루어졌는지의 정도를 나타냅니다. 웹 이미지를 제작할 때 해상도는 72ppi나 96ppi 등을 사용합니다. 하지만 인쇄용 이미지를 작업할 때는 이 해상도를 설정하여 작업하면 이미지의 질이 떨어집니다. 일반적으로 신문 등의 인쇄물은 150~300ppi, 잡지 등의 고품질을 요구하는 이미지는 400ppi 이상의 해상도로 작업합니다.

이미지 해상도 조절하기

비트맵 방식에서는 해상도가 클수록 이미지가 선명하게 보입니다. 그리고 문서 크기만큼 픽셀 정보를 모두 저장하므로 용량도 증가합니다. 다음의 Ⓐ, Ⓑ의 이미지를 비교하여 해상도의 차이를 확인해봅니다.

ppi와 dpi의 차이점

출력을 원하는 이미지를 제작한다면 당연히 단위를 cm와 같은 물리적 단위로 지정해야 합니다. 이때는 해상도가 중요한 의미를 가집니다. 해상도는 일반적으로 ppi나 dpi라는 단위를 사용하는데, ppi는 Pixels per inch의 줄임말이고, Dpi는 Dots per inch의 줄임말입니다. Pixel은 조그만 사각형으로 되어 있는 모니터에서 사용하는 해상도이고, Dot는 둥근 모양으로 되어 있는 프린터에서 사용하는 해상도입니다.

이미지 파일 형식, 어떤 포맷으로 저장해야 할까

포토샵에서 작업한 파일을 웹에서 사용하려면 JPEG, GIF, PNG와 같은 저용량 파일 형식으로 압축된 이미지를 사용해야 합니다. [File]-[Export]-[Save for Web] 메뉴를 선택한 후 파일 형식을 지정할 수 있습니다.

PSD

포토샵에서 사용하는 파일 형식은 PSD라는 확장자를 가집니다. PSD 포맷은 포토샵에서 작업한 정보, 예를 들면 레이어, 채널, 패스 등의 모든 정보를 저장하고 있습니다. 작업이 완료되지 않았거나 혹은 나중에 수정이 필요한 작업물은 반드시 PSD 포맷으로 저장해야 저장 전의 상태를 다시 불러올 수 있습니다.

JPEG(JPG)

JPG 파일로 많이 쓰는 JPEG는 넓은 범위의 색을 지원하고 압축률이 매우 높아 사진을 온라인에 게시할 때 유용하게 사용합니다.

GIF

움직이는 이미지로 알고 있는 GIF 파일입니다. 색을 최대 256개까지만 사용할 수 있습니다.

PNG

JPEG와 GIF의 장점을 합한 포맷으로 투명도가 꼭 필요한 경우라면 PNG 파일로 저장해야 합니다.

색의 3속성

색의 3속성이란 색상(Hue), 채도(Chroma), 명도(Value) 세 가지를 이야기합니다. 이 세 속성이 모여 색(Color)을 이루며, 세 속성 모두 수치로 표현합니다. 이 세 속성은 별도로 독립되어 있지 않고 밀접한 관계를 이루며, 서로 간에 영향을 끼칩니다. 포토샵에서도 이 세 속성에 의해 색을 표현하지만, Chroma(채도)라는 표현 대신 Saturation이라는 표현을, Value(명도)라는 표현 대신 Lightness라는 표현을 사용합니다.

색상(H)

색상은 빨강, 노랑, 파랑 등과 같이 색을 구별하는 특성을 말합니다. 주로 색상환에 의해 표현되며 기준 색은 빨강, 주황, 노랑, 연두, 녹색, 청록, 파랑, 남색, 보라, 자주색입니다.

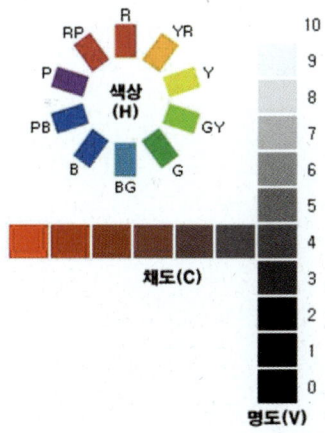

채도(C)

채도는 색이 맑고 탁함의 정도를 말합니다. 채도가 높을수록 순색에 가까워지고 채도가 낮을수록 무채색에 가까워집니다.

명도(V)

명도는 색의 밝고 어두움을 말합니다. 명도가 높을수록 흰색에 가깝고 명도가 낮을수록 검은색에 가까워집니다.

CHAPTER 02

이것만 알면
포토샵 완전 정복

디자인 작업에 필요한 기본 기능과
꼭 알아두어야 할 핵심 기능을 살펴보겠습니다.
포토샵 입문자가 꼭 알아야 하는
필수 기능 19가지를 맛보기 실습한 후에,
기본&핵심 기능을 차근차근 실습하며 익히도록 합니다.

Ps LESSON 01

먼저 맛보는 포토샵 기본 기능 20가지

이것만 따라 해도 포토샵 완전 정복

☐ CC 모든 버전
☑ CC 2025 버전

준비 파일 기본/Chapter 02/경복궁.jpg, 밤하늘.jpg
완성 파일 기본/Chapter 02/맛보기_완성.psd

AFTER

BEFORE

이 예제를 따라 하면

초보자가 꼭 알았으면 하는 기본 기능 20가지를 소개하겠습니다. 포토샵의 대표 기능을 간단히 실습해보며 포토샵과 친해지기를 바랍니다. 기본 기능만 알고 있어도 많은 작업을 할 수 있으므로 직접 실습하면서 하나씩 익혀봅니다.

① 새 문서를 만드는 New

01 ❶ 포토샵을 실행한 후 시작 화면에서 [New file]을 클릭합니다. ❷ [New Document] 대화상자가 나타나면 작업할 이미지 크기를 [Width]와 [Height]에 입력합니다. 여기서는 각각 **1080**을 입력하고 ❸ [Pixels]를 선택합니다. ❹ [Resolution]은 72를 입력하고 ❺ [Create]를 클릭합니다.

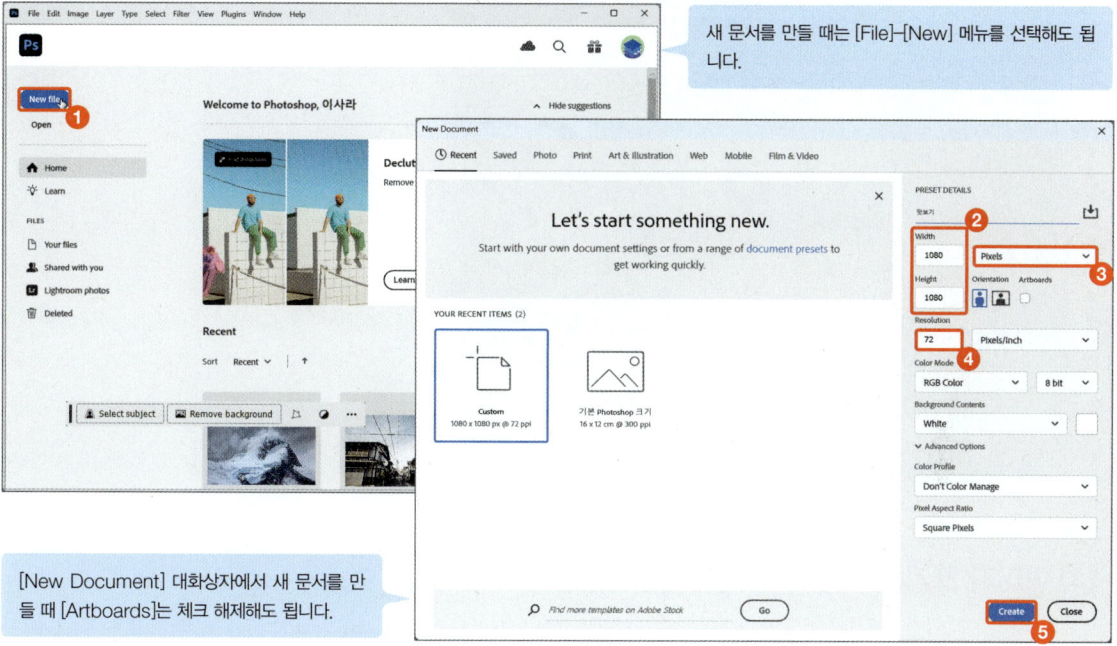

> 새 문서를 만들 때는 [File]-[New] 메뉴를 선택해도 됩니다.

> [New Document] 대화상자에서 새 문서를 만들 때 [Artboards]는 체크 해제해도 됩니다.

02 새 문서가 열립니다.

> 포토샵 CC 2025 버전은 이미지를 열거나 새 작업 문서를 만들면 하단에 [Contextual Task Bar(상황별 작업 표시줄)]가 나타납니다. 해당 표시줄은 작업에 방해될 경우 [Window]-[Contextual Task Bar]에 체크를 해제하여 숨길 수 있습니다.

② 이미지를 불러오는 Open

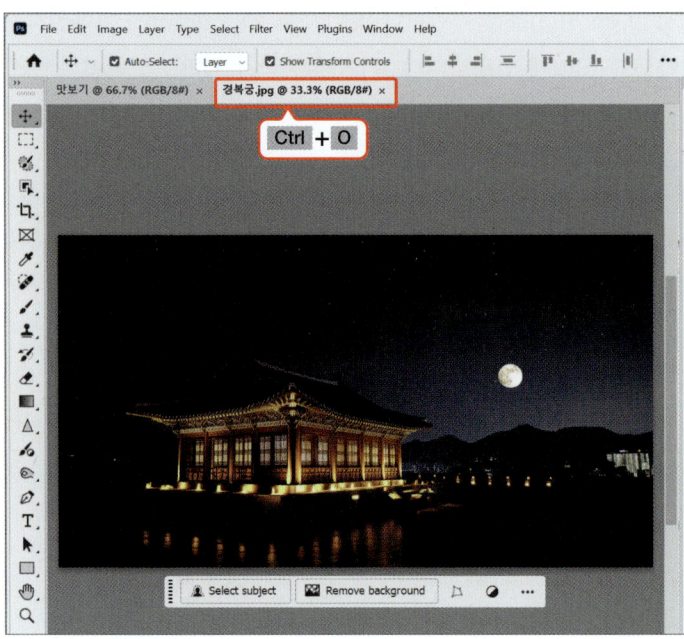

03 [File]-[Open] 메뉴를 선택해 **경복궁.jpg** 파일을 불러옵니다. Ctrl + O 를 눌러 불러와도 됩니다.

③ 이미지 크기를 조절하는 Image Size

04 파일 이름 탭을 보면 작업 화면의 크기가 33.3%로 축소되어 있습니다. 실제 이미지가 매우 크다는 것을 알 수 있습니다. 크기를 줄여보겠습니다. ❶ [Image]-[Image Size] 메뉴를 선택해 [Image Size] 대화상자를 불러옵니다. ❷ 단위를 [Pixels]로 선택하고 ❸ [Width]에 2000을 입력한 다음 ❹ [OK]를 클릭합니다. 이미지 크기가 줄어듭니다.

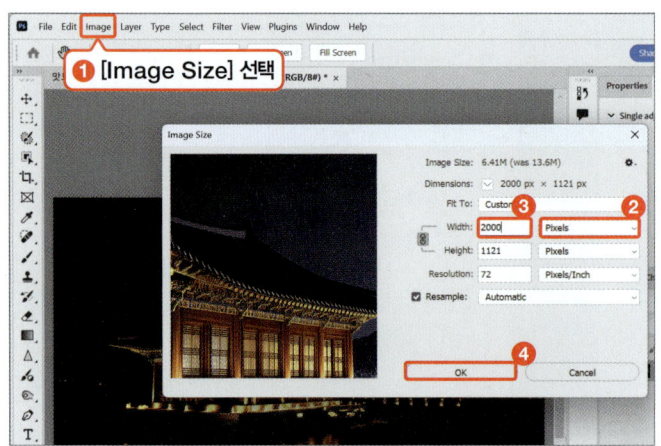
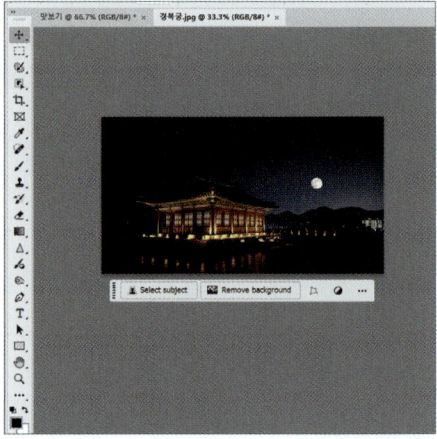

현재 사용 중인 컴퓨터(PC, Mac)의 해상도에 따라 확대/축소 비율이 다르게 나타날 수 있습니다.

④ 이미지 복사해서 붙여넣기

05 ❶ Ctrl + A 를 눌러 이미지를 전체 선택한 후 ❷ Ctrl + C 를 눌러 복사합니다. ❸ [맛보기] 탭을 클릭하고 ❹ Ctrl + V 를 눌러 복사한 이미지를 붙여 넣습니다.

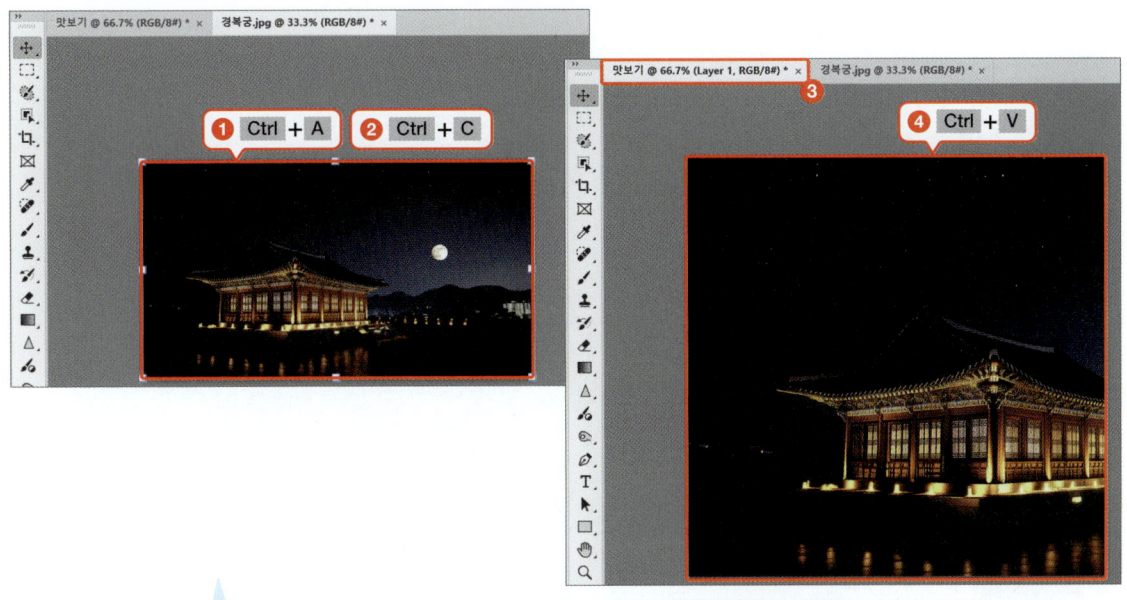

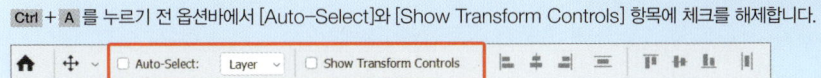

Ctrl + A 를 누르기 전 옵션바에서 [Auto-Select]와 [Show Transform Controls] 항목에 체크를 해제합니다.

⑤ 오브젝트를 옮기는 이동 도구

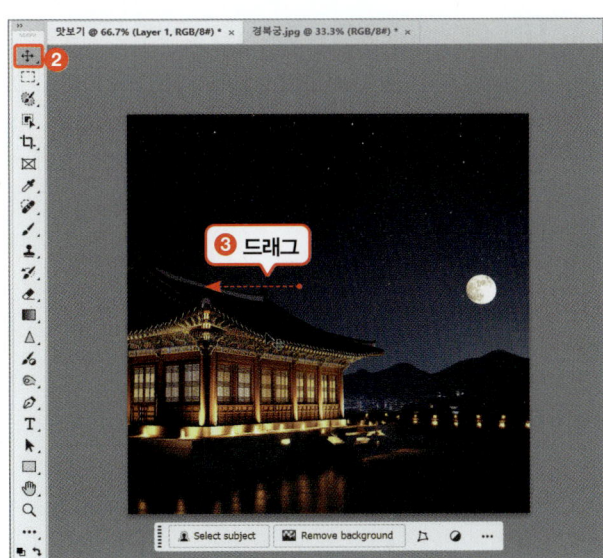

06 사진 위치를 왼쪽으로 옮겨보겠습니다. ❶ [Layer1] 레이어가 선택된 상태에서 ❷ 이동 도구를 클릭합니다. ❸ 왼쪽으로 드래그하여 사진을 이동합니다.

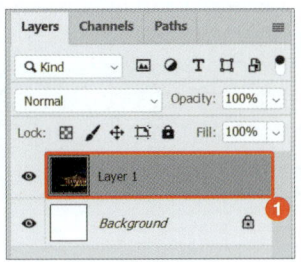

⑥ 작업 화면 비율을 조절하는 돋보기 도구

07 작업 화면의 보기 비율을 조절해보겠습니다. ❶ 도구바에서 돋보기 도구 🔍를 클릭하고 ❷ 작업 화면을 여러 번 클릭하여 확대합니다. ❸ Alt 를 누르고 클릭하면 화면을 축소할 수도 있습니다. 적절한 작업 크기로 조절합니다.

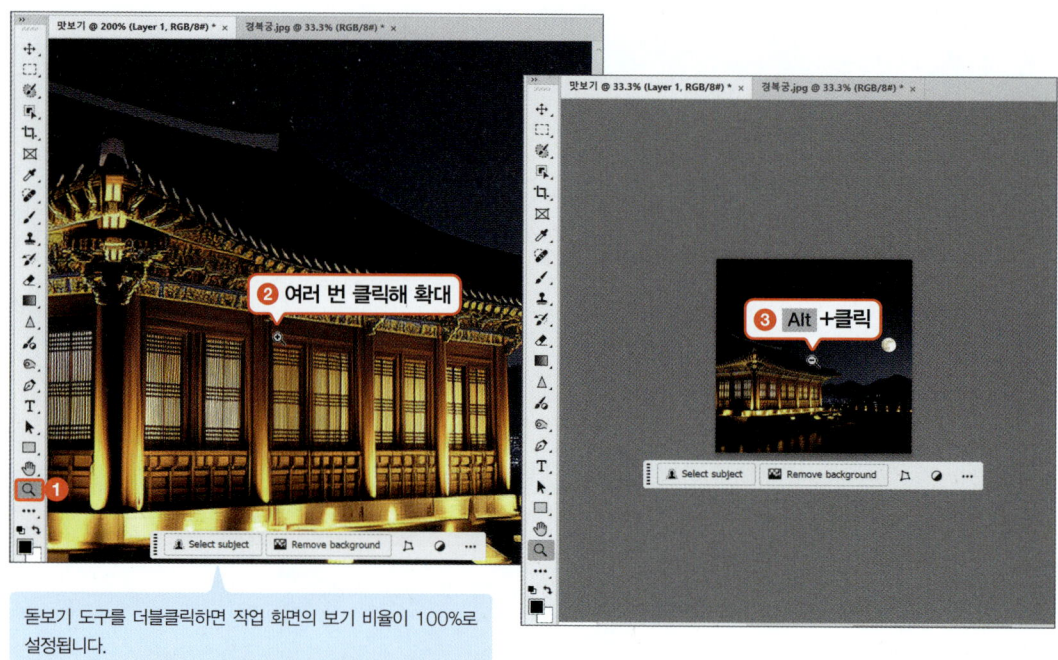

돋보기 도구를 더블클릭하면 작업 화면의 보기 비율이 100%로 설정됩니다.

⑦ 드래그하여 빠르게 선택하는 개체 선택 도구

08 달 위치를 옮겨보겠습니다. ❶ 개체 선택 도구 를 클릭합니다. ❷ 달을 사각형으로 드래그하면 개체를 인식해 ❸ 보름달만 정확하게 선택할 수 있습니다.

개체 선택 도구 를 클릭하고 작업 화면에 마우스 포인터를 올려놓으면 선택될 개체가 분홍색 영역으로 미리 표시됩니다.

개체 선택 도구는 마우스 포인터를 올리는 것만으로도 개체가 인식되고 드래그나 클릭으로 선택할 수 있습니다.

⑧ 오브젝트 크기를 조절하는 Transform

09 ❶ Ctrl + J 를 눌러 선택 영역을 복사합니다. [Layers] 패널에 [Layer 2]가 생성됩니다. ❷ 이동 도구를 클릭하고 ❸ 드래그하여 이동합니다. 오브젝트 크기를 조절해보겠습니다. ❹ [Edit]-[Free Transform] 메뉴를 선택합니다. 단축키 Ctrl + T 를 눌러도 됩니다. 조절점이 나타나면 ❺ 바깥쪽으로 드래그합니다. ❻ 조절점 안쪽을 더블클릭합니다.

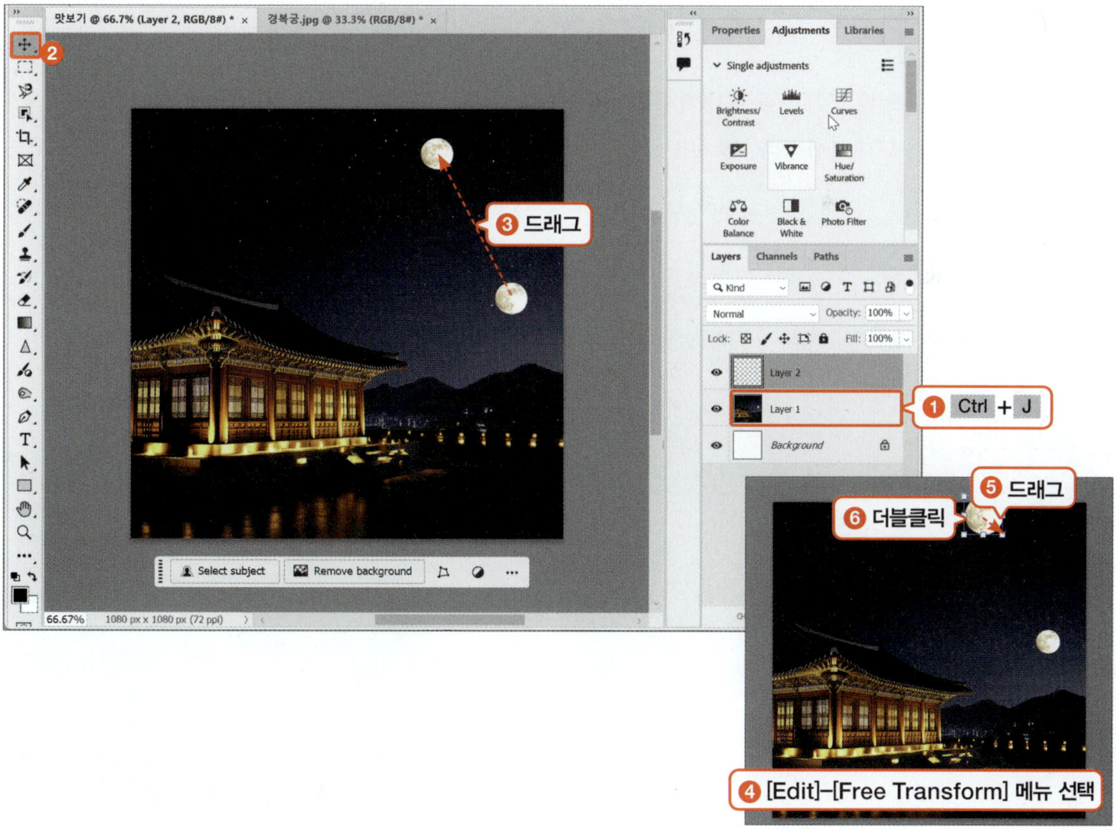

⑨ 자연스럽게 제거하는 스팟 복구 브러시 도구

10 기존에 있던 달은 지워보겠습니다. ❶ [Layers] 패널에서 [Layer 1]을 선택합니다. ❷ 스팟 복구 브러시 도구를 클릭합니다. ❸]를 눌러 브러시 크기를 적당히 조절하고 ❹ 달을 문질러 제거합니다.

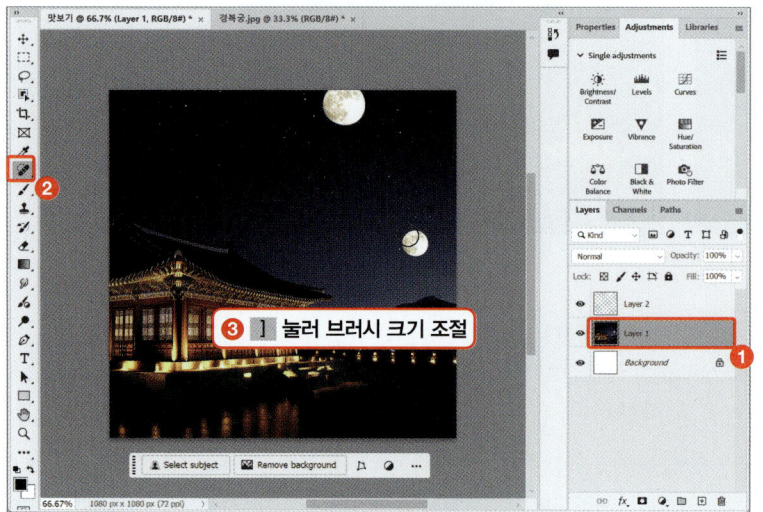

⑩ 필요한 부분만 오려내는 올가미 도구

11 이미지에서 필요한 부분만 오려내기 위해 ❶ 자석 올가미 도구를 클릭합니다. ❷ 시작점을 클릭하고 색상 경계를 따라 드래그합니다. ❸ 시작점을 다시 클릭하여 선택 영역을 만듭니다. ❹ Ctrl + J 를 눌러 복제합니다.

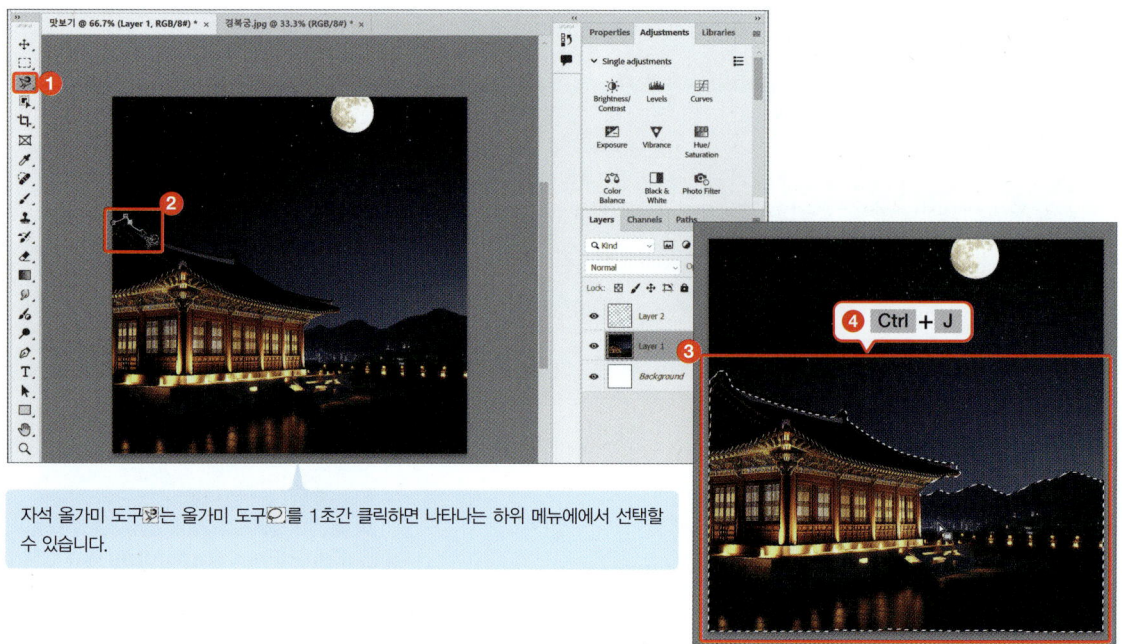

자석 올가미 도구는 올가미 도구를 1초간 클릭하면 나타나는 하위 메뉴에서 선택할 수 있습니다.

⑪ 이미지를 합성하는 Place Embedded

12 ❶ [Layer 1] 레이어를 선택합니다. ❷ [File]-[Place Embedded] 메뉴를 선택해 **밤하늘.jpg** 파일을 불러옵니다. ❸ 조절점을 드래그하여 크기를 키우고 ❹ Enter 를 눌러 적용합니다.

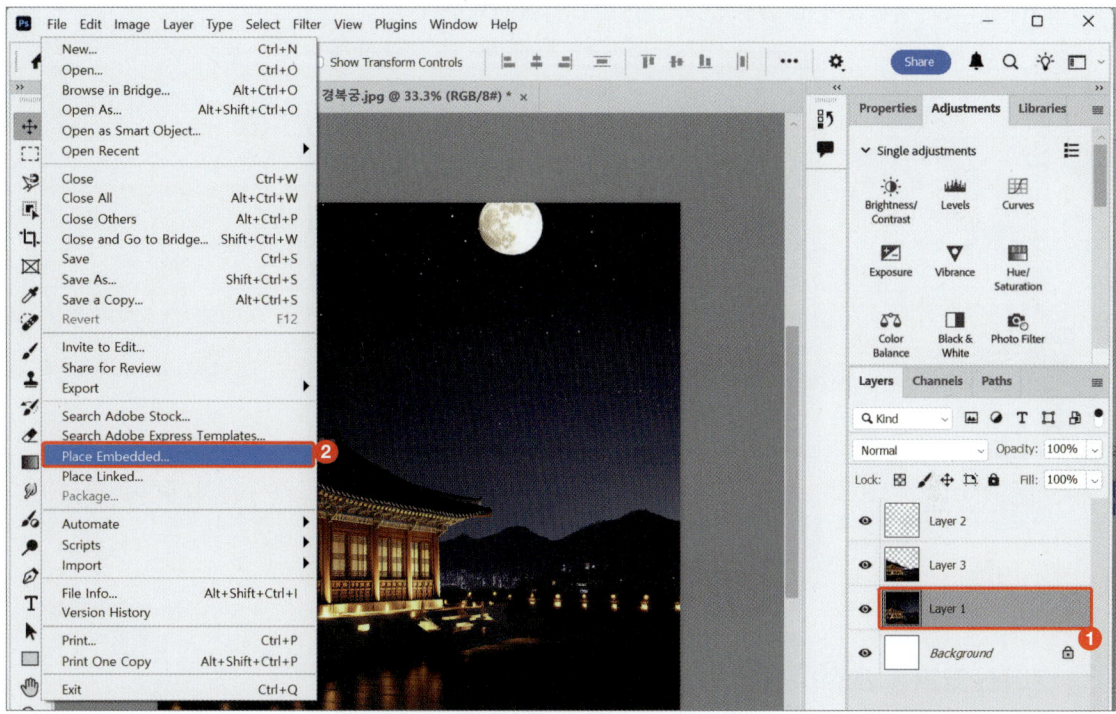

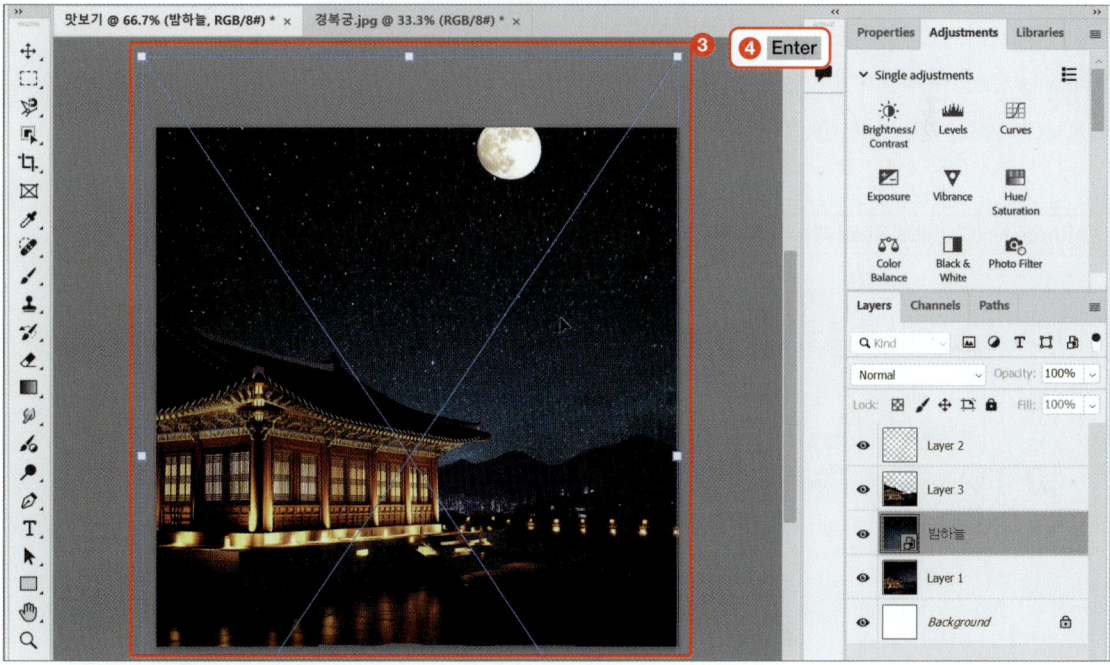

⑫ 원본 손상 없이 숨겨주는 레이어 마스크

13 ❶ [밤하늘] 레이어가 선택된 상태에서 ❷ 레이어 마스크▢를 클릭합니다. ❸ 그레이디언트 도구▆를 클릭합니다. ❹ 옵션바에서 전경색에서 배경색으로 그레이디언트를 선택합니다. ❺ 화살표 방향으로 드래그하여 마스크를 적용합니다. ❻ 이동 도구✥를 클릭해 완료합니다.

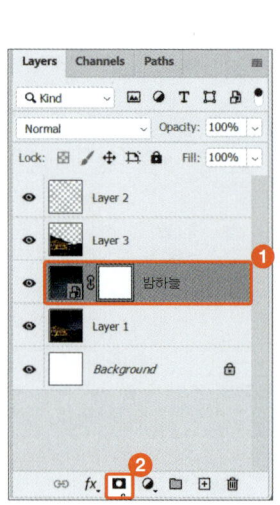
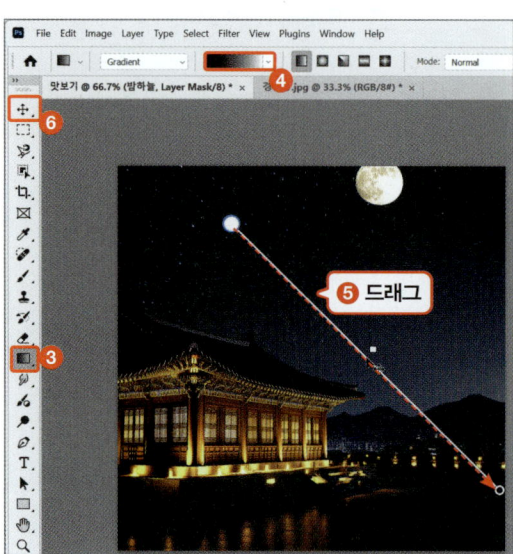

⑬ 캔버스 크기를 조절하는 Canvas Size

14 이번에는 캔버스 크기를 조절해보겠습니다. ❶ [Image]-[Canvas Size] 메뉴를 선택합니다. [Canvas Size] 대화상자에서 ❷ [Anchor]를 왼쪽 중앙으로 선택합니다. ❸ [Width]에 1300을 입력한 다음 ❹ [OK]를 클릭합니다. ❺ 캔버스의 오른쪽 부분이 넓어집니다.

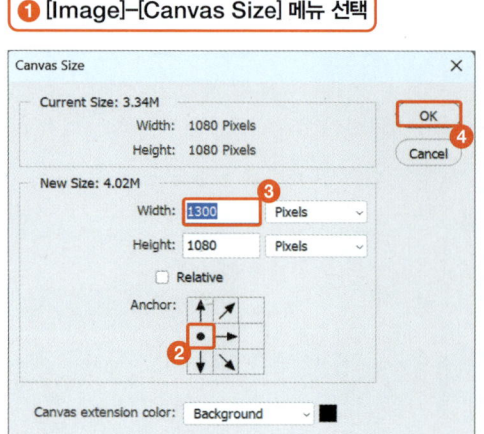

⑭ 도형을 그리는 셰이프 도구

15 ❶ 사각형 셰이프 도구 ▭를 클릭합니다. ❷ 오른쪽 영역을 위아래로 길게 드래그하여 사각형을 만듭니다.

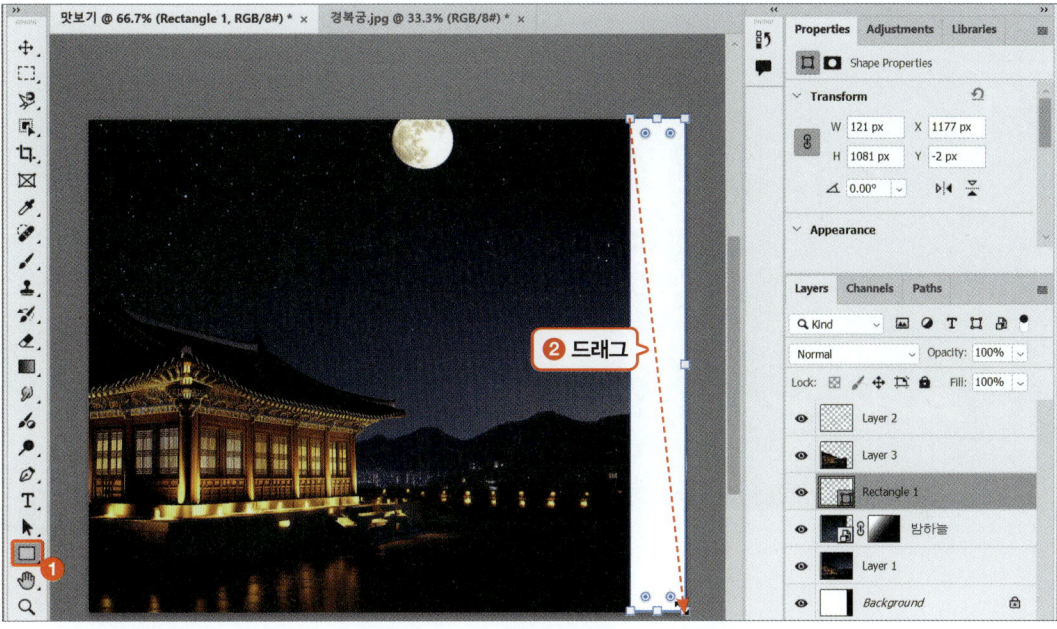

⑮ 문자를 입력하는 문자 도구

16 ❶ 문자 도구 T를 클릭합니다. ❷ 작업 화면을 클릭하여 문자를 입력합니다. 여기서는 **Seoul**을 입력했습니다. ❸ Ctrl + Enter 를 눌러 입력을 완료합니다.

이번 실습에서는 Cherolina 폰트와 예스 명조 폰트를 사용했습니다. 각 폰트의 다운로드와 설치 방법은 도서 앞부분에 안내된 '맛있는 디자인 CC 2025 헬프 페이지'를 참고해서 진행합니다. 원하는 임의의 폰트를 사용해도 좋습니다.

17 ❶ 옵션바에서 문자 스타일을 **Cherolina, 620pt**로 설정합니다. ❷ Ctrl + T 를 누르고 ❸ 살짝만 회전한 후 위치를 이동합니다. ❹ 조절점 안쪽을 더블클릭하여 완료합니다.

⑯ 레이어를 합성하는 블렌딩 모드

18 ❶ [Seoul] 문자 레이어의 블렌딩 모드를 [Soft Light], ❷ [Opacity]를 **50%**로 설정하여 글자를 배경에 자연스럽게 합성합니다.

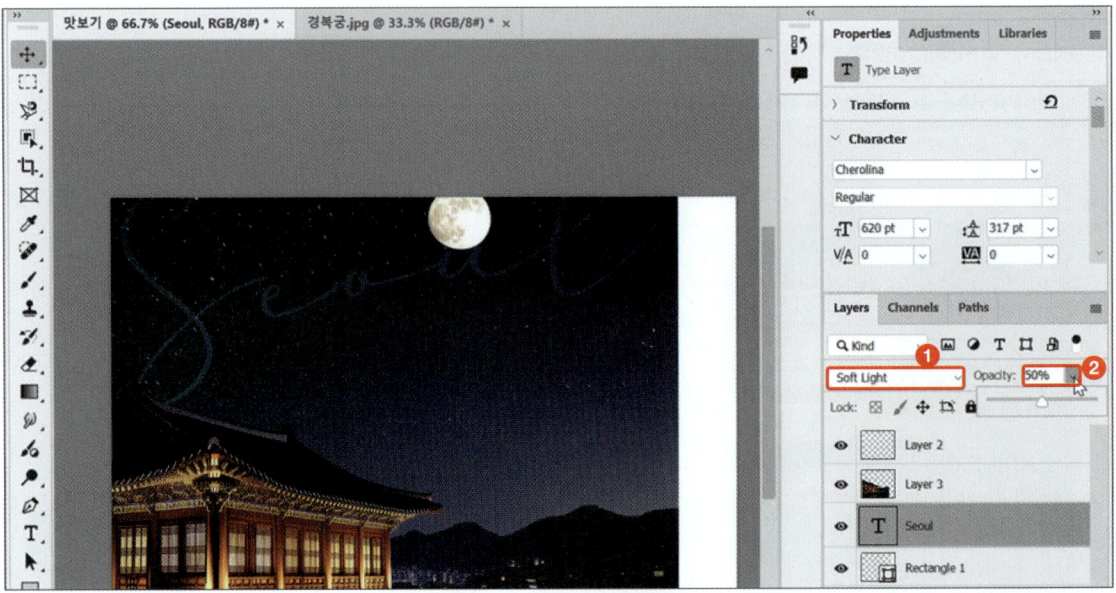

⑰ 색상을 추출하는 스포이트 도구

19 문자 도구 T를 이용해 타이틀, 날짜, 문구를 각각 입력하고 설정합니다. 이동 도구를 클릭하고 그림과 같이 텍스트를 배치합니다.

> 실습에서 입력한 문자 폰트와 크기는 다음과 같습니다. 분위기에 잘 어울리는 임의의 폰트와 적절한 크기를 적용해도 좋습니다.
> **별빛야행** | 예스 명조, 164pt
> **날짜** | 예스 명조, 32pt
> **서울 여행 필수 코스** | 예스 명조, 38pt
> **별빛에 물든…** | 예스 명조, 32pt

20 맨 아래 문구의 색을 바꿔보겠습니다. 해당 텍스트 레이어가 선택된 상태에서 ❶ 도구바에서 스포이트 도구를 클릭하고 ❷ 땅에서 반사되는 조명빛을 클릭하여 색상을 전경색으로 추출합니다. ❸ Alt + Delete 를 눌러 글자에 전경색을 채웁니다.

⑱ 불필요한 부분을 제거하는 자르기 도구

21 이미지에서 불필요한 부분을 잘라내기 위해 ❶ 자르기 도구 를 클릭합니다. ❷ 조절점을 드래그하여 남기고 싶은 부분을 지정한 후 ❸ `Enter` 를 누릅니다. 선택되지 않은 영역이 제거됩니다.

⑲ 화면을 옮기는 손바닥 도구

22 정렬이 잘 맞춰졌는지, 이미지가 깨진 부분은 없는지 저장하기 전에 이미지를 확대해서 꼼꼼히 살펴보겠습니다. ❶ `Ctrl` + `+` 를 두 번 눌러 작업 화면을 확대합니다. ❷ 도구바에서 손바닥 도구 를 클릭하고 ❸ 드래그하여 화면을 옮기며 확인합니다.

⑳ 이미지로 저장하는 Export As

23 완성한 이미지를 블로그에 올릴 수 있도록 웹용 포맷으로 저장해보겠습니다. ❶ [File]-[Export]-[Export As] 메뉴를 선택하면 [Export As] 대화상자가 나타납니다. ❷ 파일 포맷을 [JPG], 이미지 품질을 6으로 설정하고 ❸ [Export]를 클릭합니다.

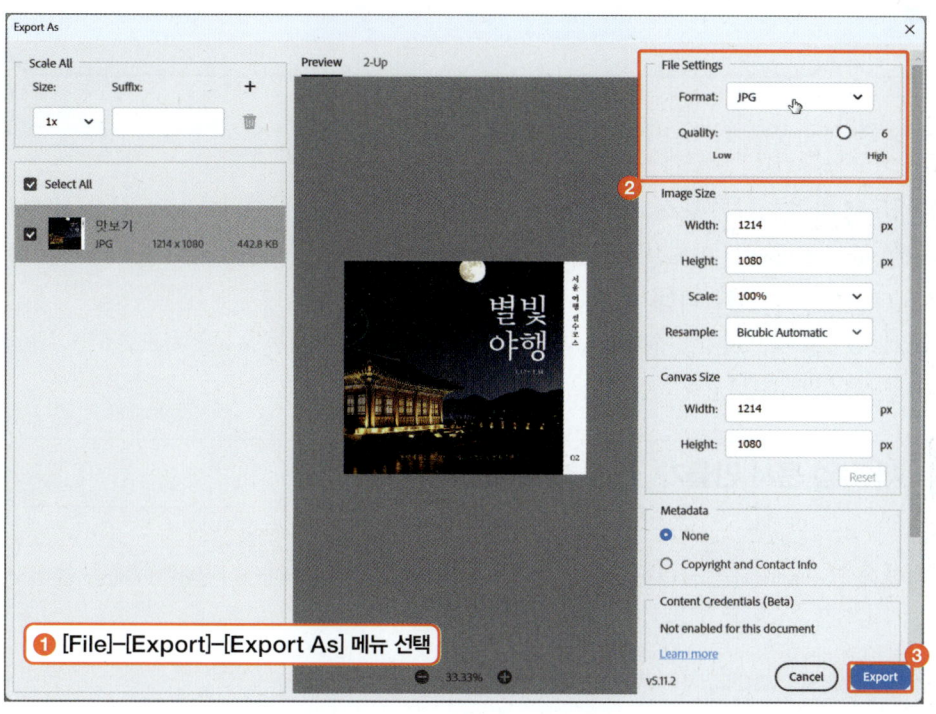

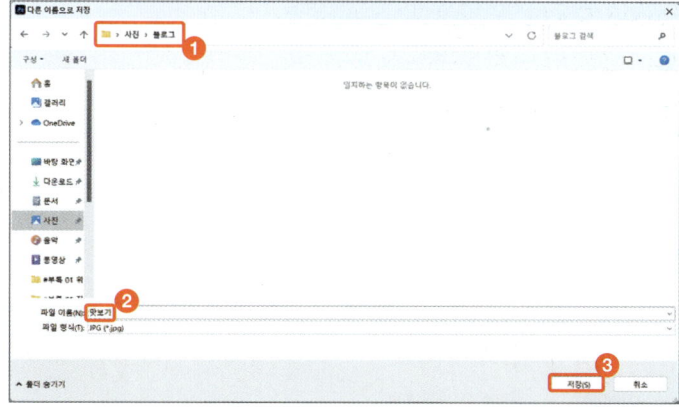

24 ❶ [다른 이름으로 저장] 대화상자가 나타나면 내 컴퓨터의 저장 위치를 지정하고 ❷ 임의의 파일 이름을 입력한 후 ❸ [저장]을 클릭합니다. ❹ 완성된 이미지를 확인합니다.

파일 관리하기

02

새 작업 문서를 만들고 파일 불러오기, 저장하고 창 닫기

포토샵에서 파일을 다루는 방법은 다른 프로그램에서 파일을 다루는 방법과 유사합니다. 포토샵을 실행하고 가장 먼저 하는 일인 새 작업 문서를 만드는 방법, 이미지를 불러오는 방법, 작업한 이미지를 저장하는 방법, 작업 화면을 닫는 방법을 알아보겠습니다.

간단 실습 | 새 작업 문서 만들기

01 포토샵을 실행한 후 [New file]을 클릭합니다. [File]-[New] 메뉴를 선택하거나 Ctrl + N 을 눌러도 됩니다.

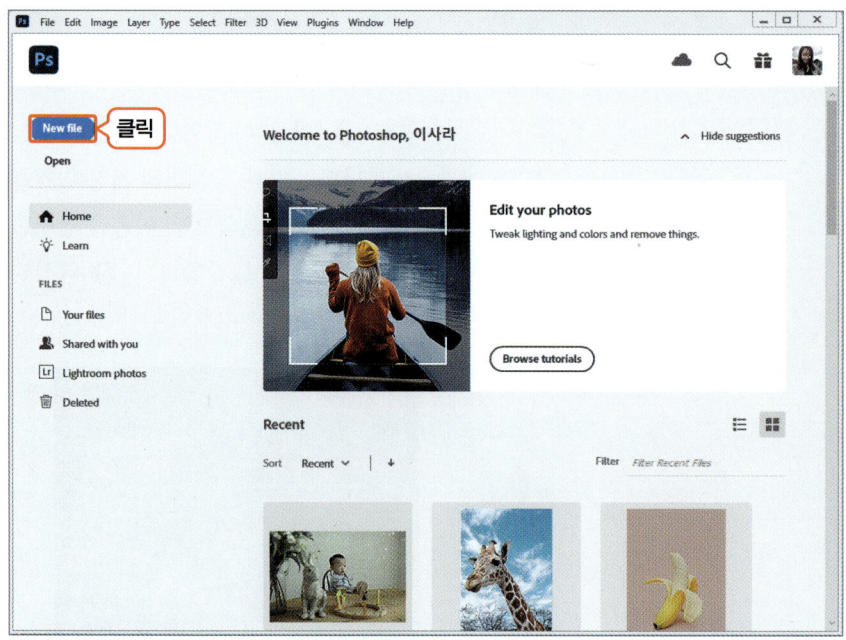

02 ❶ [New Document] 대화상자가 나타나면 원하는 이미지 크기를 [Width]와 [Height]에 입력합니다. 여기서는 1024, 768을 입력했습니다. ❷ [Resolution]은 72를 입력하고 ❸ [Create]를 클릭합니다.

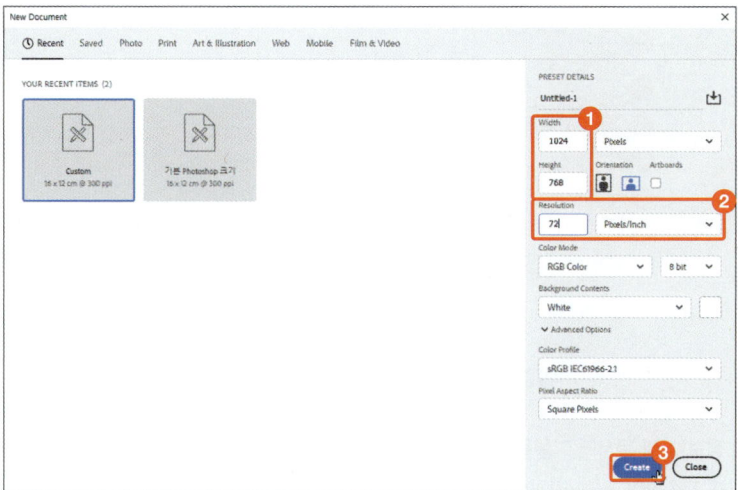

03 새 문서가 열립니다.

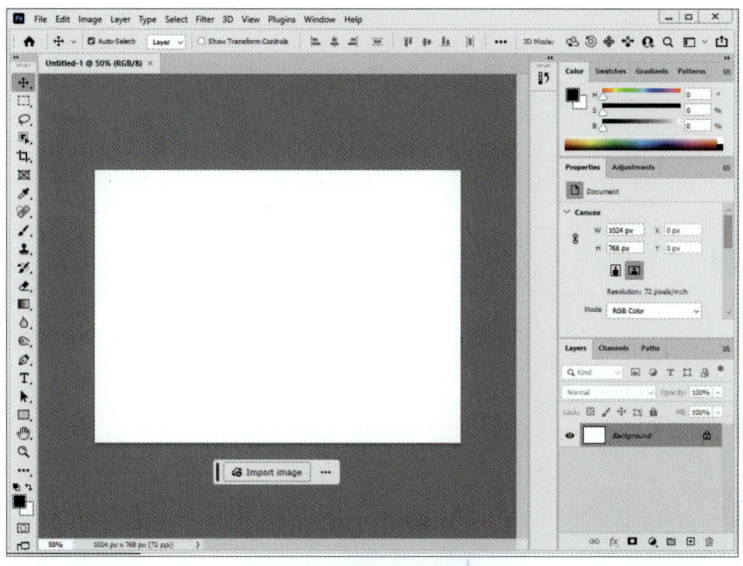

파일 이름 탭에는 파일 이름이 표시됩니다. 앞서 파일 이름을 설정하지 않았기 때문에 'Untitled'로 표시됩니다.

포토샵 CC 2025 버전은 이미지를 열거나 새 작업 문서를 만들면 하단에 [Contextual Task Bar(상황별 작업 표시줄)]가 나타납니다. 해당 표시줄은 작업에 방해될 경우 [Window]-[Contextual Task Bar]에 체크를 해제하여 숨길 수 있습니다.

기능 꼼꼼 익히기 — [New Document] 대화상자 살펴보기

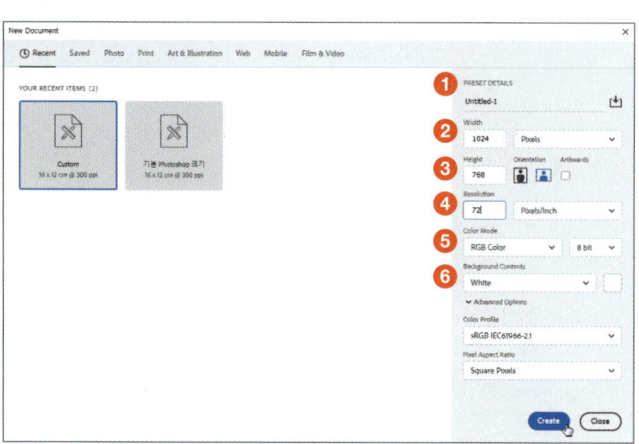

❶ **PRESET DETAILS(사전 설정 세부 정보)** | 새 문서의 이름을 설정합니다. 파일 이름이 됩니다.
❷ **Width(폭)** | 새 작업 문서의 가로 길이를 지정하며, 픽셀/인치/센티미터/밀리미터 등의 단위를 선택할 수 있습니다.
❸ **Height(높이)** | 세로 길이를 설정합니다.
❹ **Resolution(해상도)** | 웹용 이미지는 72ppi, 인쇄용 이미지는 150~300dpi가 적당합니다.
❺ **Color Mode(컬러 모드)** | 웹용 이미지는 [RGB Color], 인쇄용 이미지는 [CMYK Color]로 설정합니다.
❻ **Background Contents(배경)** | 작업 문서의 배경색을 설정합니다. 보통 흰색인 [White]로 설정하지만 투명한 배경을 원하면 [Transparent]로 선택합니다.

간단 실습 — 이미지 불러오기

01 작업 화면이 열린 상태에서 [File]-[Open] 메뉴를 선택합니다. 단축키 Ctrl + O 를 눌러도 됩니다.

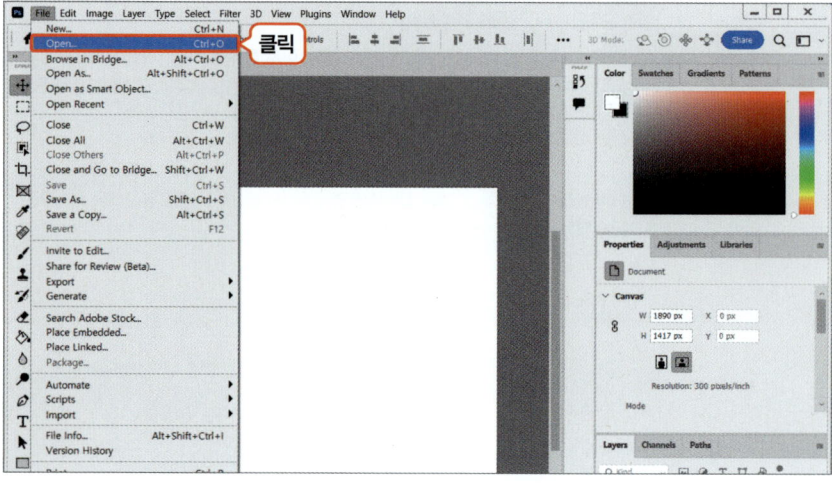

02 ❶ [열기] 대화상자가 나타나면 원하는 이미지를 선택하고 ❷ [열기]를 클릭합니다.

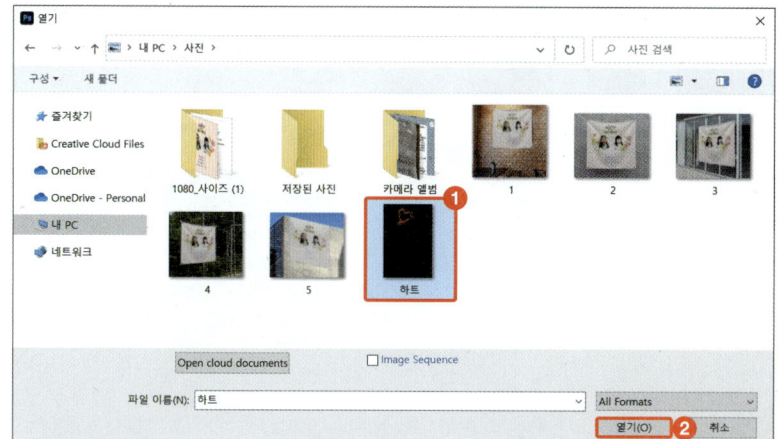

이미지를 불러오는 이번 실습에서는 특정한 이미지를 제공하지 않습니다. 컴퓨터에 저장해둔 임의의 이미지나 이 책의 준비 파일 중 원하는 이미지를 사용합니다.

포토샵을 처음 실행하면 파일을 불러오기 전에 파일 열기 설정을 해야 합니다. 불러오기 위치를 어도비 클라우드 문서(Cloud documents)와 내 컴퓨터 중 선택할 수 있습니다. 여기에서는 창 왼쪽 아래에 있는 [On your computer]를 클릭해 불러오기 위치를 내 컴퓨터로 지정합니다.

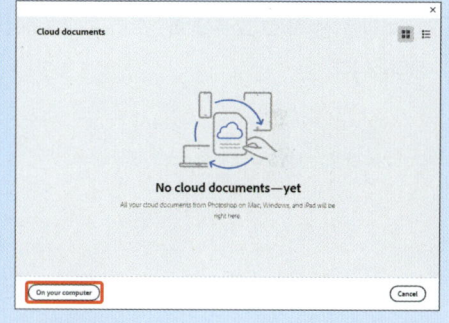

03 선택한 이미지가 작업 화면에 나타납니다.

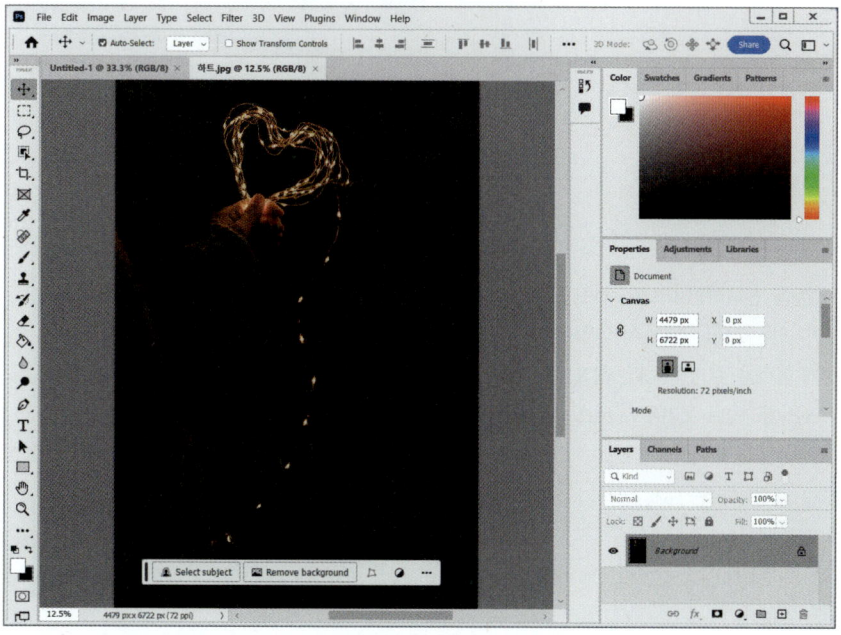

CHAPTER 02 이것만 알면 포토샵 완전 정복　　**085**

기능 꼼꼼 익히기 | 이미지를 불러오는 다양한 방법

❶ 단축키 이용하기

포토샵을 실행한 후 [Open]을 클릭하거나 단축키 Ctrl + O 를 누릅니다. [열기] 대화상자가 나타나면 원하는 이미지를 불러옵니다.

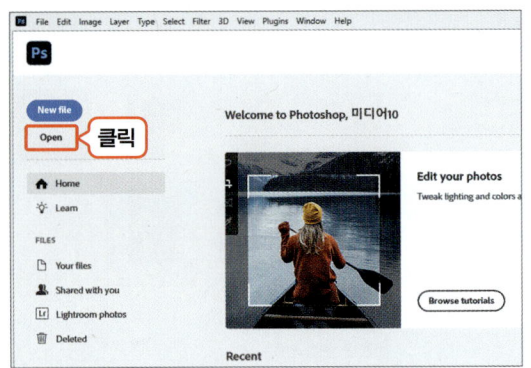

❷ 파일 폴더에서 바로 옮기기

가장 많이 쓰이는 방법입니다. 원하는 이미지가 있는 폴더에서 파일을 선택하고 포토샵 화면으로 드래그하여 이미지를 불러옵니다.

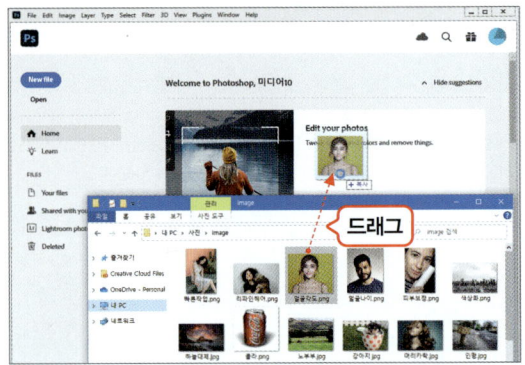

❸ 새 탭으로 불러오기

이미 작업 중인 이미지가 있더라도 새 탭으로 다른 이미지를 불러올 수도 있습니다. 새 이미지를 파일 이름이 있는 탭으로 드래그하여 불러옵니다.

❹ 어도비 브릿지 이용하기

[File]-[Browse in Bridge] 메뉴를 선택하면 어도비 브릿지 프로그램이 실행됩니다. 탐색기와는 달리 PSD, AI 파일 등을 미리 보기로 보면서 편하게 불러올 수 있습니다. 참고로 어도비 브릿지 프로그램은 크리에이티브 클라우드 데스크톱 앱에서 다운로드하여 설치해야만 쓸 수 있습니다.

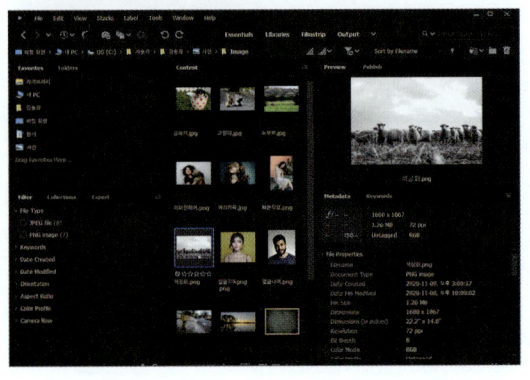

간단 실습 | 이미지 저장하기

01 [File]–[Save] 또는 [File]–[Save As] 메뉴를 선택합니다. 단축키 Ctrl + S 를 눌러도 됩니다.

이미지를 불러온 후 [File] 메뉴를 선택하면 [Save As] 메뉴만 활성화되어 있고 [Save] 메뉴는 비활성화된 것을 확인할 수 있습니다. 이는 이미지를 불러온 후 다른 작업 단계를 거치지 않았기 때문입니다. 이미지에 문자를 입력하는 등의 작업을 거치면 [File]–[Save] 메뉴가 활성화됩니다.

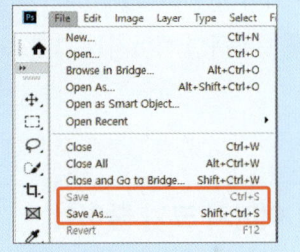

02 클라우드 문서에 저장할 것인지, 내 컴퓨터에 저장할 것인지 묻는 창이 나타납니다. 원하는 저장 위치를 선택합니다. 여기서는 [Save on your computer]를 클릭하여 컴퓨터에 저장했습니다.

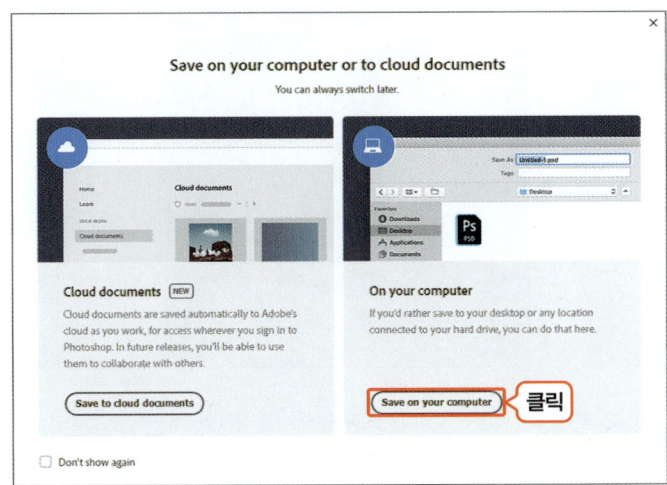

작업 파일을 어도비 클라우드 문서에 저장하면 자동으로 동기화되어 언제, 어디서든 자유롭게 작업할 수 있습니다. [Don't show again]에 체크하면 설정한 위치에 자동으로 저장됩니다.

03 ❶ [다른 이름으로 저장] 대화상자가 나타나면 이미지를 저장할 폴더를 선택하고 ❷ [파일 이름]과 [파일 형식]을 지정한 후 ❸ [저장]을 클릭합니다.

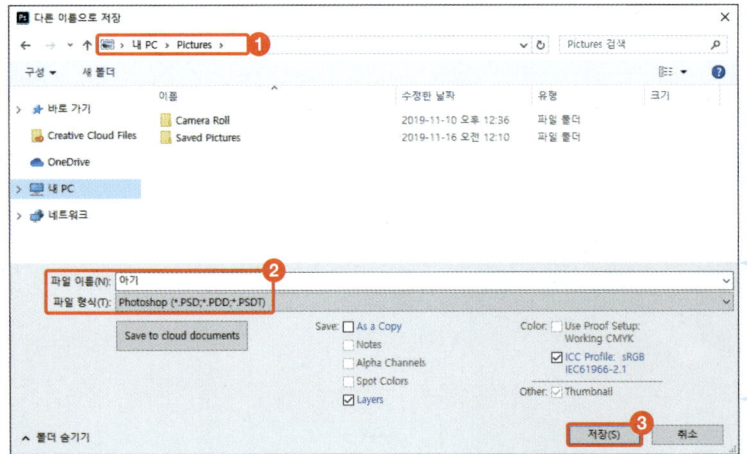

원본을 저장하려면 파일 형식을 [Photoshop (PSD)]으로 선택하고, 웹용 이미지로 저장하려면 [JPEG]로 선택합니다.

어도비 클라우드에 저장하려면 [파일 형식] 아래의 [Save to cloud documents]를 클릭합니다.

이미지와 캔버스 크기 조절하기

포토샵으로 불러온 이미지는 Image Size 기능을 이용하여 이미지 크기와 해상도를 줄일 수 있습니다. Canvas Size 기능을 이용하면 이미지는 그대로 유지하고 캔버스 크기만 조절할 수 있습니다.

간단 실습 │ 이미지 크기 줄이기

준비 파일 기본/Chapter 02/이미지 사이즈.jpg

01 ❶ Ctrl + O 를 눌러 준비 파일을 엽니다. ❷ [Image]-[Image Size] 메뉴를 선택합니다.

포토샵 CC 2024 버전부터 파일을 새로 열거나, 선택 도구로 이미지를 선택할 경우 [상황별 작업 표시줄]이 표시됩니다. 작업 영역을 가려 불편하다면 메뉴바의 [Window]-[Contextual Task Bar]에 체크를 해제하여 숨길 수 있습니다.

02 ① [Image Size] 대화상자가 나타나면 [Width]를 600, Pixels로 설정하고 ② [OK]를 클릭합니다.
③ 이미지 크기가 줄어든 것을 확인할 수 있습니다.

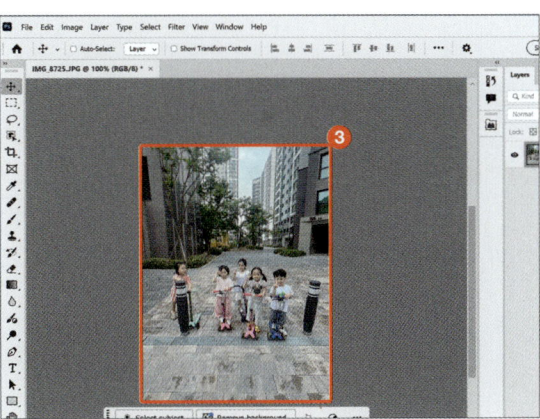

기능 꼼꼼 익히기 — [Image Size] 대화상자 살펴보기 Alt + Ctrl + I

① **Dimensions(이미지 치수)** | 현재 이미지의 가로세로 크기(길이)를 보여줍니다.

② **Fit To(다음에 맞추기)** | 가장 많이 사용되는 모니터 해상도와 인쇄 해상도 크기의 템플릿을 제공합니다.

③ **Width(폭), Height(높이)** | 이미지 크기를 입력합니다. 가로세로 비율을 따로 입력하고 싶으면 🔗를 클릭하여 해제합니다.

④ **Resolution(해상도)** | 모니터에서 보는 웹용 이미지는 72Pixels/Inch, 인쇄용 이미지는 150~300Pixels/Inch로 설정하는 것이 좋습니다.

⑤ **Resample(리샘플링)** | 이 옵션에 체크하면 저해상도 이미지를 고해상도 이미지로 확대할 때 이미지가 깨지는 현상을 줄일 수 있습니다.

한눈에 실습 | 확대해도 깨지지 않는 이미지 만들기

준비 파일 기본/Chapter 02/이미지 확대.jpg
핵심 기능 Image Size, Reduce Noise

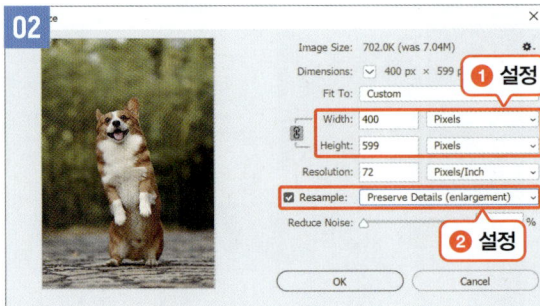

한눈에 실습 | 캔버스 크기 조절하기

준비 파일 기본/Chapter 02/캔버스크기.jpg
핵심 기능 Canvas Size, Anchor

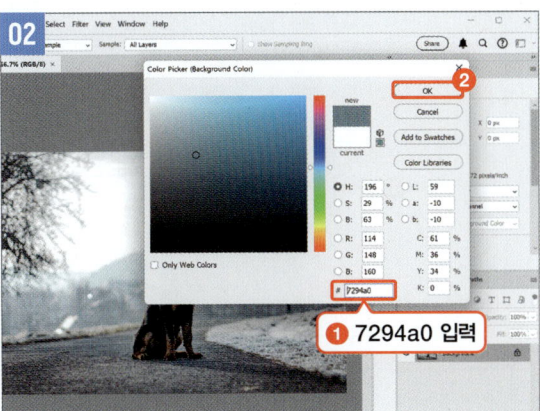
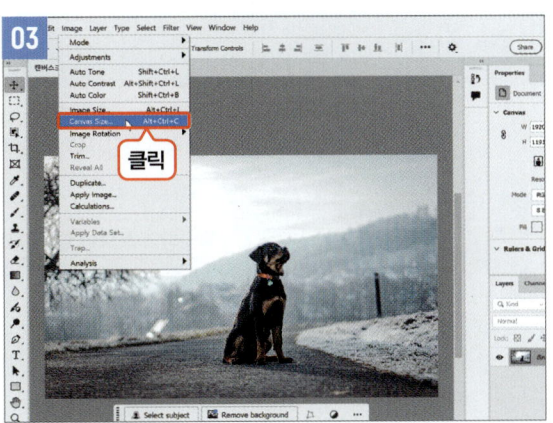
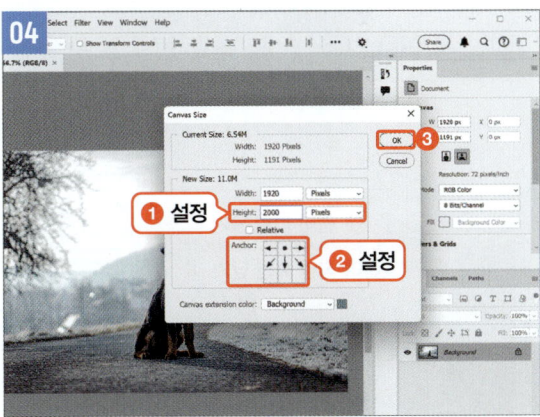

캔버스 크기를 기존 이미지보다 크게 조절하면 추가된 캔버스 영역에는 배경색이 채워집니다.

기능 꼼꼼 익히기 | [Canvas Size] 대화상자 살펴보기 Alt + Ctrl + C

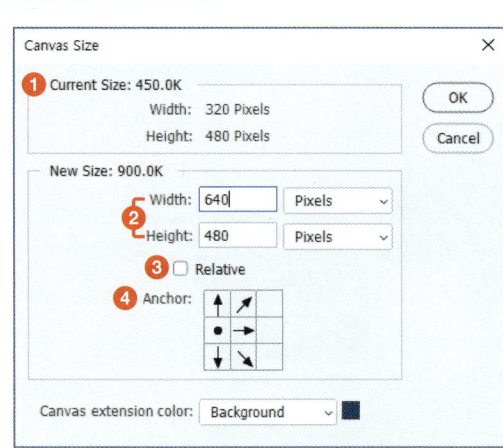

① **Current Size(현재 크기)** | 현재 캔버스 크기가 표시됩니다.

② **Width(폭), Height(높이)** | 새 캔버스 크기를 설정합니다.

③ **Relative(상대치)** | 체크하면 [Width]와 [Height]에 입력한 값만큼 캔버스가 커집니다.

④ **Anchor(기준)** | 캔버스가 확장되는 방향을 선택합니다.

한눈에 실습 | 작업 화면 닫고 포토샵 종료하기

준비 파일 기본/Chapter 02/테이블.jpg
핵심 기능 작업 화면 닫기, 포토샵 종료

01
① 준비 파일 열기
② 클릭하여 작업 화면 닫기

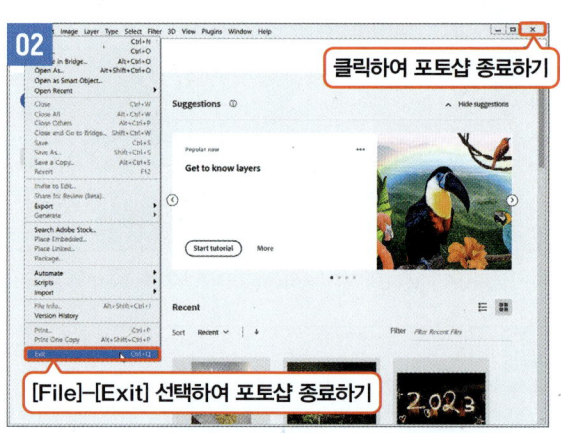

02
클릭하여 포토샵 종료하기
[File]–[Exit] 선택하여 포토샵 종료하기

> 작업 화면을 닫거나 포토샵 프로그램을 종료하기 전에는 반드시 저장 여부를 확인해주세요. 어렵게 작업한 이미지를 순식간에 날릴 수도 있습니다.

현재 작업 화면(문서) 이외의 모든 화면(문서)을 닫으려면 작업 화면 탭에서 마우스 오른쪽 버튼을 클릭하고 [Close Others] 메뉴를 선택합니다.

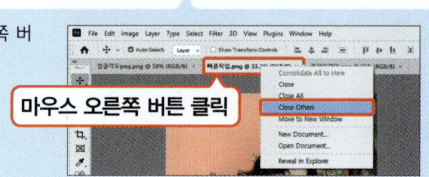

마우스 오른쪽 버튼 클릭

선택하기

03

다양한 방법으로 원하는 영역 선택하기

포토샵에서 이루어지는 모든 작업의 기본은 선택입니다. 이미지를 수정하거나 합성할 때 등 거의 모든 작업은 선택 도구 없이 진행할 수 없습니다. 가장 효과적으로 원하는 영역을 선택할 수 있는 방법을 알아보겠습니다.

사각형, 원형으로 선택하는 선택 도구 M

가장 많이 사용하는 도구로 이미지에서 원하는 영역을 선택할 때 사용합니다.

- **사각형 선택 도구** ▢ | 사각형으로 선택합니다.
- **원형 선택 도구** ◯ | 원형으로 선택합니다.

- **가로선 선택 도구** ▭ | 굵기가 1Pixels인 가로줄로 선택합니다.
- **세로선 선택 도구** ▯ | 굵기가 1Pixels인 세로줄로 선택합니다.

선택 도구로 이미지를 선택할 경우 나타나는 상황별 작업 표시줄은 메뉴바의 [Window]-[Contextual Task Bar]의 체크를 해제하여 숨긴 상태입니다.

> **기능 꼼꼼 익히기** 　**선택 영역 단축키 완전 정복**
>
> **선택 영역을 지정할 때**
> - Shift + 드래그 | 정사각형이나 정원을 만듭니다.
> - Alt + 드래그 | 클릭한 지점이 선택 영역의 중심이 되도록 지정합니다.
> - Alt + Shift + 드래그 | 클릭한 지점이 선택 영역의 중심이 되는 정사각형이나 정원을 만듭니다.
>
> **선택 영역을 지정한 후**
> - Ctrl + D | 선택 영역을 해제합니다.
> - Shift + 드래그 | 선택 영역을 더합니다.
> - Alt + 드래그 | 선택 영역을 뺍니다.
> - Alt + Shift + 드래그 | 선택 영역이 교차된 부분만 남깁니다.

선택 도구 옵션바

① **영역 선택하기** | 어떤 방식으로 선택할지 지정합니다. 옵션은 총 네 가지가 있습니다.
② **Feather** | 이미지의 가장자리를 부드럽게 표현합니다. 값을 0~1000으로 입력할 수 있고 값이 클수록 가장자리가 부드러워집니다.
③ **Anti-alias** | 이미지 가장자리에 나타나는 계단 현상을 부드럽게 보이도록 표현합니다. 체크해두고 사용하길 권장합니다.
④ **Style** | 원하는 비율, 크기를 미리 설정해놓고 클릭 한 번으로 선택 영역을 만듭니다.
⑤ **Select and Mask** | 가장자리와 모서리의 모양, 부드러운 정도 등을 세밀하게 설정할 수 있습니다.

선택 영역 더하기, 빼기, 겹치는 부분만 남기기

기존 선택 영역에 다른 선택 영역을 더하거나 뺄 때 어떤 방식으로 지정하는지 알아보겠습니다.

- **새 선택 영역** ▫ | 새로운 선택 영역을 지정합니다.
- **선택 영역 추가하기** | 기존에 선택해둔 영역에 새로운 영역을 더합니다(Shift +드래그).

선택 도구로 이미지를 선택할 경우 나타나는 [Contextual Task Bar(상황별 작업 표시줄)]는 메뉴바의 [Window]-[Contextual Task Bar]에 체크를 해제하여 숨긴 상태입니다.

- **선택 영역 빼기** | 기존에 선택해둔 영역에서 원하는 부분을 뺍니다(Alt +드래그).
- **선택 영역과 교차** | 기존 선택 영역과 새로운 선택 영역이 겹치는 부분만 남깁니다(Alt + Shift +드래그).

한눈에 실습 | Feather로 가장자리 부드럽게 만들기

준비 파일 기본/Chapter 02/페더.jpg
핵심 기능 Feather, Fill

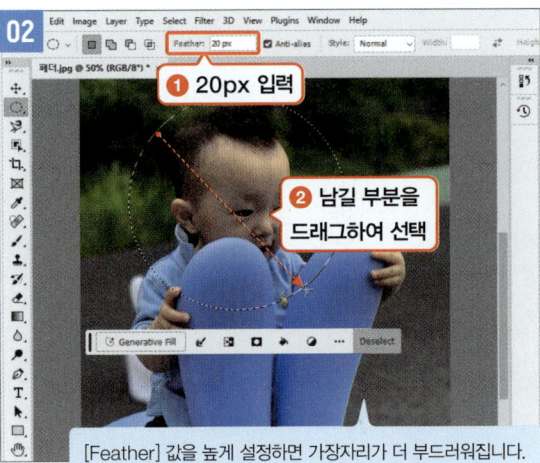

[Feather] 값을 높게 설정하면 가장자리가 더 부드러워집니다.

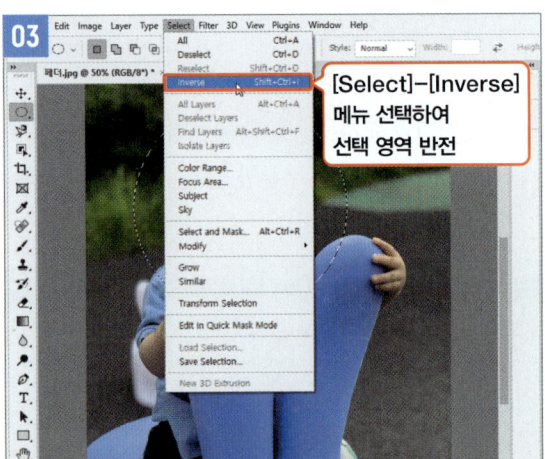

부드러운 가장자리 만들기 완성

자유롭게 선택하는 올가미 도구 L

마우스를 자유롭게 움직여 원하는 모양대로 선택 영역을 만듭니다. 불규칙한 모양의 이미지를 빠르게 선택할 때 유용하게 쓰이지만 선택 영역을 세밀하게 지정하기는 어렵습니다.

- **올가미 도구** | 자유롭게 드래그하여 원하는 모양으로 선택합니다.
- **다각형 올가미 도구** | 다각형 모양으로 선택합니다.

- **자석 올가미 도구** | 색상 구분이 분명한 경계선을 따라 자동으로 선택합니다.

기능 꼼꼼 익히기 | 올가미 도구 단축키 완전 정복

- `Backspace` 또는 `Delete` | 클릭 이전 단계로 되돌아갑니다.
- 더블클릭 또는 `Enter` | 그 상태에서 끝점과 시작점을 자동으로 연결하여 선택 영역을 지정합니다.
- `Esc` | 지정한 선택 영역을 취소합니다.
- `Shift` +드래그 | 15° 단위로 움직여 수평, 45°, 90° 방향으로 선택 영역을 지정할 수 있습니다.
- 올가미 도구 사용 중 `Alt` +클릭 | `Alt` 를 누르면 다각형 올가미 도구로 전환합니다.
- 다각형 올가미 도구 사용 중 `Alt` +클릭 | `Alt` 를 누르면 올가미 도구로 전환합니다.
- 자석 올가미 도구 사용 중 `Alt` +클릭 | `Alt` 를 누르고 지점을 클릭하면 다각형 올가미 도구로 전환하고, 드래그하면 올가미 도구로 전환합니다.

클릭 또는 드래그 한 번으로 선택하는 개체 선택 도구 W

클릭하거나 드래그 한 번으로 원하는 영역을 정확하게 선택합니다. 복잡한 선택 프로세스를 가장 빠르게 수행합니다.

- **개체 선택 도구** | 마우스 포인터를 이미지 위에 올리는 것만으로도 개체가 인식되고 클릭 한 번으로 선택할 수 있습니다.

- **빠른 선택 도구** | 클릭하거나 드래그하면 비슷한 색상이 빠르게 선택됩니다.

- **마술봉 도구** | 클릭하면 비슷한 색상이 선택됩니다. 색상 경계가 명확할 때 유용합니다.

개체 선택 도구 옵션바

① **영역 선택하기** | 어떤 방식으로 선택할지 지정합니다. 선택 영역을 추가하거나 뺄 수 있습니다.
② **Object Finder** | 체크되어 있으면 마우스 포인터를 이미지 위에 올리는 것만으로도 개체를 인식합니다.
③ **새로 고침** | 클릭하면 수동으로 새로 고침합니다.
④ **개체 표시** | 모든 개체를 표시합니다. 클릭하면 미리 보기 모드로 전환합니다.
⑤ **설정** | 개체 선택 도구 사용 시 새로 고침 방식, 개체 인식 컬러, 투명도 등을 설정합니다.

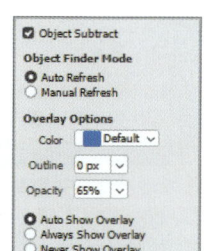

⑥ **Mode** | 사각형 또는 올가미 모드로 개체를 선택합니다.
⑦ **Sample All Layers** | 레이어가 여러 개인 경우 모든 레이어까지 더해 선택 영역을 만듭니다.
⑧ **Hard Edge** | 선택 영역의 가장자리를 뭉개지 않고 깔끔하게 선택합니다.
⑨ **선택 피드백** | 클릭하면 [Selection Feedback] 대화상자가 나타나고 선택 영역에 대한 세부 사항을 공유할 수 있습니다.
⑩ **Select Subject** | 클릭하면 사진 속의 배경과 피사체를 자동으로 구분합니다. 일명 '누끼 따는' 작업을 할 때 매우 유용하게 사용할 수 있습니다.
⑪ **Select and Mask** | 가장자리와 모서리의 모양, 부드러운 정도 등을 세밀하게 설정할 수 있습니다.

빠른 선택 도구 옵션바

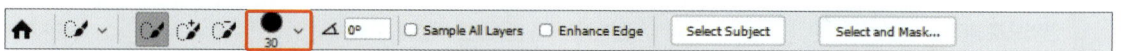

기본 항목은 개체 선택 도구와 동일합니다.
- **Brush** | 브러시 크기를 조절합니다.

마술봉 도구 옵션바

① **Sample Size** | 선택 범위를 설정합니다.
② **Tolerance** | 선택한 픽셀과 인접한 색상 범위를 지정합니다. 값을 0~225로 입력할 수 있고 값이 작을수록 클릭한 픽셀과 유사한 색상을 선택합니다.
③ **Anti-alias** | 이미지 가장자리에 나타나는 계단 현상을 부드럽게 보이도록 표현합니다.
④ **Contiguous** | 체크하지 않으면 이미지 전체에서 유사한 색상을 사용하는 모든 픽셀이 선택됩니다.
⑤ **Sample All Layers** | 레이어가 여러 개인 경우 모든 레이어까지 더해 선택 영역을 만듭니다.

한눈에 실습 | 개체 선택 도구로 선택하기

준비 파일 기본/Chapter 02/개체선택도구.jpg
핵심 기능 개체 선택 도구

포토샵 CC 2023 버전부터 피사체뿐 아니라 하늘, 땅, 물 등 다양한 배경 요소도 자동 인식됩니다. 마우스 포인터를 이미지 위에 올리는 것만으로도 개체를 인식할 수 있고 클릭 한 번으로 해당 영역을 쉽게 선택할 수 있습니다.

기능 꼼꼼 익히기 | 하늘만 선택하는 더 쉬운 방법

하늘만 선택하는 더 쉬운 방법도 있습니다. [Select]-[Sky] 메뉴를 선택하면 하늘을 자동으로 인식해 선택 영역으로 지정할 수 있습니다.

클릭 한 번으로 섬세하게 선택하는 Refine Hair

머리카락처럼 가늘거나 디테일이 많은 부분을 선택할 때는 Select and Mask 기능을 활용했습니다. 포토샵 버전이 업데이트되면서 Select and Mask 기능이 더욱 발전하여 Select Subject(피사체 선택)와 Refine Hair 기능이 추가되었습니다. 머리카락이나 동물의 털 등 세밀한 가장자리를 자연스럽게 분리하여 합성할 수 있습니다.

간단 실습 머리카락 한 올까지 정교하게 선택하기

준비 파일 기본/Chapter 02/리파인헤어.jpg

01 ① Ctrl + O 를 눌러 준비 파일을 불러옵니다. ② 사각형 선택 도구를 클릭하고 ③ [Select and Mask]를 클릭합니다.

02 ① [Properties] 패널이 나타나며 Select and Mask 모드가 실행됩니다. [View]의 섬네일을 클릭하여 ② [Overlay (V)]를 더블클릭해 선택합니다.

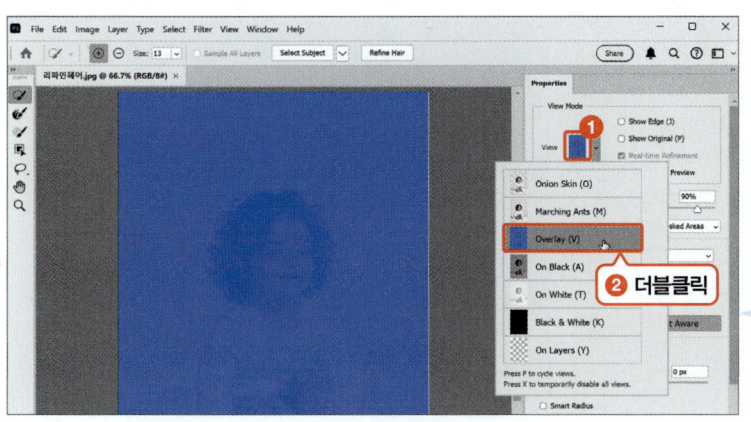

[Overlay (V)]를 선택하면 선택되지 않은 영역이 붉은색으로 표시됩니다. 실습 화면이 파란색으로 나타난 것은 [Color]를 파란색(0054ff)으로 설정했기 때문입니다. 선택 영역을 나타내는 색은 작업자가 원하는 색으로 설정할 수 있습니다.

03 ❶ [Opacity]는 **90%**, ❷ [Color]는 **0054ff**로 설정합니다. ❸ [Select Subject]를 클릭하고 ❹ [Refine Hair]를 클릭합니다. 머리카락이 정교하게 선택되었습니다. ❺ 미리 보기를 확인한 후 [OK]를 클릭합니다.

04 머리카락이 배경과 정교하게 분리되고 배경은 투명하게 제거되었습니다.

05 새 레이어를 만들어 이미지 아래에 배치하고 페인트 도구 를 이용해 다양한 색을 적용해봅니다.

브러시로 섬세하게 선택하는 퀵 마스크 모드 Q

브러시 도구와 지우개 도구를 이용하여 원하는 영역을 좀 더 편하게 선택할 수 있습니다. 클릭할 때마다 퀵 마스크 모드와 표준 모드로 전환됩니다.

- **퀵 마스크 모드** | 드래그하면 비슷한 색상이 빠르게 선택됩니다.
- **표준 모드** | 퀵 마스크 모드에서 다시 표준 모드로 돌아오면 선택 영역이 표시됩니다.

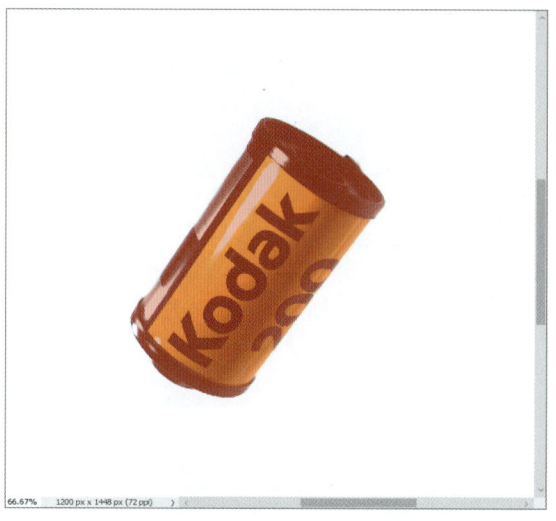

기능 꼼꼼 익히기 — [Quick Mask Options] 대화상자 살펴보기

퀵 마스크 모드를 더블클릭하면 [Quick Mask Options] 대화상자가 나타납니다. 각 옵션을 통해 마스크 영역과 선택 영역을 지정할 수 있습니다.

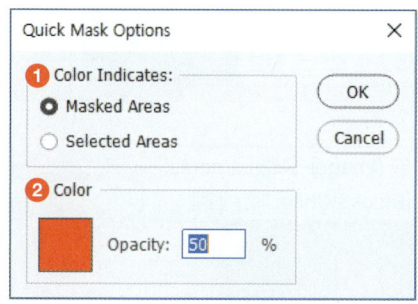

❶ **Color Indicates** | [Masked Areas]를 선택하면 채색한 부분을 제외한 영역이 선택 영역으로 지정되고, [Selected Areas]를 선택하면 채색한 부분이 선택 영역으로 활성화됩니다. 활용도가 높은 [Selected Areas]를 기본값으로 설정하는 것이 좋습니다.

❷ **Color** | 기본값은 빨간색이지만 이미지와 잘 구분되는 색상으로 바꿀 수 있습니다. [Opacity]를 조정해 불투명도를 조절할 수도 있습니다.

한눈에 실습 | 퀵 마스크 모드로 흑백 배경 만들기

준비 파일 기본/Chapter 02/퀵마스크.jpg
핵심 기능 퀵 마스크 모드, 브러시 도구, Black&White

퀵 마스크 모드에서 브러시 도구와 지우개 도구를 이용하여 인물을 섬세하게 선택하고, 배경을 흑백으로 만들어보겠습니다.

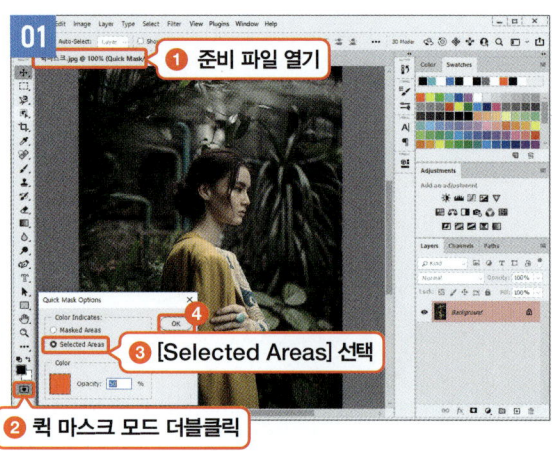

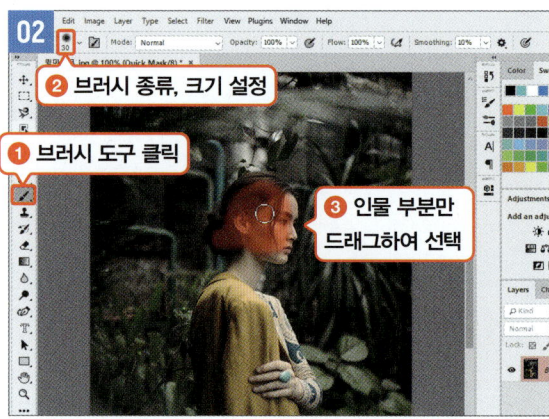

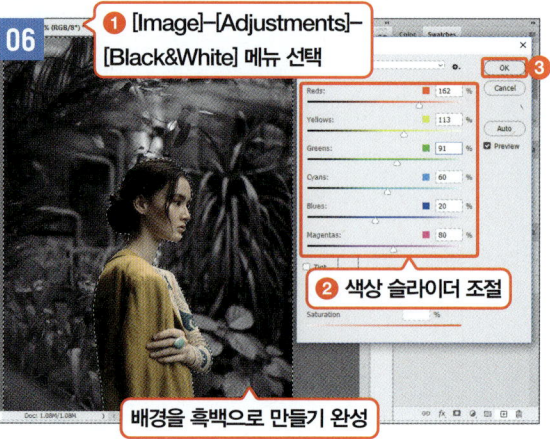

한눈에 실습 | Color Range로 한번에 색상 바꾸기

준비 파일 기본/Chapter 02/색상영역.png
핵심 기능 Color Range, Hue/Saturation

선택하려는 색상이 이미지 전체에 넓게 퍼져 있는 경우에는 [Select]-[Color Range] 메뉴를 선택해 색상 영역을 한번에 선택하고 바꿀 수 있습니다.

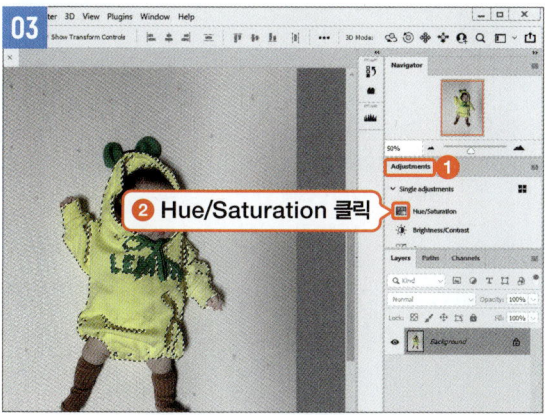

[Color Range] 대화상자

1. **Fuzziness** | 선택한 색상을 기준으로 선택 영역을 좁히거나 넓힐 수 있는 기능입니다. 값이 클수록 범위가 넓어집니다.
2. 추가 스포이트 도구를 클릭하고 다른 영역을 클릭하면 영역이 추가됩니다.

한눈에 실습 — Focus Area로 피사체와 배경 분리하기

준비 파일 기본/Chapter 02/포커스영역.jpg
핵심 기능 Focus Area, Matting(매트)

초점이 맞는 영역(선명한 피사체)과 그렇지 않은 영역(아웃포커스된 배경)으로 표현된 사진이라면 Focus Area 기능을 이용하여 피사체와 배경을 쉽게 분리할 수 있습니다.

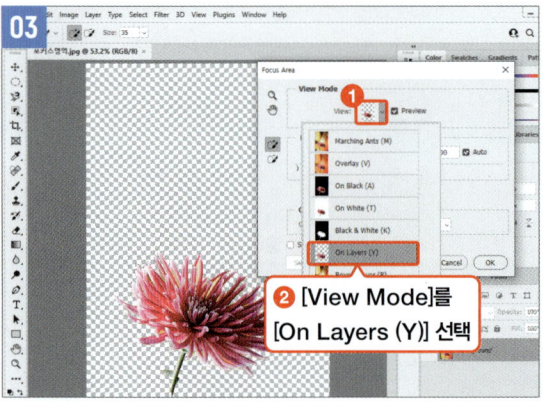
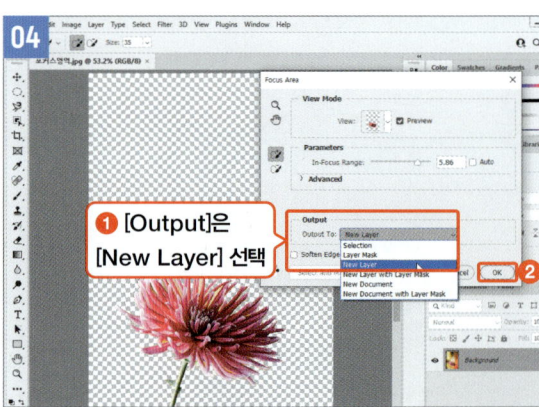
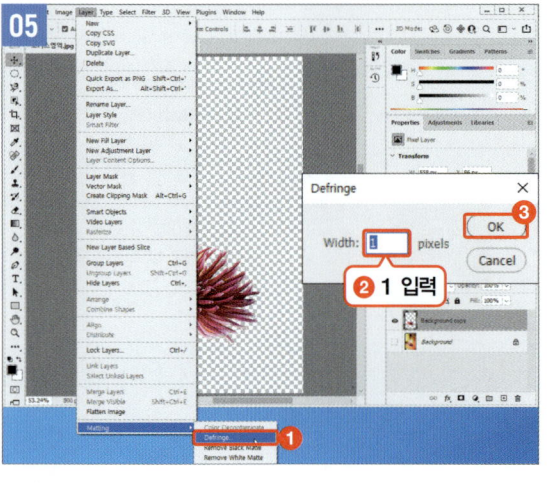

선택 영역을 수정하는 Modify

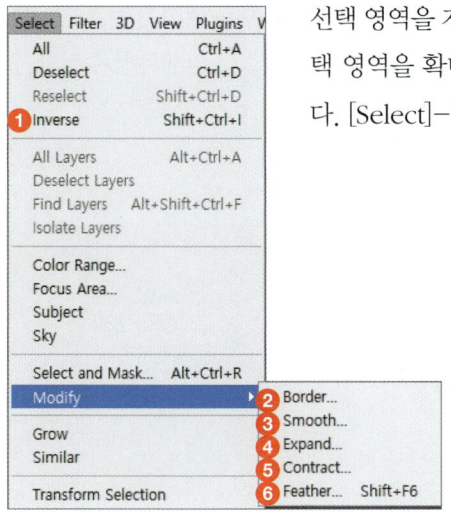

선택 영역을 지정한 후 테두리를 만들거나 모서리를 둥글게 할 수 있습니다. 선택 영역을 확대하거나 축소할 수도 있고 [Feather] 값을 수정할 수도 있습니다. [Select]-[Modify] 메뉴에서 자세히 알아보겠습니다.

▲ 기본 선택 영역

① **Inverse** | 선택 영역을 반전합니다.

② **Border** | 선택 영역의 테두리를 만듭니다.

③ **Smooth** | 선택 영역의 모서리를 둥글게 만듭니다.

④ **Expand** | 선택 영역을 확대합니다.

⑤ **Contract** | 선택 영역을 축소합니다.

⑥ **Feather** | 가장자리를 부드럽게 표현합니다.

▲ Expand=35pixels

▲ Contract=35pixels

▲ Feather=35pixels

Shift + Ctrl + I 를 눌러 선택 영역을 반전한 후 Ctrl + Delete 를 눌러 색상을 채우면 가장자리가 깃털처럼 부드럽게 보입니다.

정교하게 선택하는 펜 도구 P

모양을 정교하게 패스로 추출하여 선택 영역으로 만들 때 사용합니다. 익숙하게 다루는 데까지 시간이 오래 걸리지만 영역을 정밀하게 지정하거나 섬세한 모양을 그릴 수 있고, 한 번 만든 패스는 언제든지 수정할 수 있기 때문에 실무에서 자주 쓰입니다.

- **펜 도구** | 패스를 만듭니다.

 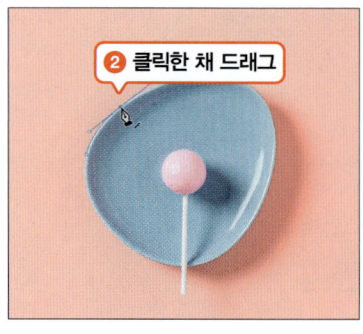 

- **자유 형태 펜 도구** | 드래그한 형태대로 패스가 만들어집니다.
- **곡률 펜 도구** | 부드러운 곡선과 직선 패스를 쉽고 빠르게 만듭니다.
- **기준점 추가 도구** | 기존 패스에 기준점을 추가합니다.
- **기준점 삭제 도구** | 기존 패스의 기준점을 삭제합니다.
- **기준점 변환 도구** | 패스 기준점의 속성을 바꿉니다.

> 펜 도구에 대한 자세한 내용과 활용 방법은 161쪽을 확인하세요.

이동하기

LESSON 04
선택 영역을 자유롭게 옮기기

이동 도구는 포토샵에서 선택 도구와 함께 가장 많이 쓰는 도구입니다. 선택 영역으로 지정한 이미지를 옮길 때도 사용하지만, 여러 이미지 중 선택된 레이어에 담긴 이미지만 옮길 때도 씁니다.

간단 실습 — 선택 영역만 잘라 옮기기

준비 파일 기본/Chapter 02/cup.jpg

❶ Ctrl + O 를 눌러 준비 파일을 불러옵니다. ❷ 올가미 도구 를 클릭하고 ❸ 컵 영역을 드래그하여 선택합니다. ❹ 이동 도구 를 클릭하고 ❺ 컵을 오른쪽으로 드래그합니다. 잘린 선택 영역만 옮겨집니다.

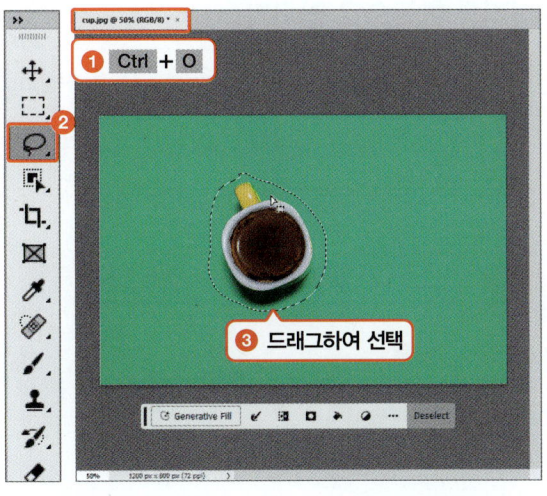
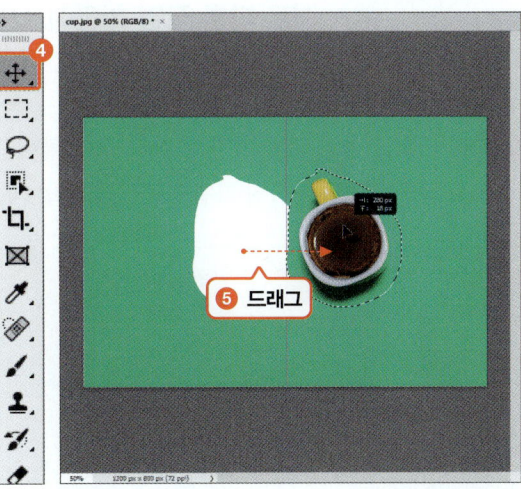

간단 실습 | 복제하여 옮기기

cup.jpg 준비 파일을 다시 사용해보겠습니다. ① 올가미 도구 를 클릭하고 ② 컵 영역을 드래그하여 선택합니다. ③ 이동 도구 를 클릭하고 ④ Alt 를 누른 채 오른쪽으로 드래그합니다. 선택 영역이 복제된 채 옮겨집니다.

간단 실습 | 서로 다른 작업 화면에 있는 이미지를 한곳으로 합치기

준비 파일 기본/Chapter 02/북극곰.jpg, 콜라.png

① Ctrl + O 를 눌러 준비 파일 두 개를 모두 불러옵니다. ② 이동 도구 를 클릭하고 ③ 콜라 이미지를 클릭한 후 북극곰이 있는 작업 화면으로 드래그합니다. ④ 콜라와 북극곰이 자연스럽게 합쳐집니다.

[콜라.png] 탭을 드래그하여 다른 창으로 열어둔 후 실습하는 것이 좋습니다.

기능 꼼꼼 익히기 — 탭으로 분리된 이미지를 한곳으로 합치기

작업 이미지가 분리된 창이 아닌 탭 방식으로 보일 때가 있습니다. ❶ 이때는 이동 도구를 클릭한 후 ❷❸ 이미지를 옮기고자 하는 작업 화면의 이름 탭 영역으로 드래그합니다. ❹ 해당 탭에 옮기고자 하는 이미지가 이동됩니다.

이동 도구 옵션바

① **Auto-Select** | [Layers] 패널에서 레이어를 일일이 클릭하지 않고도 원하는 이미지를 빠르게 선택할 수 있습니다. Shift 나 Ctrl 을 누르지 않고도 여러 레이어에 담긴 이미지를 한꺼번에 선택하고 옮길 수 있습니다.

> 이동 도구를 사용할 때 옵션이 해제되어 있는 상태에서 Ctrl 을 누르면 자동 선택 옵션이 선택됩니다.

② **Show Transform Controls** | 선택한 영역이나 이미지의 테두리에 조절점을 생성하여 크기 조절이나 회전과 같이 모양을 변형할 수 있도록 돕습니다. [Edit]-[Free Transform] 메뉴와 같은 기능입니다.

③ **Distribute Linked** | 활성화된 레이어를 중심으로 링크된 레이어를 정렬합니다. 가로 정렬, 세로 정렬, 간격 맞춤, 자동 정렬을 할 수 있습니다.

변형하기, 회전하기

05 이미지를 변형, 회전, 왜곡하기

포토샵에서는 Free Transform(자유 변형) 기능을 이용해 이미지의 모양을 자유롭게 변형하거나 회전할 수 있습니다. 이미지, 패스, 셰이프 등 오브젝트가 선택된 상태에서 Ctrl + T 를 누르거나 [Edit]-[Free Transform] 메뉴를 선택하여 자유롭게 이미지를 변형해보겠습니다.

간단 실습   이미지 크기 조절하고 회전하기

준비 파일 기본/Chapter 02/변형하기.psd

01 ❶ Ctrl + O 를 눌러 준비 파일을 불러옵니다. ❷ [Layers] 패널을 확인하면 [Background(배경)] 레이어와 [Moleskine(오브젝트)] 레이어를 확인할 수 있습니다. ❸ Ctrl + T 를 누르면 자유 변형 기능이 적용되고 Free Transform 조절점이 나타납니다.

자유 변형 모드에서 표시되는 상황별 작업 표시줄이 레이어를 가려 메뉴 바의 [Window]-[Contextual Task Bar]의 체크를 해제하여 숨긴 상태입니다.

02 ❶ 모서리 조절점을 안쪽으로 드래그합니다. ❷ 크기가 정비례로 작아집니다. ❸ Shift 를 누른 채 가운데 조절점을 좌우 또는 상하로 드래그하면 가로 또는 세로 크기만 바뀝니다.

 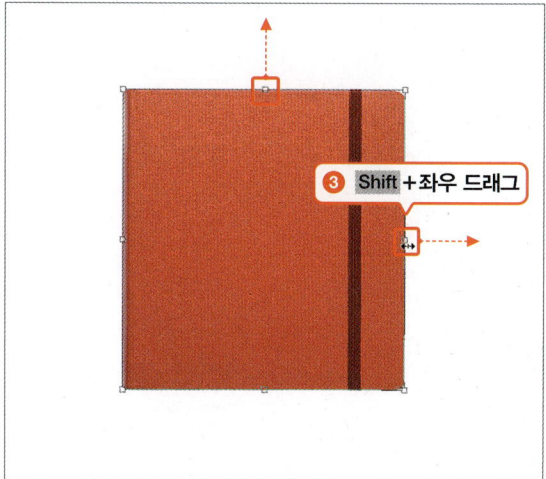

> Free Transform 기능이 활성화된 상태에서 최근 적용한 변형 효과를 취소하고 싶다면 Ctrl + Z 를 누릅니다. Free Transform 기능을 취소하고 싶다면 Esc 를 누릅니다.

03 ❶ 조절점 바깥쪽으로 마우스 포인터를 옮기면 마우스 포인터가 ↷모양으로 바뀝니다. ❷ 드래그하여 오브젝트를 회전합니다. ❸ 마우스 오른쪽 버튼을 클릭하고 ❹ [Flip Horizontal] 또는 [Flip Vertical] 메뉴를 선택하면 ❺ 이미지가 수평 또는 수직으로 반전합니다.

 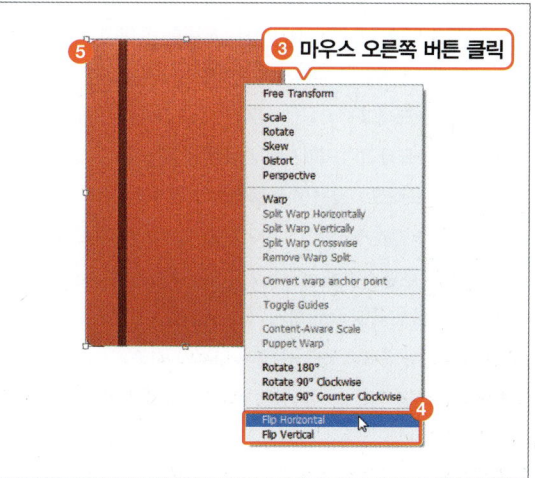

04
❶ 마우스 오른쪽 버튼을 클릭하고 ❷ [Rotate 180˚] 또는 [Rotate 90˚ Clockwise] 메뉴를 선택하면 ❸ 오브젝트가 180˚ 또는 90˚로 회전합니다. ❹ 조절점 안쪽을 더블클릭하면 변형 작업이 완료됩니다.

포토샵에서는 선택 영역의 비율을 유지한 채 크기를 조절할 수 있습니다. 이미지 변형하기의 기본 설정은 정비례이며 링크 아이콘이 켜진 상태로 표시합니다. Shift 를 누른 채 드래그하면 비율을 유지하지 않고 자유롭게 변형할 수 있습니다.

기능 꼼꼼 익히기 | Free Transform(자유 변형) 기능 단축키 완전 정복

- Ctrl + T | 자유 변형(Free Transform) 기능을 실행합니다.
- Shift + Ctrl + T | 최근 적용한 변형 효과를 다시 적용합니다.
- 드래그 | 비율을 유지하며 변형할 수 있습니다.
- Shift +드래그 | 비율을 유지하지 않고 자유롭게 변형할 수 있습니다.
- Ctrl +드래그 | 이미지를 자유롭게 왜곡할 수 있습니다(Distort).
- Alt +드래그 | 맞은편 조절점을 함께 움직이며 이미지를 변형할 수 있습니다.
- Shift + Ctrl +드래그 | 이미지를 자유롭게 기울일 수 있습니다(Skew).
- Alt + Shift + Ctrl +드래그 | 이미지에 원근감을 줄 수 있습니다(Perspective).
- 조절점 안쪽을 더블클릭 또는 Enter | 변형 작업을 완료합니다.

한눈에 실습 — 다양하게 이미지 왜곡하기

준비 파일 기본/Chapter 02/왜곡하기.psd
핵심 기능 Skew, Distort, Perspective, Warp

01. Skew(기울이기)

조절점을 드래그하면 수평, 수직으로만 움직임

02. Distort(뒤틀기)

조절점을 드래그하면 드래그한 대로 조절점이 움직임

03. Perspective(원근)

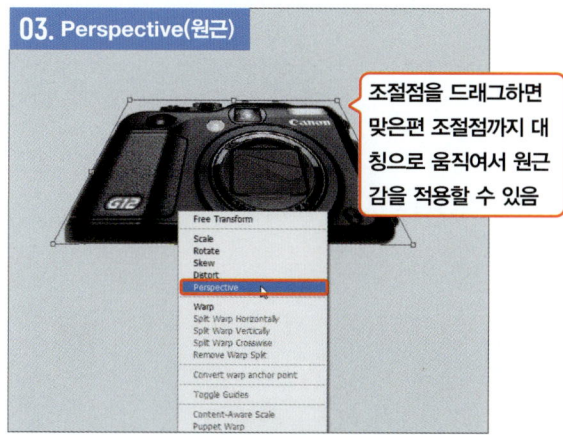

조절점을 드래그하면 맞은편 조절점까지 대칭으로 움직여서 원근감을 적용할 수 있음

04. Warp(뒤틀기)

12개의 기준선과 조절점 핸들이 생기고 드래그하면 이미지를 휘게 만들 수 있음

Warp 변형은 옵션바에서 십자형, 수직, 수평 분할 및 격자 크기 등을 설정하여 더 자유롭게 적용할 수 있습니다.

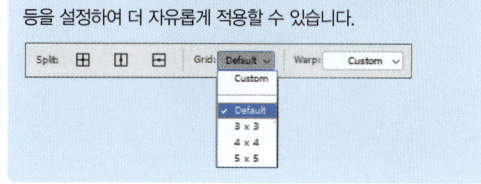

05

조절점 안쪽을 더블클릭하거나 Enter 를 눌러 완성

자르기, 분할하기

06

이미지의 일부를 자르고 분할하기

이미지에서 필요한 부분만 잘라낼 때는 자르기 도구를 사용합니다. 밋밋한 이미지라도 구도에 맞게 잘라내면 필요한 부분만 강조할 수 있습니다.

간단 실습 | 이미지를 잘라내는 자르기 도구 C

준비 파일 기본/Chapter 02/자르기.jpg

① Ctrl + O 를 눌러 준비 파일을 불러오고 ② 자르기 도구를 클릭합니다. ③ 조절점을 드래그하여 불필요한 부분을 잘라냅니다. ④ Enter 를 누르거나 조절점 안쪽을 더블클릭하여 완료합니다.

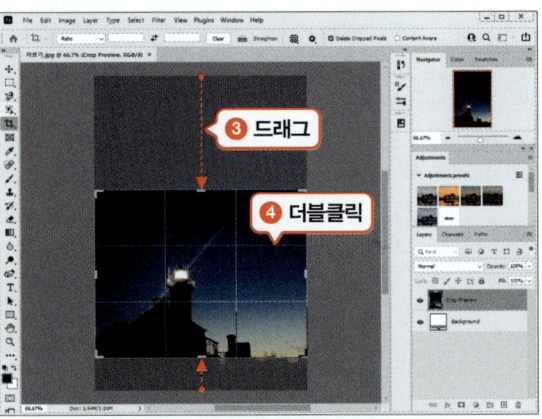

자르기 도구 대신 사각형 선택 도구로 이미지를 자를 수 있습니다. 사각형 선택 도구로 자를 영역을 지정한 후 Alt + I + P 를 누릅니다.

상황별 작업 표시줄은 메뉴바의 [Window]-[Contextual Task Bar]의 체크를 해제하여 숨긴 상태입니다. 이후 일부 예제는 원활한 실습 진행을 위해 작업 표시줄을 숨겼습니다.

| 간단 실습 | 이미지 확장하기 |

준비 파일 기본/Chapter 02/이미지확장.jpg

❶ Ctrl + O 를 눌러 준비 파일을 불러오고 ❷ 자르기 도구 를 클릭합니다. ❸ 조절점을 드래그하여 원하는 영역까지 확장합니다. ❹ 옵션바의 [Fill] 항목을 [Generative Expand]로 선택합니다. ❺ Enter 를 누르거나 조절점 안쪽을 더블클릭하여 완료합니다.

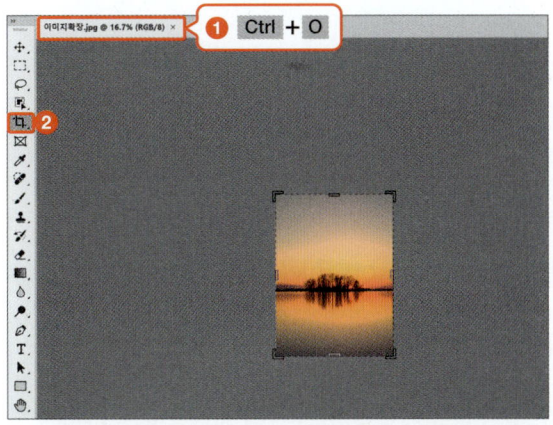
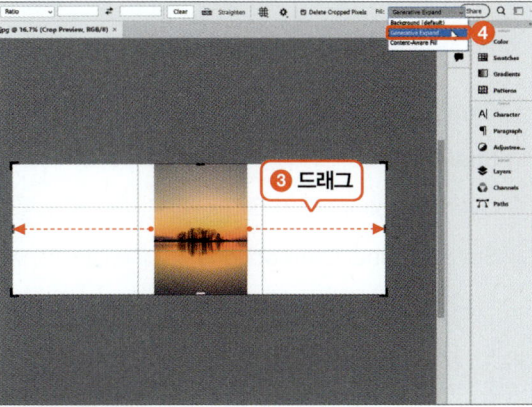

[Generative Expand]는 생성형 확장이라는 의미로 늘어난 캔버스의 빈 공간에 기존 이미지를 분석해 AI가 자동으로 이미지를 채우는 기술입니다. 해당 기능을 활용하려면 Adobe CC에 로그인된 온라인 상태여야 합니다.

자르기 도구 옵션바

① **Preset** | 자주 사용하는 비율이나 크기로 자릅니다.
② **Width, Height** | 가로세로 값을 직접 입력하여 자릅니다.

> 숫자를 입력할 때 간단한 연산을 수행할 수 있습니다. [Width]에 '150/5'를 입력하면 자동 계산되어 '30'으로 설정됩니다.

③ **Clear** | 입력된 값을 초기화합니다.
④ **Straighten** | 비뚤어진 이미지를 똑바로 세울 때 기준을 설정합니다.
⑤ **Overlay Options** | 자르기 전에 원하는 구도를 설정합니다.
⑥ **Set additional Crop options** | [Use Classic Mode]와 [Enable Crop Shield] 항목 중 선택할 수 있습니다. [Use Classic Mode]에 체크하면 예전 버전처럼 자르고 싶은 영역을 드래그하여 선택할 수 있습니다. 체크하지 않은 상태라면 자르기 영역(조절점)이 나타난 상태로 자를 수 있습니다. [Enable Crop Shield]에 체크한 후 자르고 싶은 영역을 드래그하면 잘라낼 영역은 고정되고 잘라낼 부분과 나머지 영역이 색상과 투명도로 구분됩니다. 자르기 보호 모드라고 이해하면 쉽습니다.
⑦ **Delete Cropped Pixels** | 체크하면 잘릴 부분이 완전히 삭제됩니다. 체크를 해제한 다음 자르기 도구를 사용하면 잘려나간 부분이 작업 화면에서 보이지는 않지만 숨겨져 있기 때문에 캔버스 크기를 늘리거나 이동 도구로 옮기면 다시 보입니다.

기능 꼼꼼 익히기 | 자르기 도구의 Overlay Options 기능 한눈에 보기

이미지를 자르기 전, Overlay Options 기능을 통해 구도를 미리 확인하며 작업할 수 있습니다.

▲ Rule of Thirds   ▲ Grid   ▲ Diagonal
▲ Triangle   ▲ Golden Ratio(황금비율)   ▲ Golden Spiral(황금비율 나선형)

한눈에 실습 | 자르기 도구로 비뚤어진 사진 바로잡기

준비 파일 기본/Chapter 02/피사의사탑.jpg
핵심 기능 자르기 도구, Straighten(수평 조절)

01
❶ 준비 파일 열기
❷ 자르기 도구 클릭

02
❶
❷ 마우스 포인터가 바뀌면 아래로 드래그

03
조절점 안쪽을 더블클릭

04
비뚤어진 사진 수평 맞추기 완성

한눈에 실습 | 원근 자르기 도구로 정확하게 자르기

준비 파일 기본/Chapter 02/원근자르기.jpg
핵심 기능 원근 자르기 도구

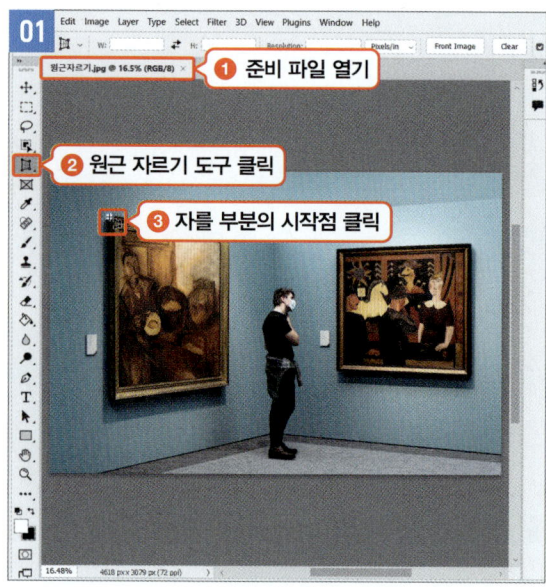
① 준비 파일 열기
② 원근 자르기 도구 클릭
③ 자를 부분의 시작점 클릭

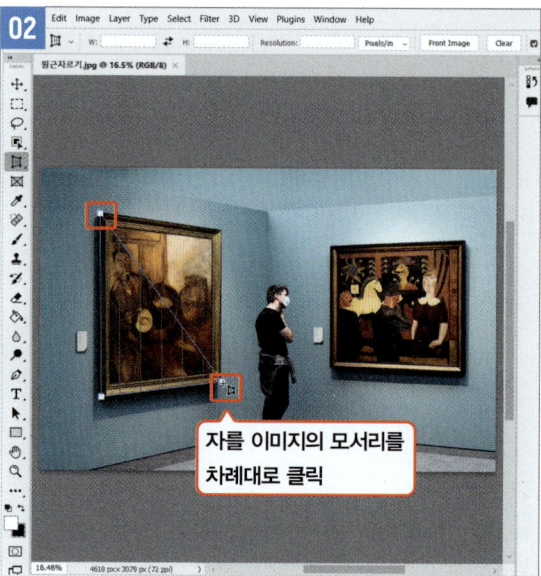
자를 이미지의 모서리를 차례대로 클릭

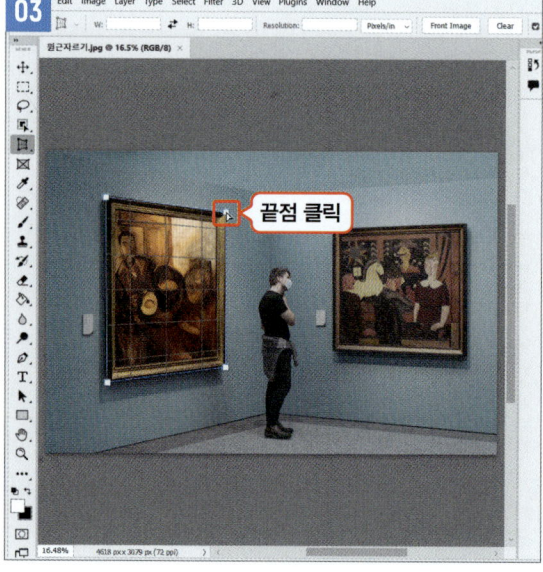
끝점 클릭

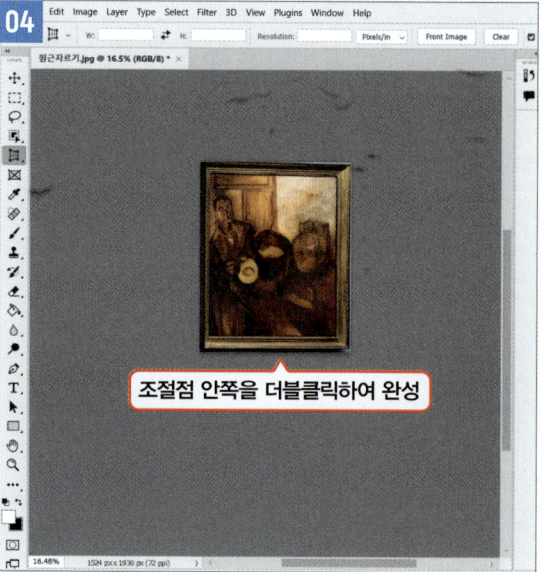
조절점 안쪽을 더블클릭하여 완성

| 한눈에 실습 | 분할 도구로 이미지를 한번에 자르기 |

준비 파일 기본/Chapter 02/분할툴.jpg
핵심 기능 분할 도구, 분할 선택 도구, Slice Options

- **분할 도구** | 이미지 한 장을 여러 개로 나누어 분할한 후 저장합니다.

- **분할 선택 도구** | 선택한 분할 영역을 크기 조절, 이동, 복사, 삭제할 수 있습니다.

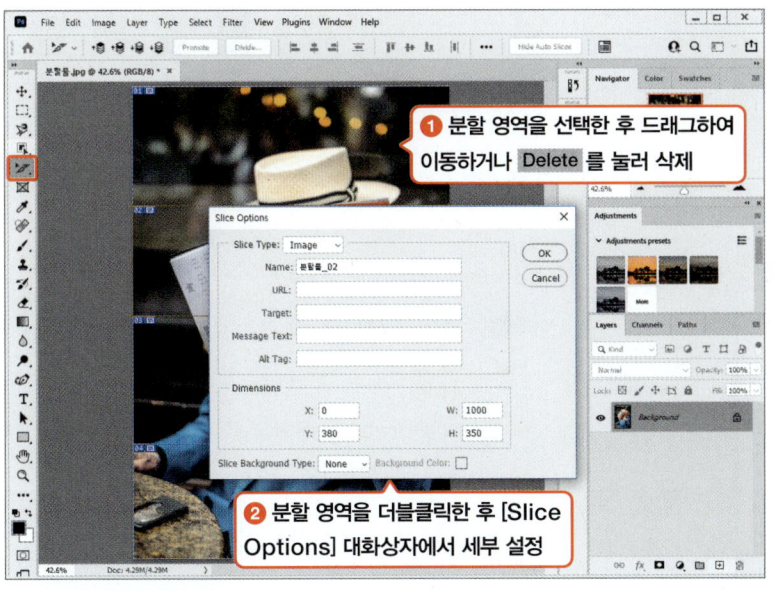

CHAPTER 02 이것만 알면 포토샵 완전 정복

한눈에 실습 | 프레임 도구로 원하는 모양의 이미지 마스크 만들기

준비 파일 없음
핵심 기능 프레임 도구, 마스크

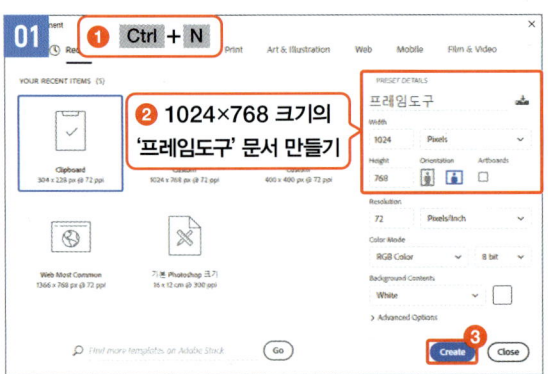

01
① Ctrl + N
② 1024×768 크기의 '프레임도구' 문서 만들기
③ Create

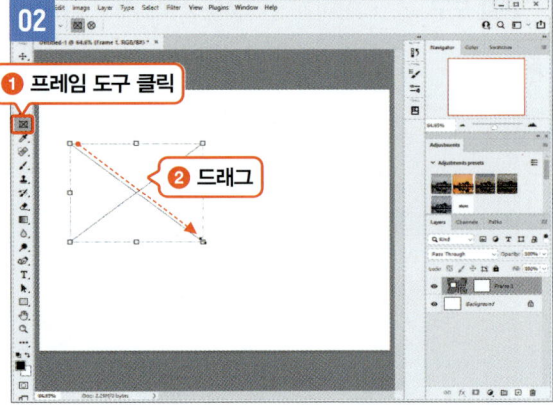

02
① 프레임 도구 클릭
② 드래그

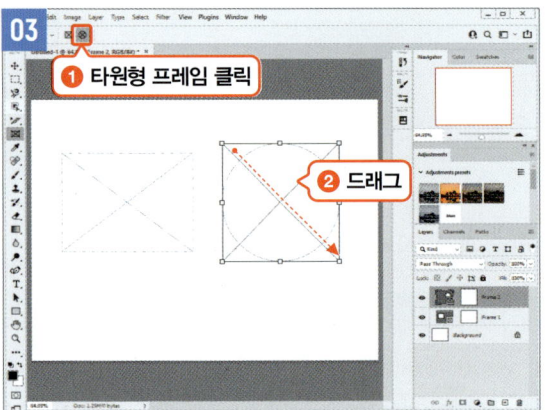

03
① 타원형 프레임 클릭
② 드래그

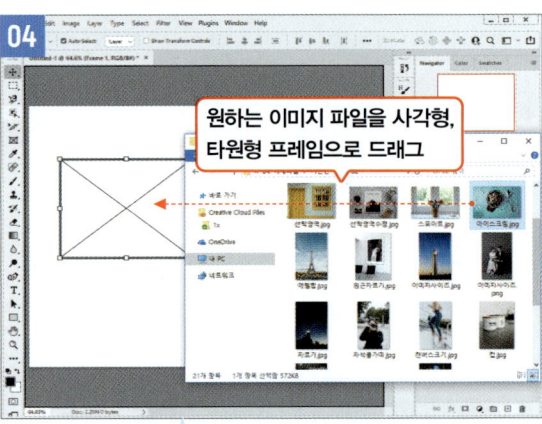

04
원하는 이미지 파일을 사각형, 타원형 프레임으로 드래그

열기(Ctrl + O)가 아닌 폴더에서 캔버스로 바로 드래그하는 작업입니다.

05
사각형, 타원형의 이미지 마스크 완성

프레임 도구 옵션바 살펴보기

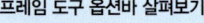
① ②

① **Rectangle frame** | 사각형 모양의 프레임을 설정합니다.
② **Elliptical frame** | 타원형 모양의 프레임을 설정합니다.

Shift 를 누른 채 드래그하면 정사각형이나 정원 프레임을 설정할 수 있습니다.

프레임 도구를 활용하면 간단하고 빠르게 마스크를 만들 수 있습니다.

그리기, 채색하기
자유롭게 그리고 색 채우기

색을 칠하는 도구에는 브러시 도구, 연필 도구, 그레이디언트 도구, 페인트 도구 등이 있습니다. 또한 적용한 색을 수정하거나 삭제하는 도구에는 지우개 도구가 있습니다. 용도에 맞게 알맞은 도구를 사용하여 그림을 그리고 채색하는 방법을 알아보겠습니다.

손 가는 대로 그리는 브러시 도구, 연필 도구 B

그림을 그리는 데 가장 기본이 되는 도구는 브러시 도구와 연필 도구입니다. 브러시 도구는 붓으로 그린 느낌을 주고, 연필 도구는 연필로 그린 느낌을 줍니다. 이밖에도 브러시 도구의 숨은 도구에는 색상 대체 도구와 혼합 브러시 도구가 있습니다. 색상 대체 도구는 브러시가 지나가는 영역을 추출하여 다른 색상으로 교체하고, 혼합 브러시 도구는 브러시 색을 섞어줍니다.

- **브러시 도구** ✏ | 브러시 크기와 속성을 설정하고 자유롭게 드래그할 수 있습니다. ❶ 브러시 도구✏를 클릭하고 ❷ 브러시 크기를 설정한 후 ❸ 작업 화면을 클릭합니다. ❹ 브러시 크기는 옵션바에서 더 보기⬇를 클릭하여 설정합니다.

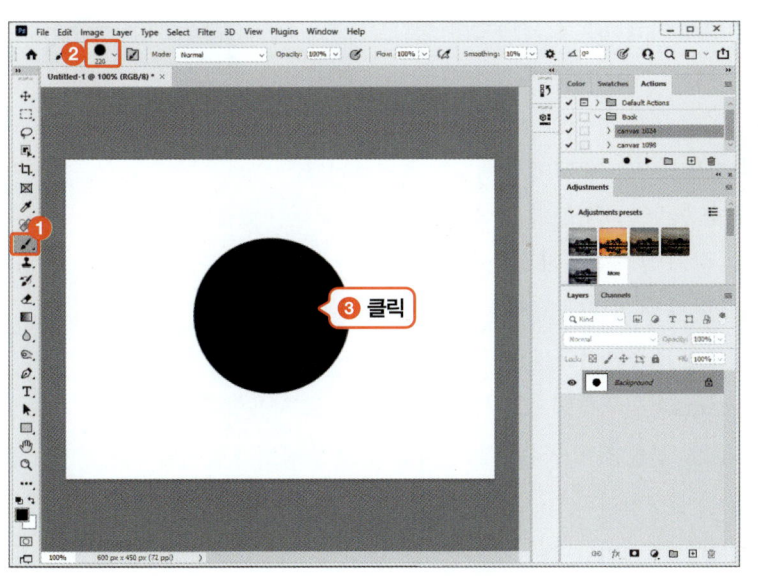

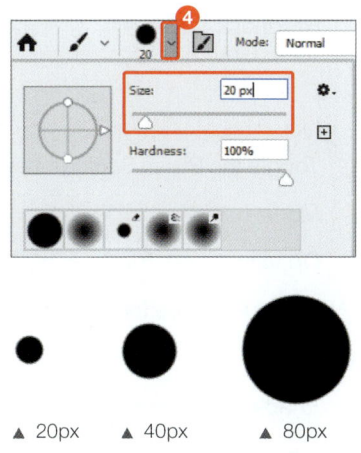

▲ 20px　　▲ 40px　　▲ 80px

- **연필 도구** | 사용법은 브러시 도구와 같지만 브러시 가장자리가 딱딱합니다. ❶ 연필 도구를 클릭하고 ❷ 연필 크기를 설정한 후 ❸ 작업 화면을 클릭합니다. ❹ 연필 크기는 옵션바에서 더 보기를 클릭하여 설정합니다.

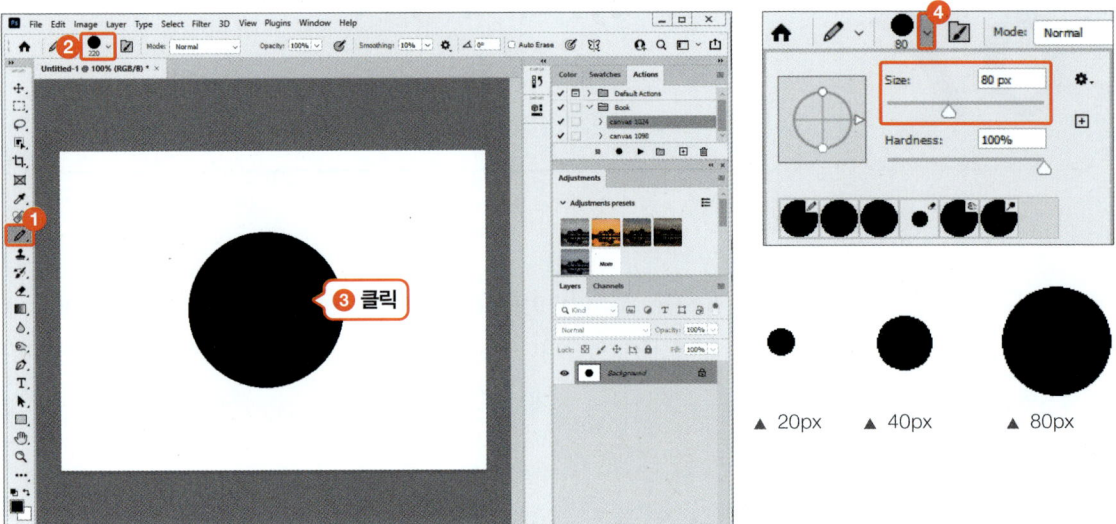

- **색상 대체 도구** | 브러시가 지나가는 영역을 추출하여 다른 색상으로 교체합니다.

- **혼합 브러시 도구** | 브러시 색상을 섞어줍니다.

브러시 도구 옵션바

① **Size** | 브러시 크기와 모양을 조절합니다.

　Hardness | 브러시의 경계를 부드럽게 하는 정도를 나타냅니다.

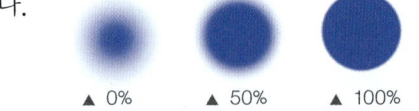

② **Toggle the Brush Settings panel** | [Brushes Settings] 패널을 불러옵니다.

③ **Mode** | 브러시 색상과 혼합하여 특수 효과를 표현하며, 총 29개의 페인팅 모드가 있습니다.

④ **Opacity** | 불투명도를 조절합니다. 값이 작을수록 투명하게 칠해집니다.

⑤ **Tablet Pressure for Opacity** | 태블릿의 펜 압력에 따라 불투명도를 조절합니다.

⑥ **Flow** | 브러시 색상이 스며드는 정도를 조절합니다. 값이 작을수록 적용되는 색상이 연해집니다.

⑦ **Enable Airbrush style build-up effects** | 클릭하면 브러시를 에어브러시로 사용할 수 있습니다.

⑧ **Smoothing** | 0~100까지 설정할 수 있으며, 값이 클수록 브러시 획에 보정 정도가 늘어납니다.

⑨ **Set the brush angle** | 브러시 각도를 설정합니다.

⑩ **Pressure for size** | 브러시의 압력 크기를 제어합니다.

간단 실습 | 브러시 설치하기

준비 파일 기본/Chapter 02/물감브러시.abr

01 ❶ Ctrl + N 을 눌러 새 문서를 만들고 ❷ 브러시 도구를 클릭합니다. ❸ 옵션바에서 더 보기를 클릭하고 ❹ 브러시 옵션 창에서 설정을 클릭합니다. ❺ [Import Brushes]를 선택합니다.

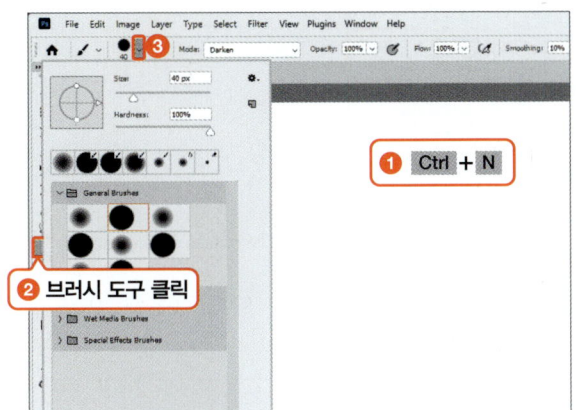 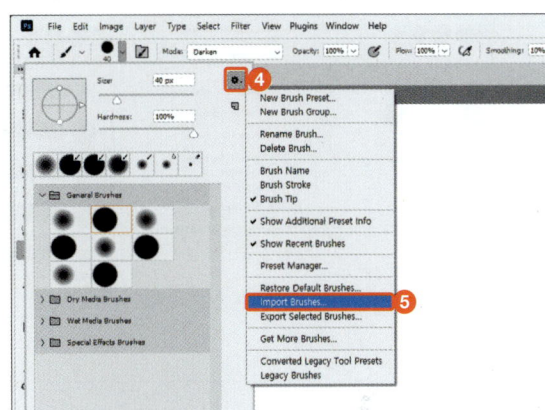

> 브러시 목록에서 옵션을 클릭하면 미리 보기 옵션을 변경할 수 있습니다. [Brush Stroke]를 활성화하면 선 형태로, [Brush Tip]을 활성화하면 점 형태로 확인 가능합니다.

02 ❶ [Load] 대화상자가 나타나면 불러올 브러시 파일(.abr)을 선택합니다. 여기에서는 **물감브러시.abr** 파일을 선택하고 ❷ [Load]를 클릭합니다. ❸ 브러시 목록의 스크롤바를 내리면 앞서 불러온 다양한 물감 브러시가 추가된 것을 확인할 수 있습니다. ❹ 추가된 브러시 중 하나를 선택한 후 ❺ 작업 화면을 클릭하여 자유롭게 드래그합니다.

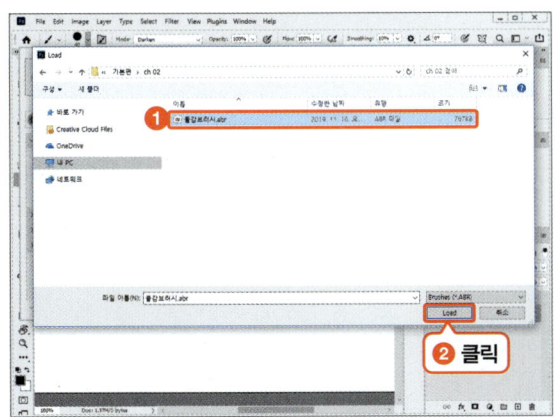 

기능 꼼꼼 익히기 — 브러시 미리 보기 설정하기

브러시 미리 보기가 획으로 보여서 불편하다면 다음 과정을 통해 미리 보기를 설정할 수 있습니다. ❶ 브러시 옵션 창에서 설정을 클릭한 후 ❷ [Brush Tip] 메뉴에 체크하고 [Brush Name]과 [Brush Stroke] 메뉴는 체크를 해제합니다.

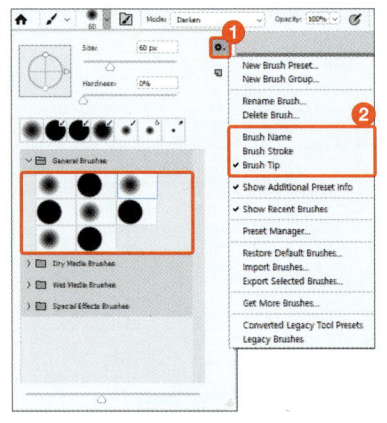
▲ 브러시 모양만 미리 보기됨

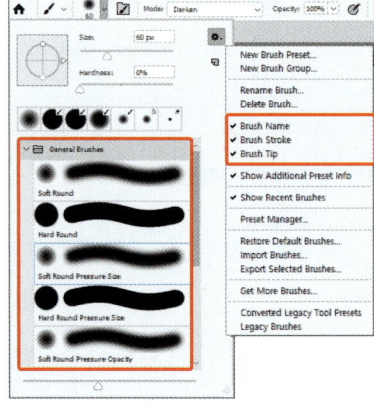
▲ 브러시 이름, 획, 모양이 미리 보기됨

간단 실습 — 태블릿 필압을 적용하여 브러시 사용하기

태블릿을 사용한다면 필압을 이용해 다양하게 선을 표현할 수 있습니다. 여기서 필압이란 펜에 힘을 주고 그릴 때는 굵고 진하게, 힘을 약하게 주고 그릴 때는 가늘고 연하게 그려지는 것을 말합니다.

01 ❶ [Brush Settings] 패널에서 [Shape Dynamics]에 체크하고 ❷ [Control]을 [Pen Pressure]로 선택합니다. ❸ 필압에 따른 농도 조절을 위해 [Transfer]에 체크하고 ❹ [Control]을 [Pen Pressure]로 선택합니다.

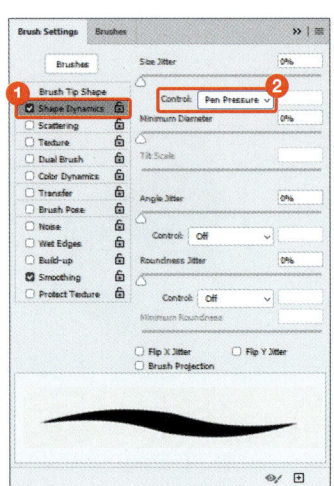
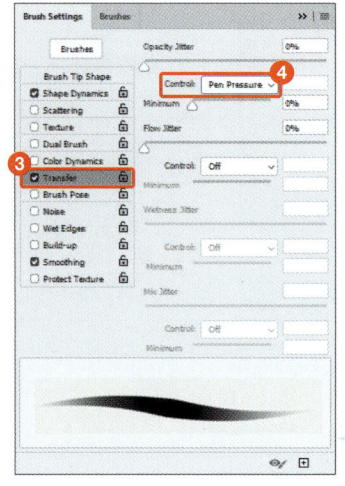

> [Brush Settings] 패널이 보이지 않는다면 F5 를 눌러 불러옵니다.

02 필압을 다르게 적용하여 작업 화면에 드래그해봅니다.

간단 실습 | 점선 모양의 브러시 만들기

01 ① [Brush Settings] 패널에서 브러시 종류를 선택하고 ② [Size]와 [Spacing] 값을 변경합니다. 여기서는 3px, 200%로 입력했습니다. ③ 미리 보기로 브러시 모양을 확인할 수 있습니다.

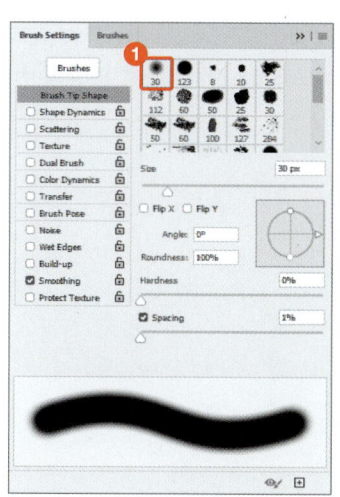 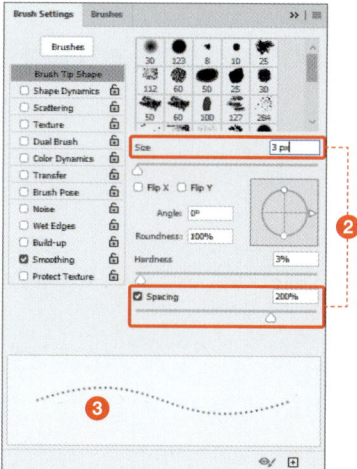

02 브러시 종류와 [Size], [Spacing] 값을 다양하게 설정하고 작업 화면에 드래그하면 점선 모양이 그려집니다.

```
················································· 1px
················································· 3px
• • • • • • • • • • • • • • • • • • • • • • • •  10px
```

03 이번에는 스티치 모양의 브러시를 만들어보겠습니다. ❶ [Size]를 **2px**로 입력하고 ❷ [Spacing]은 **1**을 입력합니다. ❸ [Dual Brush]에 체크하고 ❹ [Size], [Spacing], [Scatter], [Count]의 슬라이더 조절점을 오른쪽으로 옮기면서 ❺ 미리 보기 화면을 통해 점선 모양을 확인합니다. 여기에서는 [Size]를 **7px**, [Spacing]을 **210%**, [Scatter]를 **0%**, [Count]를 **14**로 설정했습니다.

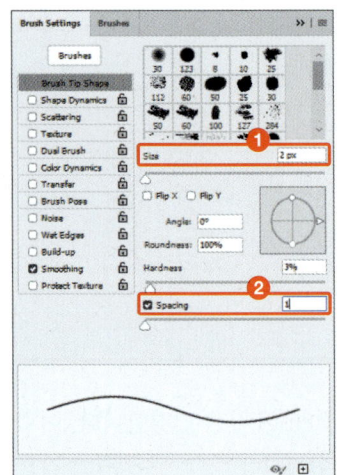
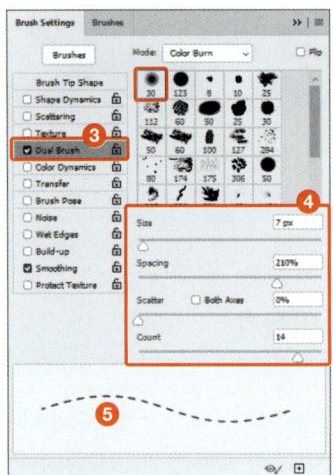

04 브러시 종류와 [Size], [Spacing] 값을 다양하게 설정하고 작업 화면에 드래그하면 스티치 모양의 점선이 그려집니다.

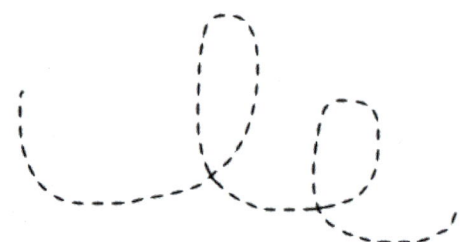

기능 꼼꼼 익히기 | 브러시 도구 단축키 완전 정복

- **[,]** | 브러시 크기를 점점 작게 하거나 점점 크게 할 수 있습니다.
- **Alt** +마우스 오른쪽 버튼 클릭 후 좌우 드래그 | 브러시 크기를 점점 작게 하거나 점점 크게 할 수 있습니다.
- **Shift** + **[,]** | [Hardness] 설정값을 점점 작게 하거나 크게 할 수 있습니다.
- **CapsLock** | 브러시 포인터의 모양을 십자 모양(+)으로 보이게 하거나 미리 보기 선으로 보이게 합니다.
- **Shift** +드래그 | 브러시 선을 직선으로 그릴 수 있습니다.
- **Alt** | 스포이트 도구로 전환합니다.
- **숫자 키** | [Opacity] 설정값을 조절할 수 있습니다(50%= **5** , 23%= **2** , **3** . 두 자리를 설정할 때는 숫자 키를 빠르게 누름).
- **~** | 브러시 도구에서 지우개 도구로 전환합니다.

이미지를 지우고 삭제하는 지우개 도구 E

지우개 도구는 브러시 모양에 따라 드래그한 곳의 이미지를 지웁니다. 브러시 도구나 연필 도구를 사용할 때 함께 사용하며, 배경까지 투명하게 지울 수 있습니다.

간단 실습 | 이미지와 배경 지우기

준비 파일 기본/Chapter 02/지우개도구.jpg

지우개 도구, 배경 지우개 도구, 자동 지우개 도구는 각각 다른 지우기 기능으로 활용할 수 있습니다. 세 가지 도구의 기능을 알아볼 수 있도록 실습해보겠습니다.

01 지우개 도구는 브러시 모양에 따라 드래그한 영역 그대로 지웁니다. ❶ 지우개 도구를 클릭하고 ❷ 지울 부분을 드래그합니다. 드래그한 영역이 지워집니다.

02 배경 지우개 도구를 클릭한 후 드래그하면 제거된 부분이 투명해집니다. ❶ 배경 지우개 도구를 클릭하고 ❷ 지울 부분을 드래그합니다. 배경까지 모두 지워집니다.

03 자동 지우개 도구는 유사한 색상 영역을 모두 삭제합니다. ❶ 자동 지우개 도구를 클릭하고 ❷ 지울 색 부분을 클릭합니다. 배경이 모두 지워집니다.

[Background] 레이어에서 지우개 도구를 사용하면 지운 영역이 배경색으로 채워지고, 일반 레이어일 경우 삭제됩니다.

지운 부분을 다시 되돌리기

지우개 도구로 이미지를 지운 후 옵션바의 [Erase to History]에 체크하고 드래그하면 드래그한 부분이 원래 이미지로 복원됩니다. 작업 내역 브러시 도구와 같은 기능입니다.

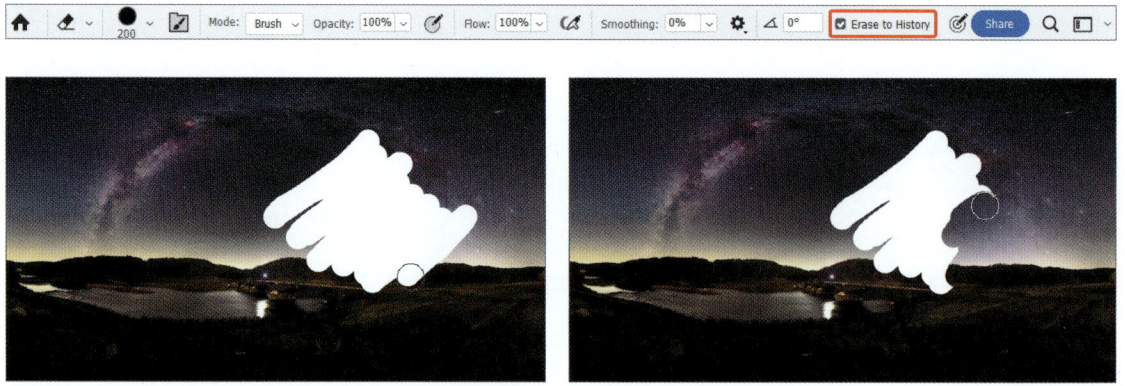

두 색상을 자연스럽게 채우는 그레이디언트 도구 G

그레이디언트 도구는 단계적으로 부드럽게 색의 변화를 주면서 채색하는 도구로 두 가지 이상의 색을 자연스럽게 혼합합니다. 작업 화면에 드래그하면 설정한 색상으로 해당 영역이 채워집니다.

간단 실습 | 그레이디언트로 채우기

❶ Ctrl + N 을 눌러 새 문서를 만듭니다. ❷ 원하는 색으로 전경색과 배경색을 설정하고 ❸ 그레이디언트 도구를 클릭합니다. ❹ 옵션바에서 더보기를 클릭하고 [Basics]-[Foreground to Background]를 선택합니다. ❺ 원하는 방향으로 드래그합니다.

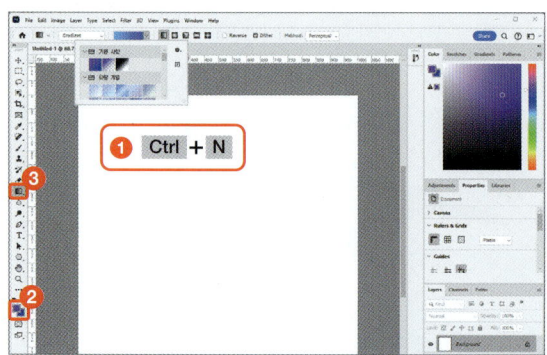
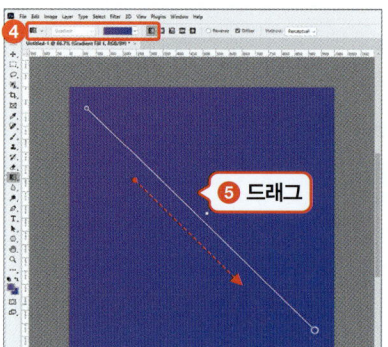

포토샵 환경 설정에 따라 언어가 다르게 나타나기도 합니다. 그레이디언트는 [기본 사항]-[전경색에서 배경색으로(Foreground to Background)]를 선택합니다.

그레이디언트 도구 옵션바

① **그레이디언트 형식 선택** ㅣ [Gradient] 또는 [Classic gradient] 중 하나를 선택해 작업할 수 있습니다. [Classic gradient]를 선택하면 CC 2023 이하 버전 옵션을 사용할 수 있습니다.

② **그레이디언트 프리셋** ㅣ 원하는 영역에 채울 그레이디언트의 프리셋을 선택하거나 편집할 수 있습니다.

③ **그레이디언트 스타일** ㅣ 원하는 영역에 채울 그레이디언트 스타일을 선택할 수 있습니다.

▲ 선형   ▲ 원형   ▲ 각진형   ▲ 반사형   ▲ 다이아몬드형

④ **Reverse** ㅣ 그레이디언트의 색 방향을 반전합니다.

⑤ **Dither** ㅣ 그레이디언트의 색 경계를 부드럽게 만듭니다.

⑥ **Method** ㅣ 그레이디언트 적용 방법을 설정합니다.

> Mode(블렌딩 모드), Opacity(투명도) 등을 새 그레이디언트 기능에서 활용하려면 레이어 자체의 블렌딩 모드나 투명도를 수정합니다. CC 2023 이하 버전처럼 그레이디언트 자체에 적용하려면 그레이디언트 형식을 [Classic gradient]로 설정합니다.

간단 실습 | 새로운 그레이디언트 만들고 등록하기

원하는 그레이디언트를 만든 후 원할 때 언제든지 사용할 수 있도록 새 그레이디언트로 등록하는 방법을 알아보겠습니다.

전경색과 배경색을 임의로 설정한 상태에서 진행합니다. 옵션바에서 그레이디언트 프리셋의 ① 더보기를 클릭하고 ② 를 클릭합니다. ③ [Gradient Name] 대화상자가 나타나면 원하는 이름을 입력한 후 ④ [OK]를 클릭합니다. ⑤ 그레이디언트 프리셋에 새 그레이디언트가 추가되었습니다.

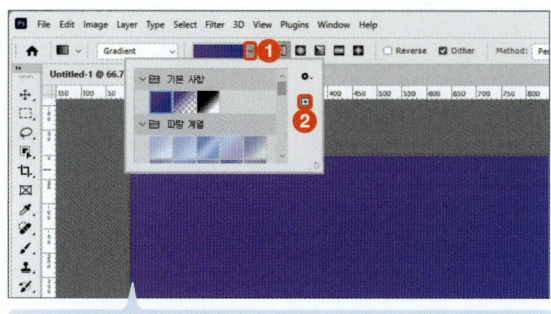

그레이디언트의 색상, 불투명도 등 자세한 설정은 [Properties] 패널에서 할 수 있습니다.

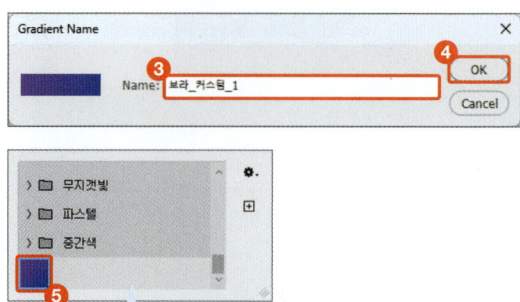

추가된 그레이디언트에서 마우스 오른쪽 버튼을 클릭하고 [Delete Gradient]를 선택하면 삭제할 수 있습니다.

한눈에 실습 | 그레이디언트로 몽환적인 느낌 표현하기

준비 파일 기본/Chapter 02/그레이디언트.jpg
핵심 기능 Gradient, Overlay, Opacity

그레이디언트에 블렌딩 모드와 불투명도를 설정하여 이미지에 적용하면 몽환적인 느낌을 줄 수 있습니다.

01
① 준비 파일 열기
② 그레이디언트 도구 클릭

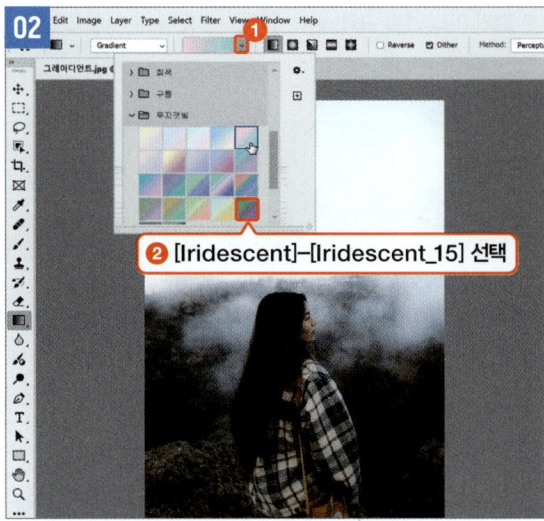

02
② [Iridescent]-[Iridescent_15] 선택

한글 버전으로 설치 후 영문 버전을 설치했다면 'Iridescent'가 '무지갯빛'으로 표시될 수 있습니다.

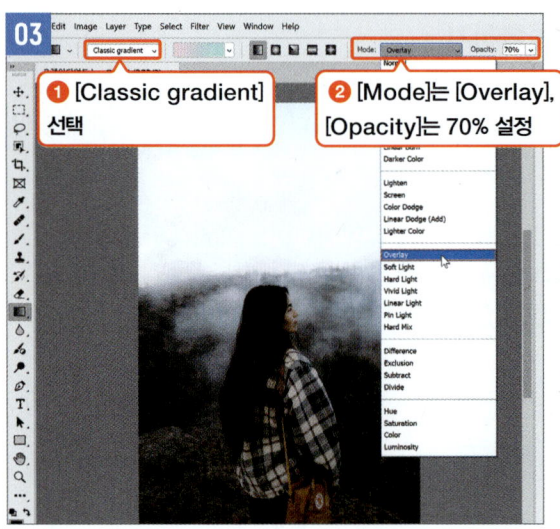

03
① [Classic gradient] 선택
② [Mode]는 [Overlay], [Opacity]는 70% 설정

04
대각선으로 드래그하여 몽환적인 느낌 완성

한번에 채우는 페인트 도구 G

클릭한 픽셀의 색상과 색상값이 유사한 색상을 전경색이나 패턴으로 채웁니다.

간단 실습 | 색상으로 채우기

준비 파일 기본/Chapter 02/페인트도구.jpg

① Ctrl + O 를 눌러 준비 파일을 불러옵니다. ② 페인트 도구를 클릭하고 ③ 전경색을 설정합니다. 여기에서는 fc447c로 설정했습니다. ④ 이미지 영역을 클릭하면 전경색으로 설정한 색이 채워집니다.

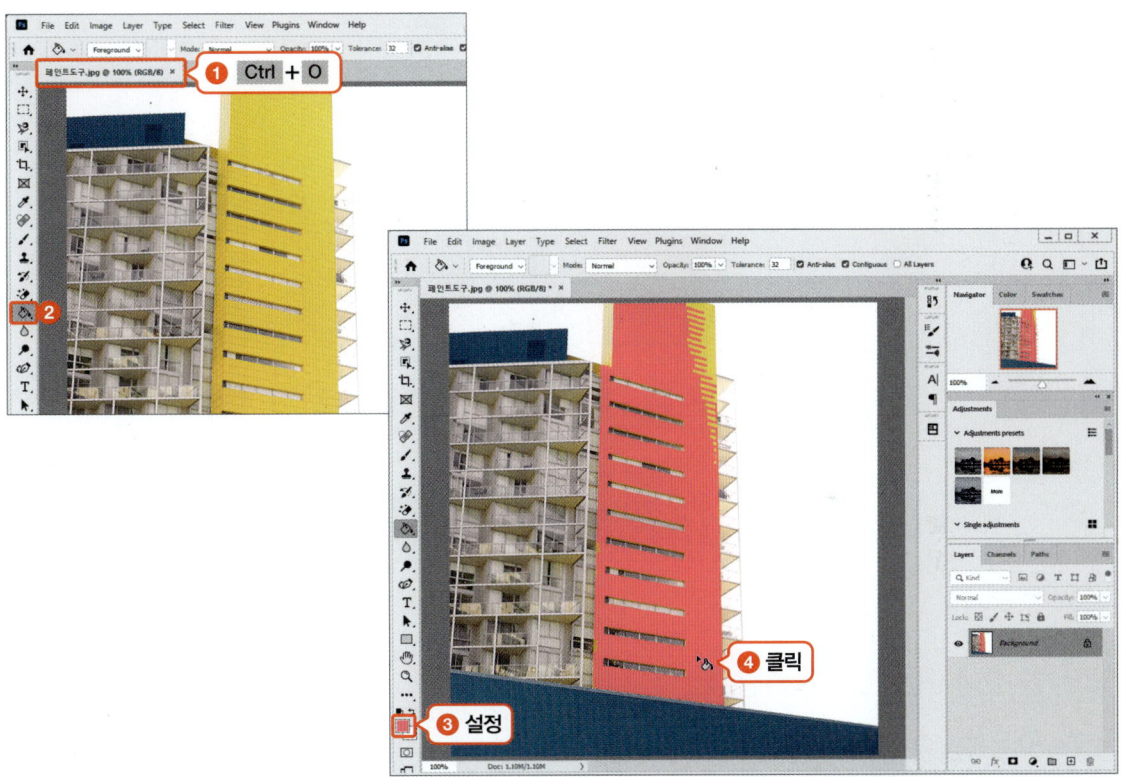

페인트 도구는 클릭한 픽셀과 유사한 색상의 영역까지만 칠해지므로 다양한 색상이 있는 곳에서는 사용하기 어렵습니다. 유사 색상 영역을 넓히려면 옵션바의 [Tolerance] 값을 높게 적용(0~255로 설정)하면 됩니다.

| 간단 실습 | **패턴으로 채우기** |

준비 파일 기본/Chapter 02/페인트도구.jpg

페인트도구.jpg 파일을 다시 사용하겠습니다. ① 페인트 도구를 클릭한 상태로 ② 옵션바에서 [Pattern]을 선택하고 ③ 더 보기를 클릭합니다. ④ 패턴 목록 중 원하는 패턴을 선택하고 ⑤ 이미지 영역을 클릭하면 노란색 영역이 패턴으로 채워집니다.

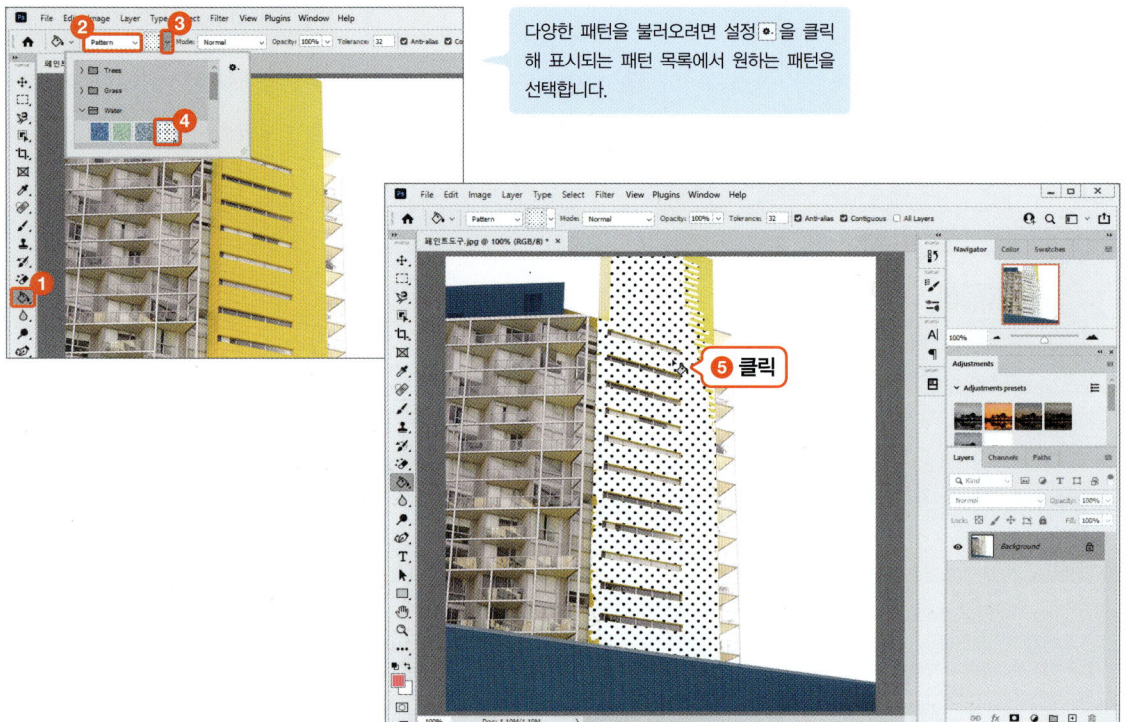

다양한 패턴을 불러오려면 설정을 클릭해 표시되는 패턴 목록에서 원하는 패턴을 선택합니다.

색상을 선택하는 전경색/배경색

전경색/배경색은 원하는 색상을 선택할 때 사용합니다. 전경색은 브러시 도구를 이용해 채색할 때나 색상을 채울 때 사용하고, 배경색은 이미지를 지운 후 채우는 용도로 사용합니다. 클릭하여 각 색상을 설정할 수 있습니다.

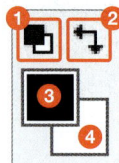

① **기본 색상(Default Color)** D | 전경색을 검은색, 배경색을 흰색으로 변경합니다. 포토샵을 처음 열면 기본 색상으로 설정되어 있습니다.

② **전경색/배경색 위치 변경(Switch Color)** X | 전경색과 배경색을 맞바꿉니다.

③ **전경색(Foreground Color)** | 브러시 도구 등을 이용해 직접 채색할 때 사용합니다.

④ **배경색(Background Color)** | 지우개 도구 등을 이용해 지운 영역에 색상을 채울 때 사용합니다.

기능 꼼꼼 익히기 　[Color Picker] 대화상자 살펴보기

원하는 색상을 설정할 때 사용합니다. 도구바의 전경색/배경색을 클릭하면 그림과 같이 [Color Picker] 대화상자가 나타납니다.

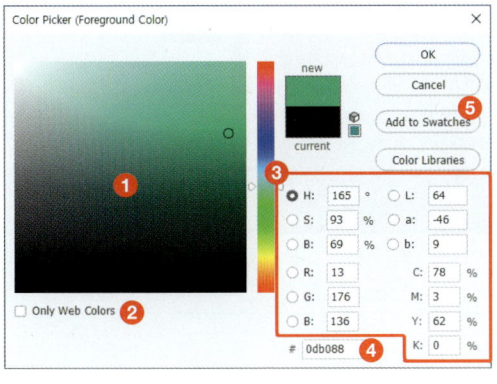

① **Sample Color(색상 샘플)** | 클릭하여 색상을 설정합니다.
② **Only Web Colors(웹 색상 전용)** | 체크하면 웹에서만 사용할 수 있는 색상이 표시됩니다.
③ **HSB, RGB, Lab, CMYK(색상값)** | 컬러 모드별 색상값이 표시됩니다.
④ **웹 색상 코드** | 1부터 F까지 16진수 여섯 자리로 웹의 색상 코드를 입력하여 색상을 표시할 수 있습니다.
⑤ **Add to Swatches(색상 추가)** | [Swatches] 패널에 선택한 색상을 추가합니다.

간단 실습　전경색/배경색 설정하기

원하는 색상으로 전경색과 배경색을 지정합니다.

01 ① `Ctrl` + `N` 을 눌러 새 문서를 만들고 ② 전경색을 클릭합니다. ③ [Color Picker] 대화상자가 나타나면 원하는 색으로 전경색을 설정한 후 ④ [OK]를 클릭합니다.

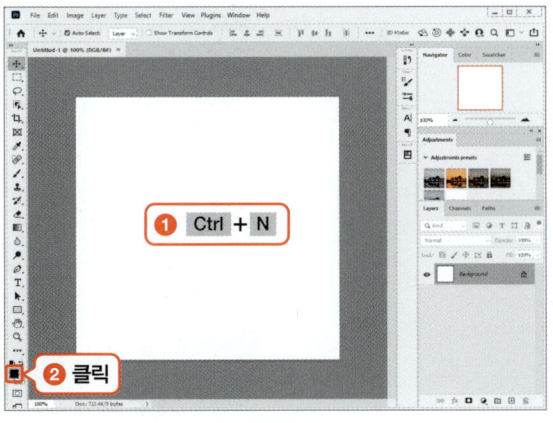
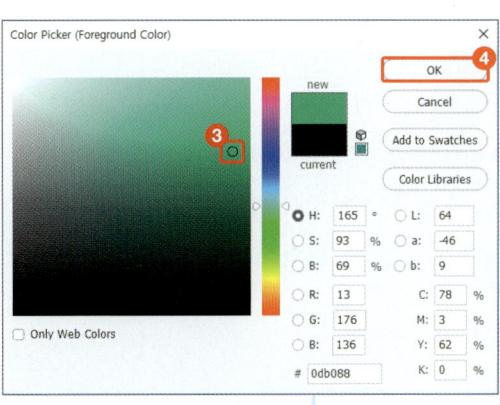

웹 색상 코드에 원하는 색상값을 입력해도 됩니다.

02 ❶ 배경색을 클릭합니다. ❷ [Color Picker] 대화상자가 나타나면 원하는 색으로 배경색을 지정한 후 ❸ [OK]를 클릭합니다.

 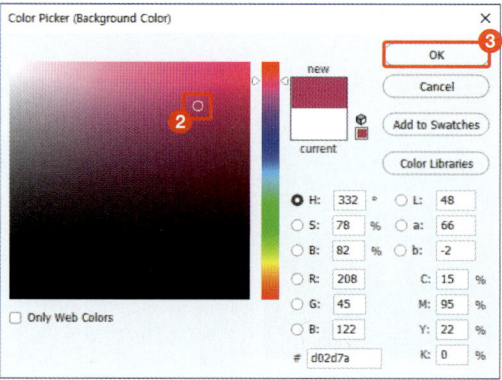

다른 방법으로 전경색/배경색 지정하기

[Color] 패널과 [Swatches] 패널을 이용하여 색상을 지정할 수 있습니다. 패널이 보이지 않으면 [Window] 메뉴에서 해당 메뉴를 클릭하여 표시합니다.

[Color] 패널에서 설정하기 F6

❶ 전경색을 클릭한 후 [Color] 패널에서 슬라이더 조절점을 드래그해 전경색을 지정합니다. ❷ 마찬가지로 배경색을 클릭한 후 슬라이더 조절점을 드래그해 배경색을 설정합니다.

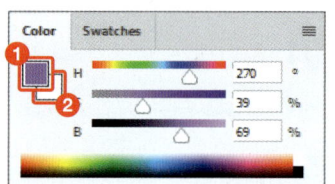

[Swatches] 패널에서 설정하기

❶ [Swatches] 패널에서 색상 영역을 클릭하면 전경색으로 설정됩니다. ❷ 캔버스의 빈 곳을 클릭하면 ❸ 색상이 추가됩니다.

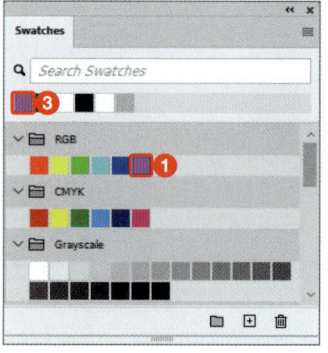

❷ 캔버스 빈 영역 클릭

Ps LESSON 08

리터칭, 보정하기
원하는 대로 이미지 보정하기

사진을 찍으면 의도와 다르게 뿌옇게 나오거나 어둡게 나오곤 합니다. 혹은 너무 밝게 나오기도 합니다. 사진의 필요 없는 부분을 지우거나 피부의 잡티를 보정하고 싶을 때도 있습니다. 이번에는 포토샵의 강력한 리터칭 도구를 활용하여 간단하게 사진을 보정하는 방법을 알아보겠습니다.

뿌옇게 하거나 선명하게, 매끈하게 보정하는 블러 도구, 샤픈 도구, 스머지 도구

블러 도구, 샤픈 도구, 스머지 도구는 리터칭 도구 중 질감 변화와 관련된 도구입니다. 원하는 부분을 드래그하여 뿌옇게 하거나 선명하게, 매끈하게 보정할 수 있습니다.

▲ 원본

- **블러 도구** ◌ | 이미지를 뿌옇게 합니다. 블러 도구 ◌ 를 클릭한 후 흐리게 만들고 싶은 부분을 드래그합니다.

- **샤픈 도구** ㊁ | 이미지를 또렷하고 선명하게 합니다. 샤픈 도구 ㊁를 클릭한 후 선명하게 만들고 싶은 부분을 드래그합니다.

- **스머지 도구** ㊁ | 이미지를 뭉갭니다. 스머지 도구 ㊁를 클릭한 후 드래그합니다. 픽셀을 조정하여 이미지를 뭉갭니다.

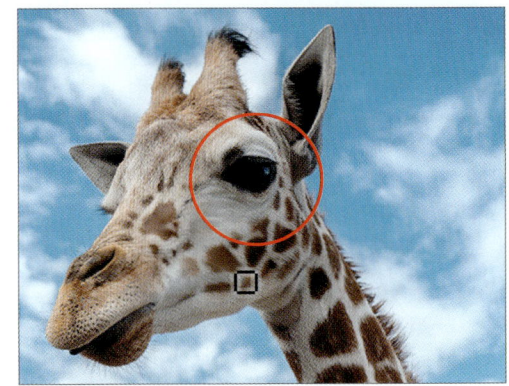

> 이 도구들은 이미지를 직접적으로 변형하는 데 사용하는 대표적인 도구이지만, Bitmap 모드이거나 Indexed Color 모드에서는 사용할 수 없습니다.

블러/샤픈/스머지 도구 옵션바 완전 정복

블러 도구 옵션바

① **Size** | 브러시 크기와 모양을 조절합니다.

② **Toggle the Brush Settings panel** | [Brushes Settings] 패널을 불러옵니다. 세부 옵션을 설정하여 나만의 브러시를 만들 수 있습니다.

③ **Mode** | 브러시 색상과 혼합하여 특수 효과를 표현할 때 사용합니다.

④ **Strength** | 블러의 적용 정도를 설정합니다. 값이 작을수록 투명하게 칠해집니다.

⑤ **Set the brush angle** | 브러시의 각도를 조절합니다.

⑥ **Sample All Layers** | 보이는 모든 레이어의 이미지를 대상으로 적용합니다. 체크를 해제하면 선택된 레이어의 이미지에만 적용됩니다.

⑦ **Airbrush-style build-up** | 클릭하면 브러시를 에어브러시로 사용할 수 있습니다.

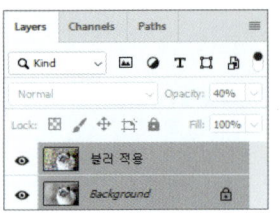

▲ [Sample All Layers] 체크 시 보이는 모든 레이어에 적용

▲ [Sample All Layers] 체크 해제 시 선택된 레이어에만 적용

샤픈 도구 옵션바

기본 항목은 블러 도구와 동일합니다.

- **Protect Detail** | 선명한 효과를 향상시키고 픽셀 손상을 최소화하려면 체크한 후 사용합니다. 더 선명한 효과를 원할 때는 체크를 해제하면 되지만 이미지가 많이 손상됩니다.

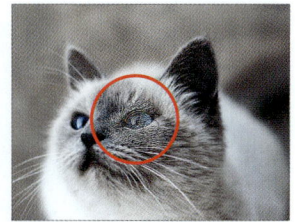

스머지 도구 옵션바

기본 항목은 블러 도구와 동일합니다.

- **Finger Painting** | 체크한 후 문지르면 전경색을 이용하여 픽셀의 밀림 효과가 적용됩니다. 체크를 해제하면 포인터 아래에 있는 색상이 사용됩니다. [Strength]가 100%일 때는 전경색으로만 칠해집니다.

어둡거나 밝게, 명도와 채도를 조절하는 닷지 도구, 번 도구, 스펀지 도구 O

명암과 채도를 조절하여 이미지에 입체감을 주는 도구에는 세 가지가 있습니다. 닷지 도구는 드래그한 영역을 밝게 만들고, 번 도구는 어둡게 만듭니다. 스펀지 도구는 채도를 조절합니다.

▲ 원본

- **닷지 도구** | 특정 영역을 밝게 합니다. 닷지 도구를 클릭한 후 밝게 만들고 싶은 부분을 드래그합니다.

- **번 도구** | 특정 영역을 어둡게 합니다. 번 도구를 클릭한 후 어둡게 만들고 싶은 부분을 드래그합니다.

- **스펀지 도구** | 특정 영역의 채도를 높이거나 낮춥니다. 스펀지 도구를 클릭한 후 채도를 조절할 부분을 드래그합니다.

닷지/번/스펀지 도구를 사용하면 원본 이미지가 영구적으로 변하기 때문에 실행 취소 등의 수정이 어렵습니다. Ctrl + J 를 눌러 레이어를 복사한 후 적용하는 것이 좋습니다.

닷지/번/스펀지 도구 옵션바 완전 정복

닷지/번 도구 옵션바

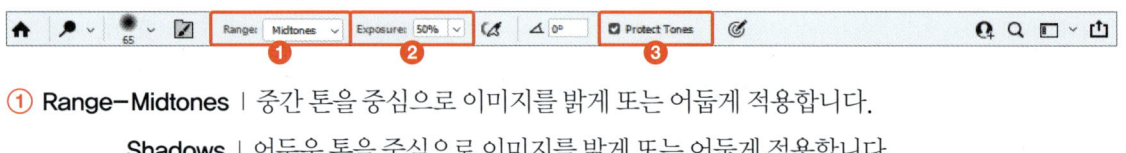

① **Range-Midtones** | 중간 톤을 중심으로 이미지를 밝게 또는 어둡게 적용합니다.
　　　　　Shadows | 어두운 톤을 중심으로 이미지를 밝게 또는 어둡게 적용합니다.
　　　　　Highlights | 밝은 톤을 중심으로 이미지를 밝게 또는 어둡게 적용합니다.
② **Exposure** | 밝기의 강도를 조절합니다. 값이 클수록 진하게 적용됩니다.
③ **Protect Tones** | 밝은 영역과 어두운 영역의 색상 톤을 보호하면서 효과를 적용합니다.

스펀지 도구 옵션바

기본 항목은 닷지/번 도구와 동일합니다.

- **Vibrance** | 채도 변화가 심한 부분은 계조 손실을 최소화하여 이미지를 보호합니다.

계조란 농도가 짙은 부분에서 옅은 부분까지의 농도 단계를 말하며, 그레이디언트와 비슷합니다.

잡티를 없애고 깨끗하게 만드는 복구 브러시 도구 J

복구 브러시 도구는 잡티를 제거하고 해당 영역을 깨끗하게 복원하는 용도로 사용합니다. 주로 디지털카메라로 찍은 사진이나 스캔한 이미지를 편집할 때 사용합니다. 인물 사진의 피부를 보정하는 데 자주 사용하기 때문에 일명 '뽀샵 사진'을 만들기 위한 필수 도구입니다.

- **스팟 복구 브러시 도구** | 클릭 한 번으로 이미지를 수정하거나 사진의 잡티를 제거할 때 사용합니다. 스팟 복구 브러시 도구를 클릭한 후 보정할 부분을 클릭하거나 드래그합니다.

클릭 혹은 드래그

- **복구 브러시 도구** | 브러시 모양대로 주변의 색상과 혼합하며 복제합니다. 복구 브러시 도구를 클릭한 후 보정해야 할 부분의 근처를 Alt 를 누른 채 클릭합니다. 그런 다음 보정할 부분을 클릭하거나 드래그합니다.

Alt +클릭   클릭 혹은 드래그

스팟 복구 브러시/복구 브러시 도구 옵션바 완전 정복

스팟 복구 브러시 도구 옵션바

① **Type-Content-Aware** | 인접한 이미지의 명암과 질감을 비교해 선택 영역을 매끄럽게 칠하는 방식으로 세부 묘사를 실감나게 유지합니다.
  Create Texture | 선택 영역 주위의 픽셀을 텍스처로 사용합니다.
  Proximity Match | 선택 영역 주위의 픽셀을 사용합니다.
② **Sample All Layers** | 보이는 모든 레이어의 이미지를 대상으로 적용합니다. 체크를 해제하면 선택된 레이어의 이미지에만 적용됩니다.

복구 브러시 도구 옵션바

① **Source-Sampled** | 선택 영역 주위의 픽셀을 사용합니다.
  Pattern | 패턴의 픽셀을 사용합니다.
② **Aligned** | 소스 포인트 지점과 브러시 적용 위치를 일정한 간격으로 유지합니다.

부드럽게 복제하는 패치 도구, 내용 인식 이동 도구, 적목 현상 도구

- **패치 도구** | 복구 브러시 도구와 비슷한 성격으로, 이미지 영역을 드래그하면 주변의 색상과 혼합하며 복제합니다. 패치 도구를 클릭하고 삭제할 부분을 드래그합니다. 그런 다음 복제할 이미지 부분으로 드래그하면 앞서 선택한 영역이 삭제됩니다. `Ctrl` + `D` 를 눌러 선택 영역을 해제합니다.

- **내용 인식 이동 도구** | 지정한 이미지를 질감, 명암에 맞게 재구성하여 이동합니다. 내용 인식 이동 도구를 클릭한 후 이미지에서 이동할 부분을 선택하고 원하는 방향으로 드래그하여 옮깁니다. 콘텐츠 인식 이동 도구라고도 합니다.

내용 인식 이동 도구만으로는 깔끔하게 이동되지 않습니다. 다른 복구 도구와 함께 사용하세요.

- **적목 현상 도구** | 눈동자가 빨갛게 나온 사진을 보정합니다. 적목 현상 도구를 클릭한 후 눈 부분을 클릭합니다. 빨간 눈동자가 검은 눈동자로 변합니다.

패치 도구 옵션바

① **Source** | 선택 영역으로 지정한 부분을 다른 영역으로 이동하면 이동한 부분의 이미지가 복제됩니다.

② **Destination** | 선택 영역으로 지정한 부분을 다른 영역으로 이동하면 선택한 부분의 이미지가 복제됩니다.

한눈에 실습 　조정 브러시로 이미지 보정하기 ★CC 2025 신기능

준비 파일　기본/Chapter 02/조정브러시.jpg
핵심 기능　조정 브러시

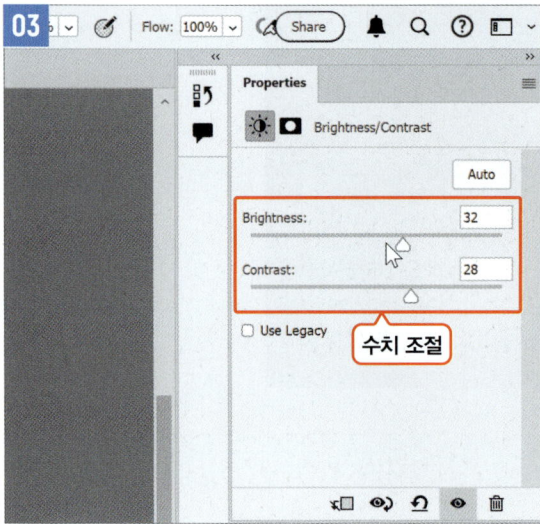

[상황별 작업 표시줄]의 [Brightness/Contrast]를 클릭하면 포토샵에서 지원하는 다양한 색 보정 기능을 선택해 적용할 수 있습니다.

144　PART 01　기초가 튼튼해지는 포토샵 기본편

한눈에 실습 | 잡티가 있는 피부를 뽀얗게 보정하기

준비 파일 기본/Chapter 02/피부보정.jpg
핵심 기능 스팟 복구 브러시, 스머지 도구, 샤픈 도구

① 준비 파일 열기
② 스팟 복구 브러시 도구 클릭

① 브러시 크기 조절
② 잡티 부분 클릭

② 설정
① 스머지 도구 클릭

거친 부분을 드래그

② 설정
① 샤픈 도구 클릭

눈, 코, 입 영역을 드래그하여 완성

한눈에 실습 | 클릭 한 번으로 쉽게 없애기

준비 파일 기본/Chapter 02/해변산책.jpg
핵심 기능 생성형 채우기

사진에서 필요 없는 영역을 클릭 한 번으로 쉽게 없앨 수 있습니다. 어도비 파이어플라이(Firefly) AI 기능을 활용한 생성형 채우기 기능을 이용하면 간단하게 삭제하거나 다른 이미지로 대체할 수 있습니다.

상황별 작업 표시줄이 안 보인다면 [Window]-[Contextual Task Bar] 메뉴에 체크합니다.

생성형 채우기는 AI 활용 기술로, 이때 변경된 이미지는 매번 작업할 때마다 다른 결과가 나옵니다.

특정 영역의 이미지를 복제하는 복제 도장 도구 S

복제 도장 도구는 이미지를 복제할 때 사용합니다. 영역을 선택하기 까다로울 때 기준점을 정하여 복사하거나 필요 없는 부분을 지울 수 있으며 손상된 이미지를 복원하는 데 활용합니다.

- **복제 도장 도구** | 원하는 곳을 지정해 자연스럽게 복제합니다. 복제 도장 도구를 클릭한 후 Alt 를 누른 채 추출할 영역을 클릭합니다. 그런 다음 마우스 포인터를 옮기면 복제될 소스가 미리 보이며, 드래그하면 복제할 수 있습니다.

- **패턴 도장 도구** | 패턴을 사용하여 드로잉할 수 있습니다. 패턴 도장 도구를 클릭하고 옵션바에서 [Pattern]을 선택한 후 원하는 패턴을 선택합니다. 그런 다음 브러시로 채색하듯 작업 화면에 드래그하면 패턴이 나타납니다.

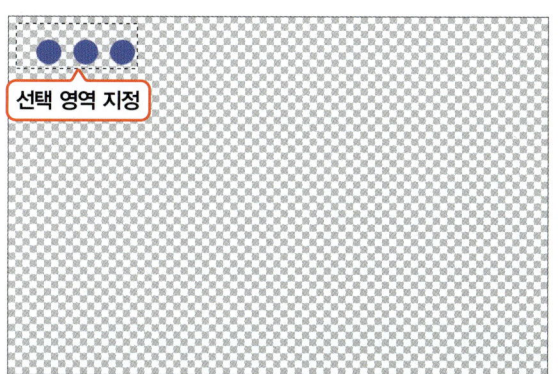
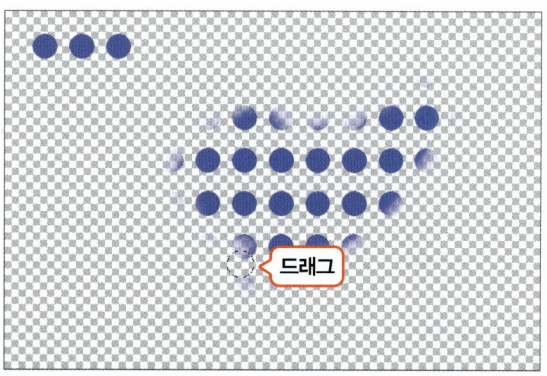

패턴을 등록하려면 패턴으로 지정할 이미지를 만들거나 영역을 지정하고 [Edit]-[Define Pattern] 메뉴를 선택합니다. [Pattern Name] 대화상자가 나타나면 알맞은 이름을 입력하고 [OK]를 클릭하여 저장합니다. 패턴 도장 도구의 실습 준비 파일은 **기본/Chapter 02/패턴 도장.psd**를 이용합니다.

문자 입력하기

원하는 대로 문자 입력하고 속성 바꾸기

문자는 메시지를 전달하는 시각적 기호로 타이포그래피의 중요한 요소입니다. 따라서 문자 스타일은 이미지를 고르는 것만큼 디자인에 있어 매우 중요한 부분을 차지합니다. 문자는 글꼴, 크기, 간격, 줄 간격, 장평 조절을 통해 좀 더 쉽게 읽힐 수 있도록 항상 고민해야 합니다.

문자를 입력하는 문자 도구

문자 도구는 이미지에 바로 문자를 입력하거나 다양한 문자 형태를 연출하는 데 사용하는 중요한 도구입니다. 기본적으로 수평 문자 도구를 가장 많이 사용합니다. 문자 도구를 클릭한 후 작업 화면을 클릭하여 문자를 입력합니다.

- **수평 문자 도구** | 문자 입력의 기본이 되는 도구입니다. 가로 방향으로 문자를 입력합니다.
- **세로 문자 도구** | 세로 방향으로 문자를 입력합니다.
- **세로 문자 마스크 도구** | 세로 방향으로 입력된 문자 형태대로 선택 영역을 지정합니다.
- **수평 문자 마스크 도구** | 가로 방향으로 입력된 문자 형태대로 선택 영역을 지정합니다.

▲ 수평 문자/세로 문자 도구　　　　　　　　▲ 수평 문자 마스크/세로 문자 마스크 도구

| 간단 실습 | **문자 입력하기** |

01 ❶ Ctrl + N 을 눌러 새 문서를 만듭니다. ❷ 문자 도구 T 를 클릭하고 ❸ 원하는 글꼴, 크기, 색 등을 설정합니다. ❹ 작업 화면을 클릭하면 자동 완성 텍스트(더미 텍스트)가 입력됩니다.

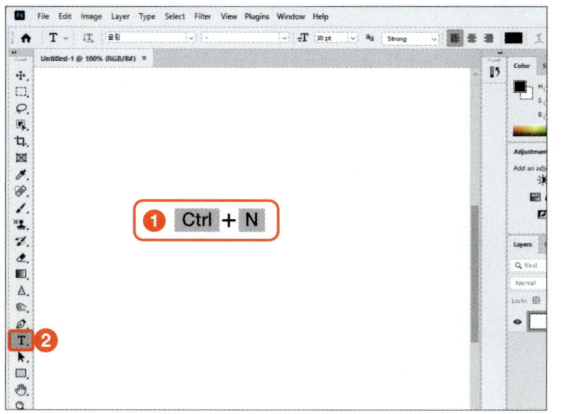
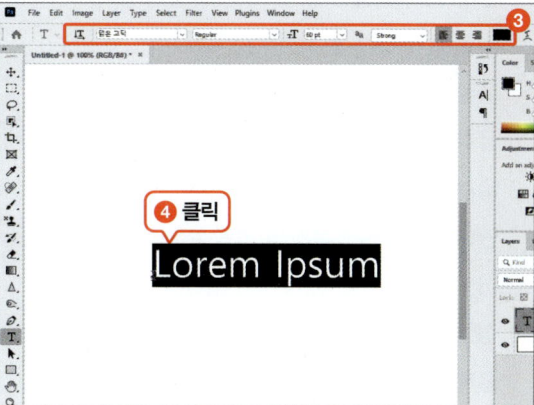

02 ❶ 원하는 문구를 입력합니다. ❷ Ctrl + Enter 를 눌러 문자 입력을 완료합니다.

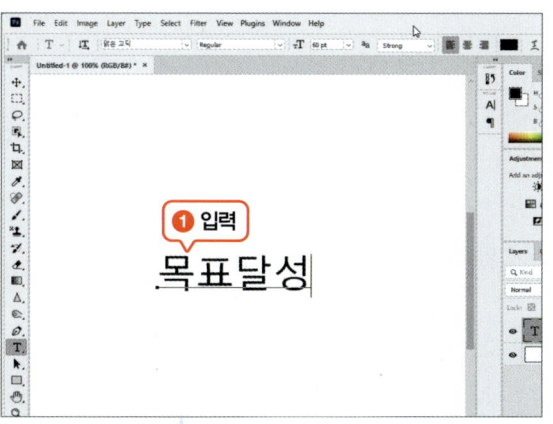

글꼴 목록에 나타나는 이름을 한글로 설정하려면 [Edit]-[Preferences] 메뉴를 선택한 후 [Type] 항목에서 [Show Font Names in English]의 체크를 해제합니다.

여러 가지의 글꼴을 적용해보려면 글꼴 목록을 클릭한 후 방향키를 누르거나 마우스 휠을 돌려가며 확인합니다.

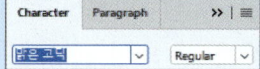

문자 도구 옵션바와 패널 완전 정복

문자 도구 옵션바

① **문자 입력 방향** | 문자의 입력 방향을 설정합니다. 기본은 가로 방향으로 설정되어 있습니다. 클릭하여 원하는 방향을 설정할 수 있습니다.

② **글꼴** | 글꼴(글자 종류)을 선택할 수 있습니다.

③ **글자 스타일** | 기울기나 굵기 등의 스타일을 선택합니다.

④ **글자 크기** | 크기를 설정합니다.

⑤ **안티 앨리어스** | 문자의 외곽선 처리 방법을 설정합니다. 거칠게 할 것인지 부드럽게 할 것인지 등을 선택합니다.

⑥ **정렬** | 문자의 정렬 방식을 왼쪽, 가운데, 오른쪽 정렬 중 선택합니다.

⑦ **글자색** | 문자 색을 설정합니다.

⑧ **문자 왜곡** | 문자에 특정 모양을 적용해 형태를 왜곡하거나 변형합니다.

⑨ **패널 열기** | [Character] 패널과 [Paragraph] 패널을 열어 문자와 문단의 세부 옵션을 설정합니다.

[Character] 패널 살펴보기

글꼴, 크기, 색 등 문자 도구의 세부 옵션을 설정합니다.

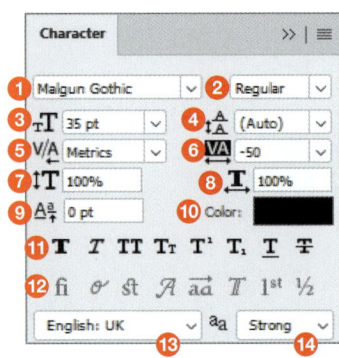

① **글꼴** | 글꼴(글자 종류)을 선택할 수 있습니다.

② **스타일** | 기울기나 굵기 등의 스타일을 선택합니다.

③ **크기** | 크기를 지정합니다.

간격 조절하기

④ **리딩, 줄 간격** | 줄 간격, 위/아래 문장 사이의 간격을 설정합니다.

나보기가 역겨워
가실 때에는
말없이 고이 보내 드리우리다

⑤ **커닝, 문자 간격** | 문자 사이의 간격을 조절합니다. 문자 사이에서 커서가 깜박일 때 수치를 입력합니다.

나보기가 역겨워
가   실 때에는
말없이 고이 보내 드리우리다

⑥ **트래킹, 문자 간격** | 문자 사이의 간격을 조절합니다. 여러 개의 문자를 드래그하여 블록으로 지정되었을 때 수치를 입력합니다.

비율 조절하기

⑦ **높이** | 문자의 세로 비율을 설정합니다.

⑧ **장평** | 문자의 가로 비율을 설정합니다.

기준선 조절하기

⑨ **기준선 위로 올리기** | + 값을 입력하면 문자 기준선이 위로 올라갑니다. 위 첨자를 만들 수 있습니다.

기준선 아래로 내리기 | − 값을 입력하면 문자 기준선이 아래로 내려옵니다. 아래 첨자를 만들 수 있습니다.

⑩ **색** | 문자 색을 설정합니다.
⑪ **속성** | 진하게, 기울기, 대문자, 작은 대문자, 위 첨자, 아래 첨자, 밑줄, 취소줄(가운데줄)을 적용합니다.
⑫ **오픈 타입** | 글꼴에 따라 합자, 작은 대문자, 분수 같은 특수문자나 기호 등의 기능이 활성화됩니다.
⑬ **언어 설정** | 입력하는 문자의 언어를 선택할 수 있습니다.
⑭ **안티 앨리어스** | 문자의 외곽선 처리 방법을 설정합니다. 거칠게 할 것인지 부드럽게 할 것인지 등을 선택합니다.

▲ None   ▲ Strong

간단 실습   단락 입력하기

준비 파일 기본/Chapter 02/단락입력.jpg, 시.txt

01 ① Ctrl + O 를 눌러 **단락입력.jpg** 파일을 불러옵니다. ② 문자 도구 T 를 클릭하고 ③ 작업 화면에 드래그하여 텍스트 상자를 생성합니다.

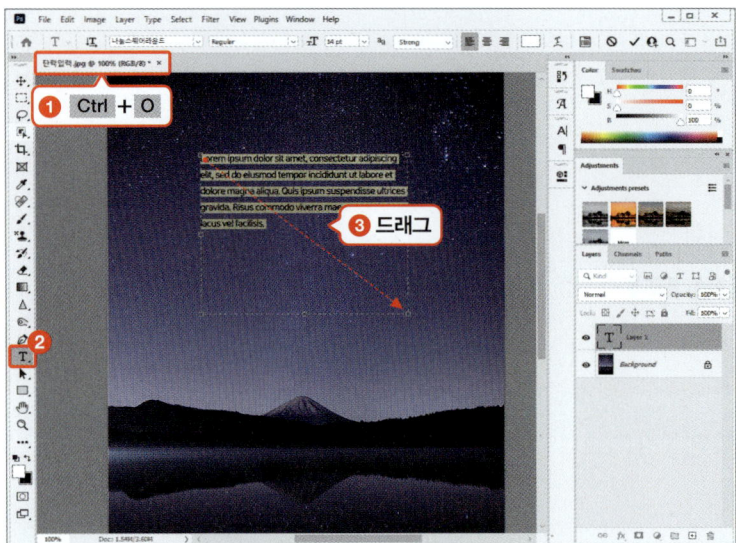

텍스트 상자에는 자동 완성 텍스트가 입력됩니다.

02 ① 준비 파일인 **시.txt** 파일을 따로 열고 ② Ctrl + A , Ctrl + C 를 눌러 전체 복사합니다. ③ 다시 포토샵으로 돌아와 작업 화면에서 Ctrl + V 를 눌러 붙여 넣습니다.

03

❶ 제목 부분을 드래그하여 선택합니다. ❷ [Character] 패널에서 문자의 크기를 변경합니다. ❸ 문자 도구 T 로 텍스트를 전체 선택한 후 ❹ [Paragraph] 패널에서 가운데 정렬을 클릭하여 문자를 가운데 정렬합니다. ❺ Ctrl + Enter 를 눌러 문단 입력을 완료합니다.

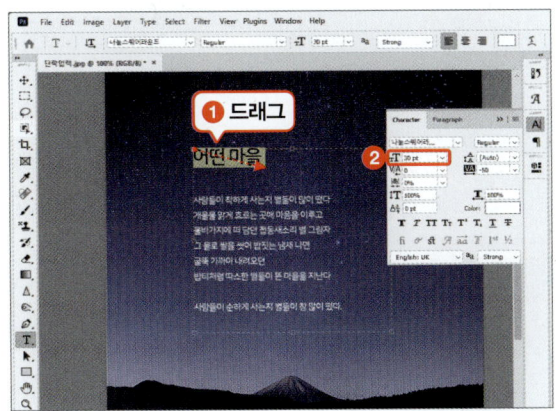 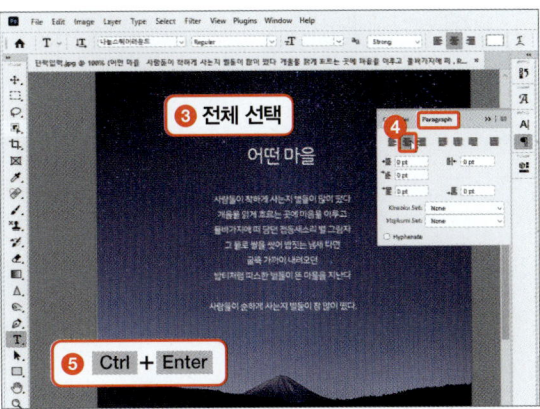

> [Character] 패널이 보이지 않는다면 [Window]–[Character] 메뉴를, [Paragraph] 패널이 보이지 않는다면 [Window]–[Paragraph] 메뉴를 선택합니다. 옵션바에서 글꼴, 스타일, 크기, 줄 간격, 색상 등을 설정할 수 있습니다.

[Paragraph] 패널 완전 정복

[Paragraph] 패널 살펴보기

문자와 단락을 정렬하고 들여쓰기 여백을 설정합니다.

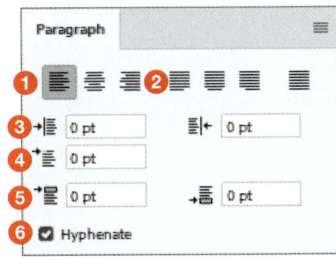

① **문자 정렬** | 문자의 정렬 방식을 정합니다. 왼쪽, 가운데, 오른쪽 정렬 중 선택합니다.

② **단락 정렬** | 단락의 정렬 방식을 정합니다.

③ **단락 왼쪽/오른쪽 여백** | 입력한 수치만큼 단락을 왼쪽과 오른쪽으로 들여쓰기합니다.

④ **첫 줄 들여쓰기 여백** | 입력한 수치만큼 단락의 첫 줄을 왼쪽 들여쓰기합니다.

⑤ **단락 위/아래 여백** | 단락의 위와 아래 여백을 입력한 수치만큼 조정합니다.

⑥ **Hyphenate** | 체크하면 긴 단어의 경우 다음 줄로 넘어갈 때 하이픈으로 연결합니다.

[Paragraph Styles] 패널 살펴보기

자주 사용하는 단락 스타일을 등록하고 관리합니다.

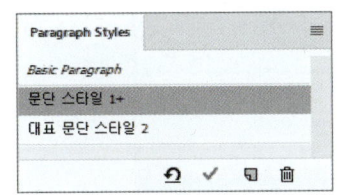

문자 속성을 바꾸는 세 가지 방법

이미지로 바꾸기

❶ [문자] 레이어를 선택하고 ❷ 마우스 오른쪽 버튼을 클릭하여 ❸ [Rasterize Type] 메뉴를 선택합니다. ❹ [문자] 레이어가 [이미지] 레이어로 바뀌고 문자 속성이 사라집니다.

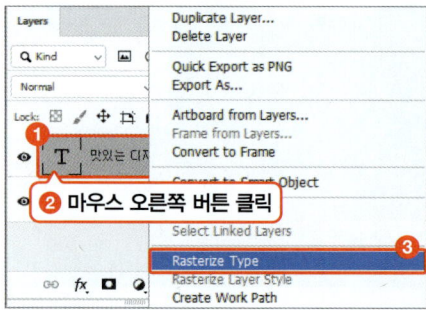 

문자 속성은 디자인 효과나 필터 효과를 적용할 수 없으므로 이미지 속성으로 바꾼 후 작업해야 합니다.

셰이프로 바꾸기

❶ [문자] 레이어를 선택하고 ❷ 마우스 오른쪽 버튼을 클릭하여 ❸ [Convert to Shape] 메뉴를 선택합니다. ❹ [문자] 레이어가 [셰이프] 레이어로 바뀌고 문자 속성이 사라집니다.

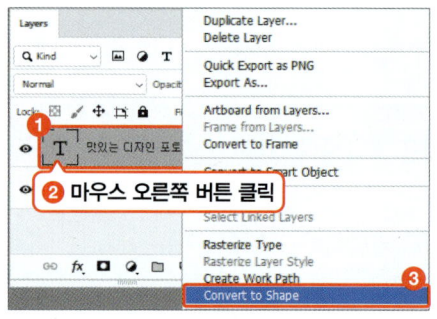 

문자 속성을 셰이프로 바꾸면 문자를 비틀거나 확대, 축소해도 깨지지 않으므로 작업이 수월해집니다.

패스로 바꾸기

❶ [문자] 레이어를 선택하고 ❷ 마우스 오른쪽 버튼을 클릭하여 ❸ [Create Work Path] 메뉴를 선택합니다. ❹ [Paths] 패널에 새로운 [Work Path]가 생성됩니다.

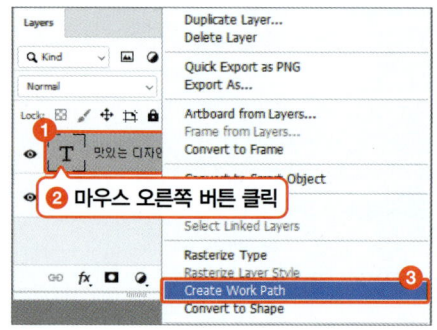 

문자 속성을 패스로 바꾸면 패스를 수정할 수 있습니다.

기능 꼼꼼 익히기 — 문자 단축키 완전 정복

- **블록 지정 후** `Alt` + `→`, `←` | 문자 간격 조절하기
- **블록 지정 후** `Alt` + `↑`, `↓` | 문자 줄 간격 조절하기
- `Alt` + `→`, `←` | 문자 사이에 위치한 커서의 앞뒤 간격만 조절하기
- **블록 지정 후** `Shift` + `Ctrl` + `B` | 문자를 진하게 만들기
- **블록 지정 후** `Shift` + `Ctrl` + `U` | 문자에 밑줄 긋기

문자 속성을 자유자재로 변형하는 가변 글꼴

가변 글꼴을 사용하면 문자의 굵기와 폭, 기울임 정도를 자유자재로 변형할 수 있습니다. ❶ 문자 도구 T로 임의의 문자를 입력하고 ❷ 글꼴을 선택합니다. ❸ [Properties] 패널에서 문자를 자유롭게 변형합니다. 단, 글꼴 목록에서 VAR로 표시되어 있는 Variable fonts인 가변 글꼴에만 사용할 수 있습니다.

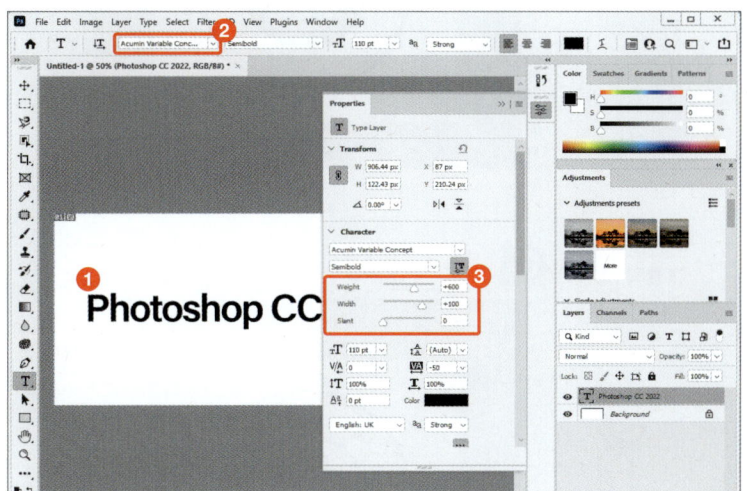
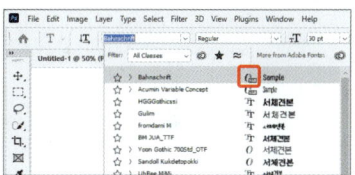

기능 꼼꼼 익히기 — [Properties] 패널 알아보기

[Properties] 패널에서 여러 단계의 탐색을 거치지 않고도 문서, 픽셀, 문자 레이어의 속성을 빠르게 적용할 수 있습니다.

- **Background(Document) 속성** | 캔버스, 눈금자, 안내선
- **Pixel 속성** | 변형, 모양, 정렬 및 분산(패스파인더)
- **Type 속성** | 변형, 문자, 단락 옵션

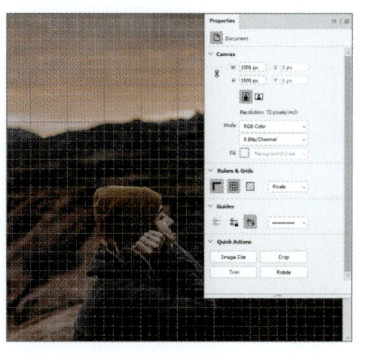

한눈에 실습 | Warp Text로 문자 모양 변형하기

준비 파일 기본/Chapter 02/Warp Text.psd
핵심 기능 문자 왜곡, Warp Text

Warp Text는 문자를 독특한 모양으로 변형할 수 있는 기능입니다. 이 기능을 이용하여 몇 번 클릭한 후 값만 넣어주면 문자가 구부러지기도 하고 물결무늬로 바뀌기도 합니다. 간단한 실습을 통해 어떤 기능인지 알아보겠습니다.

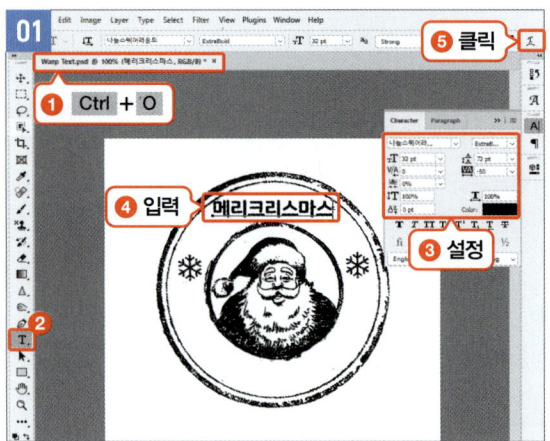

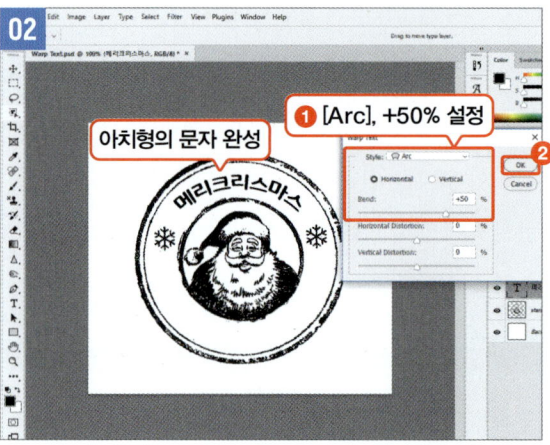

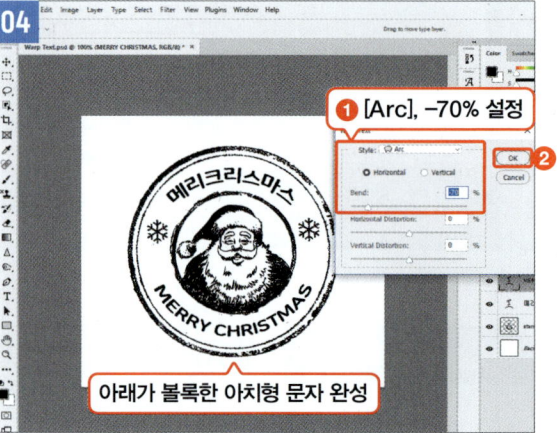

기능 꼼꼼 익히기 | Warp Text 수정하기

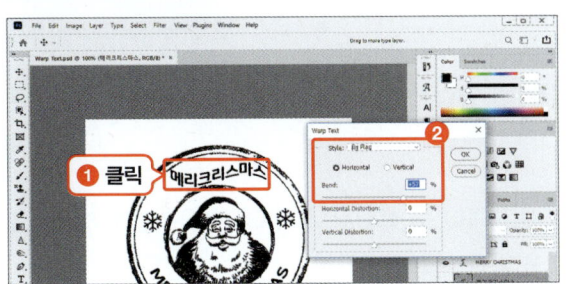

문자 변형을 완료한 후 Warp Text 설정값을 변경할 수 있습니다. ① 문자 도구[T.]로 수정하고 싶은 문자 영역을 클릭합니다. ② 옵션바의 문자 왜곡 아이콘[工]을 클릭하여 [Warp Text] 대화상자가 나타나면 설정값을 변경합니다.

자주 사용하는 Warp Text Style

Warp Text는 문자를 독특한 형태로 변형할 수 있는 여러 가지 옵션이 있습니다. 총 15가지 스타일이 있으며 자주 사용하는 여섯 가지는 알아두는 것이 좋습니다.

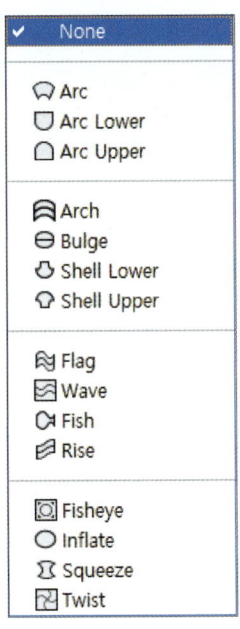

▲ Arc

▲ Arc Lower

▲ Arc Upper

▲ Bulge

▲ Flag

▲ Fish

| 간단 실습 | **패스를 따라 흐르는 곡선 문자 만들기** |

준비 파일 기본/Chapter 02/패스문자.jpg

가로 방향 또는 세로 방향 외에도 다양한 방향으로 문자를 입력할 수 있습니다. 펜 도구를 이용하여 만든 패스의 테두리를 따라 문자가 흐르도록 만들어보겠습니다.

01 ① Ctrl + O 를 눌러 준비 파일을 불러오고 ② 펜 도구 를 클릭합니다. ③ 신발 부분에 시작점을 클릭하고 ④ 다음 지점을 클릭한 채 드래그하여 ⑤ 신발을 따라 패스를 만듭니다.

펜 도구를 자유롭게 사용하는 방법은 161쪽을 참고하세요.

02 ① 문자 도구 T 를 클릭합니다. ② [Character] 패널에서 원하는 글꼴과 글자 크기 등을 설정합니다.

03 ① 마우스 포인터를 운동화 아래쪽 중간 지점으로 옮기면 마우스 포인터가 모양으로 변경됩니다. ② 그 지점을 클릭합니다.

04 문자를 입력할 수 있습니다. 원하는 문구를 입력합니다.

05 ① 패스를 수정하려면 패스 선택 도구 를 클릭합니다. ② 마우스 포인터를 패스로 옮기면 마우스 포인터가 모양으로 변경됩니다. ③ 클릭한 채 아래로 드래그하면 텍스트 방향이 바깥쪽으로 변경됩니다.

LESSON 10
벡터 방식의 패스, 셰이프 그리기
섬세한 작업에 필요한 다양한 도형 그리기

이번에는 세밀한 작업에 꼭 필요한 펜 도구 사용법과 벡터 도형을 그리는 셰이프 도구 사용법을 알아보겠습니다. 벡터 방식은 일러스트레이터에서 그림을 그리는 방식이지만, 포토샵에서도 펜 도구, 셰이프 도구, 문자 도구는 벡터 방식으로 작업할 수 있습니다. 벡터 방식을 사용하는 도구는 수정이 쉽고 깨끗한 이미지를 얻을 수 있어 포토샵에서 자주 활용합니다.

벡터 방식

벡터(Vector) 방식은 점과 점을 연결해서 선이나 곡선으로 도형을 만들고 내부에 색상이나 패턴을 적용한 도형을 모아 이미지를 만듭니다. 벡터 이미지는 크기를 늘려도 화질이 저하되지 않고 출력물의 크기와 상관없이 인쇄 품질이 유지됩니다. 그래서 인쇄, 편집 용도로 많이 사용되며 CI, BI, 캐릭터 디자인에도 자주 쓰입니다. 포토샵은 비트맵 이미지를 다루지만, 펜 도구를 사용해서 그린 패스와 문자 도구, 셰이프 도구를 사용해서 그린 오브젝트는 벡터 방식 이미지이므로 이미지를 아무리 키워도 화질이 저하되지 않습니다. 비트맵과 벡터 방식에 대해 자세히 알고 싶다면 061쪽을 참고합니다.

▲ 벡터 방식

▲ 비트맵 방식

패스로 정교하게 추출하는 펜 도구 P

펜 도구는 직선과 곡선을 정교하게 패스로 추출하여 선택 영역을 만들 때 사용합니다. 다른 도구에 비해 익숙해지기까지 시간이 오래 걸리지만, 정밀한 드로잉이 가능하고 언제든지 수정할 수 있어 실무에서 많이 쓰입니다. 그만큼 활용도가 높은 도구이므로 꼭 익혀두는 것이 좋습니다.

간단 실습 다양한 방법으로 패스 그리기

펜 도구는 원하는 영역을 세밀하게 지정할 때 사용합니다. 펜 도구의 기본 사용법을 알아보겠습니다.

직선 패스 그리기

① 펜 도구 ⬚를 이용하여 시작점을 클릭합니다. ② 끝점을 클릭하면 직선 패스가 만들어집니다.

Shift 를 누른 채 끝점을 클릭하면 45°, 수직, 수평으로 패스가 그려집니다.

곡선 패스 그리기

방향선을 이용하여 자연스러운 곡선을 만듭니다. ① 펜 도구 ⬚를 이용하여 첫 번째 시작점을 클릭합니다. ② 두 번째 지점을 클릭하고 마우스 버튼에서 손을 떼지 않은 채 화살표 방향으로 드래그합니다. 마우스 버튼에서 손을 떼면 곡선 패스가 만들어집니다. ③ 끝점을 클릭하면 방향선의 영향을 받아 자연스러운 곡선이 만들어집니다.

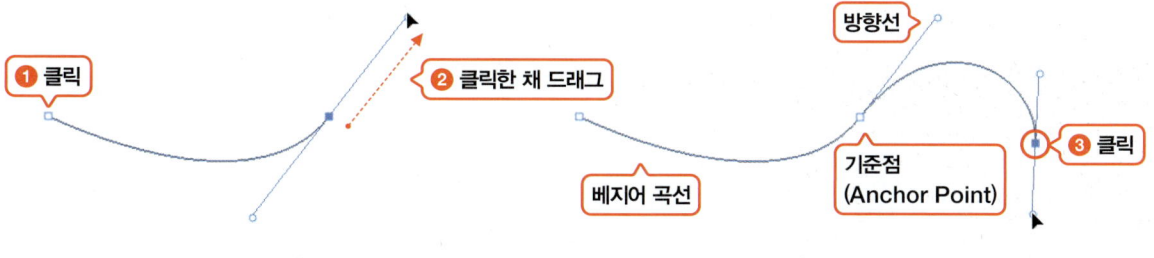

기준점 삭제하기 패스를 그리는 중 Delete 를 누르면 이전 기준점이 삭제됩니다.

방향선 없는 곡선 패스 그리기

임의로 만들어진 방향선을 제거하여 자유롭게 곡선 패스를 그립니다. ① 펜 도구를 이용하여 시작점을 클릭합니다. ② 두 번째 지점을 클릭한 채 드래그하여 곡선 패스를 만듭니다. ③ Alt 를 누른 채 기준점을 클릭하면 ④ 방향선이 제거됩니다. ⑤ 원하는 지점을 클릭하면 아래로 이어지는 곡선 패스를 만들거나 ⑥ 직선 패스를 만들 수 있습니다.

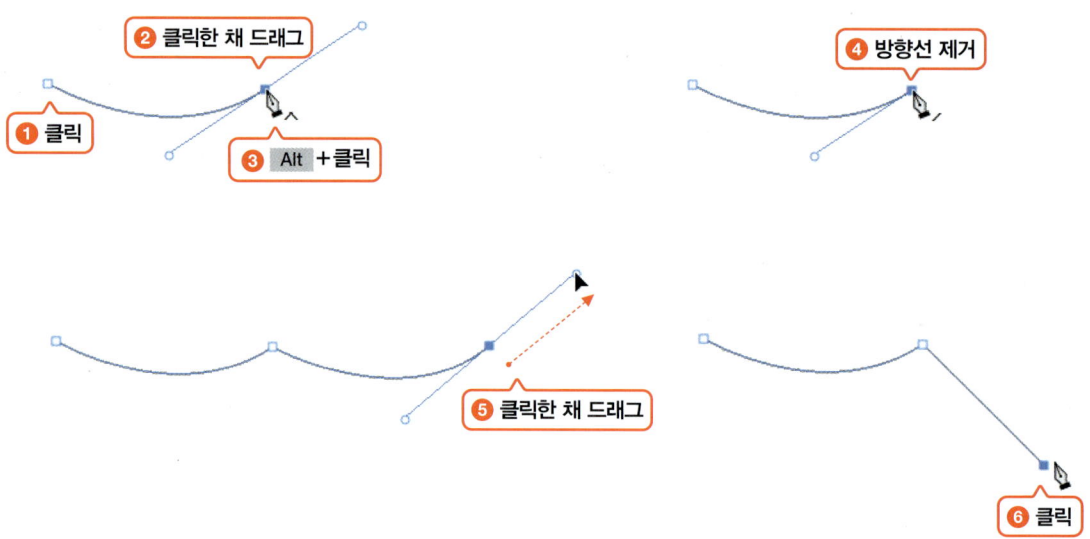

열린 패스와 닫힌 패스

시작점과 끝점이 끊어진 패스를 열린 패스, 시작점과 끝점이 맞닿은 패스를 닫힌 패스라고 합니다. 대부분의 패스는 닫힌 패스이며 열린 패스는 선을 그릴 때 사용합니다.

①② 펜 도구를 이용하여 시작점과 중간점을 클릭합니다. ③ 다음 지점도 클릭한 채로 드래그하면 열린 패스가 됩니다. ④ 시작점을 다시 클릭하면 닫힌 패스가 됩니다.

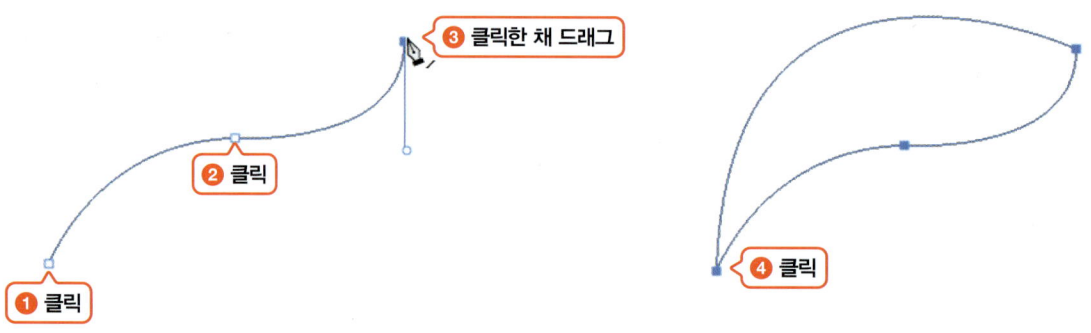

▲ 열린 패스와 닫힌 패스

패스 수정하기

펜 도구 를 이용해 만들어진 패스는 기준점을 추가 또는 삭제할 수 있으며, 곡선 패스를 직선 패스로 수정할 수도 있습니다. 패스 선택 도구와 직접 선택 도구를 이용하면 패스를 이동하거나 수정할 수 있습니다.

- **기준점 추가 도구** | 기존 패스에 기준점을 추가합니다.

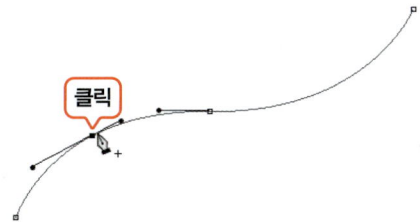

- **기준점 삭제 도구** | 기존 패스의 기준점을 삭제합니다.

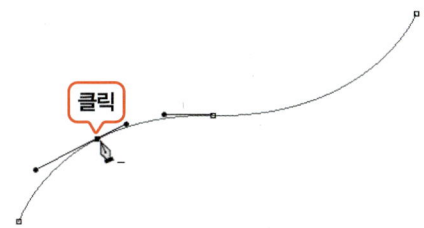

- **기준점 변환 도구** | 패스 기준점의 속성을 바꿉니다. 곡선 패스는 직선으로, 직선 패스는 곡선으로 바꿉니다.

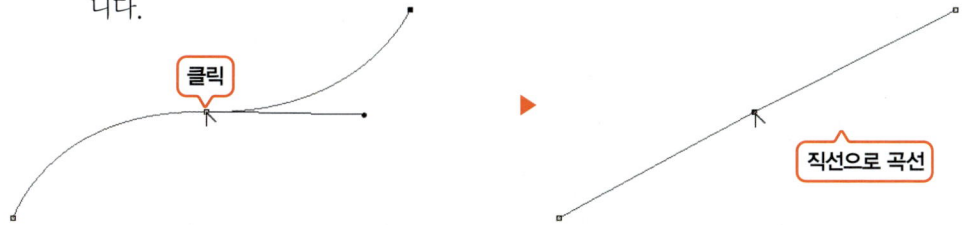

- **패스 선택 도구** | 패스의 전체 기준점을 선택합니다.

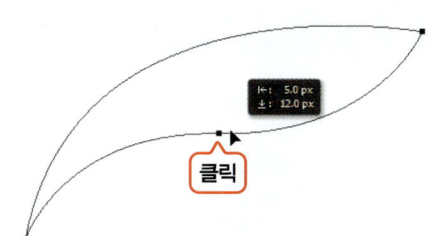

- **직접 선택 도구** | 패스의 베지어 곡선과 기준점을 각각 선택할 수 있습니다.

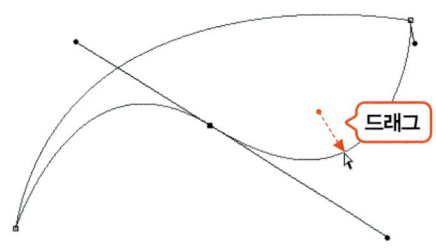

패스를 자유롭게 그리기

- **자유 형태 펜 도구** | 브러시처럼 드래그한 형태대로 패스를 생성할 수 있습니다. ❶ 자유 형태 펜 도구를 이용하여 시작점을 클릭합니다. ❷ 마우스 버튼에서 손을 떼지 않고 자유롭게 드래그합니다.

간단 실습 : 펜 도구로 셰이프 만들기

펜 도구를 클릭하고 옵션바에서 [Shape]를 선택한 후 패스 안쪽을 채울 색상을 [Fill]에서 설정합니다. [Stroke]에서 테두리의 색상, 굵기, 형태를 설정하여 셰이프를 그려보겠습니다.

❶ Ctrl + N 을 눌러 새 문서를 만들고 ❷ 펜 도구를 클릭합니다. ❸ 옵션바에서 [Shape], [Fill], [Stroke] 값을 설정합니다. ❹ ❺ ❻ 시작점, 두 번째 점, 끝점을 클릭하고 ❼ 시작점을 다시 클릭해 셰이프를 완성합니다.

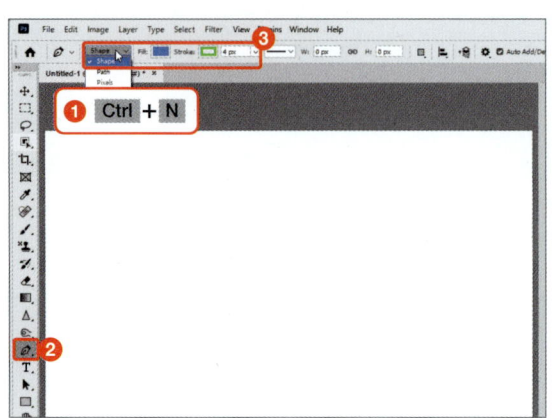
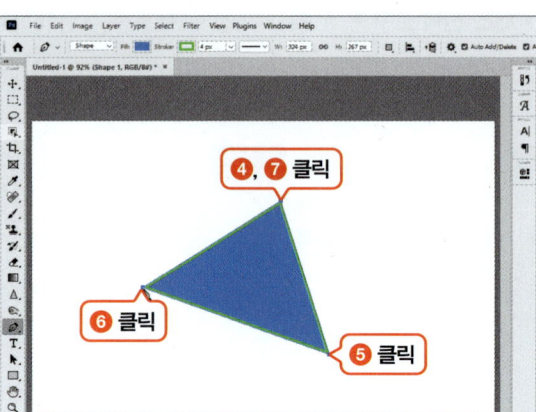

간단 실습 | 패스를 활용하여 이미지 소스 추출하기

준비 파일 기본/Chapter 02/패스추출하기.jpg

펜 도구를 이용하면 피사체와 배경을 쉽게 분리하여 패스로 추출할 수 있습니다. 일명 '누끼 딴다'고 하는 작업으로 실무에서 자주 사용합니다.

01 ❶ Ctrl + O 를 눌러 준비 파일을 불러오고 ❷ 펜 도구를 클릭합니다. ❸ 옵션바에서 [Path]를 선택하고 ❹ 패스 작업을 클릭하여 ❺ [Combine Shapes]를 선택합니다.

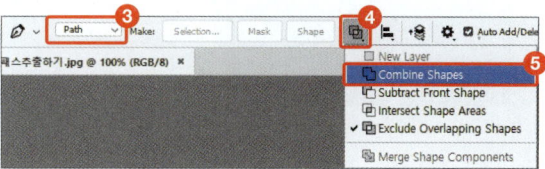

02 ❶ Ctrl + + 를 여러 번 눌러 화면을 확대합니다. ❷ 시작점을 클릭하고 ❸ 다음 지점을 클릭한 채 화살표 방향으로 드래그합니다.

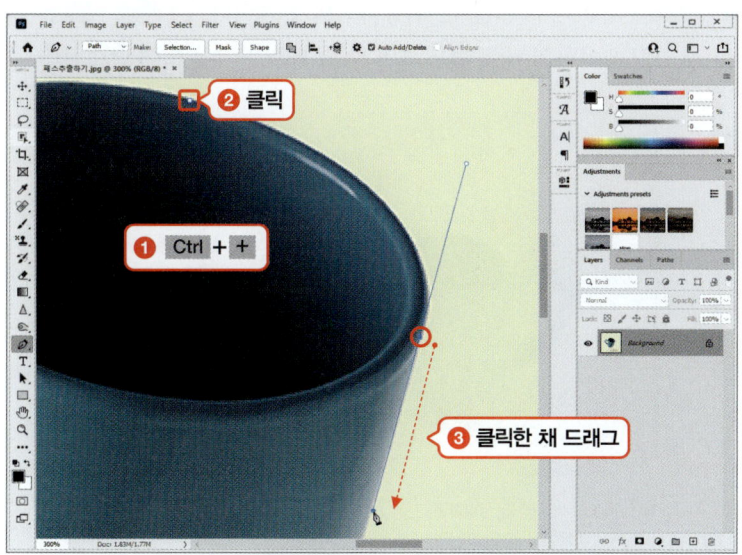

03 ① 방향선을 제거하기 위해 Alt 를 누른 채 두 번째 지점을 클릭합니다. ② 다음 지점을 클릭하여 직선 패스를 그립니다. ③ 같은 방법으로 컵을 따라 패스를 만듭니다.

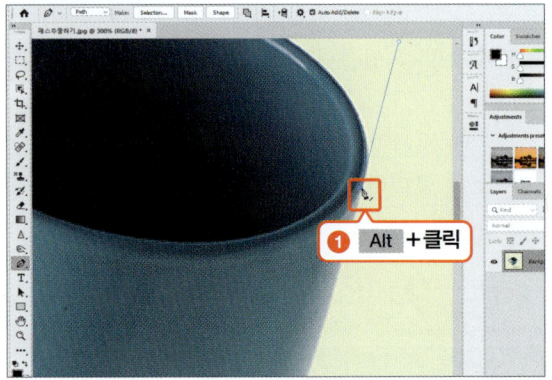 

04 ① 옵션바에서 패스 작업 을 클릭하고 ② [Exclude Overlapping Shapes]를 선택합니다. ③ 컵 손잡이 안쪽 영역을 닫힌 패스로 만듭니다. 해당 부분이 선택 영역에서 제거됩니다.

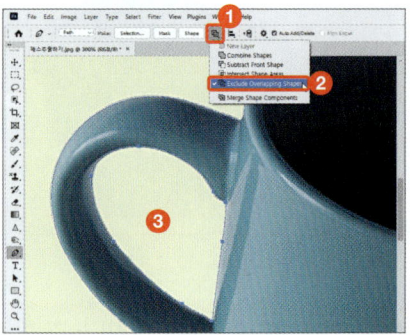

05 ① 패스 작업이 마무리되면 Ctrl + Enter 를 눌러 패스를 선택 영역으로 만듭니다. ② Ctrl + J 를 눌러 새 레이어로 복제합니다. ③ [Background] 레이어의 를 클릭하면 ④ 컵 패스만 추출되어 남습니다.

[Work Path]는 임시로 저장해놓은 패스로 새 패스를 작업하면 삭제됩니다. 삭제하지 않으려면 [Paths] 패널에서 새 패스 만들기 를 클릭한 후 패스 등록 작업을 진행합니다. 이렇게 해두면 저장된 패스를 언제든지 다시 선택하여 사용할 수 있습니다.

> **기능 꼼꼼 익히기**   패스 단축키 완전 정복
>
> - `Alt` +기준점 클릭 | 방향선을 제거합니다.
> - `Shift` +클릭 | 45°, 수평, 수직 형태로 그려집니다.
> - `Ctrl` +기준점 클릭한 채 드래그 | 패스 선택 시 직접 선택 도구로 전환되어 방향선 및 위치를 변경할 수 있습니다.
> - 펜 도구 사용 중 `Alt` | 기준점 변환 도구로 전환합니다.
> - 기준점 추가 도구 사용 중 `Alt` | 기준점 삭제 도구로 전환합니다(반대로도 적용 가능).
> - `Shift` + `Ctrl` + `H` | 패스 선을 보이거나 감춥니다.
> - `Delete` | 패스를 삭제합니다.
> - `Alt` + `Ctrl` + `Z` | 이전 작업을 한 단계씩 취소합니다(되돌리기).
> - `Ctrl` + `Enter` | 패스를 선택 영역으로 활성화합니다.

[Paths] 패널 살펴보기

패스로 작업한 내용을 저장하고 관리합니다. [Paths] 패널이 보이지 않는다면 [Window]-[Paths] 메뉴를 선택합니다.

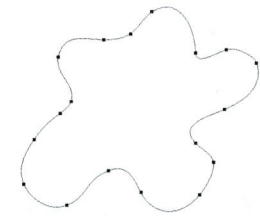

① **채움 패스 선택** | 패스에 전경색을 채웁니다.
② **외곽선 패스** | 브러시 도구 옵션바에서 선택한 브러시 설정대로 패스에 외곽선을 그립니다.
③ **선택 영역 만들기** | 패스대로 선택 영역을 만듭니다.
④ **패스 만들기** | 선택 영역을 패스로 만듭니다.
⑤ **마스크 추가하기** | 마스크를 추가합니다.
⑥ **새 패스 만들기** | 새로운 패스를 추가합니다.
⑦ **패스 삭제하기** | 선택된 패스를 삭제합니다.

벡터 도형을 그리는 셰이프 도구 `U`

셰이프 도구는 벡터 방식의 도구로 펜 도구와 같은 속성을 갖고 있기 때문에 정밀하게 드로잉할 수 있고 언제든지 수정할 수도 있습니다. 사각형, 원형, 다각형 외에도 다양한 벡터 도형을 만들 수 있습니다.

셰이프 레이어는 [Layers] 패널의 섬네일 영역 오른쪽 아래에 모양이 표시됩니다.

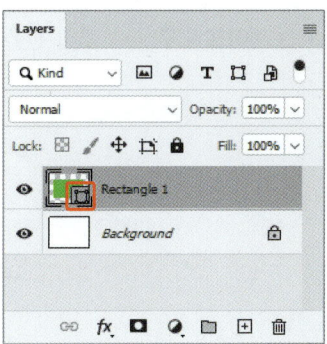

- **사각형 셰이프 도구** ▢ | 사각형 벡터 도형을 만듭니다.

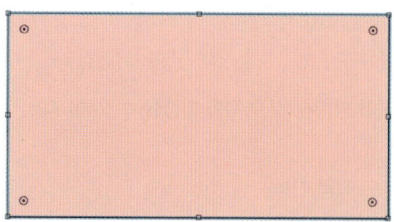

포토샵 CC 2022 버전부터 모서리가 둥근 직사각형 셰이프 도구가 사라졌습니다. 그러나 사각형을 그린 후 조절점을 도형 안쪽으로 드래그하면 모서리가 둥글어집니다.

- **타원 셰이프 도구** ◯ | 원형 벡터 도형을 만듭니다.

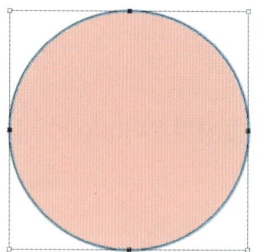

- **다각형 셰이프 도구** ⬠ | 입력한 꼭짓점 개수에 맞는 다각형 벡터 도형을 만듭니다.

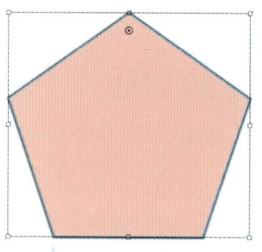

별 모양을 만들거나 삼각형, 육각형 등 꼭짓점 개수를 설정하려면 옵션바의 [Sides]에 원하는 수치를 입력합니다.

- **삼각형 셰이프 도구** △ | 모서리가 뾰족하거나 둥근 삼각형 모양 또는 패스를 만듭니다.

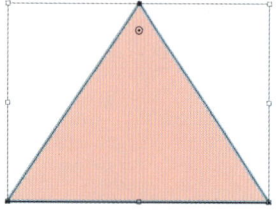

- **사용자 정의 셰이프 도구** | 여러 가지 모양의 벡터 도형을 만듭니다.

옵션바에서 [Shape]를 클릭하여 포토샵에서 제공하는 여러 가지 도형을 선택할 수 있습니다.

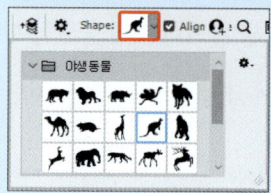

- **선 셰이프 도구** ╱ | 벡터 선을 만듭니다.

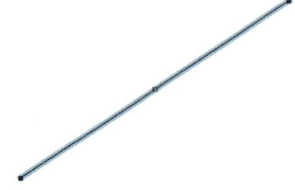

| 간단 실습 | **실시간으로 모양을 확인하며 삼각형 그리기** |

셰이프 속성을 편집하며 실시간으로 미리 보기를 확인할 수 있습니다.

01 ① Ctrl + N 을 눌러 새 문서를 만들고 ② 삼각형 셰이프 도구△를 클릭합니다. ③ 작업 화면에 드래그하여 삼각형을 만듭니다.

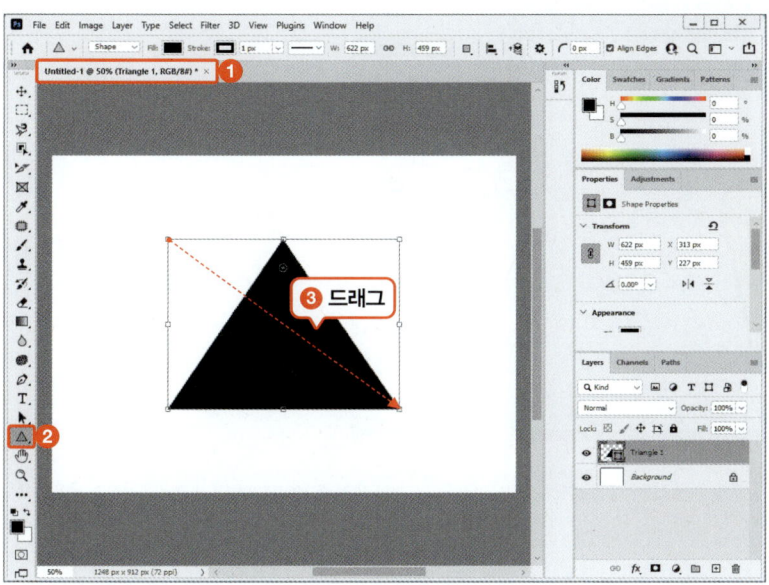

02 ① [Properties] 패널의 [Appearance]에서 [Fill]은 **fcff00**으로 설정하고 ② [Stroke]는 **000000**, **10px**, 점선 모양으로 설정합니다.

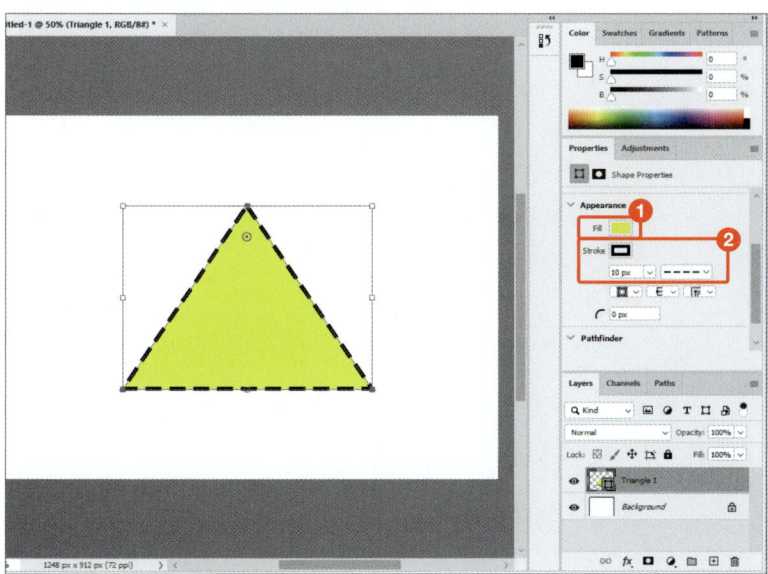

CHAPTER 02 이것만 알면 포토샵 완전 정복 **169**

03 ① 마우스 포인터를 조절점 바깥쪽으로 옮기면 마우스 포인터가 ↻모양으로 바뀝니다. 드래그하여 삼각형을 회전합니다. ② 삼각형 안에 조절점 ⊙을 안쪽으로 드래그하면 둥근 모서리로 변경되며, 실시간으로 바뀌는 모양을 확인하며 수정할 수 있습니다.

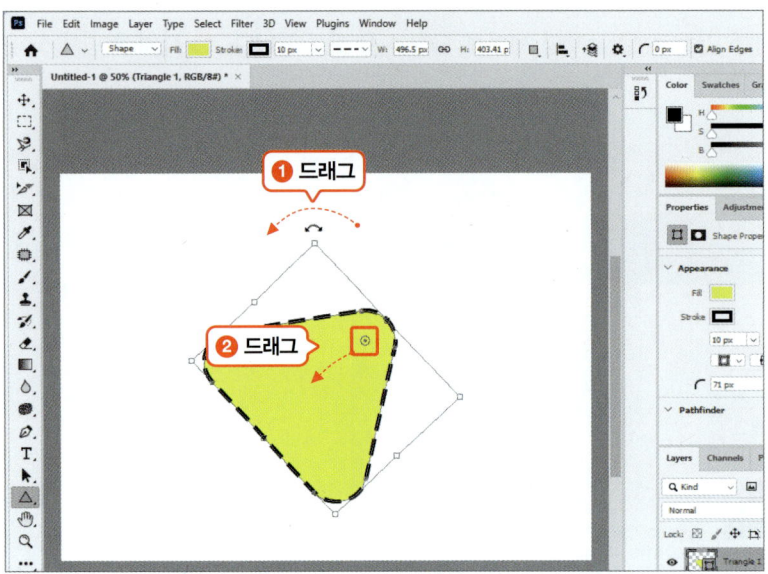

삼각형 셰이프 도구와 실시간 모양 미리 보기 기능은 실무에서 매우 유용하게 사용할 수 있습니다. 다른 작업 중 셰이프 모양을 변경하고 싶다면 셰이프 레이어가 선택된 상태에서 셰이프 도구를 클릭합니다.

Ps LESSON 11

원하는 대로 화면 보기

화면 확대, 이동, 넓게 보기

포토샵에서는 화면의 확대/축소/이동을 쉽게 할 수 있도록 돋보기 도구와 손바닥 도구를 제공합니다. 또한 작업 공간을 효율적으로 사용할 수 있도록 세 가지 화면 모드를 제공합니다.

간단 실습 | 돋보기 도구로 화면 확대/축소하기 Z

준비 파일 기본/Chapter 02/확대축소하기.jpg

01 ❶ **Ctrl** + **O** 를 눌러 준비 파일을 불러옵니다. ❷ 돋보기 도구 를 클릭하고 ❸ 이미지의 특정 영역을 클릭합니다.

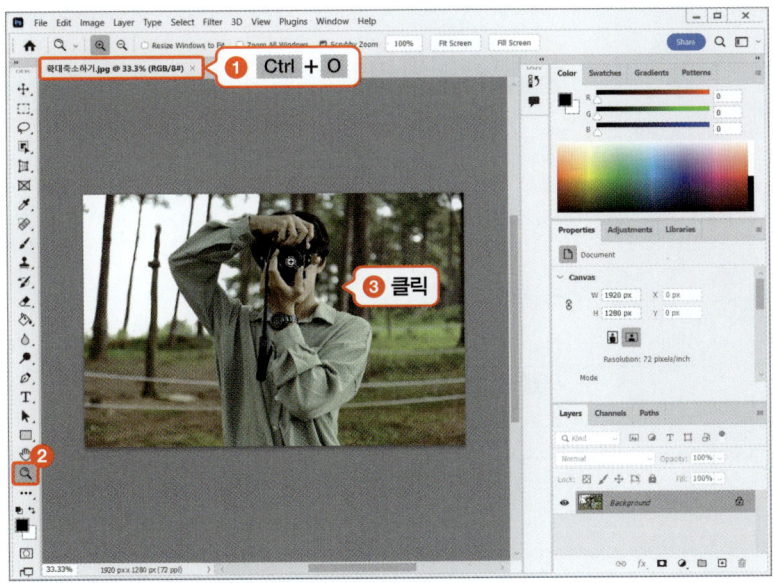

02 클릭한 상태로 마우스 버튼에서 손을 떼지 않고 가만히 있으면 화면이 점점 확대됩니다.

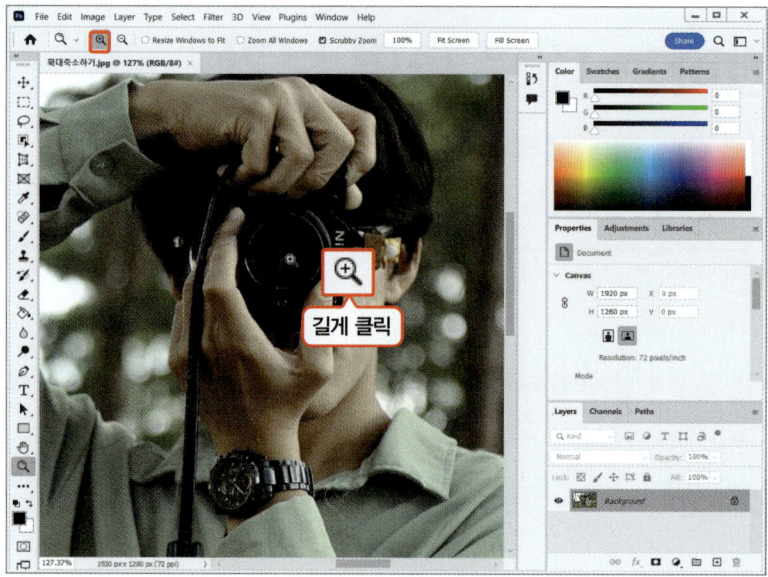

03 Alt 를 누른 채 이미지를 길게 클릭하면 축소됩니다.

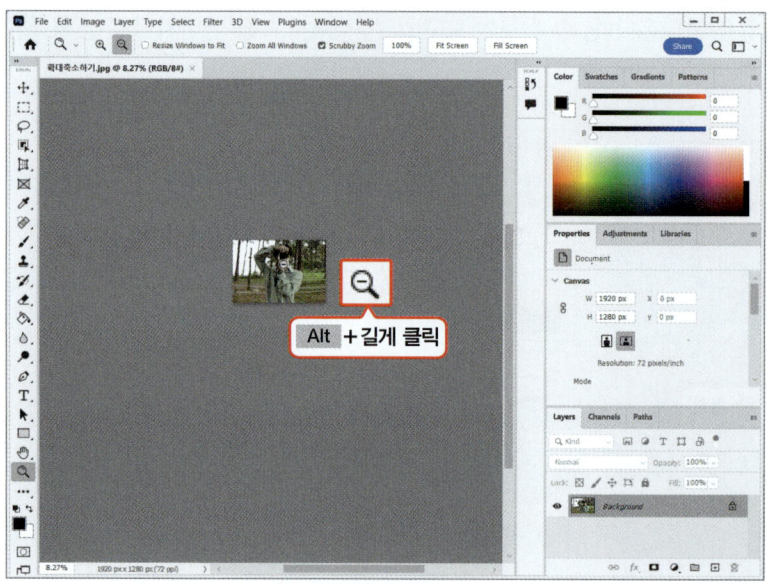

04 ❶ 특정 영역을 드래그하면 ❷ 선택된 부분만 확대(축소)됩니다.

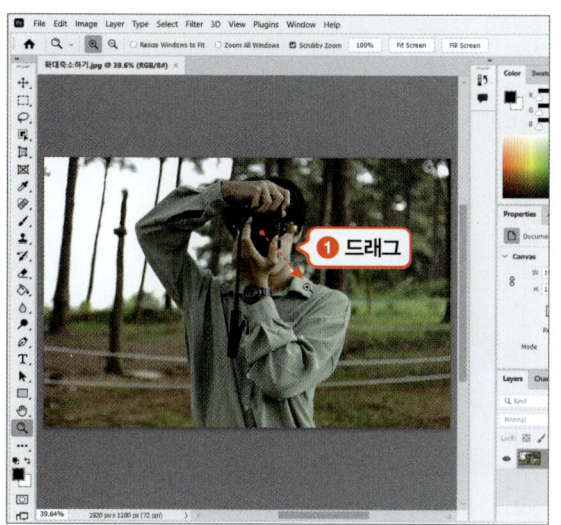

기능 꼼꼼 익히기 │ 화면 보기 단축키 완전 정복

- `Ctrl` + `+` │ 화면을 확대합니다.
- `Ctrl` + `-` │ 화면을 축소합니다.
- `Ctrl` + `0` │ 이미지에 맞게 작업 화면을 조절합니다.
- `Alt` + `Ctrl` + `+` │ 100% 단위로 확대되며 이미지에 맞게 작업 화면을 조절합니다.
- `Alt` + `Ctrl` + `-` │ 100% 단위로 축소되며 이미지에 맞게 작업 화면을 조절합니다.
- `Alt` + `Ctrl` + `0` │ 100% 단위가 적용됩니다. 이미지에 맞게 작업 화면을 조절합니다.
- 돋보기 도구 🔍 더블클릭 │ 화면을 100%로 봅니다.
- `SpaceBar` │ 손바닥 도구로 전환되어 화면을 이동합니다.
- `Home` / `End` │ 상단 왼쪽 보기/하단 오른쪽 보기를 할 수 있습니다.
- `Page Up` / `Page Down` │ 화면을 한 페이지씩 위/아래로 스크롤할 수 있습니다.
- `Ctrl` + `Page Up` / `Page Down` │ 화면을 한 페이지씩 왼쪽/오른쪽으로 스크롤할 수 있습니다.

간단 실습   손바닥 도구로 화면 이동하기 H

준비 파일 기본/Chapter 02/아이스크림.jpg

01 이미지가 작업 영역보다 커서 한눈에 다 보이지 않습니다. ❶ 돋보기 도구로 특정을 영역을 드래그하여 확대한 상태에서 ❷ 손바닥 도구를 클릭합니다.

02 마우스 포인터가 손바닥 모양으로 변하면 보고 싶은 방향으로 드래그합니다. 드래그하여 화면을 움직이면 이미지의 다른 영역이 보입니다.

> **다른 도구 사용 중에 손바닥 도구를 이용하는 방법** 다른 도구를 사용하는 중에 SpaceBar 를 누르면 손바닥 도구를 사용할 수 있습니다. 손바닥 도구가 선택된 상태에서 Ctrl 을 누른 채 클릭하면 확대 기능을, Alt 를 누른 채 클릭하거나 마우스 휠을 돌리면 축소 기능을 사용할 수 있습니다. 자유롭게 사용해봅니다.

손바닥 도구 옵션바와 패널 완전 정복

손바닥 도구 옵션바

① **Scroll All Windows** | 체크하고 손바닥 도구를 사용하면 열려 있는 모든 작업 화면이 함께 이동됩니다.

② **100%** | 이미지를 100% 실제 픽셀 크기로 보여줍니다. 돋보기 도구의 더블클릭과 같은 기능입니다.

③ **Fit Screen** | 이미지를 현재 작업 화면에 맞게 보여줍니다.

④ **Fill Screen** | 이미지를 작업 화면에 가득 차게 보여줍니다.

[Navigator] 패널과 함께 보기

이미지가 작업 화면보다 클 때 [Navigator] 패널의 미리 보기를 통해 이미지의 상태를 확인할 수 있습니다. [Navigator] 패널이 보이지 않는다면 [Window]-[Navigator] 메뉴를 선택합니다.

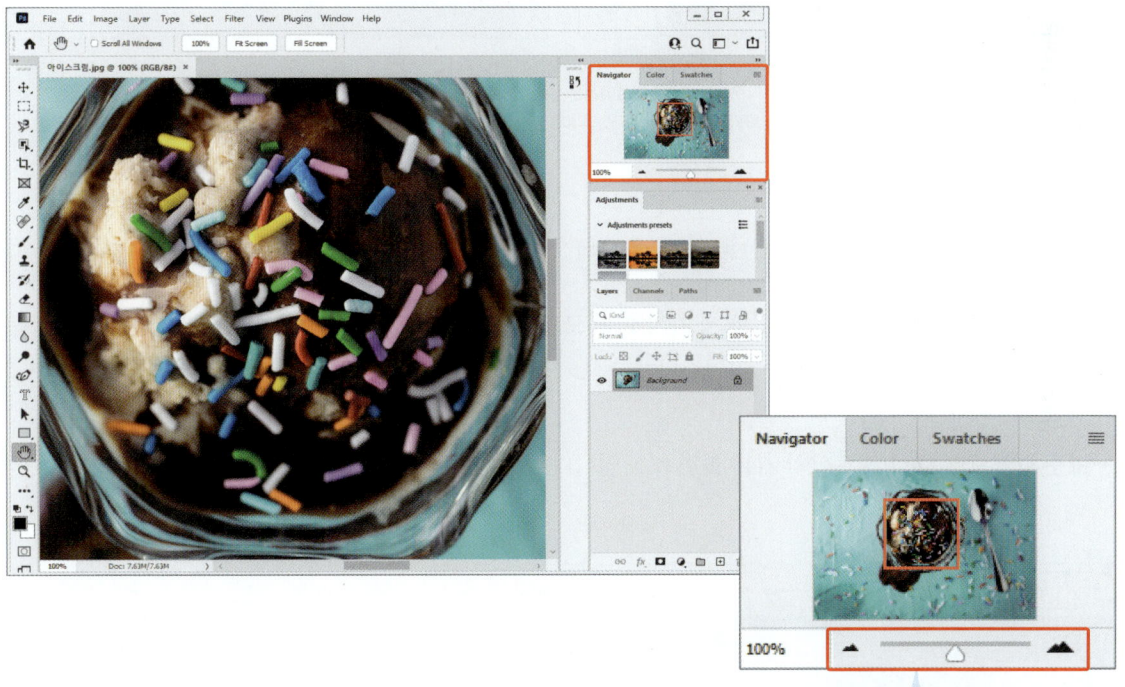

[Navigator] 패널 아래에 있는 슬라이더를 조절하여 보여지는 이미지 크기를 조절할 수 있습니다.

| 간단 실습 | 회전 보기 도구로 화면 회전하기 R |

준비 파일 기본/Chapter 02/선글라스.jpg

❶ Ctrl + O 를 눌러 준비 파일을 불러옵니다. ❷ 손바닥 도구 를 길게 눌러 회전 보기 도구 를 클릭합니다. ❸ 화면을 클릭하면 나침반 모양이 나타납니다. 좌우로 드래그하여 화면을 회전해봅니다.

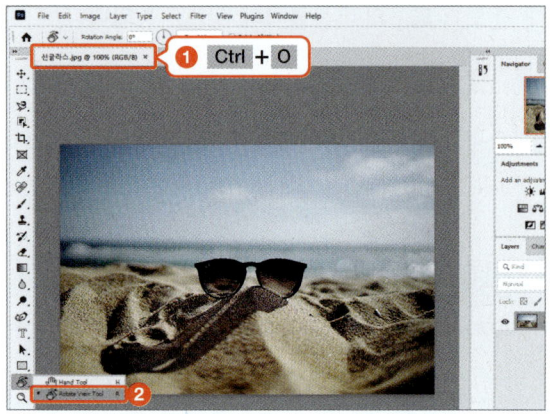
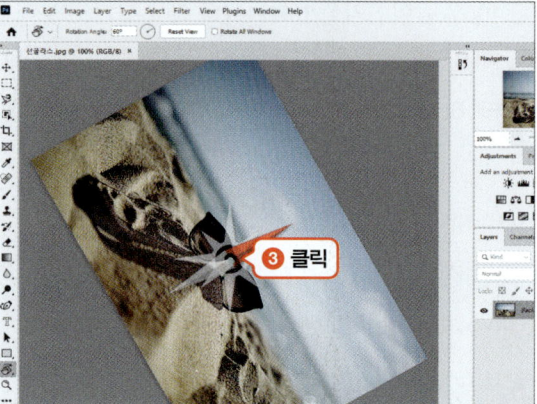

회전 보기 도구 를 사용한 회전 기능은 그래픽 사양이 낮은 PC에서는 사용할 수 없습니다. [Edit]–[Preferences]–[Performance] 메뉴에서 [Graphics Processor Settings] 항목이 활성화되어야 사용할 수 있습니다.

작업 공간을 넓게 보는 화면 편집 모드 F

작업 공간을 더 넓게 사용할 수 있도록 세 가지 화면 모드를 제공합니다. 모드 전환을 통해 메뉴바, 파일 이름 탭, 스크롤바를 보이게 하거나 감출 수 있습니다.

- **표준 화면 모드** | 포토샵의 기본 화면 모드입니다. 모니터 해상도가 높아 여러 창을 열어둔 채 사용할 때 유용합니다.

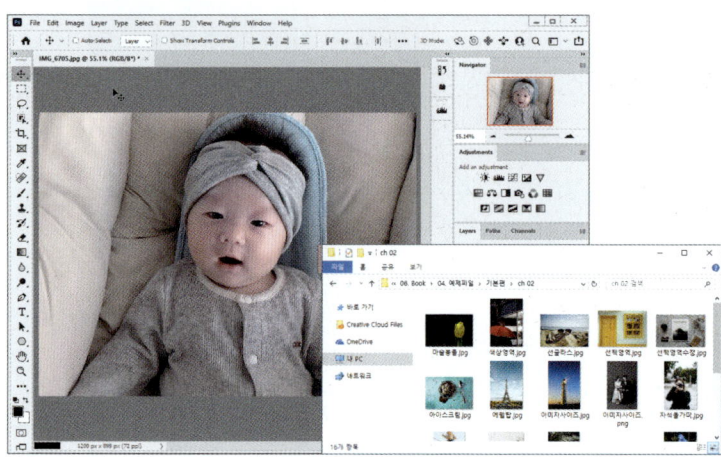

- **메뉴바와 패널이 있는 전체 화면 모드** ▢ | 포토샵 프로그램의 주요 요소만 꽉 차게 볼 수 있습니다. 파일 이름 탭과 상태 표시줄이 사라져 넓은 공간을 확보할 수 있습니다.

- **전체 화면 모드** ▢ | 작업 이미지만 보입니다. 모든 패널이 숨겨지고 배경이 검은색으로 바뀝니다. F 나 Esc 를 누르면 표준 화면 모드로 돌아갈 수 있습니다.

편하게 작업하기

새로운 기능 활용하고 작업 환경 설정하기

더 빠르게 작업하고 더 쉽게 실습하기

어도비 포토샵에서 제공하는 도움말이 한층 업그레이드되었습니다. 더 빠르게 작업할 수 있도록 클릭 한 번으로 이미지에 맞는 효과를 적용하거나 실습형 튜토리얼을 통해 포토샵 기능을 쉽게 실습할 수도 있습니다. 도움말에서는 실시간으로 업데이트되는 새로운 기능을 살펴볼 수 있습니다.

간단 실습 | 도움말 활용해 빠르게 작업하기

준비 파일 기본/Chapter 02/빠른작업.png

01 ❶ Ctrl + O 를 눌러 준비 파일을 불러오고 ❷ [Help]-[Photoshop Help] 메뉴를 선택합니다.

[Help]-[Photoshop Help] 메뉴를 선택하지 않고 오른쪽 상단에 있는 도움말 🔍을 클릭하거나 Ctrl + F 를 눌러도 도움말을 확인할 수 있습니다.

02 ① [Discover] 대화상자가 나타나면 [BROWSE] 항목의 [Quick actions]를 클릭하고 ② 배경을 지우는 [Remove background]를 클릭합니다.

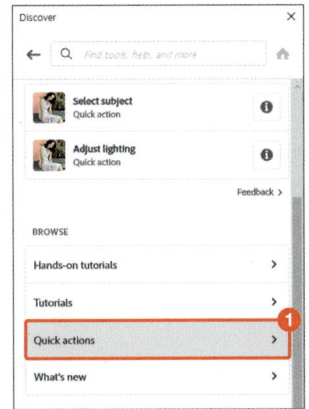 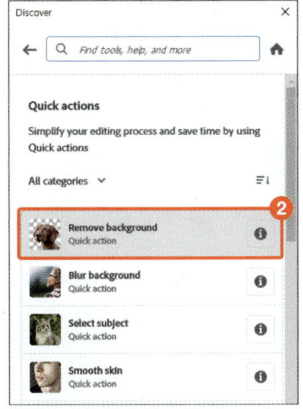

03 ① 캔버스 미리 보기에서 배경이 지워진 것을 확인합니다. ② [Revert]를 클릭해 이미지를 원래 상태로 되돌립니다. ③ 뒤로 가기 ←를 클릭해 다른 작업을 선택해보겠습니다.

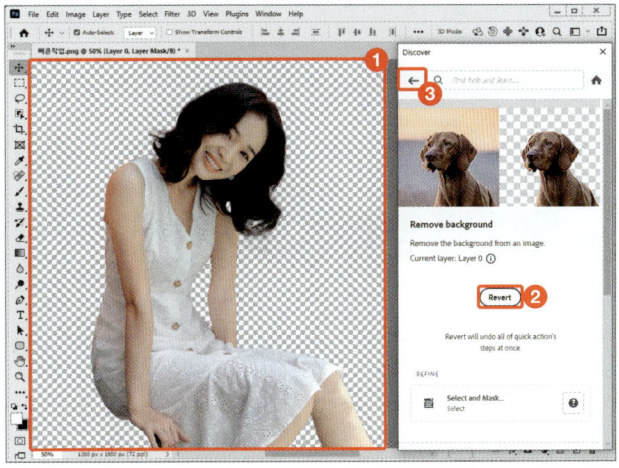

04 ① [Discover] 대화상자에서 배경을 흑백으로 바꾸는 기능인 [Make B/W background]를 클릭합니다. ② 03 단계처럼 캔버스 미리 보기에서 배경이 흑백으로 바뀐 것을 확인합니다.

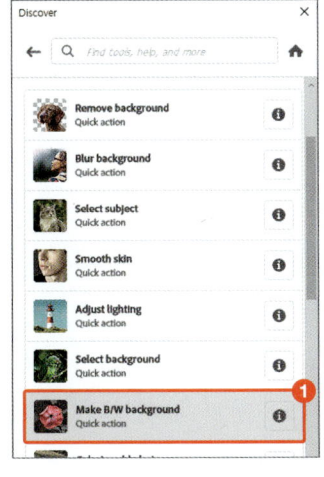 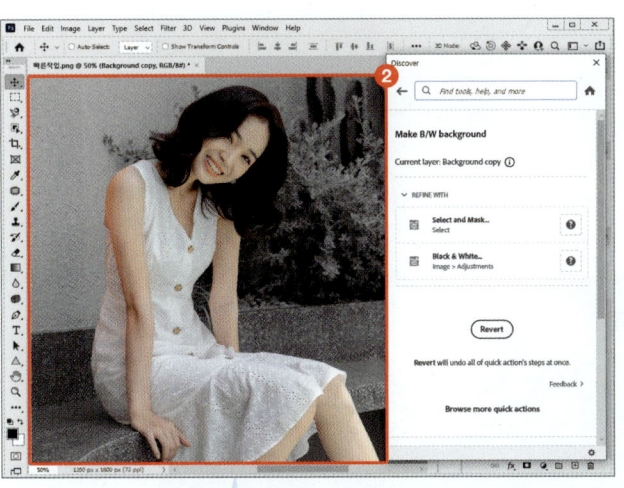

[Discover] 대화상자를 닫으면 흑백으로 바뀐 배경 이미지가 그대로 적용됩니다.

간단 실습 | 전선 및 사람 등 산만한 요소 제거 ★CC 2025 신기능

준비 파일 기본/Chapter 02/산만한요소제거.jpg

01 ❶ Ctrl + O 를 눌러 준비 파일을 불러옵니다. ❷ 제거 도구를 클릭하고 ❸ 옵션바의 [Find distractions]를 클릭합니다. ❹ [Wires and cables]를 클릭합니다.

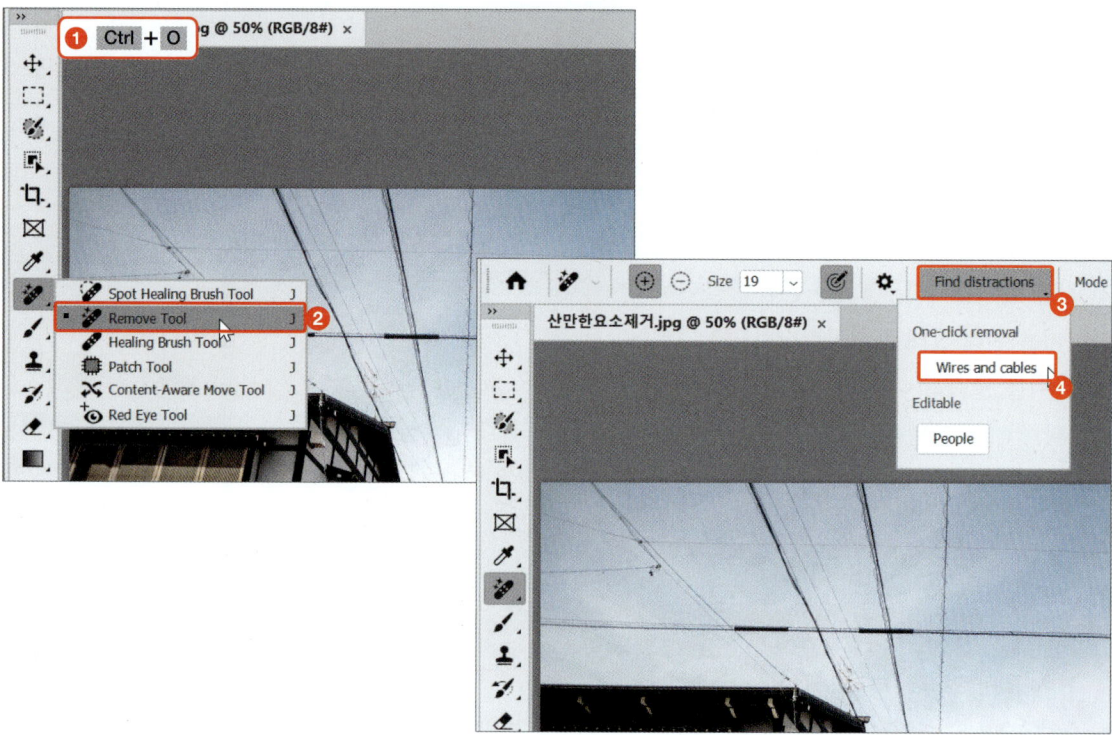

02 작업 진행이 완료되면 이미지에서 전선과 케이블이 말끔히 제거됩니다.

03 옵션바의 ❶ [Find distractions]를 클릭하고 ❷ [People]을 클릭합니다.

04 ❶ 피사체가 아닌 사람은 분홍색 오버레이로 표시됩니다. ❷ Enter 를 누릅니다. 작업 진행이 완료되면 이미지에서 불필요한 인물이 제거됩니다.

기능 꼼꼼 익히기 | 생성형 AI 크레딧과 모드 옵션 알아보기

크레딧은 어도비 제품에서 AI 기능을 사용할 때 필요한 일종의 가상 화폐입니다. 생성형 AI 기능을 사용할 때마다 일정량이 차감되므로, 작업 목적에 따라 모드를 적절히 선택합니다. 현재 크레딧은 어도비 크리에이티브 클라우드에서 확인할 수 있습니다.

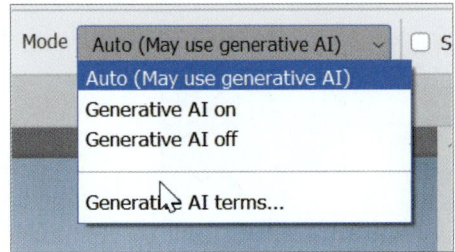

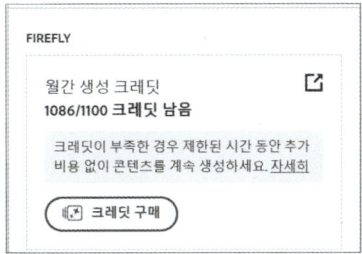

❶ **Generative AI on** | 크레딧이 차감됩니다. 파이어플라이 이미지 모델이 적용되어 더 높은 퀄리티의 결과물을 제공합니다.

❷ **Generative AI off** | 크레딧이 차감되지 않습니다. 기본적인 이미지 생성 기능만 사용합니다.

한눈에 실습 — 개선된 생성형 채우기, 유사 항목 생성하기 ★CC 2025 신기능

준비 파일 기본/Chapter 02/생성형채우기.png
핵심 기능 생성형 채우기, 유사 항목 생성 기능

어도비 파이어플라이(Adobe Firefly) 이미지 모델로 공간을 매끄럽게 채우고, 유사 항목 생성으로 이미지의 다양한 변형을 빠르게 완성할 수 있습니다.

프롬프트 입력란에 **풍성한 열대 과일, 사실적인 사진**을 입력했습니다.

생성된 이미지에서 별도의 작업 없이 바로 유사 항목(이미지)을 생성할 수 있습니다.

한눈에 실습 — AI 활용해 이미지 배경 생성하기 ★CC 2025 신기능

준비 파일 기본/Chapter 02/배경생성.jpg
핵심 기능 배경 제거, 배경 생성

배경 생성 기능을 활용하면 작업 표시줄에서 피사체에 적합한 조명과 그림자가 있는 자연스러운 배경을 간편히 추가할 수 있습니다.

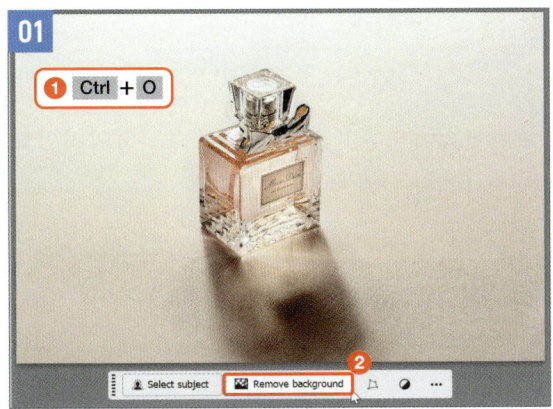

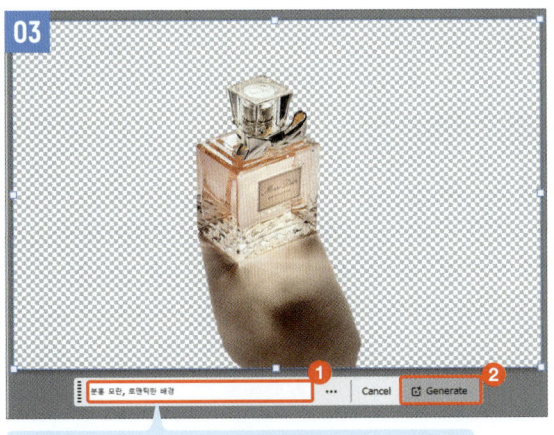

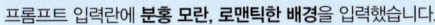

프롬프트 입력란에 **분홍 모란, 로맨틱한 배경**을 입력했습니다.

작업 화면 설정하기

포토샵은 작업 환경에 맞게 나만의 화면 구성을 만들 수 있습니다. 사용자의 작업 스타일에 맞게 환경 설정하는 방법을 알아보겠습니다.

간단 실습 | 나만의 작업 화면 설정하기

준비 파일 없음

포토샵에서 이미지를 편집하거나 수정하다 보면 어느새 화면 구성이 바뀌곤 합니다. 이럴 때 나만의 작업 화면을 저장해두면 작업 중에 흐트러진 화면을 깔끔하게 되돌릴 수 있습니다.

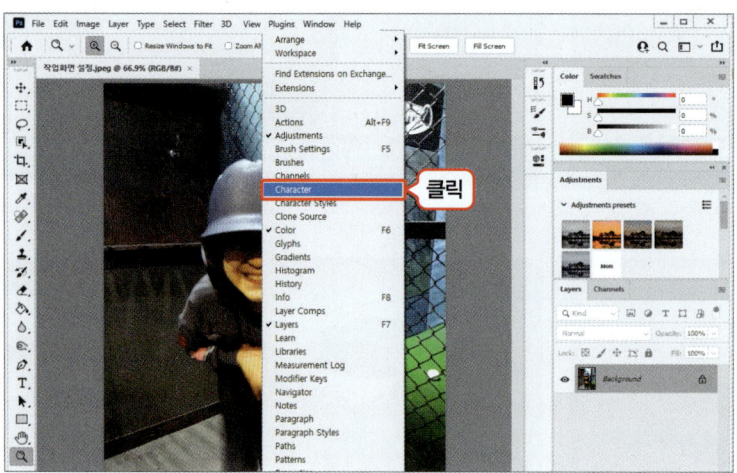

01 평소 자주 쓰는 패널을 배치해보겠습니다. 보이지 않는 패널을 불러오기 위해 [Window] 메뉴의 각 항목을 클릭하여 체크합니다. 필요 없는 패널은 다시 클릭하여 체크 표시를 없앱니다.

02 ❶ 앞에서 배운 '패널 조작하기(060쪽)'를 참고하여 패널을 원하는 위치로 옮깁니다. ❷ 설정이 완료되었으면 [Window]-[Workspace]-[New Workspace] 메뉴를 선택합니다.

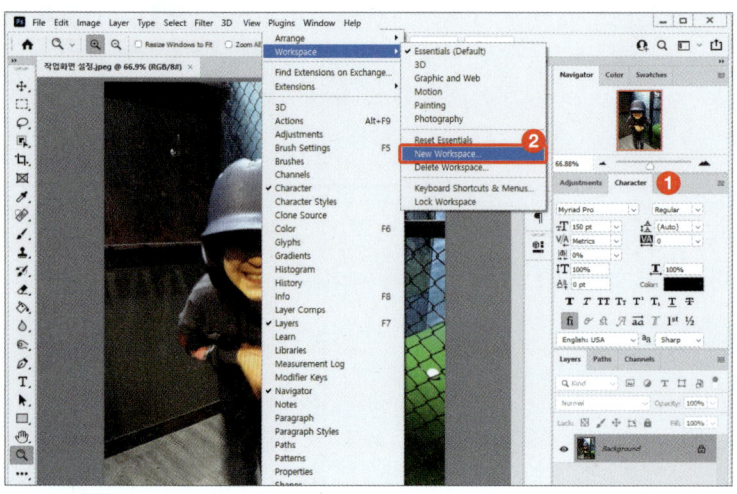

03 ① [New Workspace] 대화상자가 나타나면 [Name]에 알맞은 이름을 입력하고 ② [Save]를 클릭합니다.

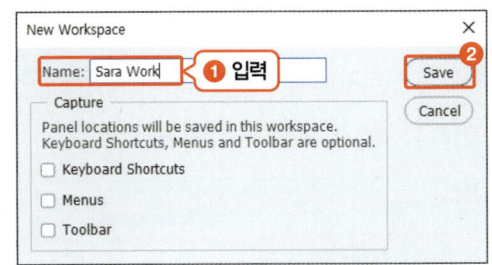

04 여러 패널을 그림과 같이 아무렇게나 정리되지 않은 상태로 만듭니다.

05 ① 옵션바의 오른쪽에 있는 작업 영역 선택 을 클릭하고 ② [Reset Sara Work]를 선택합니다. ③ 저장해두었던 나만의 작업 화면으로 깔끔하게 되돌아간 것을 확인할 수 있습니다.

[Reset Sara Work]는 **03** 단계에서 입력한 항목(Sara Work)입니다. 다른 이름을 입력했다면 [Reset 입력한 이름]으로 나타납니다.

작업 화면 기본 설정으로 되돌리기

화면이 이리저리 흩어진 패널들로 복잡해보이면 [Window]-[Workspace]-[Reset Essentials] 메뉴를 선택하여 기본 설정 상태로 되돌립니다.

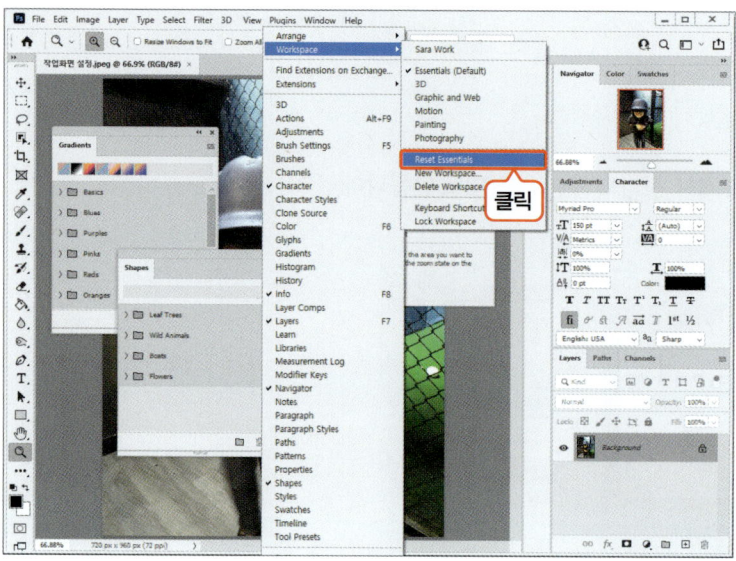

작업 화면 선택하기

옵션바의 오른쪽에 있는 작업 영역 선택을 클릭하면 여섯 가지 작업 화면 중 하나를 선택할 수 있습니다. [Essentials]가 기본으로 설정되어 있으며, 작업 특성에 맞게 [3D], [Graphic and Web], [Motion], [Painting], [Photography] 중 하나로 설정할 수 있습니다.

한눈에 실습 | 포토샵 환경 설정하기

포토샵 프로그램의 성능을 최적화하여 속도를 빠르게 만들고 사용자가 편리하게 사용할 수 있도록 기본 환경을 설정해보겠습니다. [Edit]-[Preferences] 메뉴를 선택하거나 Ctrl + K 를 눌러 [Preferences] 대화상자를 불러온 후 다음과 같이 설정합니다.

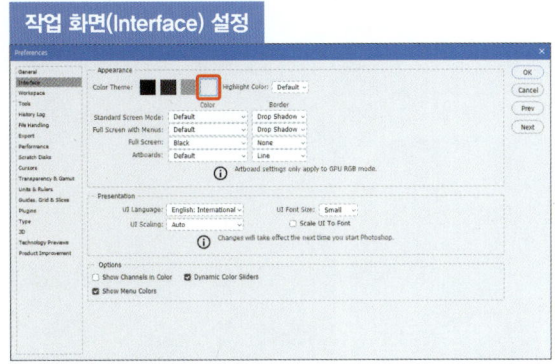

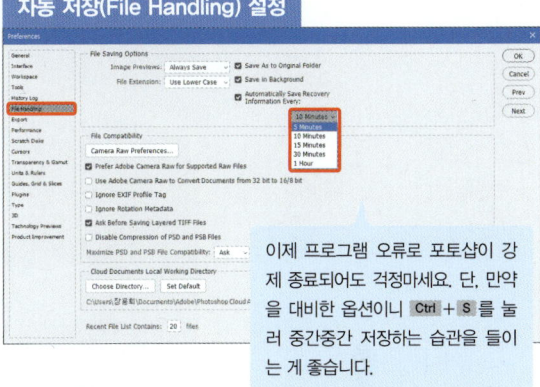

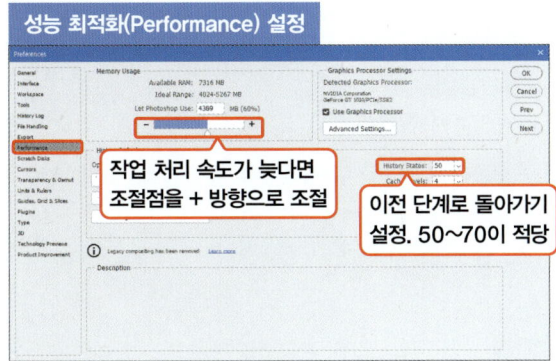

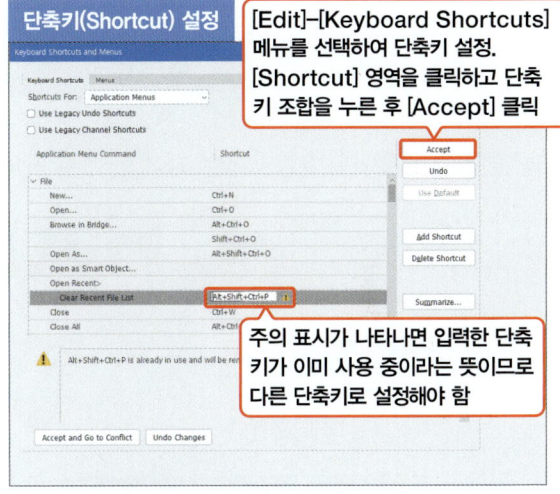

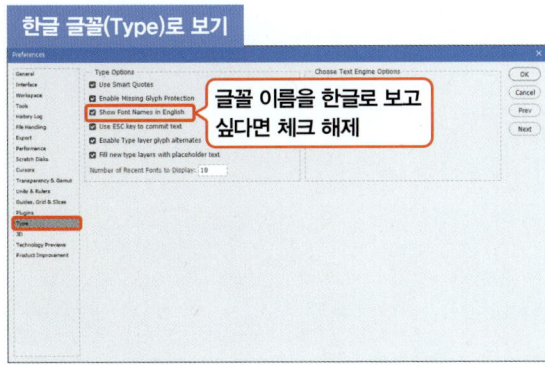

CHAPTER 02 이것만 알면 포토샵 완전 정복 **187**

CHAPTER 03

합성의 기본
레이어와 채널

포토샵의 핵심은 레이어(Layer)라고 해도 무방합니다.
레이어의 개념을 제대로 이해한 후
간단한 실습을 통해 자유자재로 레이어를 다뤄봅니다.
그런 다음 채널(Channels)의 개념을 이해하고 익혀봅니다.

레이어의 모든 것

레이어 기초 이해하기

레이어 이해하기

레이어(Layer)는 합성을 할 때 핵심이 되는 개념으로 매우 중요한 요소입니다. '레이어'를 사전에서 찾아보면 '층, 계층, 쌓은'이란 의미를 가지고 있습니다. 포토샵에서는 이미지의 층을 말합니다. 예를 들어 사진 파일 위에 가상의 투명 비닐을 한 겹 씌워 원본 이미지를 보호하면서 작업하도록 돕는 것입니다. 층 개념이므로 여러 겹으로 쌓는 것도 가능합니다.

레이어의 개념

아래 이미지는 한 장의 사진으로 보이지만 실제로는 곰 이미지와 음료 캔 이미지를 겹쳐놓은 것입니다. [Layers] 패널을 보면 곰 이미지가 담긴 레이어가 있고, 그 위에 음료 캔 이미지가 담긴 레이어가 보입니다. 레이어는 아래 이미지와 같은 이미지의 층을 말합니다.

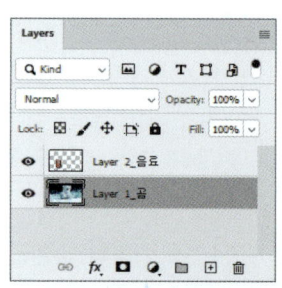

[Layers] 패널이 화면에서 보이지 않는다면 [Window]-[Layers] 메뉴를 선택합니다.

간단 실습 │ 레이어 개념 이해하기

준비 파일 기본/Chapter 03/레이어의 이해.psd

포토샵에서 레이어가 왜 필요하고 얼마나 유용한지 간단 실습을 통해 알아보겠습니다.

01 ① Ctrl + O 를 눌러 준비 파일을 불러옵니다. ② [Layer 2_음료] 레이어를 선택하고 ③ 이동 도구를 클릭합니다. ④ 음료 캔 이미지를 드래그하여 원하는 위치로 옮깁니다.

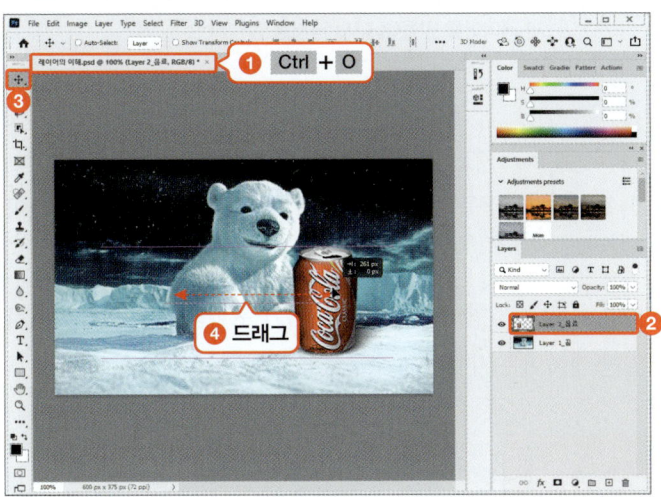

02 ① [Layer 1_곰] 레이어를 선택하고 ② 새 레이어를 클릭하여 새 레이어를 추가합니다. ③ 전경색을 클릭하여 원하는 색으로 설정하고 ④ Alt + Delete 를 눌러 색상을 채웁니다. ⑤ 레이어 이름 부분을 더블클릭하여 원하는 이름으로 변경합니다. 여기서는 **배경색상**을 입력했습니다.

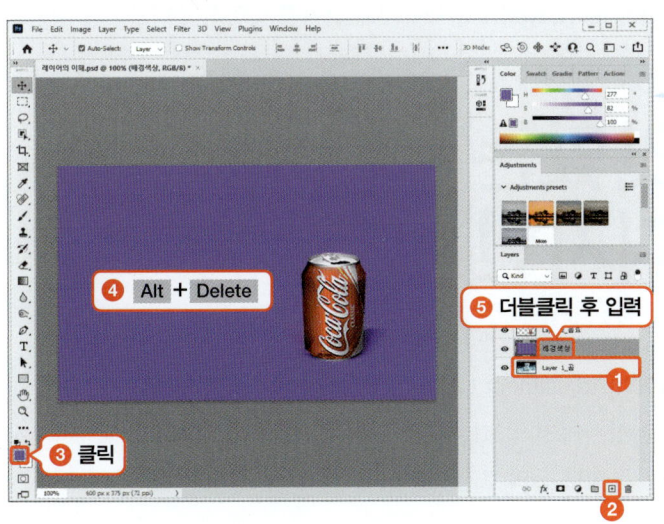

곰 이미지가 보이지 않습니다. 곰 레이어 위에 색상이 채워진 레이어가 추가되었기 때문입니다. [Layers] 패널을 참고하면 쉽게 이해할 수 있습니다.

CHAPTER 03 합성의 기본 레이어와 채널 **191**

레이어를 사용하는 이유

우리가 레이어를 사용하는 이유는 원본 이미지를 보호한 상태에서 수정이 가능하기 때문입니다.

레이어를 이용하지 않으면 원본이 훼손되어 수정 불가	레이어를 이용하면 언제든지 수정 가능
① **사진 위에 낙서를 합니다.** = [Background] 레이어에 연필 도구를 이용하여 낙서를 합니다.	① **사진 위에 투명한 비닐을 올려두고 낙서를 합니다.** = 새 레이어를 만들고 연필 도구로 낙서를 합니다.
② **낙서를 지울 수 없습니다.** = 지우개 도구로 지우면 낙서와 함께 사진 이미지도 지워집니다.	② **투명한 비닐을 걷어내고 새 투명한 비닐을 이용하여 다른 낙서를 또 할 수 있습니다.** = 낙서가 된 레이어를 삭제하고, 새 레이어를 만들어 다시 낙서를 합니다.

레이어의 종류

[Layers] 패널에는 이미지 레이어, 문자 레이어, 조정 레이어 등 여러 종류의 레이어가 존재합니다. 각 레이어의 종류와 역할을 알아보겠습니다.

① **일반 레이어(Layer)** | 투명 레이어에 이미지가 포함되면 일반 레이어가 됩니다. 일반 레이어는 자유롭게 수정하고 이동할 수 있습니다.

② **문자 레이어(Text Layer)** | 문자 도구로 글자를 입력하면 만들어집니다.

③ **조정 레이어(Adjustment Layer)** | 조정 레이어 아래에 있는 이미지 레이어를 손상시키지 않고 이미지 보정이 가능한 레이어입니다. 이미지 색상, 밝기, 명도 등의 보정 작업을 할 수 있습니다.

④ **스마트 오브젝트 레이어(Smart Object Layer)** | 원본 이미지를 수정해도 다시 되돌릴 수 있도록 벡터화하여 사용하는 레이어를 말합니다. 여기에 담긴 이미지는 레이어를 변형하거나 크기를 조절하고 왜곡시켰더라도 언제든 처음 상태로 복구할 수 있습니다.

⑤ **링크 스마트 오브젝트 레이어(Link Smart Object Layer)** | 외부 파일을 연결하여 스마트 오브젝트 기능을 사용할 수 있습니다.

⑥ **셰이프 레이어(Shape Layer)** | 펜 도구나 셰이프 도구로 벡터 도형을 그렸을 때 만들어집니다.

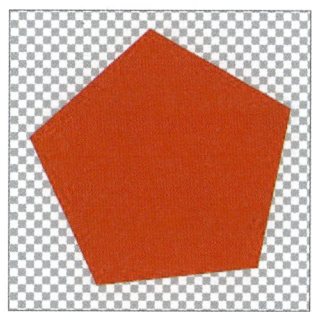

⑦ **그룹 레이어(Group Layer)** | 관련된 레이어를 그룹으로 묶어 레이어를 쉽게 관리할 수 있습니다.

⑧ **레이어 스타일(Layer Style)** | 레이어 스타일이 적용되었을 때 표시됩니다. 옆에 있는 ▪를 클릭하면 적용한 스타일 목록을 감출 수 있습니다.

⑨, ⑩ **비디오 레이어(Video Layer), 3D 레이어(3D Layer)** | 동영상이나 3D 오브젝트를 사용할 때 나타납니다.

⑪ **Background 레이어(Background Layer)** | [Layers] 패널에서 맨 아래에 있는 레이어입니다. 레이어 이름을 바꾸거나 위치를 옮길 수 없습니다.

레이어를 자유자재로 사용하고 관리하기

레이어를 사용하는 가장 기본적인 방법을 알아보겠습니다. 레이어 선택, 이름 수정, 복사, 삭제, 순서 이동 등을 익히면 좀 더 효율적으로 작업할 수 있습니다.

준비 파일 기본/Chapter 03/레이어 다루기.psd

간단 실습 | 레이어 선택하고 이름 바꾸기

① [Layers] 패널에서 [image] 레이어를 클릭하면 레이어가 선택됩니다. ② [image] 레이어의 이름을 더블클릭하면 이름을 수정할 수 있는 상태가 됩니다. 원하는 이름을 입력하여 ③ 레이어 이름을 수정합니다.

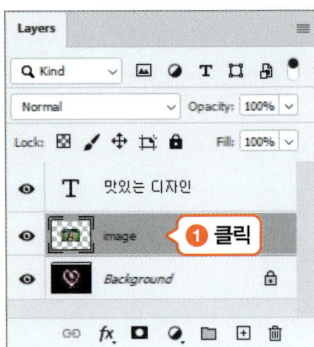 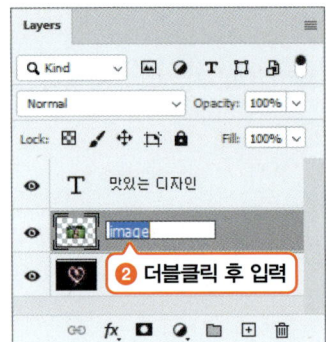 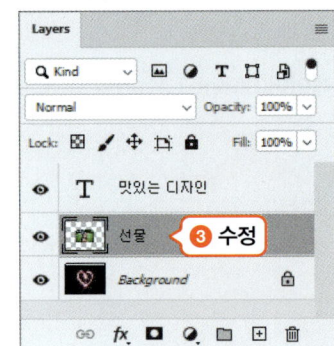

간단 실습 | 새 레이어 만들고 레이어 그룹 만들기

① [Layers] 패널에서 새 레이어 □를 클릭합니다. ② [Layer 1] 이름을 가진 새 레이어가 추가됩니다. ③ 새 그룹 □을 클릭하면 ④ [Group 1] 이름을 가진 새 그룹이 추가됩니다.

 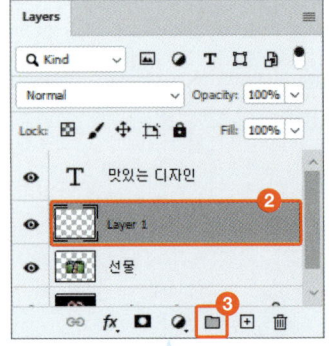 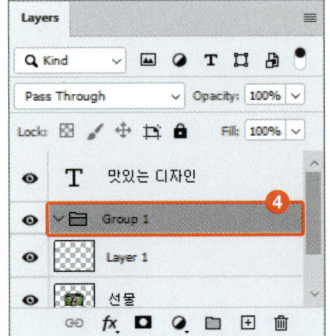

여러 개의 레이어를 그룹으로 만들려면 각 레이어를 선택하고 Ctrl + G 를 누릅니다.

간단 실습 | 레이어 복사하고 삭제하기

❶ [Background] 레이어를 선택하고 ❷ 새 레이어 📄로 드래그합니다. ❸ 복사된 [Background copy] 레이어가 추가됩니다. ❹ [Background copy] 레이어를 삭제 🗑 로 드래그하면 ❺ 레이어가 삭제됩니다.

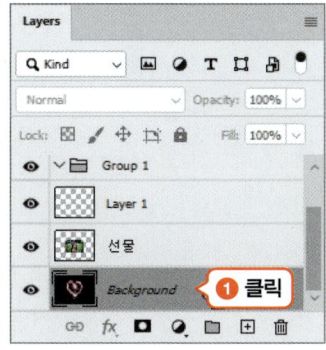
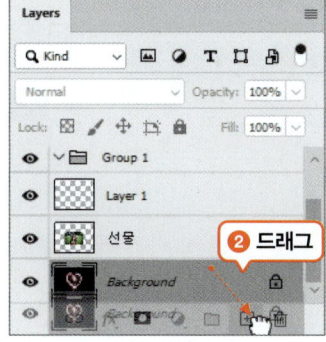
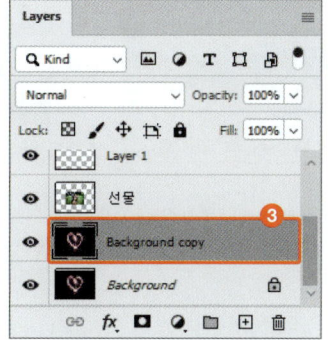

레이어를 선택하고 Ctrl + J 를 눌러도 레이어가 복사됩니다.

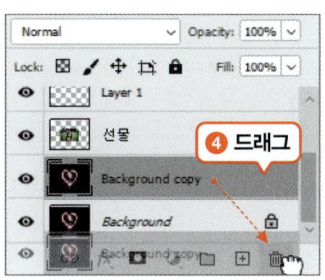
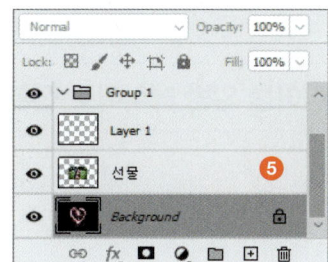

레이어를 선택하고 Delete 를 누르거나 삭제 🗑 를 클릭해도 레이어가 삭제됩니다.

간단 실습 | 레이어 순서 바꾸기

❶ [선물] 레이어를 선택하고 ❷ 원하는 위치로 드래그합니다. ❸ [선물] 레이어의 위치가 바뀌었습니다. ❹ Ctrl 을 누른 채 옮기고 싶은 여러 레이어를 선택하고 ❺ 원하는 위치로 드래그합니다. ❻ 두 레이어의 위치가 바뀌었습니다.

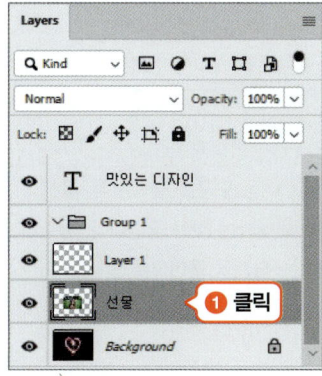

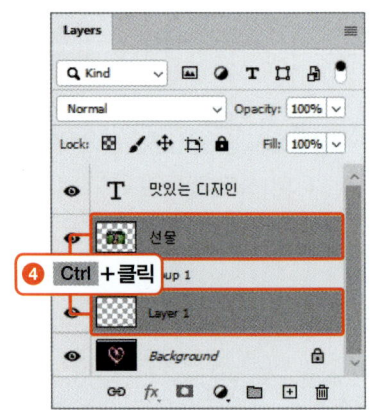  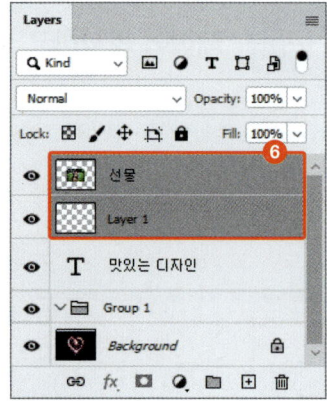

[Background] 레이어의 위치가 이동하지 않아요!
[Background] 레이어는 위치를 바꿀 수 없습니다. [Background] 레이어의 순서를 바꾸려면 [Background] 레이어를 일반 레이어로 바꾼 후 작업합니다.

간단 실습   [Background] 레이어를 일반 레이어로 전환하기

❶ [Background] 레이어의 잠금🔒을 클릭합니다. **❷** [Background] 이름이 [Layer 0]으로 바뀌며 일반 레이어로 변경됩니다.

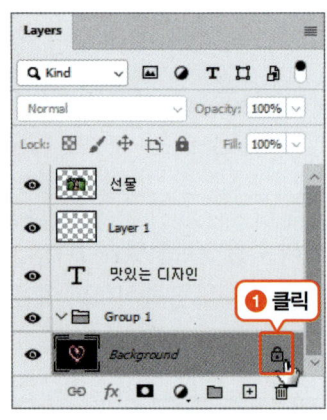 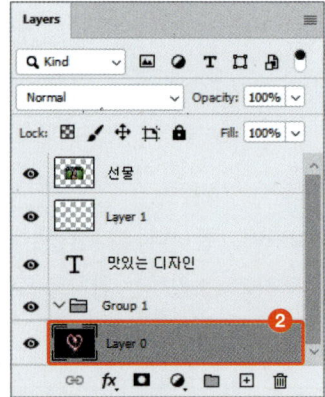

기능 꼼꼼 익히기   레이어 제대로 선택하기

레이어를 선택하고 작업 화면에서 이동하려고 하면 자꾸 다른 레이어가 움직일 때가 있습니다. 이동 도구를 클릭한 후 옵션바의 [Auto-Select]의 체크를 해제하고 실행합니다. 필요할 때만 체크하고 평소에는 체크를 해제하는 것이 좋습니다. 참고로 이동 도구를 선택하고 Ctrl 을 누르면 [Auto-Select] 상태로 전환되므로 단축키를 사용하는 습관을 들이도록 합니다.

간단 실습 레이어 합치기

❶ Ctrl 을 누른 채 합치고 싶은 레이어를 선택합니다. ❷ [Layers] 패널의 옵션 ≡을 클릭하여 ❸ [Merge Layers]를 선택합니다. ❹ 상위에 위치한 레이어 이름으로 레이어가 합쳐집니다.

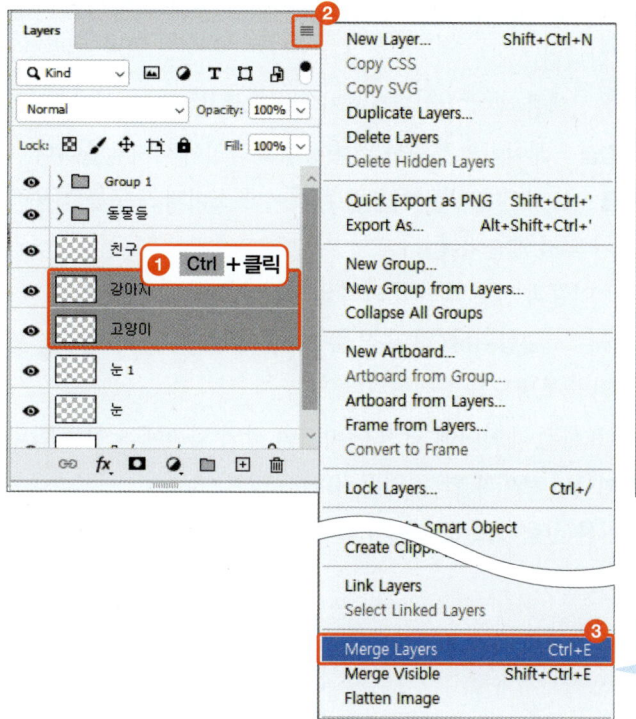

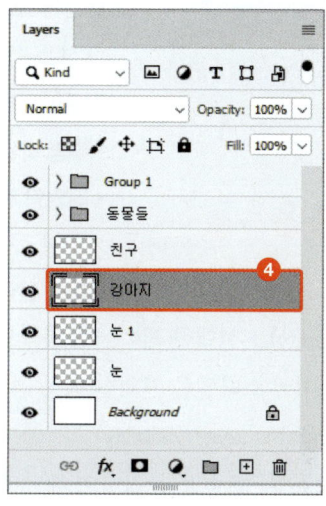

레이어를 선택한 후 마우스 오른쪽 버튼을 클릭해도 단축 메뉴가 나타납니다. 단축키 Ctrl + E 를 누르면 메뉴를 선택하지 않고도 레이어를 합칠 수 있습니다.

간단 실습 레이어 숨기기

숨기고 싶은 레이어의 눈 👁을 클릭하면 레이어를 숨길 수 있습니다.

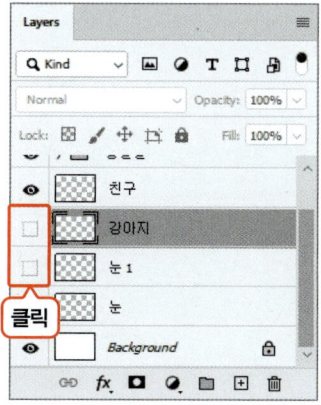

[Layers] 패널

① **레이어 검색(Pick a filter type)** | 수많은 레이어가 복잡하게 나열되어 있을 때 원하는 레이어를 쉽고 빠르게 찾을 수 있도록 도와줍니다. 레이어 검색 기능은 포토샵 CS6 버전부터 사용할 수 있습니다.

② **블렌딩 모드(Blending mode)** | 선택한 레이어와 아래 레이어의 혼합 방식을 설정합니다.

③ **잠금(Lock)** | 선택한 레이어를 수정하지 못하도록 잠급니다.
- **투명 픽셀 잠금** | 레이어의 투명한 부분에 채색 작업이 되지 않습니다.
- **페인팅 잠금** | 브러시 도구를 이용한 채색이나 스머지 도구를 이용한 수정 작업이 되지 않습니다.
- **이동 잠금** | 이동과 변형 작업이 되지 않습니다.

④ **불투명도(Opacity)** | 선택한 레이어의 불투명도를 조절합니다. 값이 작을수록 투명합니다.

⑤ **채움(Fill)** | 레이어 스타일을 제외한 색상 영역의 불투명도를 조절합니다.

⑥ **눈 아이콘(Indicates layer visibility)** | 눈이 표시된 레이어에 담긴 이미지만 작업 화면에 보이게 합니다. Alt 를 누른 채 눈을 클릭하여 해당 레이어만 보이게 할 수 있습니다.

⑦ **레이어 링크(Link layers)** | 두 개 이상의 레이어를 선택하고 링크를 클릭하면 레이어가 연결되어 묶입니다. 연결된 레이어는 한꺼번에 이동 및 변형됩니다.

⑧ **레이어 스타일(Add a layer style)** | 레이어를 선택하고 레이어 스타일을 클릭하면 그림자, 엠보싱 효과 등 다양한 스타일을 적용합니다. 단, [Background] 레이어와 레이어 그룹에는 적용할 수 없습니다.

⑨ **레이어 마스크(Add a mask)** | 선택한 레이어에 레이어 마스크를 생성합니다. 단, [Background] 레이어에는 적용할 수 없습니다.

⑩ **조정 레이어(Create adjustment layer)** | 이미지 조정 레이어를 만듭니다.

⑪ **새 그룹 만들기(Create a new group)** | 새로운 레이어 그룹을 만듭니다.

⑫ **새 레이어 만들기(Create a layer)** | 새로운 투명한 레이어를 만듭니다. 단축키는 Shift + Ctrl + N 입니다.

⑬ **레이어 삭제하기(Delete layer)** | 선택된 레이어를 삭제합니다.

[Layers] 패널 팝업 메뉴

[Layers] 패널의 옵션 ≡을 클릭하면 팝업 메뉴가 나타납니다. 주요한 메뉴를 알아보겠습니다.

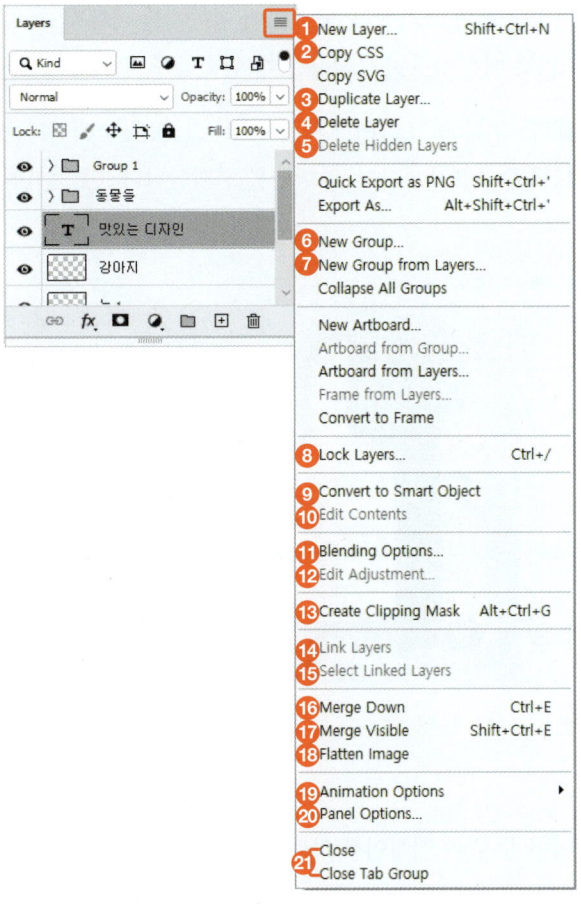

① **New Layer** | 새로운 투명한 레이어를 만듭니다. 단축키는 Shift + Ctrl + N 입니다.

② **Copy CSS** | 버튼이나 HTML 요소로 만든 이미지를 스타일시트(.css)로 만듭니다.

③ **Duplicate Layer** | 선택된 레이어를 복사합니다.

④ **Delete Layer** | 선택된 레이어를 삭제합니다.

⑤ **Delete Hidden Layers** | 눈 ◉이 꺼진 레이어를 모두 삭제합니다.

⑥ **New Group** | 새 레이어 그룹을 만듭니다.

⑦ **New Group from Layers** | 선택된 레이어를 새 그룹으로 만듭니다.

⑧ **Lock Layers** | 레이어 그룹에 속한 모든 레이어를 잠급니다.

⑨ **Convert to Smart Object** | 선택된 레이어 또는 그룹을 스마트 오브젝트로 변환합니다.

⑩ **Edit Contents** | 스마트 오브젝트를 편집합니다.

⑪ **Blending Options** | 레이어의 블렌딩 모드와 스타일의 관련 옵션을 설정합니다.

⑫ **Edit Adjustment** | 조정 레이어를 편집합니다.

⑬ **Create Clipping Mask** | 상위 레이어에 있는 이미지가 하위 레이어에 있는 이미지만큼 나타납니다. 단축키는 Alt + Ctrl + G 입니다.

⑭ **Link Layers** | 두 개 이상의 레이어를 연결하여 묶습니다. 연결된 레이어는 한꺼번에 이동 및 변형됩니다.

⑮ **Select Linked Layers** | 링크된 레이어를 모두 선택합니다.

⑯ **Merge Down** | 선택된 레이어와 바로 아래 레이어를 합칩니다. 단축키는 Ctrl + E 입니다.

⑰ **Merge Visible** | 눈 ◉이 표시된 레이어를 하나의 레이어로 합칩니다. 단축키는 Shift + Ctrl + E 입니다.

⑱ **Flatten Image** | 모든 레이어를 [Background] 레이어와 합칩니다.

⑲ **Animation Options** | [Layers] 패널에 애니메이션 관련 옵션을 표시합니다.

⑳ **Panel Options** | [Layers] 패널의 축소 이미지인 섬네일 옵션을 설정합니다.

㉑ **Close/Close Tab Group** | [Layers] 패널을 닫거나 [Layers] 패널이 포함된 패널을 모두 닫습니다.

간단 실습 | 레이어 크기에 맞춰 이미지 확대하기

준비 파일 기본/Chapter 03/레이어확대.psd

[Layers] 패널에서 Alt 를 누르고 해당 레이어를 선택하면 화면 크기에 맞게 레이어 이미지를 확대할 수 있습니다. 연속하여 선택한 레이어가 확대(Zoom In)되므로 매우 유용하게 사용할 수 있습니다.

① Ctrl + O 를 눌러 준비 파일을 불러옵니다. ② Alt 를 누른 채 [Layers] 패널에 있는 [좋은날] 레이어를 선택합니다. ③ 좋은날 이미지가 확대됩니다. ④ Alt 를 누른 채 [엄지척] 레이어를 선택합니다. ⑤ 엄지척 이미지가 확대됩니다.

레이어 블렌딩 모드

블렌딩 모드(Blending Mode)는 연속된 두 개의 레이어 중 위쪽 레이어를 아래쪽 레이어와 어떤 방식으로 혼합할 것인지 선택하는 것입니다. 원본 이미지에 손상을 주지 않고 색상, 채도, 명도 등을 조절하여 색다른 느낌을 표현할 수 있어 실무에서 자주 사용하는 기능입니다.

블렌딩 모드

27가지 중 한 가지를 선택할 수 있으며, 기능이 유사한 모드끼리 모아 선으로 구분해두었습니다.

블렌딩 모드 메뉴에 마우스 포인터를 올리면 작업 화면에서 미리 볼 수 있습니다.

꼭 알아두어야 할 블렌딩 모드 여섯 가지

블렌딩 모드에 따라 레이어에 있는 이미지가 어떻게 표현되는지 하나씩 살펴보겠습니다. 합성할 원본(아래에 있는) 레이어와 합성 이미지(위에 있는) 레이어의 순서가 바뀌면 아래 설명과 다른 결과가 나타납니다.

▲ [Background] 레이어　　　　　▲ [합성 이미지] 레이어

- **Multiply(곱하기)** | 100% 흰색은 투명하게, 아래 레이어와 색상이 겹치는 부분은 어둡게 표현합니다. 자세한 내용은 204쪽을 참고하세요.

- **Screen(스크린)** | 100% 검은색은 투명하게 표현하고 색상이 겹치는 부분은 더 밝게 표현합니다. 자세한 내용은 205쪽을 참고하세요.

- **Overlay(오버레이)** | Multiply와 Screen을 합쳐 놓은 모드로 밝은 부분은 더 밝게, 어두운 부분은 더 어둡게 표현하여 이미지의 대비를 증가시켜 표현합니다. 자세한 내용은 206쪽을 참고하세요.

- **Soft Light(소프트 라이트)** | Overlay와 같은 방법으로 합성되며, 50% 회색이었던 부분은 다시 투명해집니다. Overlay보다 부드럽게 표현됩니다.

- **Color Dodge(색상 닷지)** | 검은색보다 밝을 경우 이미지의 색상과 채도를 변화시켜 강한 빛에 노출된 효과를 냅니다. 자세한 내용은 207쪽을 참고하세요.

- **Luminosity(광도)** | 아래 레이어의 색상과 채도를 위 레이어의 명도에 반영하여 표현합니다.

> 이 여섯 가지 블렌딩 모드는 자주 사용하므로 정확하게 이해하고 사용해야 합니다. 그중에서도 꼭 알아야 하는 네 가지는 다음 간단 실습에서 따라 해보겠습니다.

한눈에 보는 블렌딩 모드 갤러리

- **Dissolve(디졸브)** | 불투명도값을 줄일수록 모래알을 흩뿌린 것처럼 표현됩니다.

- **Darken(어둡게 하기)** | 어두운 색상이 겹치는 부분은 더 어둡게 합성합니다.

- **Color Burn(색상 번)** | 아래 레이어와 비교하여 채도는 높이고 명도는 낮춰 전체적으로 어둡게 표현합니다.

- **Linear Burn(선형 번)** | Color Burn보다 어둡게 표현합니다. 아래 레이어와 비교하여 어두운 색은 혼합하고 밝은 부분은 감소시킵니다.

- **Darker Color(어두운 색상)** | 전체 채널 색상을 비교하여 어두운 색을 혼합하여 표현합니다.

- **Lighten(밝게 하기)** | 밝은 색상이 겹치는 부분은 더 밝게 표현합니다.

- **Linear Dodge(Add)(선형 닷지)** | 명도 50%를 기준으로 50%보다 밝은 부분은 더 밝게 표현합니다.

- **Lighter Color(밝은 색상)** | 전체적인 채널 색상을 비교하여 밝은 색을 혼합하여 표현합니다.

- **Hard Light(하드 라이트)** | Soft Light와 유사하지만 Soft Light보다 강한 효과를 표현합니다.

- **Vivid Light(비비드 라이트)** | Hard Light보다 강한 효과를 표현합니다.

- **Linear Light(선형 라이트)** | 혼합 색상이 50% 회색보다 밝으면 명도를 증가시켜 밝게 하고, 어두우면 명도를 감소시켜 어둡게 표현합니다.

- **Pin Light(핀 라이트)** | 혼합 색상이 50% 회색보다 밝으면 채도를 높이고, 어두우면 채도를 낮춰 표현합니다.

- **Hard Mix(하드 혼합)** | Vivid Light와 유사하지만 색상의 대비가 높아 원색에 가깝게 표현됩니다.

- **Difference(차이)** | 아래 레이어의 명도를 기준으로 겹친 부분을 반전시켜 보색으로 표현합니다.

- **Exclusion(제외)** | Difference와 같은 방법으로 합성되지만 Difference보다 부드럽습니다.

- **Subtract(빼기)** | 각 채널의 색상 정보를 보고 기본 색상에서 혼합 색상을 뺍니다.

- **Divide(나누기)** | 각 채널의 색상 정보를 보고 기본 색상에서 혼합 색상을 나눕니다.

- **Hue(색조)** | 아래 레이어의 명도와 채도를 위 레이어의 색상에 반영하여 표현합니다.

- **Saturation(채도)** | 아래 레이어의 색상과 명도를 위 레이어의 채도에 반영하여 표현합니다.

- **Color(색상)** | 아래 레이어의 명도를 위 레이어의 색상과 채도에 반영하여 표현합니다.

> **간단 실습**　흰색을 투명하게 하는 Multiply 모드

준비 파일 기본/Chapter 03/Thanks.psd

블렌딩 모드 중 가장 많이 사용하는 Multiply 모드는 흰색 부분을 투명하게 만듭니다. Multiply 모드를 이용하여 자연스럽게 합성하는 방법을 알아보겠습니다.

01 ① Ctrl + O 를 눌러 준비 파일을 불러옵니다. ② [Thanks!] 레이어에 흰색 배경이 있는 것을 확인할 수 있습니다.

02 ① [Layers] 패널에서 [Thanks!] 레이어를 선택하고 ② 블렌딩 모드를 [Multiply]로 선택합니다. ③ 흰색 배경이 투명해지며 [Background] 레이어와 잘 어울립니다.

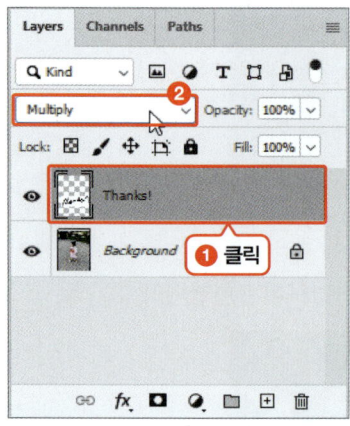

> Multiply 모드를 적용하면 흰색 부분이 투명해지면서 로고 이미지만 남습니다. 이처럼 배경이 흰색인 이미지는 따로 세밀하게 선택하여 오려내는 번거로움 없이 자연스럽게 합성할 수 있습니다.

간단 실습 | 검은색을 투명하게 하는 Screen 모드

준비 파일 기본/Chapter 03/Fire.psd

Screen 모드는 검은색을 투명하게 만듭니다. 주로 검은색 배경 위에 밝은 빛 이미지를 합성할 때 사용합니다.

01 ❶ Ctrl + O 를 눌러 준비 파일을 불러옵니다. ❷ ❸ [Fire] 레이어와 [Background] 레이어의 이미지를 확인합니다.

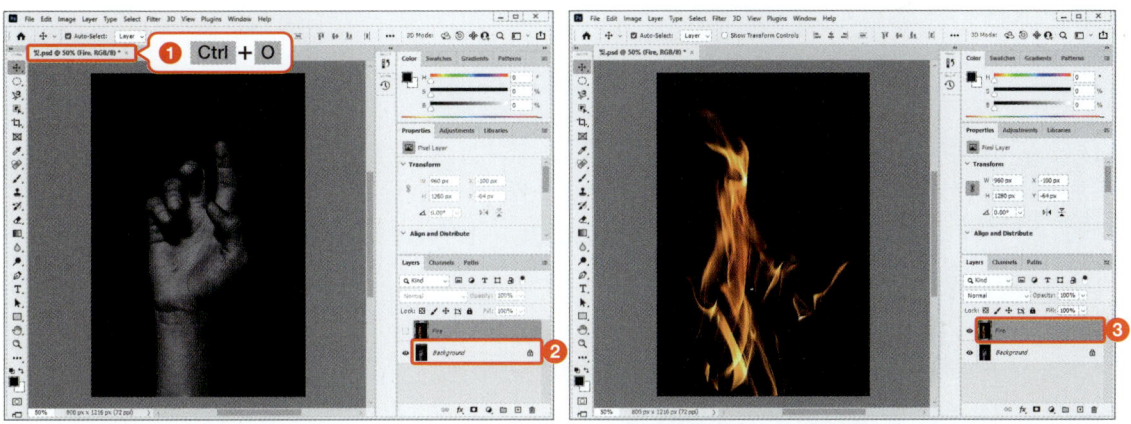

02 ❶ [Layers] 패널에서 [Fire] 레이어를 선택하고 ❷ 블렌딩 모드를 [Screen]으로 선택합니다. ❸ 검은 배경과 빛이 자연스럽게 어우러집니다.

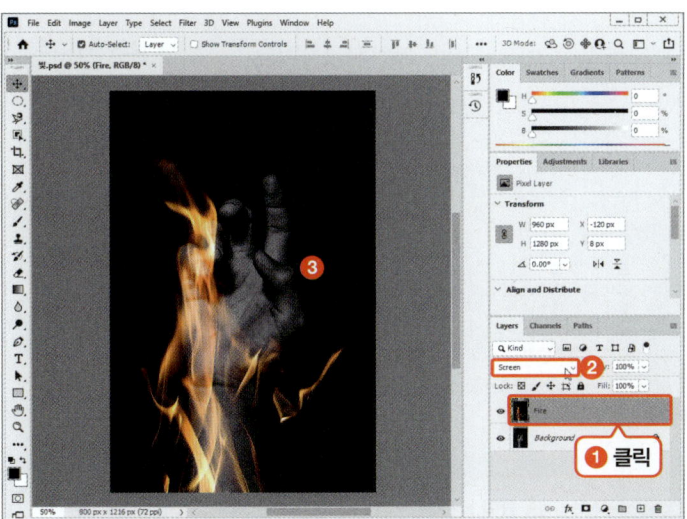

| 간단 실습 | 이미지 선명도를 높이는 Overlay 모드 |

준비 파일 기본/Chapter 03/오버레이.jpg

Overlay 모드는 대비를 높여 색을 강조하는 효과가 있어 이미지를 선명하게 만들 때 사용합니다. Multiply와 Screen을 합쳐놓은 모드로 밝은 부분은 더 밝게, 어두운 부분은 더 어둡게 표현합니다.

01 ❶ Ctrl + O 를 눌러 준비 파일을 불러옵니다. ❷ Ctrl + J 를 눌러 [Background] 레이어를 복제합니다.

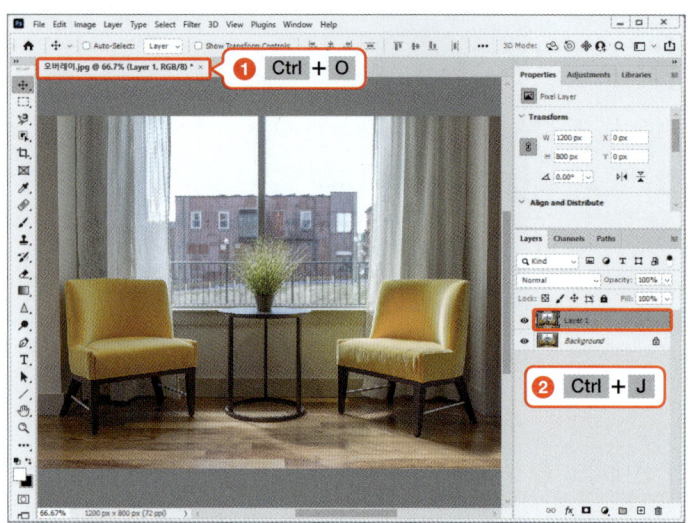

02 ❶ [Layer 1] 레이어를 선택하고 ❷ 블렌딩 모드를 [Overlay]로 선택합니다. ❸ 이미지가 선명해집니다.

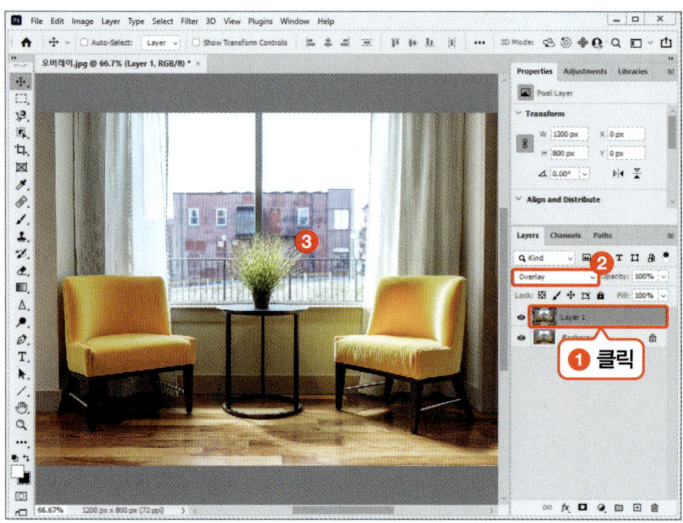

한눈에 실습 | 빛을 더 강하게 표현하는 Color Dodge 모드

준비 파일 기본/Chapter 03/등불.jpg
핵심 기능 Color Dodge

Color Dodge 모드는 검은색보다 밝은 이미지의 색상과 채도를 변화시켜 강한 빛에 노출된 효과를 냅니다. 블렌딩 모드와 불투명도를 조절하여 이미지를 보정해보겠습니다.

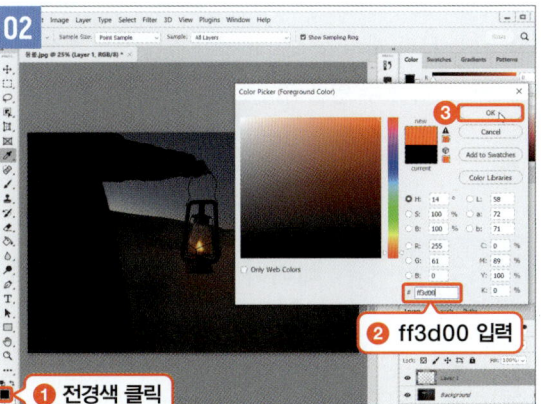
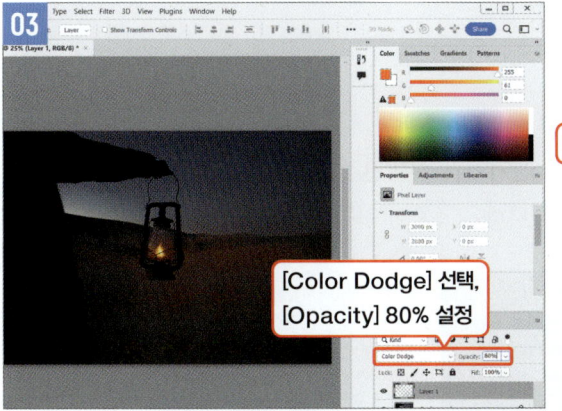
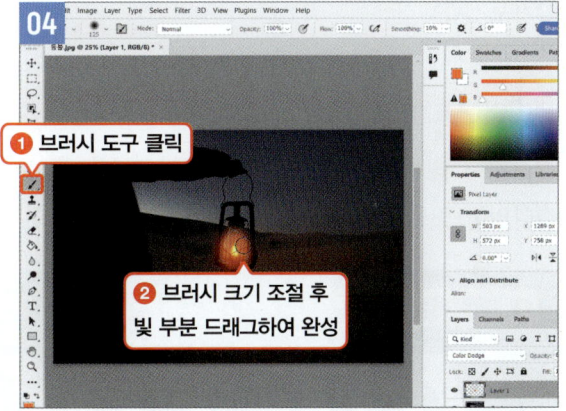

CHAPTER 03 합성의 기본 레이어와 채널 **207**

레이어 스타일

포토샵에서는 레이어에 적용할 그림자, 테두리, 입체 효과 등의 다양한 효과를 레이어 스타일로 제공합니다. 레이어 스타일은 원본 이미지를 손상시키지 않고 효과를 적용할 수 있어 실무에서 자주 사용합니다.

레이어 스타일을 사용하는 이유

① 레이어 스타일은 원본 이미지를 손상시키지 않습니다. ② 레이어 스타일은 언제든지 수정이 가능합니다. ③ 벡터, 문자 레이어에도 레이어 스타일을 적용할 수 있습니다. ④ 사용자가 만든 레이어 스타일을 직접 추가하여 관리할 수 있습니다.

간단 실습 레이어 스타일 자유자재로 활용하기

준비 파일 기본/Chapter 03/레이어 스타일.psd

레이어 스타일은 [Layer]-[Layer Style] 메뉴를 선택해 적용할 수도 있지만, 대개는 [Layers] 패널에서 적용합니다. [Layers] 패널에서 스타일을 적용하는 방법과 적용된 레이어 스타일을 수정하고 복사하는 방법을 알아보겠습니다.

레이어 스타일 적용하기

① Ctrl + O 를 눌러 준비 파일을 불러옵니다. ② 문자 레이어가 선택된 상태에서 [Layers] 패널의 레이어 스타일 fx 을 클릭하고 ③ [Blending Options]를 선택합니다.

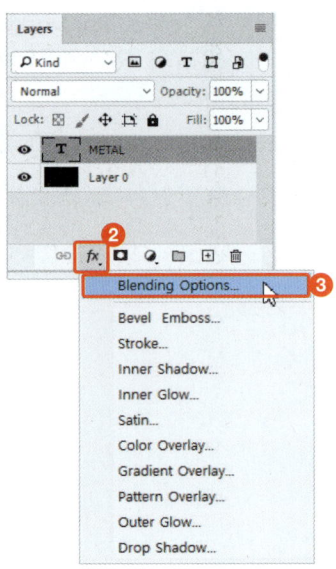

❹ [Layer Style] 대화상자가 나타나면 각 항목을 클릭하여 옵션을 설정하고 ❺ [OK]를 클릭합니다. ❻ [Layers] 패널에서 레이어 스타일 아이콘과 레이어 스타일 항목이 표시된 것을 확인할 수 있습니다.

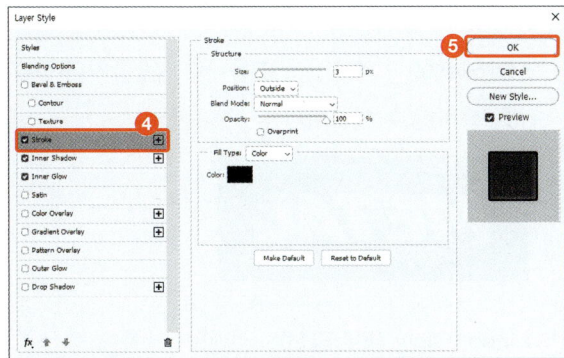
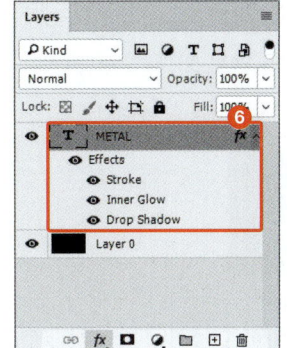

레이어 스타일 복사하기

❶ [Layers] 패널에서 레이어 스타일 항목을 클릭하고 ❷ Alt 를 누른 채 복사할 레이어로 드래그합니다.

레이어 스타일 삭제하기

[Layers] 패널에서 삭제하고 싶은 레이어 스타일 항목을 삭제로 드래그합니다.

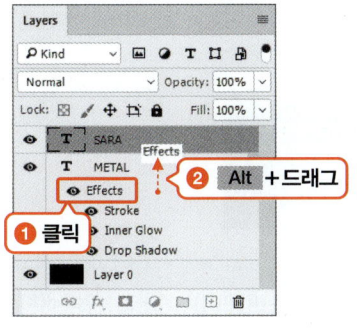
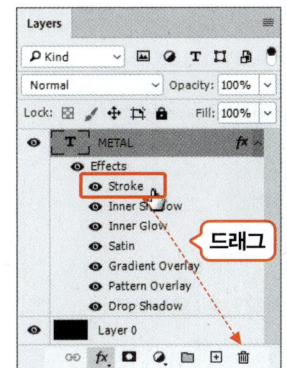

레이어 스타일 수정하기

❶ [Layers] 패널에서 수정하고 싶은 레이어 스타일 항목을 더블클릭합니다. ❷ [Layer Style] 대화상자가 나타나면 레이어 스타일 항목을 수정할 수 있습니다.

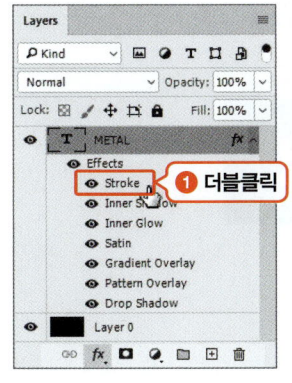
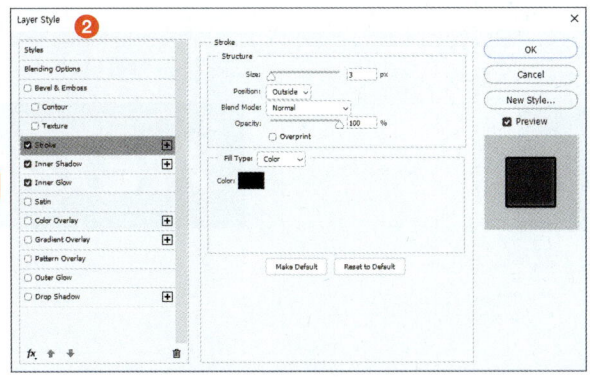

한눈에 보는 레이어 스타일의 종류

포토샵에서 제공하는 레이어 스타일에는 10가지가 있습니다. 각 스타일의 특징을 알고 필요할 때 알맞게 사용하도록 합니다. 레이어 스타일만으로도 멋지게 문자를 디자인할 수 있습니다.

- **Bevel & Emboss(경사와 엠보스)** | 입체감 있는 버튼과 문자를 만들 때 주로 사용합니다.

- **Stroke(획)** | 외곽선을 만듭니다. 선 굵기와 종류를 설정할 수 있습니다.

- **Inner Shadow(내부 그림자)** | 레이어 안쪽에 그림자를 만듭니다. 오려낸 효과를 낼 때 유용합니다.

- **Inner Glow(내부 광선)** | 레이어 안쪽에 광선 효과를 만듭니다.

- **Satin(새틴)** | 유리에서 볼 수 있는 광택 효과를 만듭니다.

- **Color Overlay(색상 오버레이)** | 레이어에 색상을 적용합니다.

- **Gradient Overlay(그레이디언트 오버레이)** | 작업 레이어에 손상을 주지 않고 그레이디언트 효과를 적용합니다.

- **Pattern Overlay(패턴 오버레이)** | 작업 레이어에 손상을 주지 않고 패턴을 적용합니다.

- **Outer Glow(외부 광선)** | 레이어 바깥쪽에 광선 효과를 만듭니다.

- **Drop Shadow(드롭 섀도)** | 레이어의 그림자 스타일을 만듭니다.

레이어 마스크

레이어 마스크는 학교 미술 시간에 한 번쯤은 해보았던 종이에 구멍을 뚫어 물감을 칠하는 스텐실 기법과 유사합니다. 이미지를 합성할 때 원본 이미지에 손상을 주지 않고 효과적으로 합성할 수 있도록 도와줍니다.

간단 실습 | 레이어 마스크 적용하기

준비 파일 기본/Chapter 03/발레리나.jpg

01 ① Ctrl + O 를 눌러 준비 파일을 불러오고 ② 사각형 셰이프 도구를 클릭합니다. ③ 인물 영역을 드래그해 사각형 셰이프를 만듭니다. ④ 옵션바에서 [Fill]은 [No Color], [Stroke]는 **f13f2e, 15px**로 설정합니다.

02 ① [Layers] 패널에서 레이어 마스크를 클릭하고 ② 전경색을 검은색으로 설정합니다. ③ 다시 [Layers] 패널에서 [Opacity]를 **40%**로 설정합니다.

마스크를 적용할 레이어를 선택하고 레이어 마스크를 클릭합니다. [Layers] 패널에서 마스크 섬네일 이미지의 검은색은 가릴 부분이고 흰색은 보일 부분입니다. 정교한 합성 작업을 할 때 주로 사용합니다.

03 ❶ 브러시 도구를 클릭하고 ❷ 인물과 겹쳐진 선을 드래그하여 검은색으로 칠합니다. ❸ 그런 다음 [Opacity]를 100%로 설정합니다. 캔버스 크기를 키우고 작업하면 더 쉽습니다.

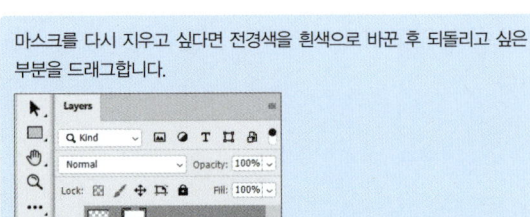

마스크를 다시 지우고 싶다면 전경색을 흰색으로 바꾼 후 되돌리고 싶은 부분을 드래그합니다.

간단 실습　클리핑 마스크 적용하기

준비 파일 기본/Chapter 03/오렌지.jpg

클리핑 마스크는 레이어끼리 마스크 효과를 내는 것으로, 다양한 모양이나 문자 안에 이미지를 채우는 디자인을 떠올리면 좋습니다. 똑같은 모양 안에 다른 이미지를 넣고 싶다면 레이어 마스크보다 클리핑 마스크를 적용하는 것이 좋습니다. 사용법이 쉽고 간단하기 때문에 실무에서 자주 사용합니다.

01 ❶ Ctrl + N 을 눌러 새 문서를 만들고 ❷ 문자 도구를 클릭합니다. ❸ orange를 입력하고 ❹ Ctrl + Enter 를 눌러 문자 입력을 마칩니다.

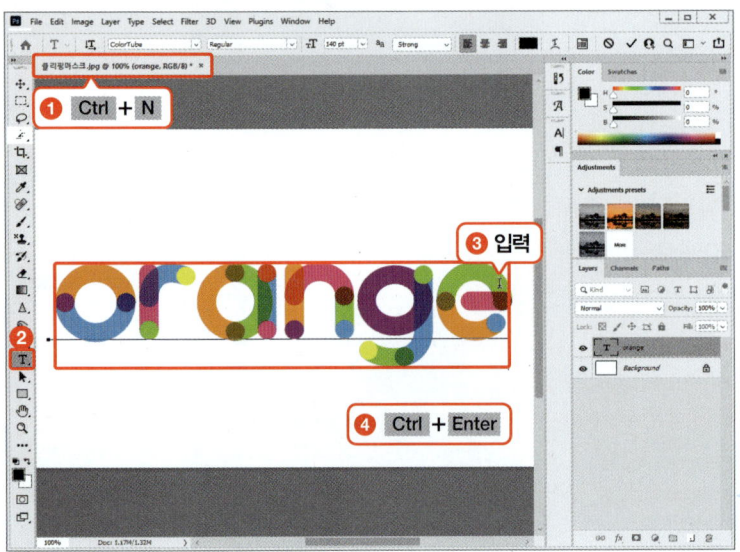

여기서는 ColorTube 글꼴을 사용하여 입력했습니다. 원하는 글꼴을 이용해 입력해보세요.

02 ① [File]-[Place Embedded] 메뉴를 선택해 준비 파일을 불러옵니다. ② 작업 화면을 더블클릭하여 불러오기를 완료합니다.

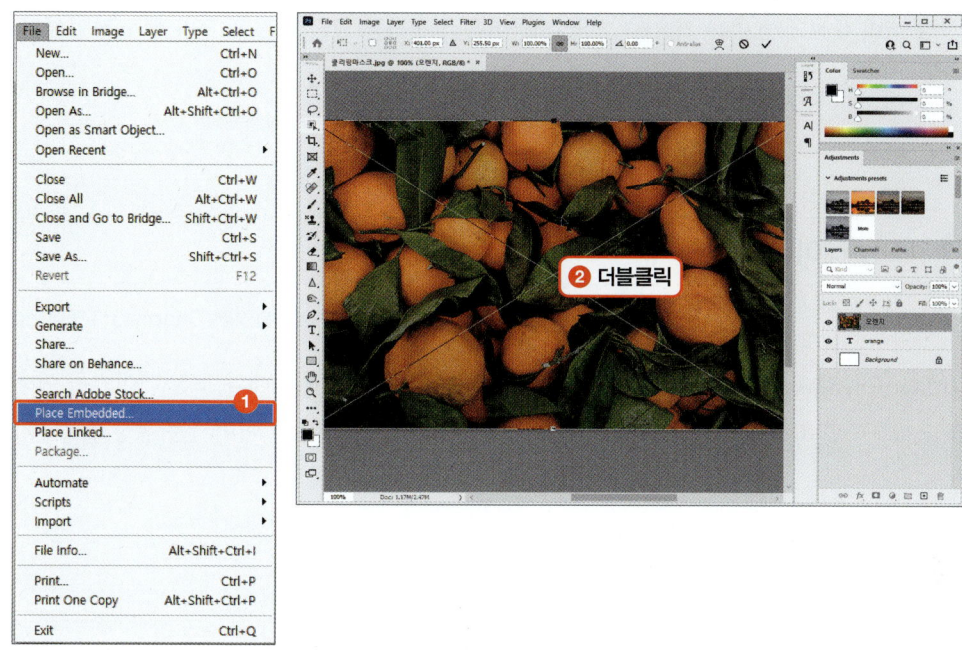

03 ① [Layer]-[Create Clipping Mask] 메뉴를 선택합니다. ② 클리핑 마스크가 적용되어 문자 뒤로만 준비 파일 이미지가 보입니다. ③ [Layers] 패널에서 [Background] 레이어를 선택합니다. ④ 임의의 전경 색을 설정하고 ⑤ Alt + Delete 를 눌러 색을 채웁니다.

클리핑 마스크를 해제하려면 Alt + Ctrl + G 를 누르거나 Alt 를 누른 채 레이어 사이를 클릭합니다.

조정 레이어

조정 레이어의 최대 강점은 원본 레이어의 이미지 손실 없이 색상, 채도, 명도 등의 보정 작업을 할 수 있다는 것입니다. 다양한 이미지 보정 효과를 적용한 후에도 몇 번을 수정하든 같은 품질을 유지한 채 작업할 수 있습니다.

간단 실습 | 조정 레이어 활용하기

준비 파일 기본/Chapter 03/등대.jpg

원본 이미지를 [Image]-[Adjustments]에 있는 메뉴를 이용하여 바로 보정했을 때와 조정 레이어를 이용하여 보정했을 때를 비교하면 최종 결과는 같습니다. 하지만 조정 레이어로 작업한 이미지는 수정과 복구가 가능합니다.

원본 이미지에 직접 적용했을 때

① Ctrl + O 를 눌러 준비 파일을 불러옵니다. ② Ctrl + M 을 눌러 [Curves] 대화상자가 나타나면 ③ 옵션을 설정합니다. 원본 이미지를 수정하거나 복구(되돌리기)할 수 없습니다.

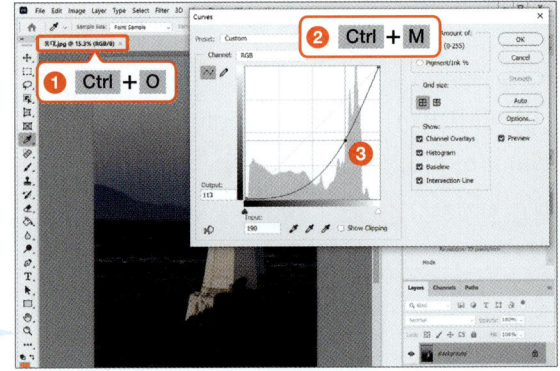

원본 이미지에 바로 적용했기 때문에 다시 수정하거나 복구하기가 어렵습니다.

조정 레이어를 이용해 적용했을 때

① Ctrl + O 를 눌러 준비 파일을 불러옵니다. ② 조정 레이어를 클릭하고 [Curves]를 선택합니다. ③ 옵션을 설정합니다. 레이어가 추가되어 이미지를 수정하거나 복구(되돌리기)할 수 있습니다.

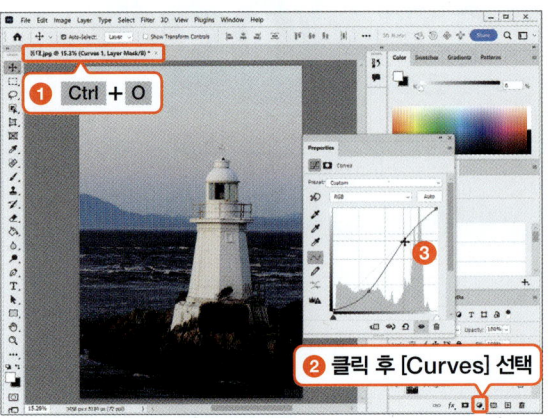

조정 레이어를 클릭하면 새로운 조정 레이어가 생성됩니다. 레이어가 나눠져 있으므로 다시 수정하거나 복구할 수 있습니다.

간단 실습 | 조정 레이어 다루기

이미지에 조정 레이어를 적용하는 방법과 적용된 조정 레이어의 설정값을 변경하거나 삭제하는 방법을 알아보겠습니다.

조정 레이어 적용하기

① [Layers] 패널에서 조정 레이어 ◐를 클릭합니다. ② 원하는 스타일을 선택합니다.

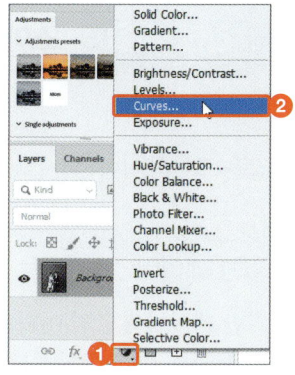

조정 레이어 수정하기

① [Layers] 패널에서 조정 레이어의 섬네일 이미지를 더블클릭합니다. ② 해당 조정 항목이 [Properties] 패널에 나타나고 값을 수정할 수 있습니다.

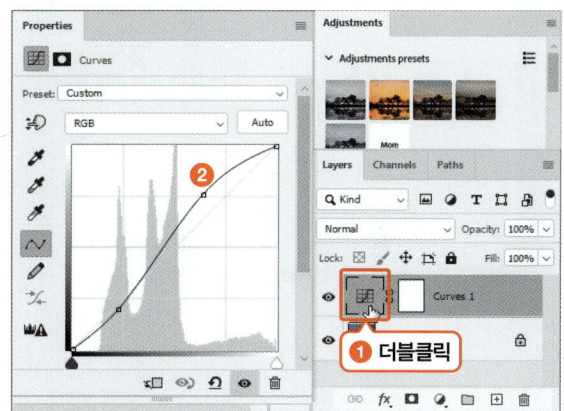

조정 레이어 삭제하기

[Layers] 패널에서 삭제하고 싶은 조정 레이어를 삭제 🗑로 드래그합니다.

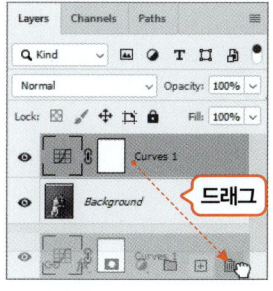

스마트 오브젝트

스마트 오브젝트 레이어는 벡터 속성의 이미지 레이어를 말합니다. 벡터 속성을 가지고 있어 이미지 손실 없이 변형할 수 있습니다. 이미지를 줄였다가 늘여도 이미지 품질이 저하되지 않고, 필터를 적용하더라도 이미지에 직접적인 영향을 주지 않아 언제든지 수정할 수 있습니다.

간단 실습 | 스마트 오브젝트 활용하기

준비 파일 기본/Chapter 03/스마트오브젝트.psd

같은 크기의 이미지가 스마트 오브젝트일 경우 크기를 줄이거나 늘여도 이미지 손실 없이 변형할 수 있습니다.

일반 레이어

일반 레이어에 담긴 이미지는 확대하면 뿌옇게 뭉개집니다.

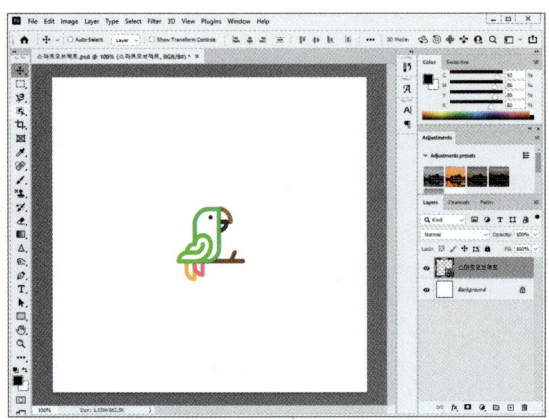
▲ 원본

▲ 일반 레이어

스마트 오브젝트

스마트 오브젝트 레이어에 담긴 이미지는 확대해도 선명합니다.

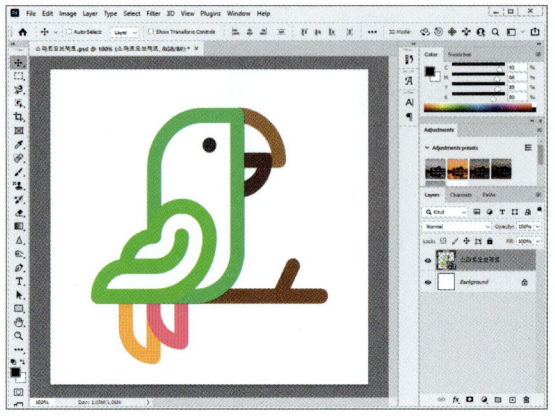
▲ 스마트 오브젝트 레이어

간단 실습 | 스마트 오브젝트 레이어로 편집하기

준비 파일 기본/Chapter 03/스마트오브젝트편집.psd

01 ① Ctrl + O 를 눌러 준비 파일을 불러옵니다. ② [Layers] 패널의 [질감] 레이어에서 마우스 오른쪽 버튼을 클릭하고 ③ [Convert to Layers] 메뉴를 선택합니다. ④ 팝업 창이 나타나면 [OK]를 클릭합니다. ⑤ [질감] 레이어가 레이어 그룹으로 변환됩니다.

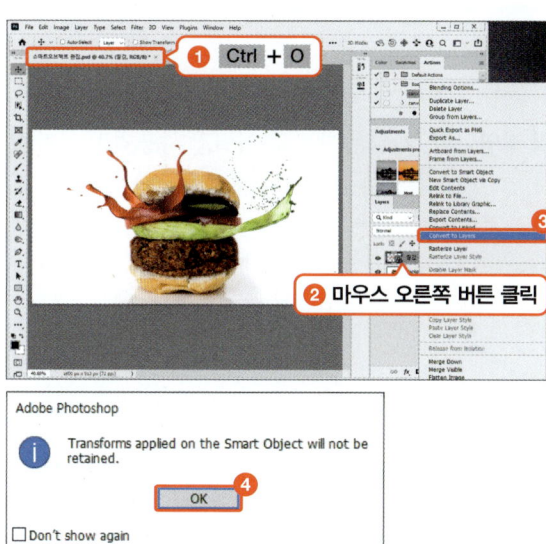

02 [레드 페인트] 레이어의 눈을 클릭하여 숨기는 등 작업 화면에서 편집할 수 있습니다.

채널의 모든 것

채널 기초 이해하기

초보자가 포토샵을 공부할 때 가장 어려운 부분이 채널일 것입니다. 채널은 개념도 어렵고 사용법도 쉽지 않지만 꼭 알아두어야 하는 기능입니다. 채널의 중요한 역할과 [Channels] 패널에 대해서 알아보겠습니다.

채널의 중요한 역할

색상 정보 저장하기 : 색상 채널

여러 색상이 섞여져 이미지 전체를 구성하게 됩니다. 채널은 이미지를 구성하는 각각의 색상 정보를 기억하는 역할을 하고 이미지 모드에 따라 자동으로 [Channels] 패널에 표시됩니다.

선택 영역 저장하기 : 알파 채널

알파 채널은 선택 영역을 저장할 때 사용됩니다. 256단계의 음영으로 선택 영역을 결정해 저장할 수 있으며 언제든지 저장된 선택 영역을 불러와 사용할 수 있습니다.

[Channels] 패널 살펴보기

우선 채널을 알아보기 전에 RGB와 CMYK의 차이를 알아두어야 합니다(062쪽). RGB 이미지는 Red 채널, Green 채널, Blue 채널과 세 가지 채널의 색상 정보가 합쳐진 RGB 채널로 구성되어 있습니다.

① 빨간색 정보를 가지고 있는 Red 채널
② 초록색 정보를 가지고 있는 Green 채널
③ 파란색 정보를 가지고 있는 Blue 채널
④ 세 가지 채널이 혼합된 RGB 채널

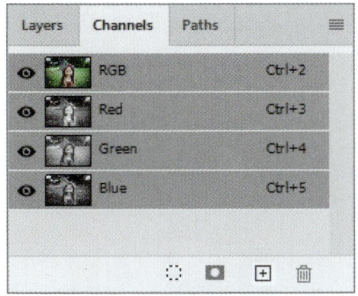
▲ RGB 모드일 때 [Channels] 패널

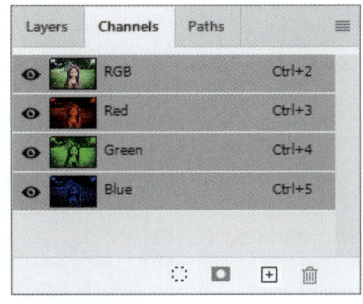
▲ [Edit]-[Preferences]-[Interface] 메뉴에서 [Show Channels in Color]에 체크하면 해당 컬러로 볼 수 있습니다.

> **간단 실습** 색상 채널을 이용하여 채널별 보정하기

준비 파일 기본/Chapter 03/채널.jpg

색상 채널이 무엇인지 알았다면 Red 채널, Green 채널, Blue 채널별로 커브를 적용해보겠습니다.

01 ❶ Ctrl + O 를 눌러 준비 파일을 불러옵니다. ❷ [Adjustments] 패널의 [Curves]를 클릭합니다.

02 ❶ [Properties] 패널에서 [Red] 채널을 선택합니다. ❷ 그런 다음 커브 그래프를 위로 드래그합니다. ❸ Red 채널에만 적용됩니다.

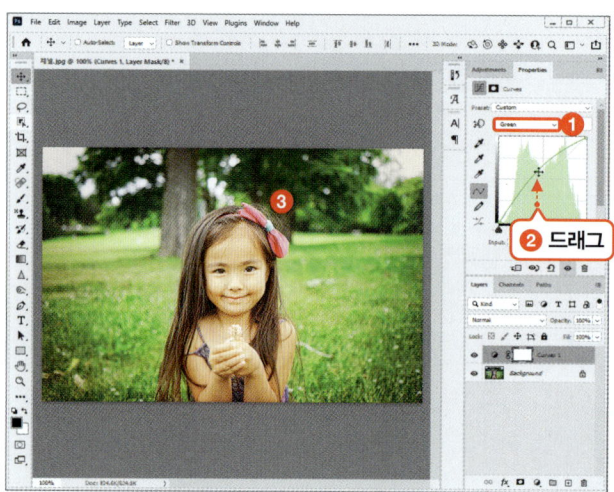

03 ❶ [Properties] 패널에서 [Green] 채널을 선택합니다. ❷ 그런 다음 커브 그래프를 위로 드래그합니다. ❸ Green 채널에만 적용됩니다.

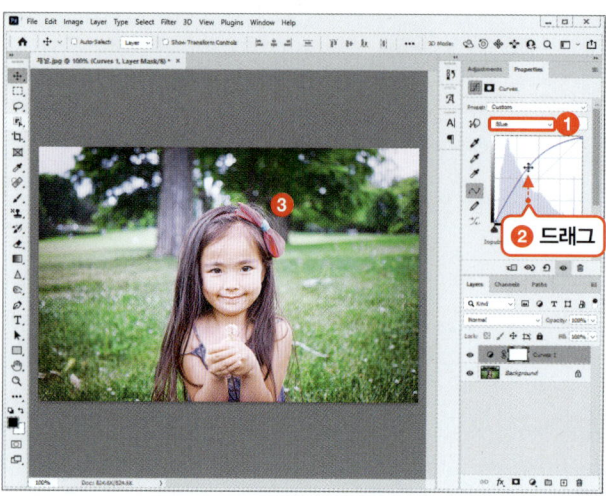

04 ❶ [Properties] 패널에서 [Blue] 채널을 선택합니다. ❷ 그런 다음 커브 그래프를 위로 드래그합니다. ❸ Blue 채널에만 적용됩니다.

05 ❶ [Properties] 패널에서 [RGB] 채널을 선택합니다. ❷ 그런 다음 커브 그래프를 아래로 드래그합니다. ❸ 전체 채널에 적용됩니다.

| 간단 실습 | 컬러 모드 변경하고 채널 확인하기 |

준비 파일 기본/Chapter 03/컬러모드.jpg

컬러 모드란 이미지가 가진 색상 정보를 말합니다. 모니터로 보는 용도인 RGB 모드에서 인쇄할 때 사용하는 CMYK 모드로 바꾸는 방법을 알아보겠습니다.

❶ Ctrl + O 를 눌러 준비 파일을 불러옵니다. ❷ [Image]-[Mode]-[CMYK Color] 메뉴를 선택합니다. ❸ 이미지가 탁해지면서 [Channels] 패널의 색상 정보가 CMYK로 바뀝니다.

[Image]-[Mode]-[CMYK Color] 메뉴를 선택하면 경고 창이 나타날 수 있습니다. CMYK 모드로 변경하는 것을 동의하냐는 질문이므로 [OK]를 클릭하여 진행합니다.

CHAPTER 03 합성의 기본 레이어와 채널

이미지 모드별 채널 구성 확인하기

이미지 모드를 변경하면 이미지 모드에 따라 이미지와 [Channels] 패널이 다르게 표시됩니다.

▲ Grayscale 모드

▲ Bitmap 모드

▲ Index 모드

▲ Duotone 모드

간단 실습 | 알파 채널을 이용하여 사진 일부만 흑백으로 만들기

준비 파일 기본/Chapter 03/Bird.jpg

[Channels] 패널에 표시된 알파 채널은 언제든지 선택 영역으로 불러와 다시 사용할 수 있습니다. 저장된 알파 채널은 파일을 종료해도 같이 저장되기 때문에 유용하게 사용할 수 있습니다.

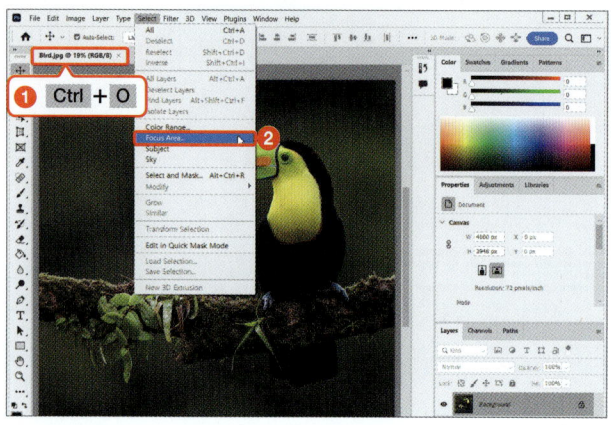

01 ① Ctrl + O 를 눌러 준비 파일을 불러옵니다. ② [Select]-[Focus Area] 메뉴를 선택합니다.

02 ① [Focus Area] 대화상자의 [Output To]를 [Selection]으로 선택하고 ② [OK]를 클릭합니다. ③ 새와 나무 영역만 선택 영역으로 활성화됩니다.

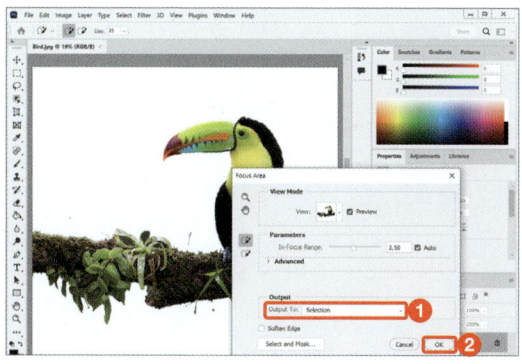 

03 ① [Channels] 패널에서 채널 ◙을 클릭하고 ② Ctrl + D 를 눌러 선택 영역을 해제합니다. ③ 그런 다음 [Alpha 1] 채널을 선택합니다.

 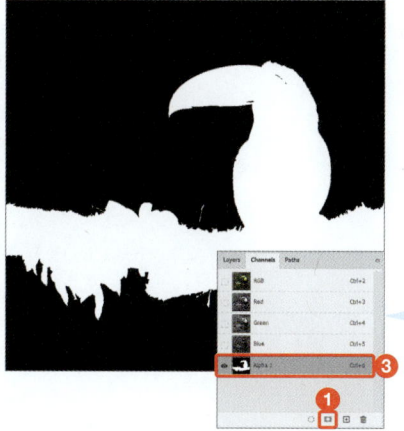

[Channels] 패널에서 [Alpha 1] 채널의 눈만 켜진 상태여야 실습 화면과 같습니다. 새와 나무 영역과 배경 영역이 반대로 표시된다면 [Channels] 패널에서 [Alpha 1] 채널의 눈만 켜고 다른 채널의 눈은 모두 끕니다.

04 ① Ctrl 을 누른 채 [Alpha 1] 채널의 섬네일을 클릭하고 ② Shift + Ctrl + I 를 눌러 선택 영역을 반전합니다. ③ [RGB] 채널을 클릭하고 ④ Ctrl + U 를 눌러 [Hue/Saturation] 대화상자를 불러옵니다. ⑤ [Saturation]을 –100으로 설정하고 ⑥ [OK]를 클릭합니다. ⑦ 뒷배경이 흑백으로 변합니다.

CHAPTER 04

전문가처럼 보정하는
이미지 보정법과 필터

다양한 이미지 보정법을 알아봅니다.
클릭 한 번으로 보정하는 방법은 물론,
블로그나 SNS에 올릴 수 있는 인물 보정법,
풍경 보정법을 실습합니다.
포토샵에서 제공하는 기능과
다양한 필터를 활용한다면
전문가 못지않은 결과물을 만들 수 있습니다.

전문가처럼 보정하기

LESSON 01

[Adjustments] 메뉴를 활용하는 다양한 방법

디지털카메라를 이용해서 찍은 사진이 너무 어둡거나 밝게 나왔을 때 또는 사진의 색상을 바꾸고 싶을 때, [Adjustments] 메뉴를 이용하면 쉽고 간단하게 이미지를 보정할 수 있습니다. 선명도 조정하기, 흑백 사진 만들기, 특정 색상만 변경하기 등 이미지를 보정하는 방법에 대해 자세히 알아보겠습니다.

Adjustments 종류

[Image]-[Adjustments] 메뉴에는 이미지를 보정하는 기능이 모여 있습니다. 이미지의 색상, 명도, 채도를 보정할 수 있는 기본 메뉴는 물론, 세부 옵션을 통해 세밀하게 보정할 수 있는 메뉴가 포함되어 원하는 대로 이미지를 보정할 수 있습니다.

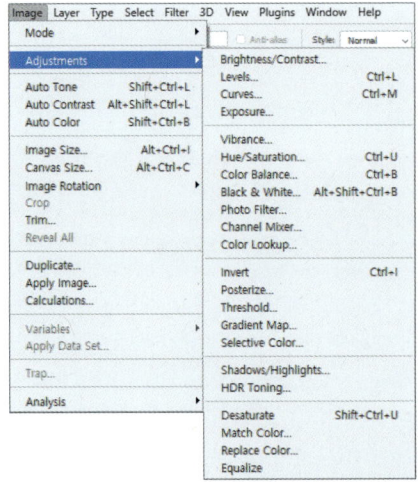

조정 레이어 사용하기

이미지를 보정할 때 [Adjustments] 패널의 조정 항목을 클릭하거나 [Layers] 패널의 조정 레이어 아이콘을 클릭하면 [Layers] 패널에 조정 레이어가 만들어집니다. [Image]-[Adjustments] 메뉴를 이용한 것과 보정 결과는 같지만 보정 효과가 이미지에 바로 적용되지 않기 때문에 원본이 보존되고 이후에도 이미지를 손쉽게 수정할 수 있습니다.

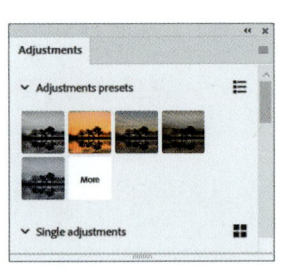

▲ [Adjustments] 패널의 다양한 조정 프리셋

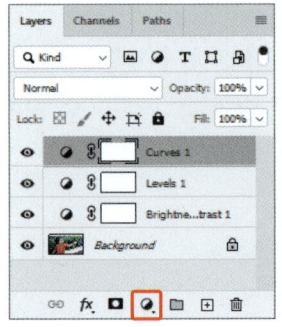

▲ [Layers] 패널의 조정 레이어 아이콘

| 한눈에 실습 | **1초 만에 자동으로 색상 보정하기** |

준비 파일 기본/Chapter 04/자동보정.jpg
핵심 기능 Auto Tone, Auto Contrast, Auto Color

[Image] 메뉴의 [Auto Tone], [Auto Contrast], [Auto Color] 메뉴는 클릭 한 번으로 이미지의 명도, 대비, 색상을 보정할 수 있습니다.

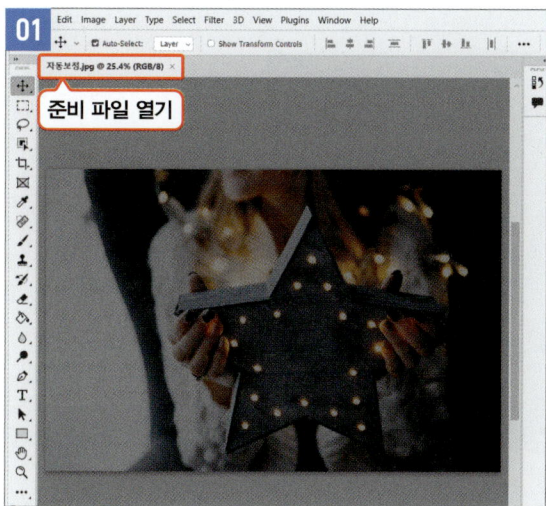

준비 파일 열기

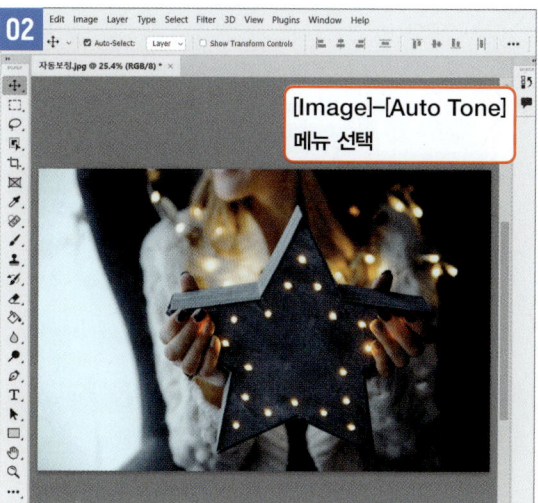

[Image]–[Auto Tone] 메뉴 선택

이미지의 명도를 자동 보정합니다. 이미지가 좀 더 밝아집니다.

❶ Ctrl + Z 로 되돌리기
❷ [Image]–[Auto Contrast] 메뉴 선택

이미지의 대비를 자동 보정합니다. 이미지가 좀 더 선명해집니다.

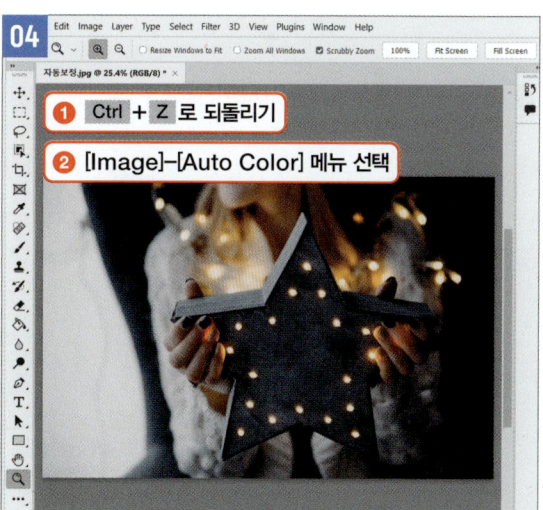

❶ Ctrl + Z 로 되돌리기
❷ [Image]–[Auto Color] 메뉴 선택

이미지의 색상을 보정합니다. 전체적으로 색상이 자연스러워집니다.

간단 실습 | 흑백 이미지 만들기 ★중요

준비 파일 기본/Chapter 04/흑백사진.jpg

Desaturate는 이미지의 채도를 '-100'으로 낮춰 흑백으로 변경합니다.

❶ Ctrl + O 를 눌러 준비 파일을 불러옵니다. ❷ [Image]-[Adjustments]-[Desaturate] 메뉴를 선택합니다. ❸ 흑백 이미지가 완성됩니다.

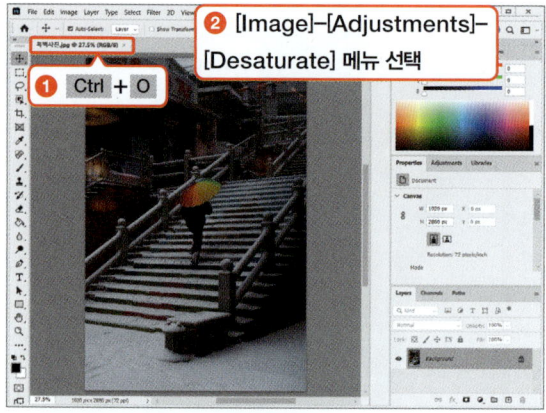

Desaturate 기능의 단축키는 Shift + Ctrl + U 입니다.

간단 실습 | 흑백 이미지를 원하는 톤으로 보정하기

준비 파일 기본/Chapter 04/흑백사진.jpg

흑백 이미지에 색조를 추가하여 원하는 톤으로 사진을 보정해보겠습니다.

❶ Ctrl + O 를 눌러 준비 파일을 다시 불러옵니다. ❷ [Adjustments] 패널의 [Black & White]를 클릭합니다. ❸ 이미지가 흑백으로 변합니다. ❹ [Properties] 패널에서 [Tint]에 체크하고 ❺ 색상 슬라이더를 조절하여 원하는 톤으로 보정합니다.

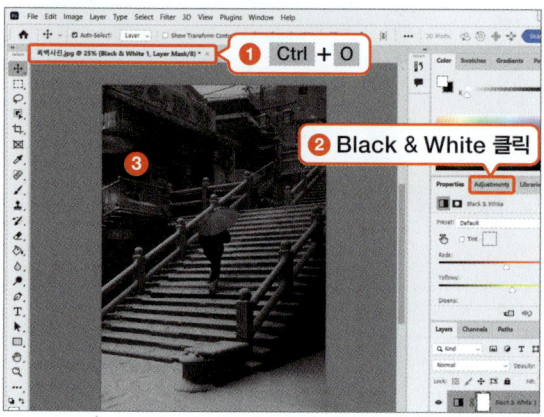
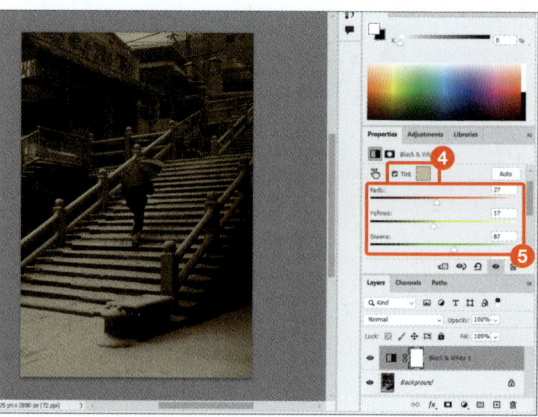

[Properties] 패널의 [Black & White] 살펴보기

① **Preset(사전 설정)** | 기본으로 제공하는 사전 설정 목록에서 다양한 느낌의 흑백 스타일을 적용할 수 있습니다.
② **Tint(색조)** | 흑백 이미지에 색조를 추가하여 특정 톤으로 변경합니다.
③ **슬라이더** | 채널별로 슬라이더를 조절하여 흑백 상태를 조절합니다.

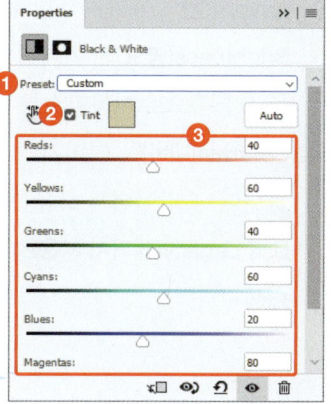

Black & White 기능의 단축키는 Alt + Shift + Ctrl + B 입니다.

이미지를 선명하게 만들기

포토샵에서 가장 많이 사용하는 이미지 보정 방법은 색상 대비와 밝기를 조절하는 것입니다. 이미지를 선명하게 만드는 [Adjustments] 메뉴의 사용 방법을 알아보겠습니다.

간단 실습 | Brightness/Contrast로 밝기와 대비를 빠르게 조절하기

준비 파일 기본/Chapter 04/아이.jpg

이미지를 전체적으로 밝게 또는 선명하게 조절할 때 사용합니다. 사용 방법이 간단해 초보자도 쉽게 사용할 수 있지만 세밀하게 조절하기는 어렵습니다. 세밀하게 조정하려면 Levels나 Curves를 사용합니다.

① Ctrl + O 를 눌러 준비 파일을 불러와 ② [Adjustments] 패널의 [Brightness/Contrast]를 클릭합니다. ③ [Properties] 패널에서 [Brightness] 슬라이더를 오른쪽으로 옮깁니다. ④ 이미지가 밝게 보정됩니다.

[Properties] 패널의 [Brightness/Contrast] 살펴보기

① **Auto(자동)** | 이미지의 밝기와 대비를 자동으로 조절합니다.
② **Brightness(명도)** | 이미지의 전체적인 밝기를 조절하며, 슬라이더를 오른쪽으로 이동할수록 밝아집니다.
③ **Contrast(대비)** | 이미지의 전체적인 대비를 조절하여 선명하게 만듭니다. 슬라이더를 오른쪽으로 이동할수록 대비가 강해집니다.
④ **Use Legacy(레거시 사용)** | 체크하면 이미지 전체의 명암 차이가 줄어듭니다.

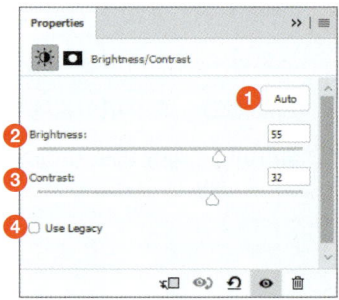

간단 실습 | Levels로 명도 조절하기 ★중요

준비 파일 기본/Chapter 04/레벨.jpg

Levels는 가장 많이 사용하는 명도 대비 기능입니다. 어두운 톤(Shadow), 중간 톤(Midtone), 밝은 톤(Highlight)의 슬라이더를 조절하여 이미지의 명도를 변경할 수 있습니다.

01 ① Ctrl + O 를 눌러 준비 파일을 불러오고 ② [Adjustments] 패널의 [Levels]를 클릭합니다. ③ [Properties] 패널에서 어두운 톤의 슬라이더를 오른쪽으로 드래그하여 옮깁니다.

Levels 기능의 단축키는 Ctrl + L 입니다.

02 ① 중간 톤 슬라이더는 왼쪽으로 ② 밝은 톤 슬라이더도 왼쪽으로 드래그해 보정을 마무리합니다.

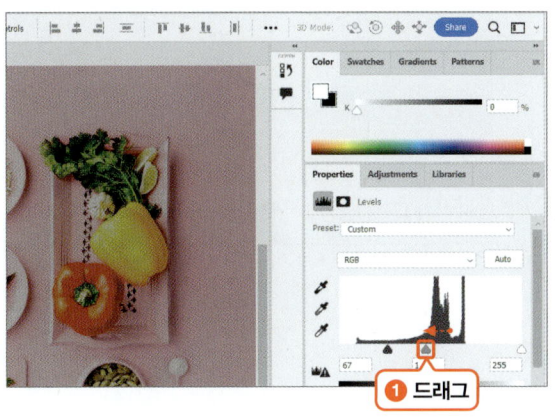 

[Properties] 패널의 [Levels] 살펴보기

① **Preset(사전 설정)** | 사전 설정 목록의 레벨값을 적용합니다.
② **Channel(채널)** | 레벨을 적용할 채널을 선택합니다.
③ **Auto(자동)** | 이미지의 명도 대비를 자동으로 조정합니다.
④ **Input Levels(입력 레벨)** | 슬라이더 조절점을 드래그하여 이미지의 어두운 톤, 중간 톤, 밝은 톤을 조절합니다.
⑤ **Output Levels(출력 레벨)** | 전체적인 밝기를 조절합니다.

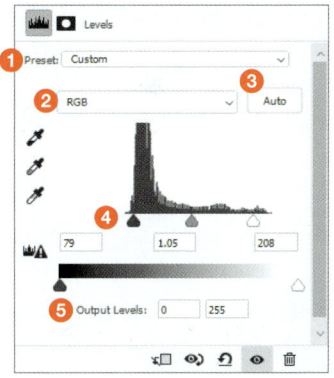

간단 실습　Curves로 선명하게 보정하기 ★중요

준비 파일 기본/Chapter 04/커브.jpg

01 ① Ctrl + O 를 눌러 준비 파일을 불러오고 ② [Adjustments] 패널의 [Curves]를 클릭합니다. ③ [Properties] 패널에서 오른쪽의 그래프를 위로 살짝 드래그하여 이미지를 밝게 만듭니다.

CHAPTER 04 전문가처럼 보정하는 이미지 보정법과 필터   **231**

02 ❶ 왼쪽의 그래프를 아래로 살짝 드래그합니다. ❷ 이미지가 어두워지고 선명해집니다.

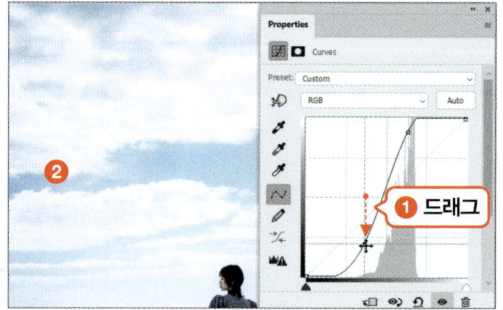

> Curves 기능은 곡선 그래프를 이용하여 명도와 채도를 변경합니다. Curves 기능의 단축키는 Ctrl + M 입니다.

[Properties] 패널의 [Curves] 살펴보기

① **Preset(사전 설정)** | 사전 설정 목록의 커브값을 적용합니다.
② **Channel(채널)** | 색상 채널을 선택할 수 있으며, 일반적으로 [RGB]로 작업합니다.
③ **곡선, 연필** | 기본적으로는 곡선으로 커브를 조절합니다. 연필을 이용해서 그래프 위를 직접 드래그하면 곡선이 만들어집니다.
④ **Input/Output** | 커브값이 표시되며 기준점을 만든 후 보정값을 설정합니다.

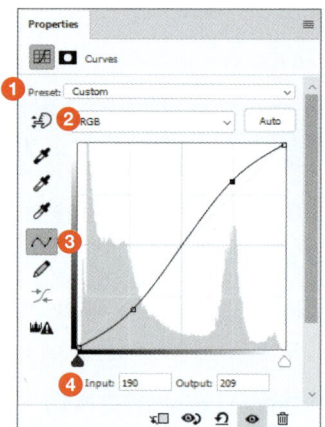

간단 실습   Shadows/Highlights로 역광 보정하기

준비 파일 기본/Chapter 04/역광사진.jpg

노출이 부족한 부분은 밝게, 너무 밝은 부분은 어둡게 조절하여 역광 이미지를 보정합니다.

❶ Ctrl + O 를 눌러 준비 파일을 불러옵니다. ❷ [Image]-[Adjustments]-[Shadows/Highlights] 메뉴를 선택합니다. ❸ [Shadows/Highlights] 대화상자의 [Shadows] 슬라이더를 오른쪽으로 드래그해 옮기고 ❹ [OK]를 클릭합니다. ❺ 역광이 보정됩니다.

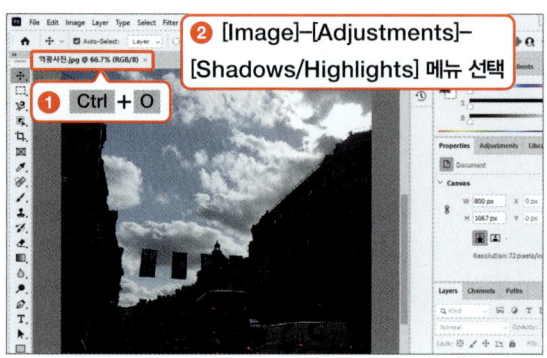
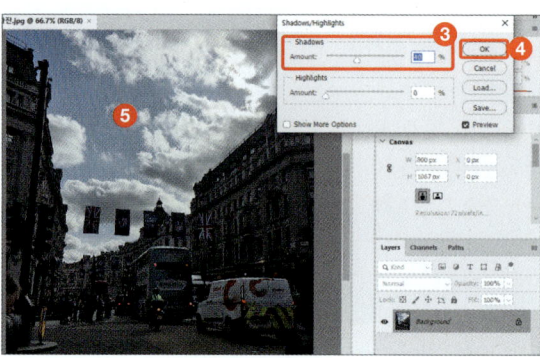

[Shadows/Highlights] 대화상자 살펴보기

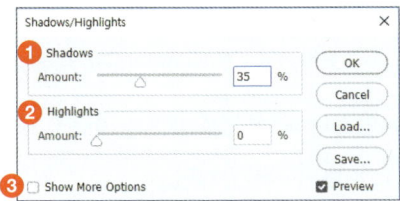

① **Shadows(어두운 영역)** | 어두운 영역을 조절합니다.
② **Highlights(밝은 영역)** | 밝은 영역을 조절합니다.
③ **Show More Options(옵션 확장 표시)** | 체크하면 세부 옵션을 조절할 수 있는 대화상자로 바뀝니다.

간단 실습 | Exposure로 카메라 노출 보정하기

준비 파일 기본/Chapter 04/카메라노출.jpg

노출이 부족하거나 과한 이미지를 보정합니다. Exposure 조절만으로도 충분히 보정할 수 있습니다.

① `Ctrl` + `O` 를 눌러 준비 파일을 불러오고 ② [Image]-[Adjustments]-[Exposure] 메뉴를 선택합니다.
③ [Exposure] 대화상자의 [Exposure] 슬라이더를 오른쪽으로 드래그해 옮기고 ④ [OK]를 클릭합니다.
⑤ 노출이 보정됩니다.

간단 실습 | Hue/Saturation으로 색상, 채도, 명도를 한번에 조절하기 ★중요

준비 파일 기본/Chapter 04/색조.jpg

포토샵을 이용하면 이미지의 특정 부분을 원하는 색상으로 쉽게 바꿀 수 있습니다. 색상을 바꾸는 기능은 많지만 색상, 채도, 명도를 한번에 바꿀 수 있는 Hue/Saturation 기능을 가장 많이 사용합니다.

01 ❶ Ctrl + O 를 눌러 준비 파일을 불러오고 ❷ [Adjustments] 패널의 [Hue/Saturation]을 클릭합니다. ❸ [Properties] 패널에서 [Hue] 슬라이더를 오른쪽으로 드래그해 옮기면 ❹ 이미지 색상이 전체적으로 보정됩니다. ❺ 재설정 을 클릭하여 초기화합니다.

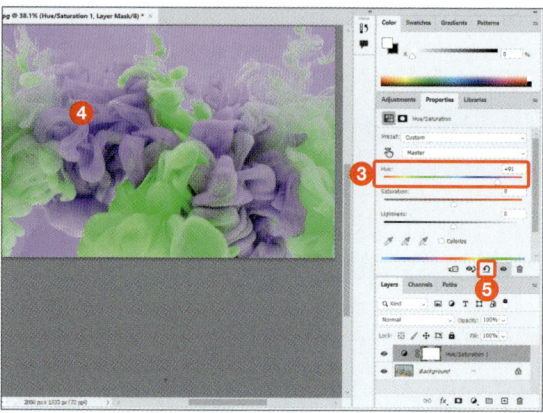

Hue/Saturation 기능의 단축키는 Ctrl + U 입니다.

02 ❶ [Reds]를 선택하고 ❷ [Hue] 슬라이더를 왼쪽으로 드래그해 옮깁니다. ❸ 주황색 연기 부분의 색상만 변경됩니다. ❹ 이번에는 [Saturation], [Lightness] 슬라이더를 모두 조절하여 ❺ 이미지를 보정합니다.

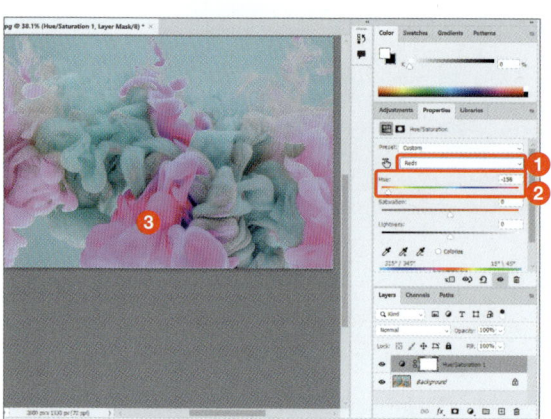

[Hue] 슬라이더를 조절하면 빨간색과 파란색의 혼합색 계열이던 보라색은 빨간색이 빠져 상대적으로 파란색 기운이 도드라져 보이는 청록색(녹색과 파란색의 혼합색)이 되고, 녹색은 반대로 보라색이 됩니다.

[Properties] 패널의 [Hue/Saturation] 살펴보기

① **Preset(사전 설정)** | 사전 설정 목록의 Hue/Saturation 값을 적용합니다.
② **Master(채널 선택)** | 색상을 보정할 채널을 선택합니다.
③ **Hue(색조)** | 슬라이더 조절점을 이동하면 색상이 변경됩니다.
④ **Saturation(채도)** | 채도값을 조절합니다. -100일 경우 흑백 이미지로 보정됩니다.
⑤ **Lightness(명도)** | 전체 이미지의 밝기만 조절합니다.
⑥ **스포이트** | [Master] 외의 채널을 선택했을 때 활성화됩니다. 이미지를 클릭하면 선택된 픽셀의 색상만 변경됩니다.
⑦ **Colorize(색상화)** | 체크하면 단색 계열의 이미지가 만들어집니다.

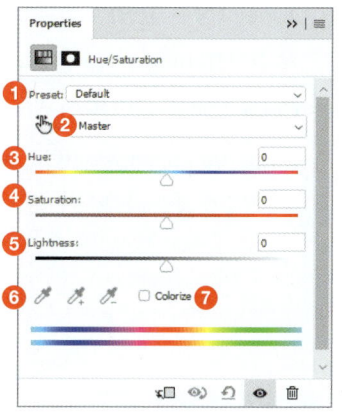

간단 실습 Color Balance로 색상 조절하기★중요

준비 파일 기본/Chapter 04/색상밸런스.jpg

Color Balance는 보색이 표시되는 부분의 슬라이더를 조절하여 이미지의 색상을 어두운 톤, 중간 톤, 밝은 톤으로 분리해 보정합니다.

① `Ctrl` + `O` 를 눌러 준비 파일을 불러오고 ② [Adjustments] 패널의 [Color Balance]를 클릭합니다. ③ [Properties] 패널에서 [Yellow]의 보색인 [Blue]로 슬라이더를 드래그해 옮깁니다. ④ 전체 색감에 맞춰 [Cyan] 슬라이더를 알맞게 조절하여 ⑤ 완성합니다.

Color Balance 기능의 단축키는 `Ctrl` + `B` 입니다.

[Properties] 패널의 [Color Balance] 살펴보기

① **Tone(색상 톤 균형)** | 어두운 톤(Shadows), 중간 톤(Midtones), 밝은 톤(Highlights)을 선택하여 색상을 조절할 수 있습니다.
② **Color** | 보색 개념을 이용하여 색상을 보정합니다.
③ **Preserve Luminosity(광도 유지)** | 체크를 해제하면 명도와 대비가 보호되지 않습니다.

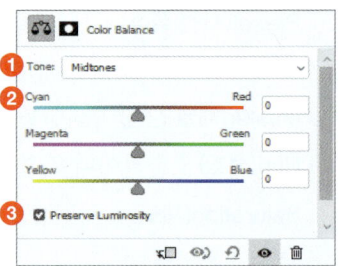

간단 실습 | Photo Filter로 다양한 필터 효과 내기

준비 파일 기본/Chapter 04/포토필터.jpg

Photo Filter는 색 온도를 조절하여 화이트 밸런스를 맞출 수 있습니다. 카메라 렌즈 필터와 비슷한 기능을 합니다.

❶ Ctrl + O 를 눌러 준비 파일을 불러옵니다. ❷ [Adjustments] 패널의 [Photo Filter]를 클릭합니다. ❸ [Properties] 패널에서 [Filter]를 [Cooling Filter (80)]으로 선택합니다. ❹ 노랗던 이미지에 차가운 색을 적용하여 색 온도가 낮아졌습니다.

색 온도가 높아 이미지가 전체적으로 노랗게 보입니다.

간단 실습 | Selective Color로 특정 색상만 보정하기

준비 파일 기본/Chapter 04/선택색상.jpg

Selective Color는 특정한 색상만 선택하여 원하는 색상으로 바꾸거나 선택한 색상을 더 진하게 만들 때 사용합니다.

01 ① Ctrl + O 를 눌러 준비 파일을 불러오고 ② [Adjustments] 패널의 [Selective Color]를 클릭합니다. ③ [Properties] 패널에서 [Colors]를 [Greens]로 선택합니다. ④ 슬라이더를 드래그하여 선택한 채널에 색상을 추가하거나 제거합니다. ⑤ 초록색만 보정됩니다.

02 [Absolute]를 클릭하여 색상 보정을 완성합니다.

[Absolute]를 클릭하면 변화된 색상에 절대적인 채널값을 적용합니다.

[Properties] 패널의 [Selective Color] 살펴보기

① **Colors(색상)** | 아홉 개의 색상 채널로 구성되어 있습니다. 채널별로 선택하여 색상을 조절할 수 있습니다.
② Cyan/Magenta/Yellow/Black Colors에서 선택한 채널에 색상을 추가하거나 제거할 수 있습니다.
③ **Relative(상대치)** | 원본 이미지의 색상을 기준으로 변경합니다.
④ **Absolute(절대치)** | 변화된 색상에 절대적인 채널값을 적용합니다.

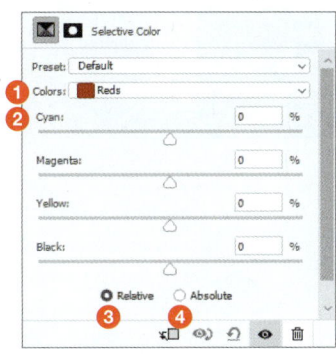

간단 실습 | Replace Color로 옷감 색상 바꾸기

준비 파일 기본/Chapter 04/컬러변경.jpg

Replace Color는 스포이트로 클릭한 부분의 색상 범위를 지정하여 색상, 채도, 명도를 변경합니다.

01 ❶ Ctrl + O 를 눌러 준비 파일을 불러오고 ❷ [Image]-[Adjustments]-[Replace Color] 메뉴를 선택합니다. ❸ [Replace Color] 대화상자가 나타나고 마우스 포인터가 스포이트 모양으로 변하면 빨간색 천 부분을 클릭합니다.

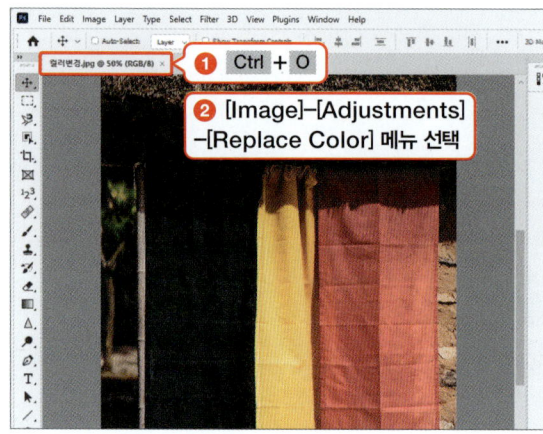
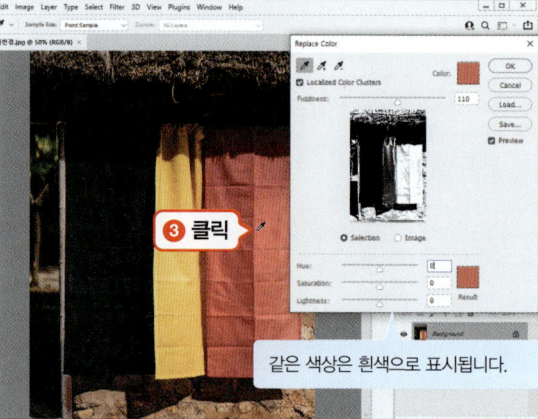

02 ❶ [Replace Color] 대화상자의 [Hue] 슬라이더를 조절합니다. ❷ 원하는 색으로 설정한 후 ❸ [OK]를 클릭합니다.

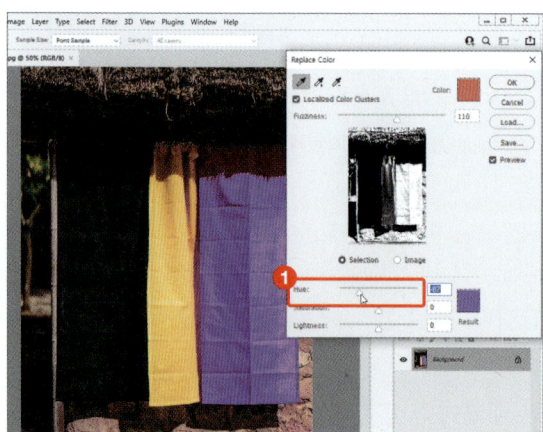
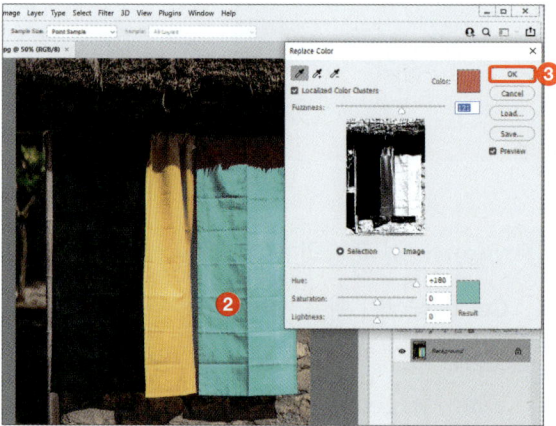

[Replace Color] 대화상자 살펴보기

① **스포이트 도구** | 샘플 색상을 선택합니다. 샘플 색상 추가 도구를 선택한 후 클릭하면 샘플 영역에 추가되고, 샘플 색상 빼기 도구를 선택한 후 클릭하면 샘플 영역에서 제거됩니다.

② **Localized Color Clusters(지역화된 색상 집합)** | 체크하면 지역화된 색상 집합을 지정합니다.

③ **Fuzziness(허용량)** | 샘플 색상의 범위를 지정합니다.

④ **Selection/Image(선택/이미지)** | 선택 영역을 흰색으로 볼지, 원본 이미지로 볼지 정합니다.

⑤ **Hue/Saturation/Lightness(색상/채도/명도)** | 각 슬라이더를 드래그하여 색상/채도/명도를 변경할 수 있습니다.

간단 실습 | Posterize로 포스터 느낌 표현하기

준비 파일 기본/Chapter 04/포스터.jpg

① Ctrl + O 를 눌러 준비 파일을 불러옵니다. ② [Image]-[Adjustments]-[Posterize] 메뉴를 선택합니다. ③ [Posterize] 대화상자의 [Levels]에 채널당 사용할 색상 수를 입력한 후 ④ [OK]를 클릭합니다. 여기서는 4를 입력했습니다. ⑤ 이미지가 포스터 느낌으로 바뀝니다.

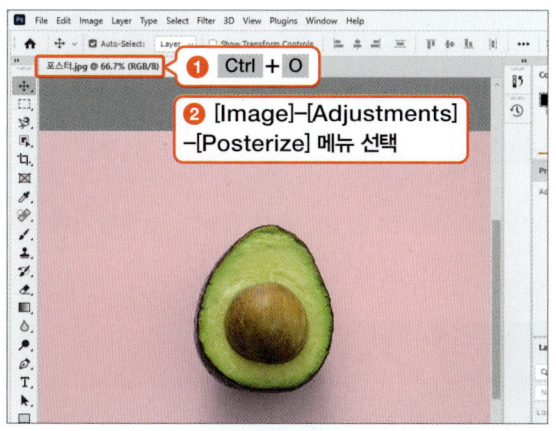

Posterize는 채널당 사용할 색상 수를 설정하여 이미지를 단순화합니다.

간단 실습 | Threshold로 이미지 단순화하기

준비 파일 기본/Chapter 04/단순화.jpg

Threshold는 이미지의 색상 대비를 높여 흰색과 검은색으로 만듭니다. 판화 효과나 만화 효과를 표현합니다.

❶ Ctrl + O 를 눌러 준비 파일을 불러오고 ❷ [Image]-[Adjustments]-[Threshold] 메뉴를 선택합니다. ❸ [Threshold] 대화상자에서 [Threshold Level]을 조정한 후 ❹ [OK]를 클릭합니다. ❺ 이미지가 흑백으로 단순해집니다.

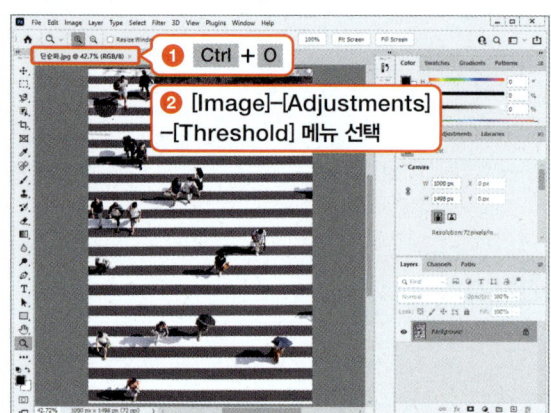
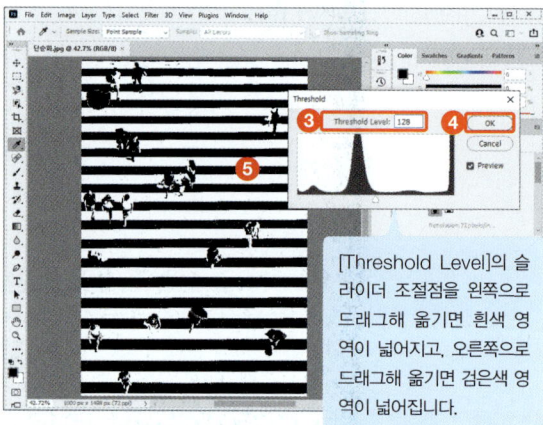

[Threshold Level]의 슬라이더 조절점을 왼쪽으로 드래그해 옮기면 흰색 영역이 넓어지고, 오른쪽으로 드래그해 옮기면 검은색 영역이 넓어집니다.

간단 실습 | Invert로 이미지 반전하기

준비 파일 기본/Chapter 04/반전.jpg

'반대로'라는 뜻인 Invert는 이미지의 색상을 보색으로 반전합니다. 필름 효과를 표현할 때 유용합니다.

❶ Ctrl + O 를 눌러 준비 파일을 불러오고 ❷ [Image]-[Adjustments]-[Invert] 메뉴를 선택합니다. ❸ 이미지에 반전 기능이 적용됩니다.

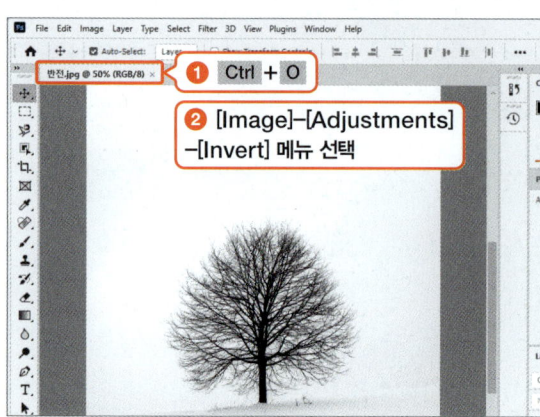

Invert 기능의 단축키는 Ctrl + I 입니다.

| 간단 실습 | **Gradient Map으로 이미지에 그레이디언트 색상 입히기** |

준비 파일 기본/Chapter 04/그레이디언트맵.jpg

이미지를 그레이디언트 색상으로 채웁니다. 어두운 부분은 왼쪽 색이 적용되고, 밝은 부분은 오른쪽 색이 적용됩니다.

① `Ctrl` + `O` 를 눌러 준비 파일을 불러오고 ② [Adjustments] 패널의 [Gradient Map]을 클릭합니다. ③ [Properties] 패널에서 그레이디언트 색상을 클릭하여 [Gradient Editor] 대화상자를 불러옵니다. ④ [Blue_27]을 선택하고 ⑤ [OK]를 클릭합니다. ⑥ 이미지에 그레이디언트 색상이 적용됩니다.

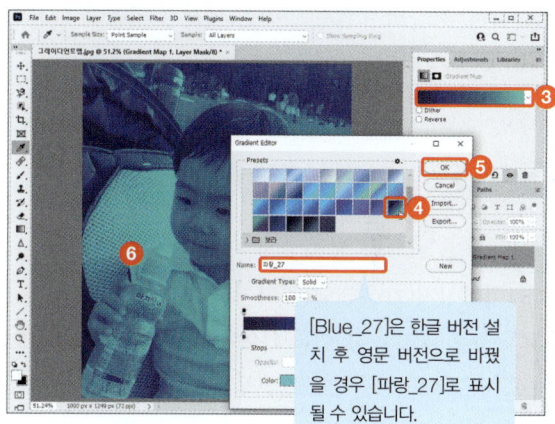

[Blue_27]은 한글 버전 설치 후 영문 버전으로 바꿨을 경우 [파랑_27]로 표시될 수 있습니다.

[Properties] 패널의 [Gradient Map] 살펴보기

① **Gradient Mapping(그레이디언트 색상)** | 적용할 그레이디언트를 설정합니다. 그레이디언트 목록에서 색상을 선택하거나 직접 설정할 수 있습니다. 클릭하면 [Gradient Editor] 대화상자가 나타납니다.

② **Dither(디더)** | 색상을 부드럽게 표현합니다.

③ **Reverse(반전)** | 그레이디언트 색상을 반대로 적용합니다.

④ **Method(방법)** | 그레이디언트 적용 방법을 설정합니다.

Perceptual(가시 범위) | 그레이디언트의 기본 설정이며 Classic보다 자연스럽게 표현됩니다.

Linear(선형) | 자연광이 표시되는 방식에 더 가깝게 그레이디언트를 표시합니다.

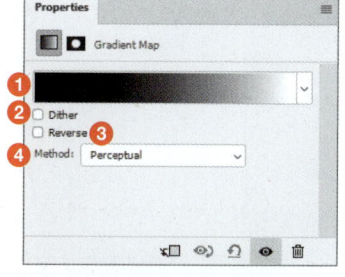

Classic(클래식) | 기존 방식으로 4등분하고 경계선마다 밝기를 25%로 설정합니다.

프로 사진가처럼 이미지 보정하기

Camera Raw 활용하기

'날 것의, 가공되지 않은'이라는 사전적 의미를 가진 Raw 파일은 카메라의 이미지 센서가 받아들인 정보를 가공하지 않은 파일을 말합니다.

Camera Raw 기본 화면 살펴보기

[Filter]-[Camera Raw] 메뉴를 선택하면 [Camera Raw]라는 이름을 가진 별도의 대화상자가 나타납니다. 대화상자 가운데에는 이미지 미리 보기 영역이 있고 오른쪽에는 도구 모음이 있습니다. 오른쪽은 색상과 노출을 보정할 수 있는 다양한 보정 메뉴로 구성되어 있습니다.

① **Exposure(노출)** 빛의 노출을 조절합니다. 값이 클수록 노출이 강합니다.
② **Contrast(대비)** 이미지의 대비를 조절합니다. 값이 클수록 대비가 강합니다.
③ **Highlights(밝은 영역)** 밝은 영역의 밝기를 조절합니다.

④ **Shadows(어두운 영역)** | 어두운 영역의 밝기를 조절합니다.
⑤ **Whites(흰색 계열)** | 흰색 계열의 밝기를 조절합니다.
⑥ **Blacks(검은색 계열)** | 검은색 계열의 밝기를 조절합니다.
⑦ **Temperature(온도)** | 차가운 느낌 또는 따뜻한 느낌으로 사진의 색 온도를 조절합니다.
⑧ **Tint(색조)** | Green과 Magenta를 조절합니다.
⑨ **Vibrance(활기)** | 색의 농도를 조절합니다. 값이 클수록 짙은 농도로 표현됩니다.
⑩ **Saturation(채도)** | 채도를 조절합니다.

> 스크롤바를 아래로 내리면 추가 보정 메뉴를 확인할 수 있습니다.
> • **Effects(효과)** | Texture, Clarity 등 사진 효과와 관련된 보정 옵션 모음입니다.
> • **Color Mixer(컬러 믹서)** | 각 색상 별로 강조 효과를 줄 수 있는 보정 옵션 모음입니다.
> • **Color Grading(컬러 그레이딩)** | 이미지의 색상을 보다 세부적으로 조정할 수 있습니다.
> 이외에도 다양한 옵션 메뉴가 있습니다.

간단 실습 | Camera Raw로 노출과 색상 보정하기

준비 파일 기본/Chapter 04/카메라로우.IIQ

이미지 손실이 전혀 없는 Raw 파일을 불러오고 보정한 후 보정 상태 그대로 저장해보겠습니다.

01 ① 윈도우 탐색기를 실행합니다. ② 준비 파일을 더블클릭하면 ③ [Camera Raw] 대화상자가 실행되고 차가운 느낌의 사진이 열립니다. 노출과 색상을 보정하여 잡지 사진 느낌으로 만들어보겠습니다.

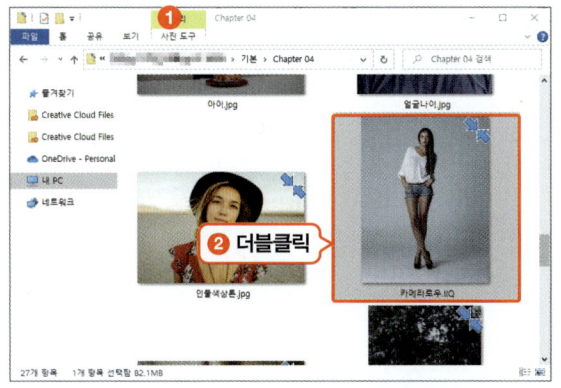 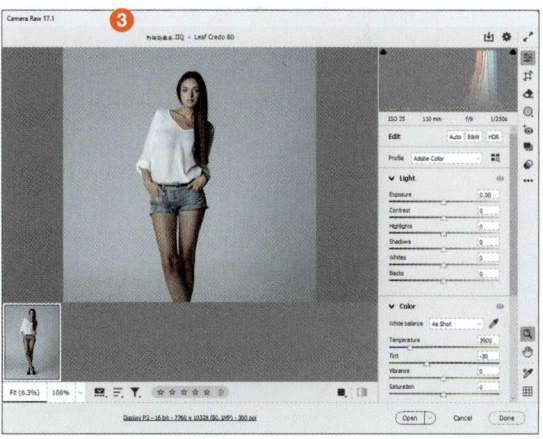

> IIQ 파일을 여는 대신 JPEG나 PNG와 같은 이미지를 직접 포토샵에서 불러오고 [Filter]-[Camera Raw Filter] 메뉴를 클릭하면 직접 Camera Raw 기능을 사용할 수 있습니다. 작업 완료 후 [OK]를 클릭하면 보정 내용이 반영되고, 다시 작업 화면으로 돌아옵니다.

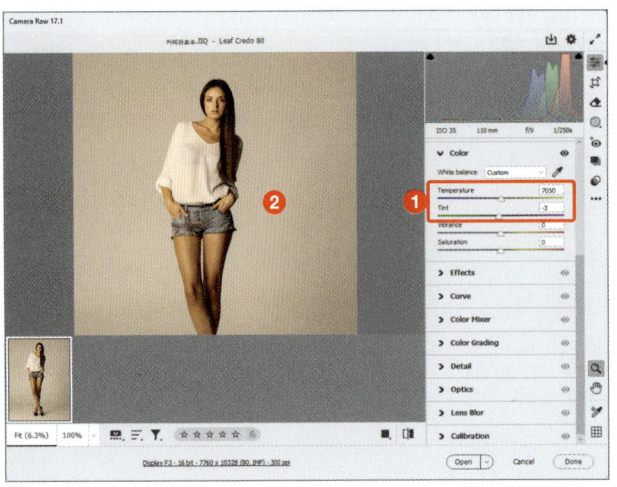

02 ❶ [Temperature]와 [Tint] 슬라이더를 조절하여 색 온도를 설정합니다. ❷ 따뜻한 느낌이 나는 색으로 설정합니다.

03 ❶ [Exposure], [Contrast] 등의 슬라이더를 조절하여 노출을 조절합니다. ❷ 원하는 상태로 이미지가 완성되면 보정 상태 그대로 저장하기 위해 ❸ [Done]을 클릭합니다.

04 동일한 폴더에 보정 상태 그대로 저장된 **카메라로우.xmp** 파일이 생성된 것을 확인할 수 있습니다.

Ps LESSON 03 인물 사진 필수 보정법 다섯 가지

꼭 알아두어야 할 SNS 사진 보정법

사진 공유 SNS가 인기를 끌면서 인물 사진 보정법에 대한 관심이 많아졌습니다. 쉽고 빠르게 배울 수 있는 인물 사진 필수 보정법 다섯 가지를 알아보겠습니다.

간단 실습 　 인물 사진 필수 보정법 ① 다리를 더 길게 만들기

준비 파일 기본/Chapter 04/다리길이.jpg

전신 사진을 찍으면 유독 다리가 짧게 나와 마음 상하는 일이 자주 생깁니다. 자유 변형(Free Transform) 기능을 이용하여 다리를 길게 늘이면 육등신에서 팔등신으로 변신할 수 있습니다.

❶ Ctrl + O 를 눌러 준비 파일을 불러와 ❷ 사각형 선택 도구  를 클릭합니다. ❸ 무릎부터 발까지 아래 영역을 드래그하고 ❹ Ctrl + T 를 눌러 자유 변형 기능을 적용합니다. ❺ Shift 를 누른 채 조절점을 아래로 드래그하여 다리 길이를 늘입니다. ❻ 조절점 안을 더블클릭하여 완료합니다.

선택 도구로 이미지를 선택할 경우 나타나는 상황별 작업 표시줄은 메뉴 바의 [Window]-[Contextual Task Bar]의 체크를 해제하여 숨긴 상태입니다.

▲ Before

▲ After

> 간단 실습 **인물 사진 필수 보정법 ② 화이트 밸런스를 맞춰 색감 보정하기**

준비 파일 기본/Chapter 04/인물색상톤.jpg

사진을 찍으면 빛이나 배경에 따라 색상이 다르게 나오는 경우가 있습니다. 사진을 촬영할 때 화이트 밸런스를 맞추고 찍는 것이 가장 좋지만, 맞추지 못하고 찍은 경우라면 포토샵에서 색감을 보정할 수 있습니다.

❶ Ctrl + O 를 눌러 준비 파일을 불러오고 ❷ [Adjustments] 패널의 [Color Balance]를 클릭합니다. ❸ [Properties] 패널에서 [Blue] 슬라이더를 오른쪽으로 드래그해 옮겨 색감을 보정합니다.

▲ Before

▲ After

간단 실습 | 인물 사진 필수 보정법 ③ 피부 보정하기

준비 파일 기본/Chapter 04/잡티 보정.png

인물 사진을 찍으면 유독 보이지 않던 점과 잡티가 눈에 띕니다. 이때 Neural 필터를 활용하면 피부를 매끄럽게 표현할 수 있습니다. 클릭 몇 번으로 잡티 있는 피부를 깨끗하고 매끄럽게 보정해보겠습니다.

❶ Ctrl + O 를 눌러 준비 파일을 불러오고 ❷ [Filter]-[Neural Filters] 메뉴를 선택합니다. ❸ [Skin Smoothing]을 클릭해 활성화한 후 ❹ [Blur]와 [Smoothness] 옵션을 설정합니다. ❺ [OK]를 클릭하면 잡티 있는 피부가 매끄러운 피부로 변경됩니다.

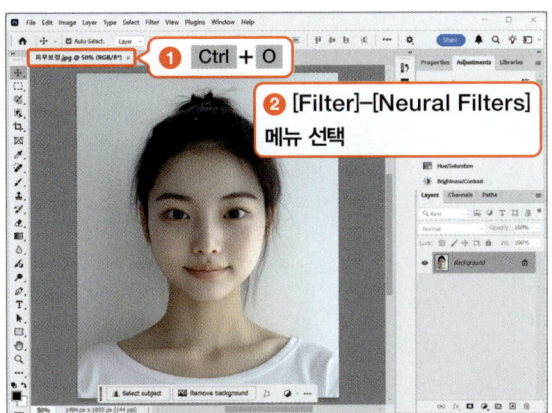 

▲ Before   ▲ After

Skin Smoothing 필터는 Neural 필터에서 확인할 수 있습니다. 필터를 처음 시작하면 활성화되지 않은 상태로 표시됩니다. 클라우드에서 다운로드☁를 클릭해 필터를 다운로드한 후 활성화합니다.

복구 브러시 도구를 사용하면 보정하고 싶은 부분만 클릭하여 정교하게 보정할 수 있습니다. 복구 브러시 도구를 자유롭게 사용하는 방법은 141쪽을 참고하세요.

간단 실습   인물 사진 필수 보정법 ④ 얼굴형, 눈 크기 보정하기

준비 파일 기본/Chapter 04/얼굴형보정.jpg

인물 사진에 Liquify 필터의 효과를 적용하면 얼굴형을 갸름하게 만들거나 눈을 크게 만들어 가상 성형의 결과를 미리 확인할 수 있습니다. 팔과 다리를 얇게 만들어 다이어트 전후 사진을 가상으로 만들어볼 수도 있습니다.

❶ Ctrl + O 를 눌러 준비 파일을 불러오고 ❷ [Filter]-[Liquify] 메뉴를 선택합니다. ❸ [Liquify] 대화상자가 나타나면 얼굴 도구를 클릭합니다. ❹ 얼굴, 눈, 입술 영역에 마우스 포인터를 올리면 수정 선이 보입니다. ❺ 원하는 대로 드래그한 후 ❻ [OK]를 클릭하여 얼굴형을 보정합니다.

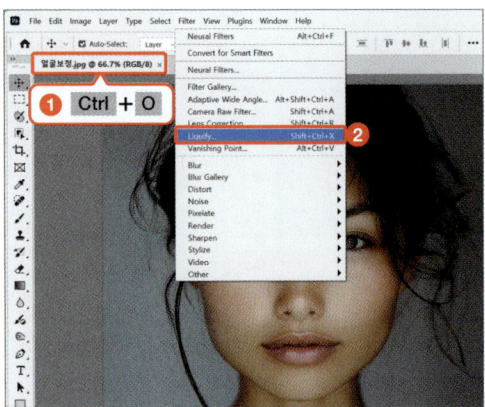
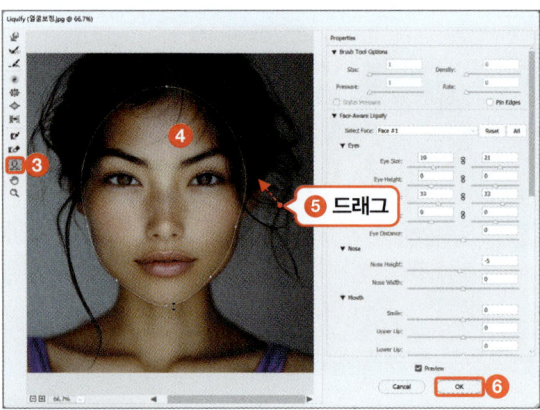

▲ Before   ▲ After

간단 실습 | 인물 사진 필수 보정법 ⑤ 인물의 경계선을 살려 선명하게 보정하기

준비 파일 기본/Chapter 04/샤프닝.jpg

인물 경계선의 디테일을 살려 사진을 선명하게 만들어보겠습니다. High Pass 필터와 Overlay 모드를 이용하여 선명함을 살립니다.

① `Ctrl` + `O` 를 눌러 준비 파일을 불러옵니다. ② `Ctrl` + `J` 를 눌러 레이어를 복제합니다. ③ 복제한 [Layer 1] 레이어의 블렌딩 모드를 [Overlay]로 선택하고 ④ [Filter]-[Other]-[High Pass] 메뉴를 선택합니다. ⑤ [High Pass] 대화상자에서 [Radius]를 6.5로 입력하고 ⑥ [OK]를 클릭하여 선명하게 보정합니다.

▲ Before

▲ After

풍경 사진 필수 보정법 네 가지

04

2% 부족한 사진을 멋지게 완성하기

디지털카메라와 스마트폰 카메라의 사용 빈도가 높아지면서 사진을 찍는 일은 자연스러운 일상이 되었습니다. 사진과 어울리는 하늘을 만들고 명암 조절, 색상 강조, 선명도 조절 등을 통해 풍경 사진을 멋지게 보정하는 방법을 배워보겠습니다.

간단 실습 | 사진 필수 보정법 ① 하늘 바꾸기

준비 파일 기본/Chapter 04/하늘대체.jpg

어도비의 인공지능 기능인 어도비 파이어플라이(Adobe firefly) 생성형 AI를 이용하여 하늘을 합성합니다. 이전에는 하늘을 합성하기 위해 여러 단계를 거쳤다면 이제는 자동 기능을 통해 클릭 한 번으로 자연과 어울리는 하늘을 쉽게 만들 수 있습니다.

01 ❶ `Ctrl` + `O` 를 눌러 준비 파일을 불러오고 ❷ [Edit]-[Sky Replacement] 메뉴를 선택합니다. ❸ [Sky Replacement] 대화상자가 나타나면서 자동으로 인지한 하늘 부분이 변경됩니다.

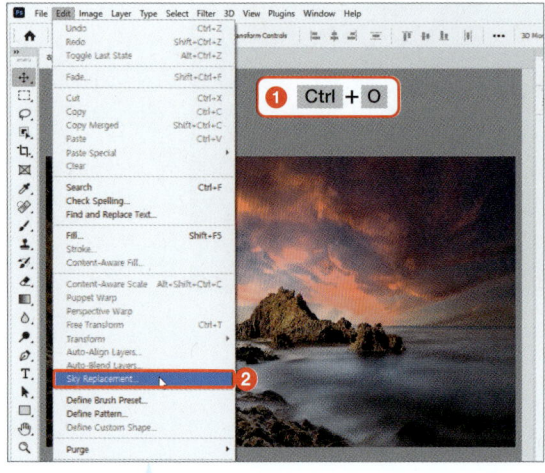
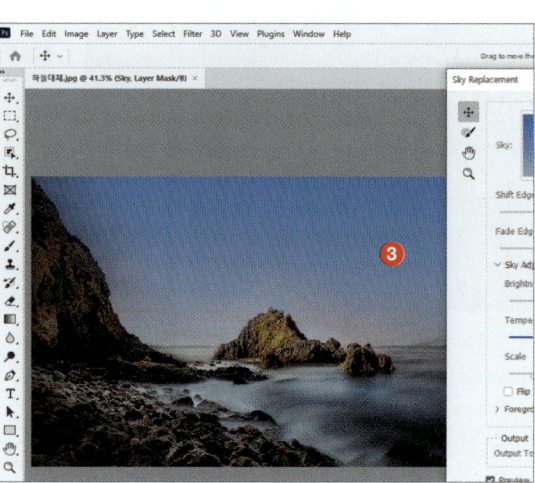

[Sky Replacement] 메뉴는 이미지 레이어가 선택된 상태에서 활성화됩니다.

02
❶ [Sky] 항목을 클릭하고 ❷ 어도비에서 제공하는 하늘 템플릿 이미지 중 마음에 드는 것을 선택합니다. ❸ [Sky Replacement] 대화상자의 [OK]를 클릭합니다. ❹ 하늘 이미지가 변경됩니다.

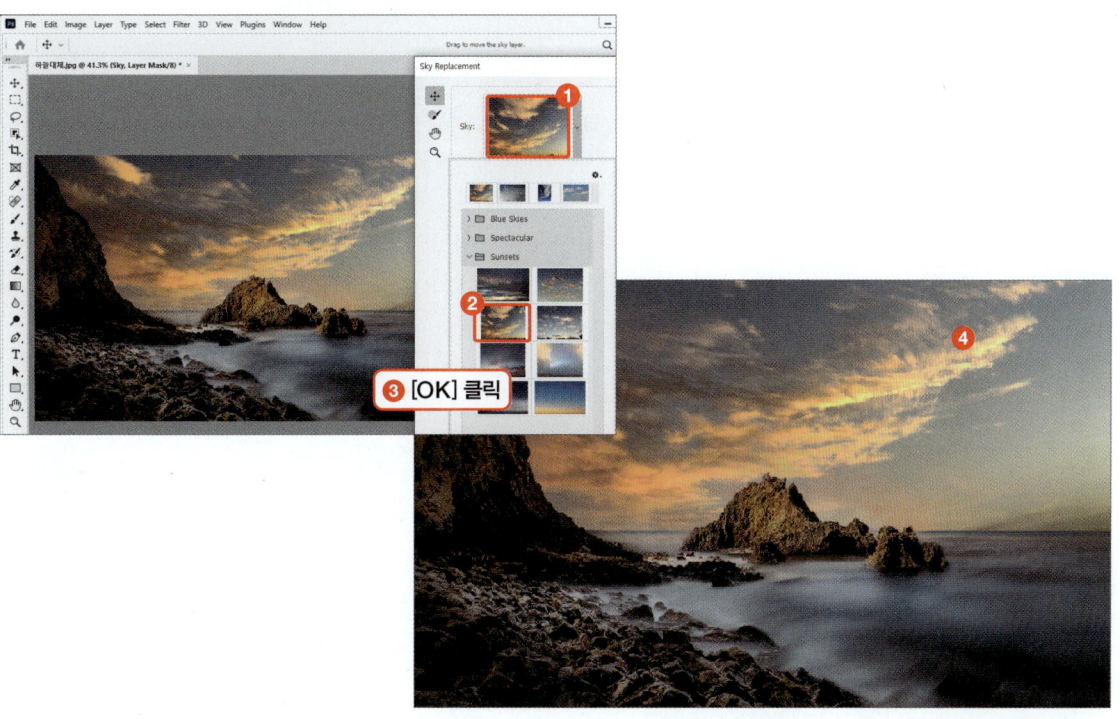

기능 꼼꼼 익히기 　[Sky Replacement] 대화상자 살펴보기

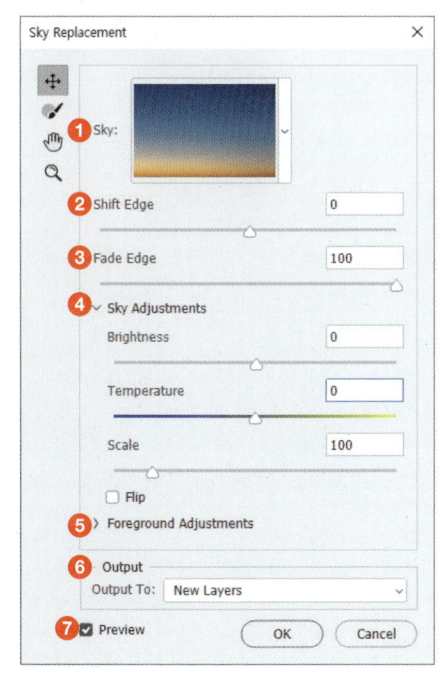

❶ **Sky(하늘)** | 어도비에서 제공하는 하늘 프리셋 중 하나를 선택합니다.

❷ **Shift Edge(가장자리 이동)** | 하늘과 경계가 맞닿은 부분을 지정합니다.

❸ **Fade Edge(가장자리 페이드)** | 경계 부분을 흐리게 합니다.

❹ **Sky Adjustments(하늘 조정)**
　Brightness(명도) | 하늘을 밝게 또는 어둡게 조정합니다.
　Temperature(온도) | 슬라이더 조절점을 이동하여 색 온도를 조절합니다. 오른쪽으로 이동할수록 따뜻한 이미지가 만들어집니다.
　Scale(비율) | 하늘의 비율을 조절합니다.
　Flip(뒤집기) | 하늘을 수직으로 반전합니다.

❺ **Foreground Adjustments(전경 조정)** | 조명과 색상을 조정합니다.

❻ **Output(출력)** | 합성한 하늘을 새 레이어로 구분하거나 복제한 레이어로 출력할 수 있습니다.

❼ **Preview(미리 보기)** | 체크하면 결과물을 미리 볼 수 있습니다.

CHAPTER 04　전문가처럼 보정하는 이미지 보정법과 필터　　251

| 간단 실습 | **사진 필수 보정법 ② 명암 조절하기** |

준비 파일 기본/Chapter 04/명암보정.jpg

이미지 보정에 있어 가장 기본이 되는 것은 사진의 명암 조절입니다. 사진을 찍다 보면 어둡게 나오거나 지나치게 밝게 나오는 경우가 있습니다. Shadows/Highlights 기능을 활용하면 자동으로 적정값을 설정해주므로 크게 조절하지 않아도 됩니다.

❶ Ctrl + O 를 눌러 준비 파일을 불러옵니다. ❷ [Image]-[Adjustments]-[Shadows/Highlights] 메뉴를 선택합니다. ❸ [Shadows/Highlights] 대화상자에서 [Shadows]-[Amount]를 **70%**로 설정하고 ❹ [OK]를 클릭합니다. ❺ 자연스럽게 이미지의 명암이 조절됩니다.

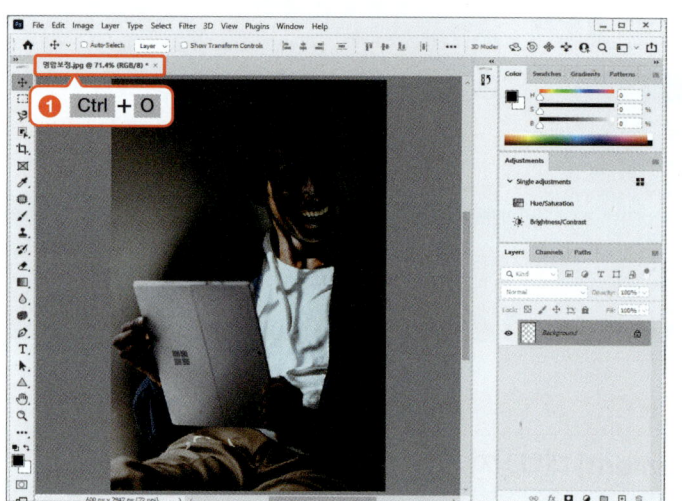
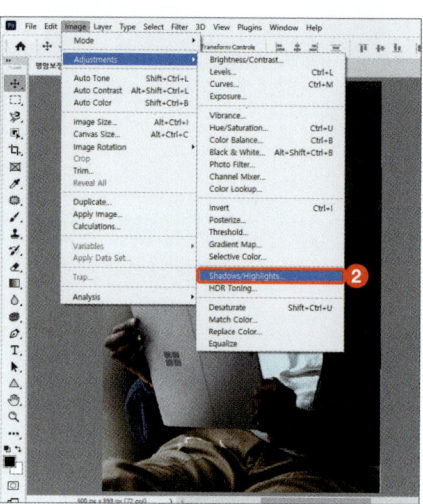
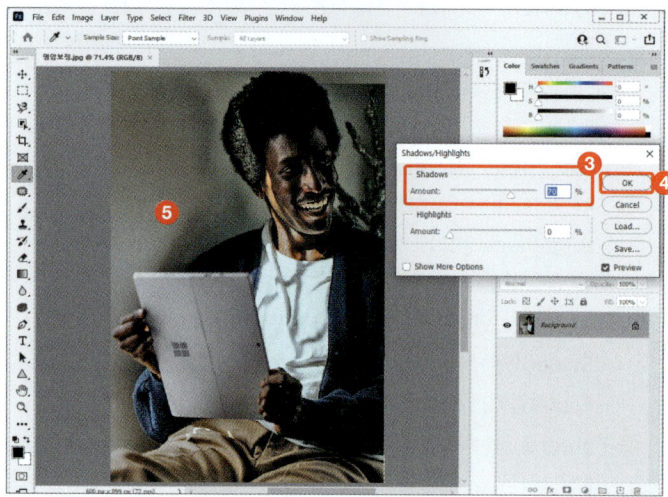

간단 실습 | 사진 필수 보정법 ③ 선명도 조절하기

준비 파일 기본/Chapter 04/선명도보정.jpg

이미지의 명암 조절을 마쳤다면 이번에는 색상 대비를 높여 선명도를 높이는 작업을 해야 합니다. Overlay 모드는 Multiply와 Screen 모드를 합쳐놓은 모드로 밝은 부분은 더 밝게, 어두운 부분은 더 어둡게 표현하여 이미지의 대비를 증가시킵니다.

❶ Ctrl + O 를 눌러 준비 파일을 불러옵니다. ❷ Ctrl + J 를 눌러 레이어를 복제합니다. ❸ 복사한 레이어의 블렌딩 모드를 [Overlay]로 설정합니다. ❹ [Opacity]를 60%로 입력하여 ❺ 선명도를 조절합니다.

레이어 블렌딩 모드를 [Soft Light]로 설정해도 됩니다.

간단 실습 | 사진 필수 보정법 ④ 원하는 색상 강조하기

사진 속에서 특정 부분의 색상만 조절하고 싶을 때 Selective Color 기능을 주로 사용합니다. 사진에서 강조하고 싶은 색상이 있다면 보색에 대한 이해가 필요합니다. 색상환에서 마주 보는 위치에 있는 색상을 보색이라고 합니다. 예를 들어 파란색을 강조하고 싶다면 파란색의 보색인 노란색이나 주황색의 색상 값을 낮춰 파란색을 더 파랗게 만들 수 있습니다.

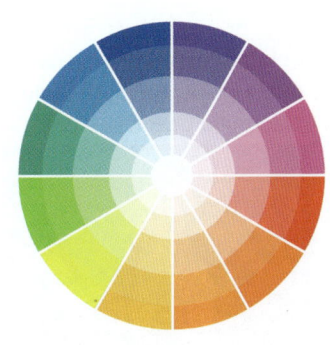

눈, 흰색 보정하기

준비 파일 기본/Chapter 04/흰색보정.jpg

❶ Ctrl + O 를 눌러 준비 파일을 불러오고 [Image]-[Adjustments]-[Selective Color] 메뉴를 선택합니다. ❷ [Selective Color] 대화상자의 [Colors]를 [Whites]로 설정하고 ❸ [Black]을 –100으로 입력한 후 ❹ [OK]를 클릭합니다. ❺ 흰색이 강조됩니다.

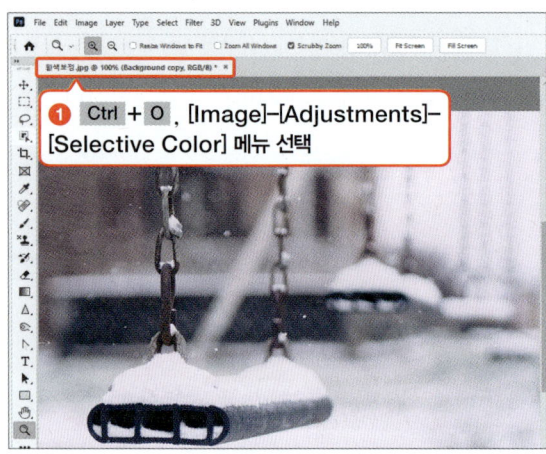
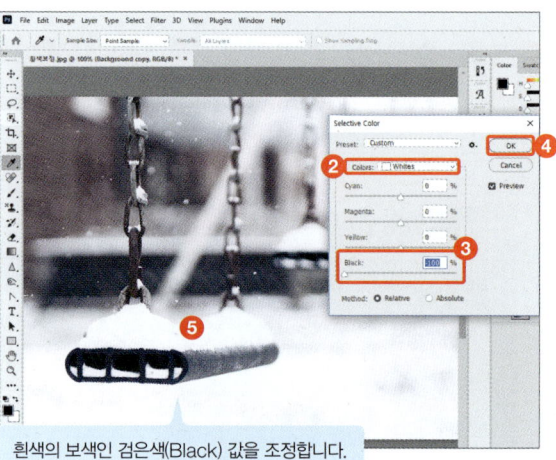

흰색의 보색인 검은색(Black) 값을 조정합니다.

자연, 녹색 보정하기

준비 파일 기본/Chapter 04/녹색보정.jpg

❶ Ctrl + O 를 눌러 준비 파일을 불러오고 [Image]-[Adjustments]-[Selective Color] 메뉴를 선택합니다. ❷ [Selective Color] 대화상자의 [Colors]를 [Yellows]로 설정하고 ❸ [Magenta]를 –80으로 입력한 후 ❹ [OK]를 클릭합니다. ❺ 녹색이 강조됩니다.

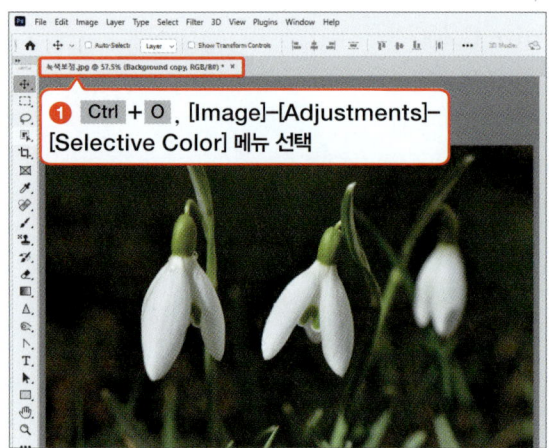

녹색의 보색인 분홍색(Magenta) 값을 조정합니다.

하늘, 파란색 보정하기

준비 파일 기본/Chapter 04/파란색보정.jpg

❶ Ctrl + O 를 눌러 준비 파일을 불러오고 [Image]-[Adjustments]-[Selective Color] 메뉴를 선택합니다. ❷ [Selective Color] 대화상자의 [Colors]를 [Blues]로 설정하고 ❸ [Yellow]를 -100으로 입력한 후 ❹ [OK]를 클릭합니다. ❺ 파란색이 강조됩니다.

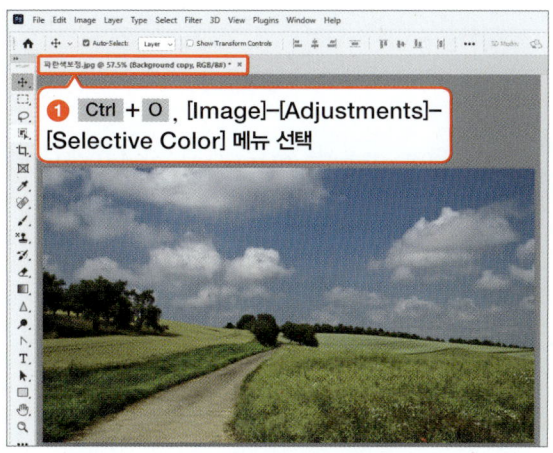
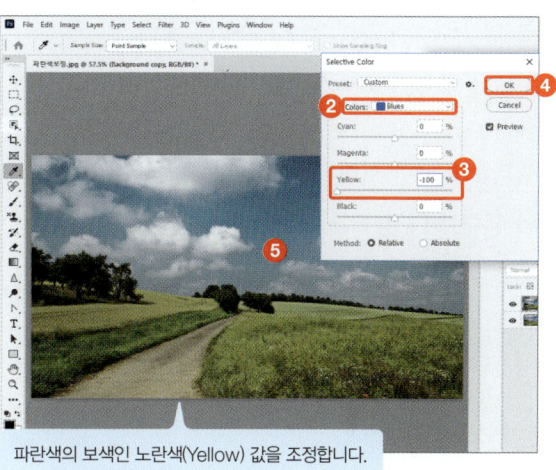

파란색의 보색인 노란색(Yellow) 값을 조정합니다.

가을의 색, 노란색과 빨간색 보정하기

준비 파일 기본/Chapter 04/노랑빨강보정.jpg

❶ Ctrl + O 를 눌러 준비 파일을 불러오고 [Image]-[Adjustments]-[Selective Color] 메뉴를 선택합니다. ❷ [Selective Color] 대화상자의 [Colors]를 [Reds]로 설정하고 ❸ [Cyan]을 -100, [Magenta]를 77, [Yellow]를 72로 입력한 후 ❹ [OK]를 클릭합니다. ❺ 노란색과 빨간색이 강조됩니다.

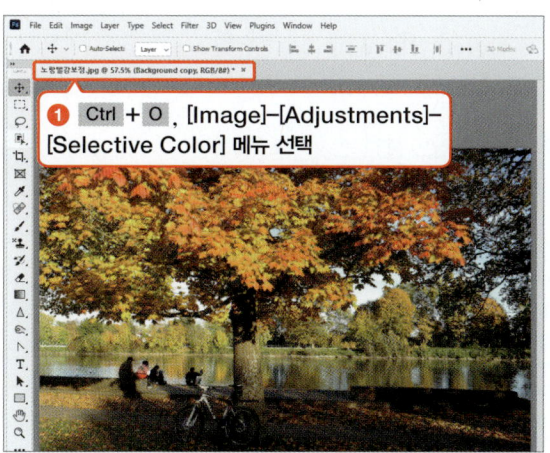
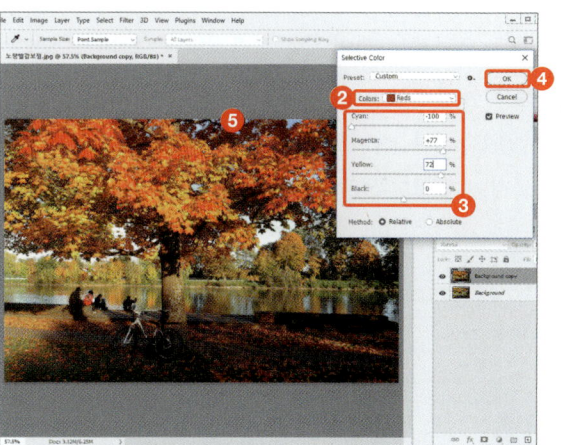

CHAPTER 04 전문가처럼 보정하는 이미지 보정법과 필터

필터가 만드는 환상의 세계

[Filter] 메뉴 알아보기

필터(Filter)란 이미지를 구성하는 픽셀을 재배치하여 새로운 형태의 이미지로 만드는 기능입니다. 이미지를 흐리게 하거나 선명하게 하는 기본 필터부터 노이즈, 회화, 조명 효과를 내는 필터까지 매우 다양합니다.

한눈에 보는 필터의 모든 효과

필터의 종류

[Filter] 메뉴를 선택하면 포토샵에서 제공하는 기본 필터가 그룹으로 묶여 있습니다. [Filter] 메뉴의 첫 번째 메뉴를 선택하거나 Alt + Ctrl + F 를 누르면 가장 최근에 사용한 필터(Last Filter) 효과가 이미지에 적용됩니다. CMYK Color나 Lab Color 모드에서는 일부 필터를 적용할 수 없으므로 이미지의 컬러 모드를 RGB Color로 바꾼 후 사용해야 합니다.

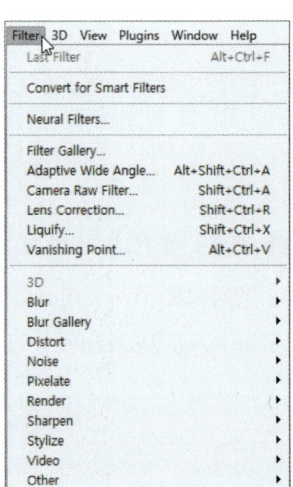

스마트 필터

[Filter]-[Convert for Smart Filters] 메뉴를 선택하면 이미지 레이어가 스마트 오브젝트 레이어로 전환됩니다. 스마트 오브젝트 레이어에 필터 효과를 적용하면 [Layers] 패널에서 해당 필터 이름을 더블클릭하여 값을 조절할 수 있습니다. 스마트 필터(Smart Filter)는 필터가 적용된 원본 이미지를 손상시키지 않고 옵션을 여러 번 수정할 수 있어 실무에서 매우 유용하게 쓰입니다.

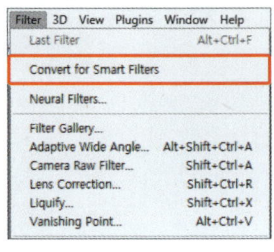
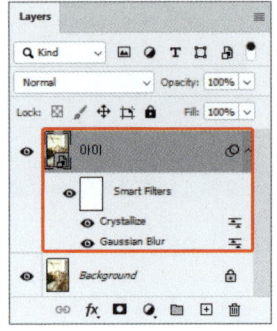

Neural 필터

Neural 필터는 어도비의 인공지능 기능인 어도비 파이어플라이(Adobe firefly) 생성형 AI를 이용합니다. 여러 단계의 작업 과정을 거치지 않아도 몇 번의 클릭만으로 놀라운 결과를 만들어냅니다. 인물 사진에서 사람의 나이와 표정, 시선, 머리카락 색을 변경하거나 흑백 사진을 컬러 사진으로 바꾸고 피부를 매끄럽게 만들 수 있습니다.

Neural 필터 미리 보기 출처 : 어도비 공식 홈페이지

▲ Harmonization(일치)

▲ Landscape Mixer(풍경 사진 믹서)

▲ Color Transfer(색상 변환)

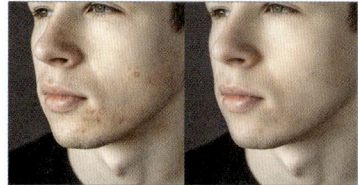
▲ Skin Smoothing(피부를 매끄럽게)

▲ Style Transfer(스타일 변환)

▲ Smart Portrait(스마트 인물 사진)

▲ Makeup Transfer(메이크업 변환)

▲ Depth-Aware Haze(깊이 인식 안개)

▲ Colorize(색상화)

▲ Super Zoom(강력한 확대/축소)

▲ JPEG Artefacts Removal (JPEG 아티팩트 제거)

▲ Photo Restoration(사진 복구)

▲ Dust & Scratches(먼지 및 스크래치)

▲ Noise Reduction(노이즈 감소)

▲ Face Cleanup(얼굴 정돈)

▲ Photo to Sketch(사진에서 스케치로)

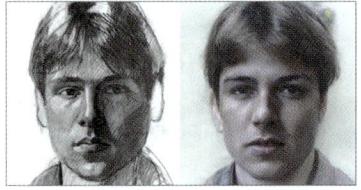
▲ Sketch to Portrait
(스케치에서 인물 사진으로)

▲ Pencil Artwork(연필 아트워크)

> **기능 꼼꼼 익히기** **[Neural Filters] 패널 살펴보기**
>
> Neural 필터를 처음 실행하면 필터가 비활성화 상태로 표시됩니다. 필터 항목을 활성화하고 오른쪽에 있는 옵션을 설정하여 원하는 효과를 만들 수 있습니다. 클라우드에서 다운로드 ☁로 표시된 필터는 다운로드 Download 를 클릭한 후 사용합니다.
>
>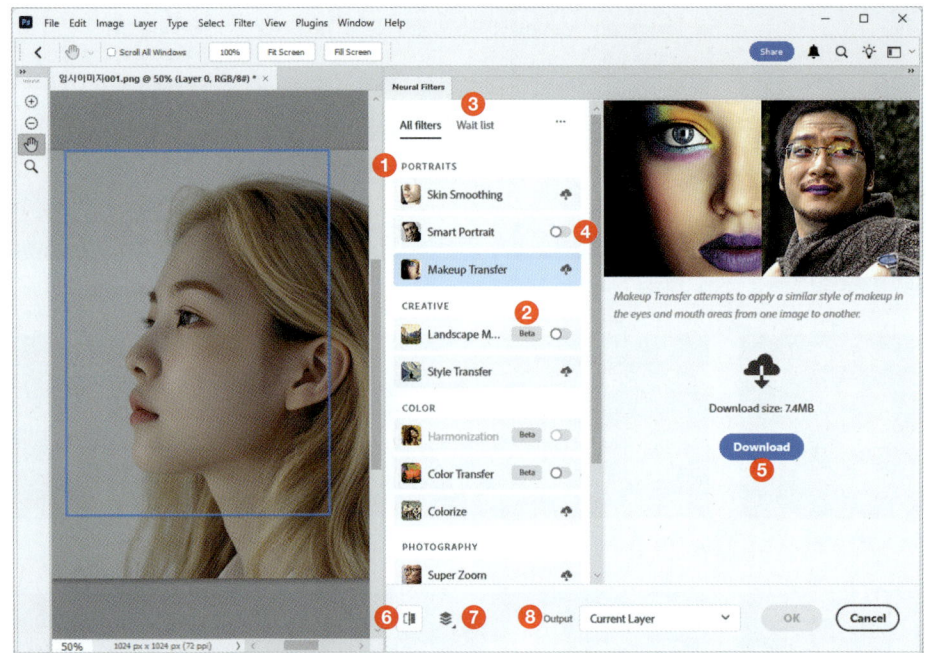
>
> ❶ **FEATURED** | 기능적으로 테스트가 완료된 정식 버전의 필터입니다.
> ❷ **BETA** | 테스트 단계인 베타 버전의 필터입니다.
> ❸ **Wait list** | 출시 예정인 필터로, 클릭하면 기능을 미리 확인할 수 있습니다.
> ❹ **활성화** | 처음 실행하면 모든 항목이 비활성화되어 있습니다. 클릭하여 활성화하면 필터가 적용됩니다.
> ❺ **클라우드에서 다운로드** | 클라우드에서 원하는 필터를 다운로드한 후 사용할 수 있습니다.
> ❻ **미리 보기 모드** | 필터 적용 전과 후를 비교하며 볼 수 있습니다.
> ❼ **레이어 미리 보기** | CC 2022 버전에 추가된 기능으로, 모든 레이어 혹은 선택한 레이어로 미리 보기할 것인지 선택할 수 있습니다.
> ❽ **Output(출력 위치)** | 적용된 필터를 어떤 방법으로 출력할지 선택합니다. 새로운 레이어 또는 현재 레이어, 마스크 레이어, 스마트 필터 등의 방법으로 내보낼 수 있습니다.

> **간단 실습**　클릭 한 번으로 청년을 노인으로 바꾸기

준비 파일 기본/Chapter 04/얼굴나이.jpg

Neural 필터의 Smart Portrait 기능을 활용하면 클릭 한 번으로 인물을 변화시킬 수 있습니다. 획기적인 기능이므로 필요할 때 유용하게 활용합니다.

01 ❶ Ctrl + O 를 눌러 준비 파일을 불러오고 ❷ [Filter]-[Neural Filters] 메뉴를 선택합니다. ❸ [Neural Filters] 패널에서 [PORTRAITS] 항목의 [Smart Portrait]를 클릭해 활성화합니다.

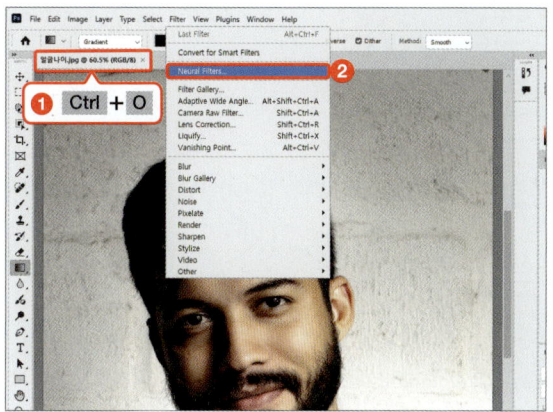
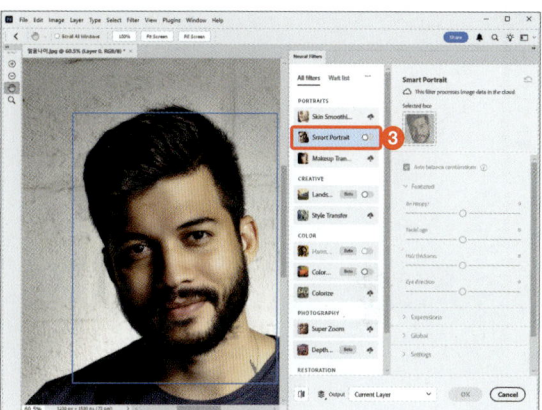

최초 실행 시 먼저 [Smart Portrait] 필터를 클라우드에서 다운로드한 후 활성화합니다.

02 ❶ [Auto balance combinations]의 체크를 해제하고 ❷ [Featured] 항목의 [Facial age] 슬라이더를 오른쪽으로 드래그해 얼굴 나이를 조절합니다. ❸ [Hair thickness] 슬라이더를 왼쪽으로 드래그해 머리 방향을 조절합니다. ❹ [OK]를 클릭합니다. 청년이 노인으로 변신합니다.

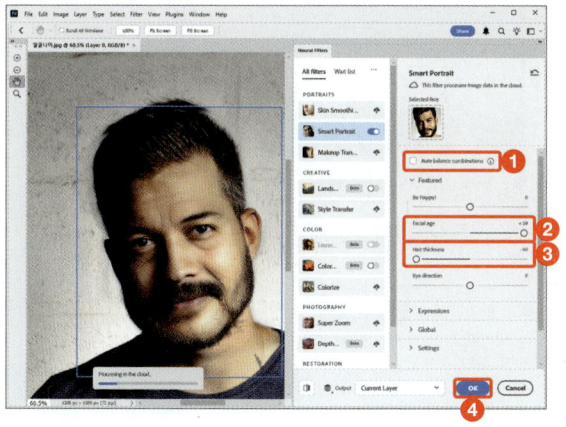

간단 실습   흑백 사진을 컬러 사진으로 바꾸기

준비 파일 기본/Chapter 04/색상화.jpg

01 ❶ Ctrl + O 를 눌러 준비 파일을 불러옵니다. ❷ [Filter]-[Neural Filters] 메뉴를 선택합니다.

02 ❶ [Neural Filters] 패널에서 [COLOR] 항목의 [Colorize]를 클릭해 활성화합니다. ❷ [Auto color Images]에 체크합니다. ❸ 사진에 필터가 적용되면 [OK]를 클릭합니다. ❹ 흑백 사진이 컬러 사진으로 변경됩니다.

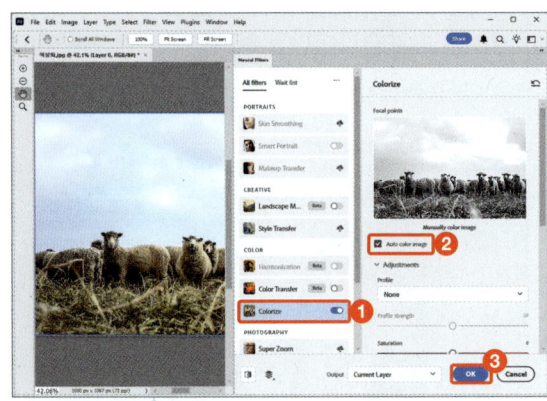

필터를 사용하기 전 필터가 활성화되지 않았다면 [Download]를 클릭해 다운로드합니다.

미리 보기에서 필요한 부분을 선택하여 원하는 색상으로 변경할 수 있습니다.

간단 실습 | 사계절 풍경 바꾸기

준비 파일 기본/Chapter 04/풍경사진.jpg

01 ❶ Ctrl + O 를 눌러 준비 파일을 불러옵니다. ❷ [Filter]-[Neural Filters] 메뉴를 선택합니다.

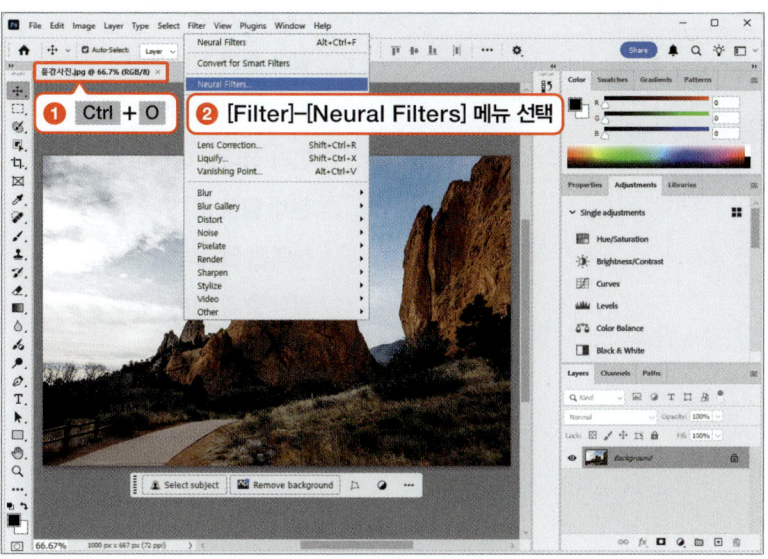

02 ❶ [Neural Filters] 패널에서 [CREATIVE] 항목의 [Landscape Mixer]를 클릭해 활성화합니다. ❷ 겨울 풍경으로 만들기 위해 [Presets] 탭에서 첫 번째 겨울 풍경 섬네일을 클릭합니다. ❸ 사진에 필터가 적용되면 [OK]를 클릭합니다. ❹ 가을 풍경 사진이 겨울 풍경으로 변경됩니다.

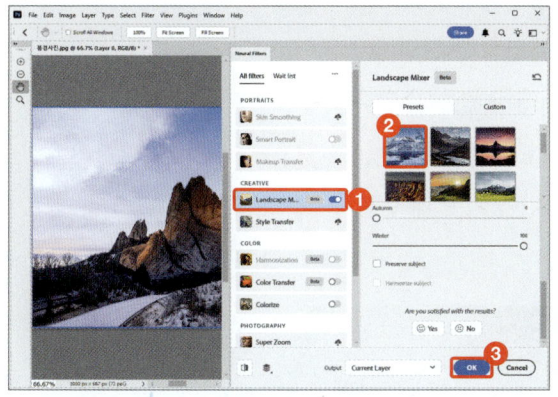

이미지에 변경 내용이 바로 적용되지 않으면 [Winter] 항목의 슬라이더를 100으로 설정합니다.

[Custom] 탭에서 원하는 풍경 사진을 직접 업로드하여 적용할 수도 있습니다.

CHAPTER 04 전문가처럼 보정하는 이미지 보정법과 필터 **261**

필터 갤러리

필터 갤러리(Filter Gallery)는 미리 보기 창에서 적용 효과를 바로 확인할 수 있어 필터를 선택하고 옵션값을 조절하는 것이 쉽습니다. 오른쪽 하단의 새 필터 레이어 만들기 ⊞를 클릭하면 하나의 이미지에 여러 개의 필터 효과를 동시에 적용할 수 있습니다.

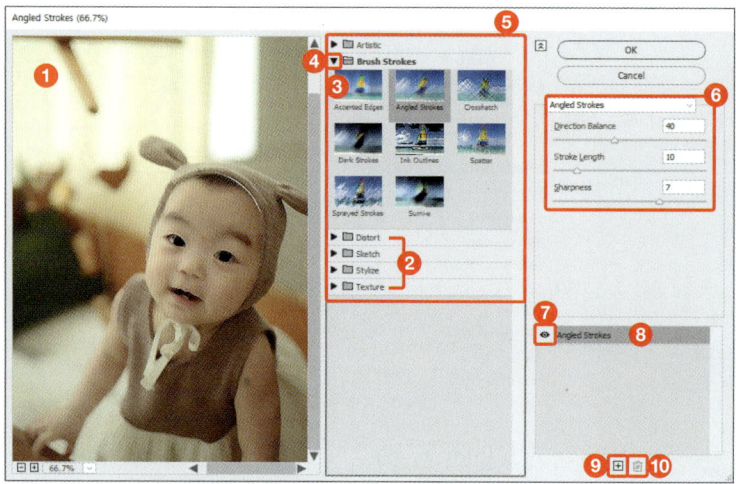

① 미리 보기 창
② 필터 효과 카테고리
③ 필터 효과 섬네일
④ 필터 섬네일 아이콘 감추기
⑤ 전체 필터 목록
⑥ 선택된 필터의 세부 옵션
⑦ 필터 효과 감추기/보이기
⑧ 필터 레이어
⑨ 새 필터 레이어 만들기
⑩ 선택한 필터 레이어 삭제하기

다양한 필터 효과 갤러리

다양한 필터 효과를 눈으로 확인하고 이미지에 알맞게 적용해봅니다.

별도 필터

[Filter] 메뉴 아래에 있는 다섯 가지 필터입니다. 단순히 이미지에 효과를 주는 것에서 벗어나 수치를 조정하여 이미지를 수정할 수 있습니다.

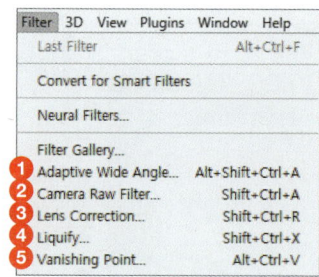

① **Adaptive Wide Angle(응용 광각)** | 어안 렌즈나 광각 렌즈로 촬영하여 이미지가 구부러져 보이는 왜곡 현상을 손쉽게 교정할 수 있습니다. 구부러진 부분의 시작점과 끝점을 클릭하면 곡선 라인이 생기며 왜곡 현상이 교정됩니다.

▲ Before

▲ After

② **Camera Raw Filter(카메라 로우 필터)** | Camera Raw Filter는 DSLR 카메라로 촬영한 RAW 파일을 작업하기 위해서 만들어졌지만 JPEG, PNG, TIFF 등 다른 포맷의 이미지 파일도 작업할 수 있습니다. 사진 보정에 특화된 다양한 기능을 포함하고 있으며 레이아웃이 직관적이라 조작 방법이 쉽고 간단합니다. 포토샵의 미니 애플리케이션이라고 생각하면 됩니다.

③ **Lens Correction(렌즈 교정)** | 렌즈의 왜곡 현상을 간단히 교정할 수 있습니다. 오목 렌즈나 볼록 렌즈로 촬영한 이미지나 비네팅 효과를 보정할 때 사용합니다.

> 카메라로 촬영한 사진은 렌즈 특유의 곡률로 인한 왜곡 현상 또는 빛을 받아들이는 여러 이유로 주변부에 검은색 혹은 하얀색의 테두리가 생기는 비네팅 현상이 나타날 수 있습니다. Lens Correction 기능을 사용하면 이러한 현상을 일정 부분 해결할 수 있습니다.

④ **Liquify(픽셀 유동화)** | 이미지 변형으로 발생하는 품질 저하를 최소화할 수 있어 사진을 변형할 때 주로 사용합니다. 특히 인물 사진에 Liquify 필터를 사용하면 가상 성형의 결과를 미리 확인할 수 있습니다. 신체에 적용하면 다이어트 전후 사진을 미리 만들어볼 수 있습니다.

⑤ **Vanishing Point(소실점)** | 입체적인 건물이나 계단 등에 이미지를 손쉽게 맵핑할 수 있습니다. 현재 적용된 필터 정보가 남아 있기 때문에 템플릿을 사용하는 것처럼 다른 이미지로 편하게 교체할 수 있습니다.

회화적인 느낌을 표현하는 Artistic(예술 효과) 필터

Artistic 필터는 여러 가지 미술 도구로 그린 듯한 회화적인 느낌을 표현할 때 사용합니다. [Filter]-[Filter Gallery]-[Artistic] 메뉴를 선택하여 사용합니다.

▲ 원본

▲ Color Pencil(색연필)*

▲ Cutout(오려내기)

▲ Dry Brush(드라이 브러시)*

▲ Poster Edges(포스터 가장자리)*

▲ Rough Pastels(거친 파스텔 효과)

브러시와 잉크가 번진 듯한 선 효과를 주는 Brush Stroke(브러시 획) 필터

Brush Stroke 필터는 다양한 브러시와 잉크 선 효과를 내며, Artistic 필터와 마찬가지로 회화나 순수 미술 느낌을 줍니다. [Filter]-[Filter Gallery]-[Brush Stroke] 메뉴를 선택하여 사용합니다.

▲ 원본

▲ Accented Edges(강조된 가장자리)*

▲ Angled Strokes(각진 획)

▲ Ink Outlines(잉크 윤곽선)

▲ Spatter(뿌리기)

▲ Sumi-e(수묵화)*

이미지를 왜곡시키는 Distort(왜곡) 필터

Distort 필터는 이미지를 여러 가지 방식으로 구부러뜨리거나 볼록하게, 또는 오목하게 변경합니다. [Filter]-[Filter Gallery]-[Distort] 메뉴와 [Filter]-[Distort] 메뉴를 선택하여 사용합니다.

▲ 원본   ▲ Diffuse Glow(광선 확산하기)*   ▲ Glass(유리)

▲ Pinch(핀치)*   ▲ Shear(기울임)*   ▲ Twirl(돌리기)

스케치 느낌을 내는 Sketch(스케치) 필터

Sketch 필터는 전경색과 배경색을 기준으로 손으로 그린 스케치 느낌을 낼 수 있습니다. [Filter]-[Filter Gallery]-[Sketch] 메뉴를 선택하여 사용합니다.

▲ 원본   ▲ Chalk & Charcoal(분필과 목탄)*   ▲ Conté Crayon(크레용)

▲ Graphic Pen(그래픽 펜)*   ▲ Note Paper(메모지)   ▲ Photocopy(복사)*

스타일을 강하게 변화시키는 Stylize(스타일화) 필터

Stylize 필터는 이미지의 픽셀 모양이나 배열에 변형을 주어 윤곽선, 엠보싱, 돌출 작업 등을 하는 데 유용합니다. [Filter]-[Filter Gallery]-[Stylize] 메뉴와 [Filter]-[Stylize] 메뉴를 선택하여 사용합니다.

▲ 원본　　▲ Glowing Edges(가장자리 광선 효과)*　　▲ Emboss(엠보스)*

▲ Extrude(돌출)　　▲ Find Edges(가장자리 찾기)*　　▲ Wind(바람)*

다양한 질감을 입히는 Texture(텍스처) 필터

Texture 필터는 이미지에 여러 가지 형태의 질감을 적용할 수 있는 필터를 모아놓았습니다. [Filter]-[Filter Gallery]-[Texture] 메뉴를 선택하여 사용합니다.

▲ 원본　　▲ Grain(그레인)*　　▲ Mosaic Tiles(모자이크 타일)

▲ Patchwork(이어 붙이기)*　　▲ Stained Glass(채색 유리)　　▲ Texturizer(텍스처화)

이미지 초점을 흐리게 만드는 Blur(흐림 효과) 필터

Blur와 Blur Gallery 필터는 이미지의 초점을 흐리게 만들어 전체 이미지를 부드럽게 처리하거나 속도감을 더하여 표현합니다. [Filter]-[Blur] 메뉴와 [Filter]-[Blur Gallery] 메뉴를 선택하여 사용합니다.

▲ 원본

▲ Blur/Blur More(흐리게/더 흐리게)*

▲ Gaussian Blur(가우시안 블러, 흐림)*

▲ Radial Blur(방사형 흐림)

▲ Surface Blur(표면 흐림)

▲ Tilt-Shift(기울기-이동)*

잡티를 추가하는 Noise(노이즈) 필터

Noise 필터는 사진의 주변 픽셀을 혼합해 잡티를 추가하거나 제거합니다. [Filter]-[Noise] 메뉴를 선택하여 사용합니다.

▲ 원본

▲ Add Noise(노이즈 추가)*

▲ Despeckle(노이즈 제거)*

▲ Dust & Scratches(먼지와 스크래치)

▲ Median(중간값)

▲ Reduce Noise(노이즈 감소)*

모자이크, 도트 패턴 등 픽셀아트를 만드는 Pixelate(픽셀화) 필터

Pixelate 필터는 인접한 픽셀을 묶어 배열 방식을 조절하여 이미지를 다양한 형태로 변환합니다. [Filter]-[Pixelate] 메뉴를 선택하여 사용합니다.

▲ 원본

▲ Color Halftone(색상 하프톤)*

▲ Crystallize(수정화)

▲ Mezzotint(메조틴트)

▲ Mosaic(모자이크)*

▲ Pointillize(점묘화)

구름, 섬유 패턴과 빛의 반사 효과를 내는 Render(렌더) 필터

Render 필터는 구름 무늬, 섬유 패턴 무늬, 빛의 반사 무늬, 굴절 무늬 등 특수한 효과를 만듭니다. [Filter]-[Render] 메뉴를 선택하여 사용합니다.

▲ 원본

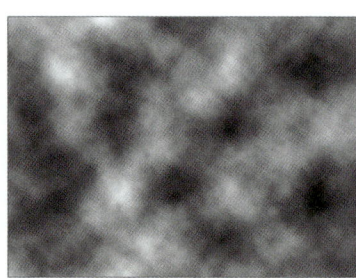
▲ Clouds(구름 효과 1)*

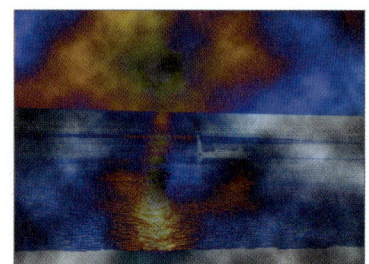
▲ Difference Clouds(구름 효과 2)

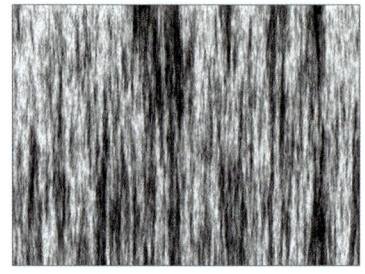
▲ Fibers(섬유)

▲ Lens Flare(렌즈 플레어)*

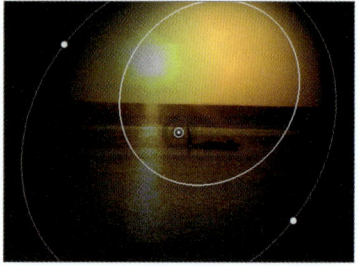
▲ Lighting Effects(조명 효과)*

이미지의 선명도를 조절하는 Sharpen(선명 효과) 필터

Sharpen 필터는 인접한 픽셀의 대비를 증가시켜 흐릿한 이미지를 선명하게 만듭니다. [Filter]-[Sharpen] 메뉴를 선택하여 사용합니다.

▲ Shake Reduction(흔들림 감소)

▲ Sharpen/Sharpen More(선명하게/더 선명하게)*

▲ Unsharp Mask(언샵 마스크)*

그 밖의 특수 효과 Video(비디오)/Other 필터

Video 필터는 TV에 쓰일 이미지를 제작할 때 유용합니다. Other 필터를 이용하여 사용자가 직접 필터를 제작할 수 있습니다. [Filter]-[Video] 메뉴와 [Filter]-[Other] 메뉴를 선택하여 사용합니다.

▲ High Pass(하이 패스)*

▲ Maximum(최댓값)

▲ Offset(오프셋)*

Ps

PART 02

지금 당장
써먹을 수 있는
포토샵 활용편

포토샵의 기본&핵심 기능을 익혔다면
이제는 디자인 실력을 키워야 합니다.
포토샵의 다양한 기능을 제대로 활용하지 못한다면
실력은 제자리일 수밖에 없습니다.
다양한 포토샵 실무 예제를 실습하여
활용 능력을 제대로 업그레이드해보세요.

CHAPTER 01

포토샵 AI 기능으로
감각적인 이미지 만들기

포토샵 CC 2025 버전에는 생성형 채우기,
생성형 확장(Generative Fill, Expand) 등
AI를 활용한 신규 기능이 추가, 업그레이드되었습니다.
여기에 이전 버전에서 추가된
뉴럴 필터 기능을 활용한다면
고화질의 소스 이미지 파일 없이도
전문적인 아트워크 작업을 진행할 수 있습니다.

 **LESSON**

01

AI로 만드는 풍선 텍스트 디자인

파이어플라이로 풍선 질감의 타이포그래피 디자인 만들기

☐ CC 모든 버전
☑ CC 2025 버전

준비 파일 활용/Chapter 01/LOVE.jpg
완성 파일 활용/Chapter 01/풍선타이포.psd

이 예제를 따라 하면

이 예제를 따라 하면 어도비의 파이어플라이(Firefly)와 포토샵을 활용해 독창적인 LOVE 타이포그래피를 만들고, 생성형 AI로 스타일 변형과 배경 디자인까지 완성하는 방법을 배울 수 있습니다.

- Firefly를 활용해 텍스트에 다양한 스타일과 변형을 적용하는 방법을 배울 수 있습니다.
- 생성형 AI를 이용해 배경 이미지를 생성하고 자연스럽게 합성하는 과정을 익힐 수 있습니다.

텍스트로 이미지 생성하기

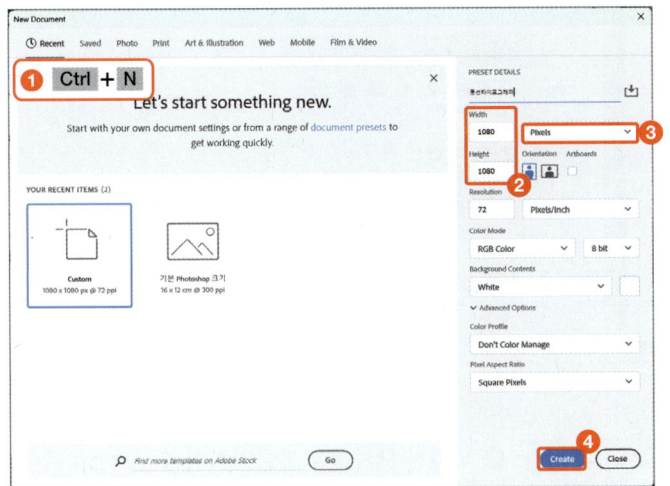

01 ① Ctrl + N 을 눌러 [New Document] 대화상자를 불러옵니다. ② [Width]는 1080, [Height]는 1080으로 입력한 후, ③ [Pixels]를 선택합니다. ④ [Create]를 클릭해 새 작업 문서를 만듭니다.

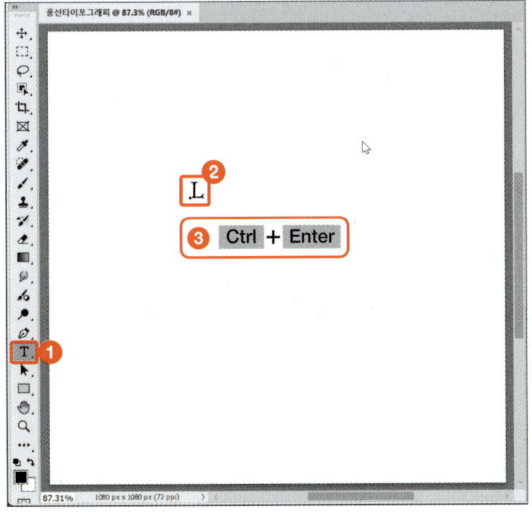

02 ① 도구바에서 문자 도구 T 를 클릭하고 ② 작업 영역을 클릭해 L을 입력합니다. ③ Ctrl + Enter 를 눌러 문자 입력을 마칩니다.

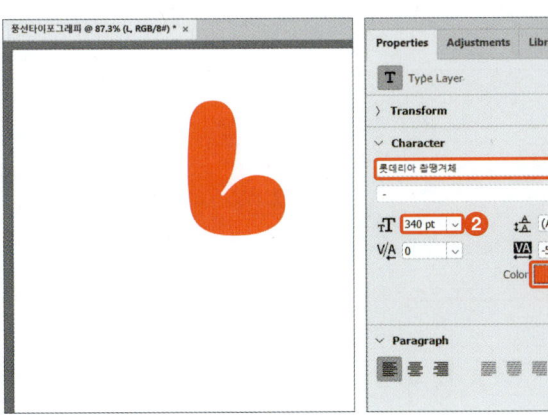

03 [Character] 패널에서 문자 스타일을 설정합니다. 예제에서는 ① 폰트는 **롯데리아 찹땡겨체**, ② 크기는 340pt, ③ 빨간색(FF0000)을 설정했습니다.

> 예제에서 사용한 롯데리아 찹땡겨체 글꼴은 눈누 폰트 홈페이지(https://noonnu.cc/font_page/1100)에서 누구나 무료로 다운로드하여 자유롭게 사용할 수 있습니다.

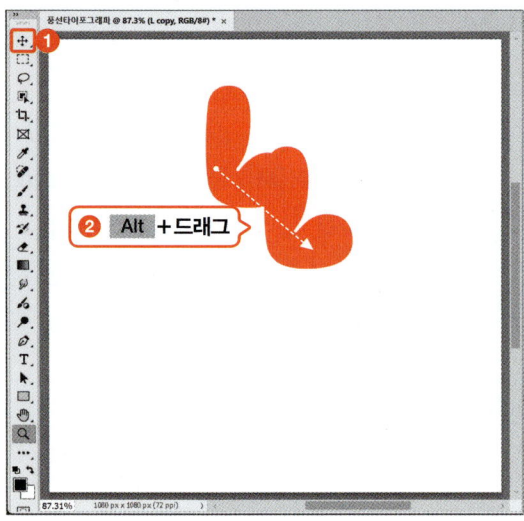

04 ❶ 도구바에서 이동 도구를 클릭하고 ❷ Alt 를 누른 채 오른쪽 아래로 드래그합니다. ❸ [L] 레이어가 복제됩니다.

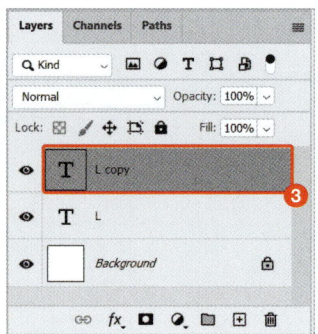

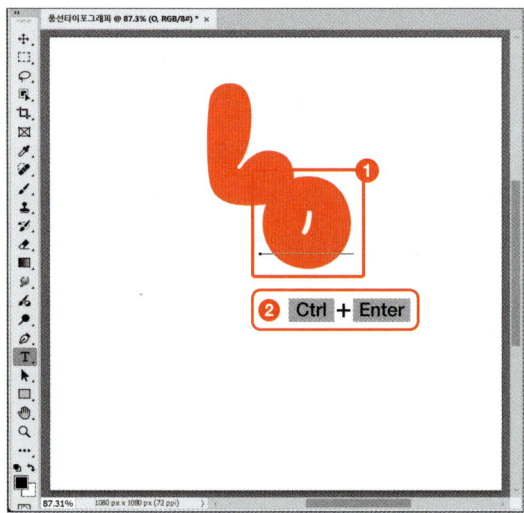

05 ❶ 복제한 문자를 더블클릭하여 소문자 o로 수정합니다. ❷ Ctrl + Enter 를 눌러 문자 입력을 마칩니다.

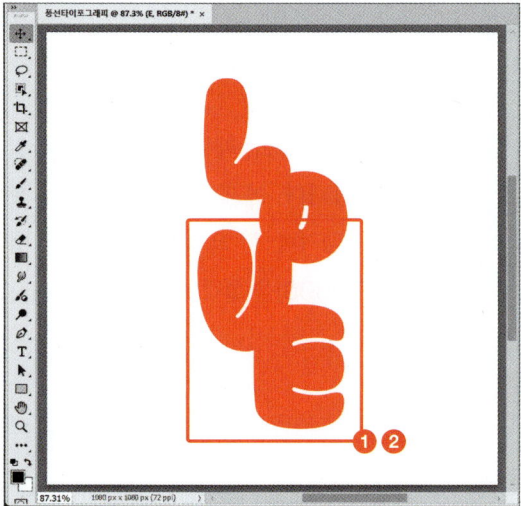

06 앞의 **04~05**번 과정을 반복하여 ❶ ❷ V, E 문자를 입력합니다.

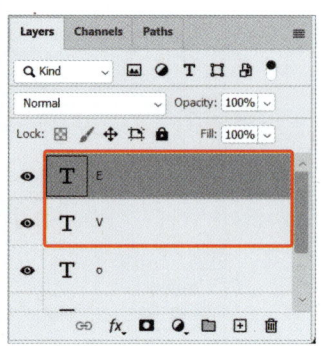

07 ❶ [Layers] 패널에서 [o], [V], [E] 레이어를 각각 선택하고 ❷ [Character] 패널에서 각 텍스트의 컬러를 다르게 지정합니다.

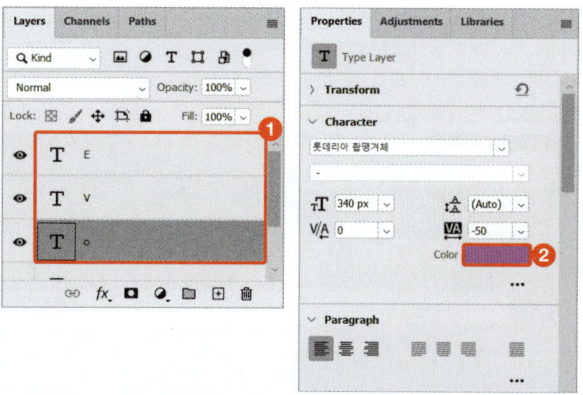

> 생성형 AI로 이미지를 활용해 텍스트를 만들 때, 같은 색상은 독립된 문자로 인식되지 않으므로 컬러로 구분하는 것이 중요합니다. AI가 모양(Shape)을 개별적으로 인식하는 것이 중점이므로 어떤 색을 사용해도 무방합니다.

08 ❶ [Layers] 패널에서 문자 레이어를 각각 선택하고 ❷ Ctrl + T 를 눌러 자유 변형 기능을 적용합니다. ❸ 문자를 약간씩 회전하고 ❹ Enter 를 눌러 변형을 적용하고 완성합니다.

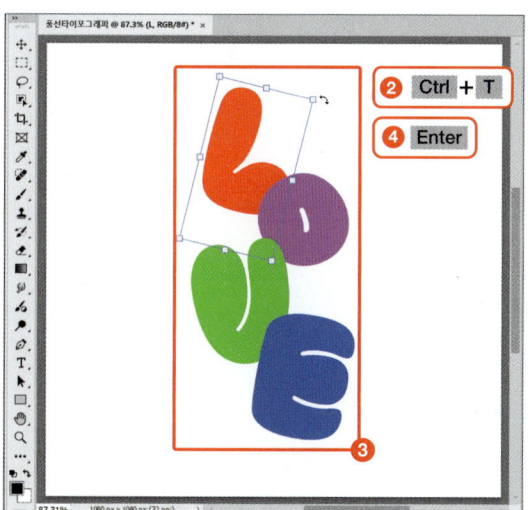
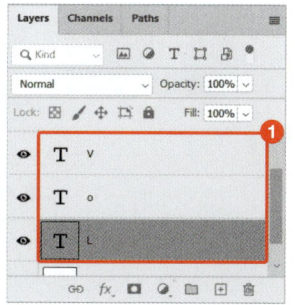

09 ❶ [File]-[Save a copy] 메뉴를 선택합니다. [Save a Copy] 대화상자의 ❷ [파일 이름]에 LOVE를 입력하고, ❸ [파일 형식]을 [JPEG]으로 지정합니다. ❹ [저장]을 클릭하여 파일을 저장합니다.

CHAPTER 01 포토샵 AI 기능으로 감각적인 이미지 만들기

어도비 파이어플라이에서 타이포그래피 디자인 만들기

10 ❶ 어도비 파이어플라이(https://firefly.adobe.com/)에 접속합니다. ❷ 프롬프트 입력창에 **분홍색 풍선, 흰색 배경**을 입력하고 ❸ [생성하기]를 클릭합니다.

> 어도비 파이어플라이(Firefly)는 웹 기반의 생성형 AI 플랫폼입니다. 어도비 계정으로 로그인한 후 사용할 수 있습니다.

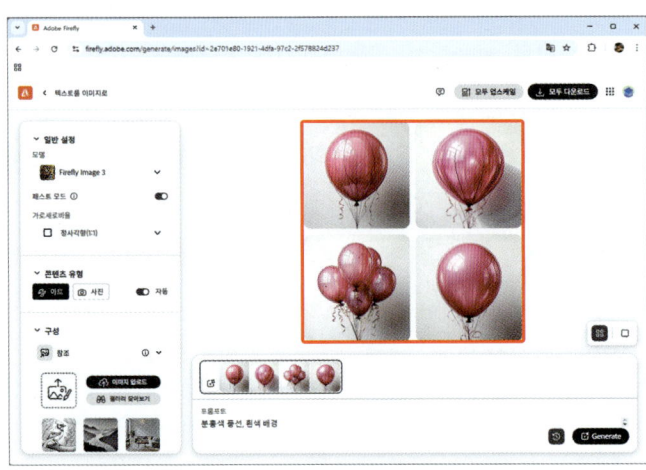

11 입력한 프롬프트 텍스트와 관련된 네 개의 이미지를 생성해줍니다.

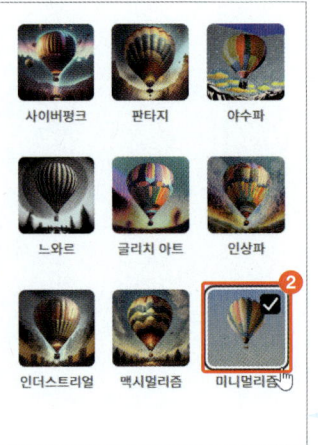

12 왼쪽 스타일 설정 항목에서 [효과]를 확인합니다. ❶ [극사실주의]와 ❷ [미니멀리즘]을 선택합니다.

> 원하는 효과가 보이지 않는다면 [전체]를 클릭해 파이어플라이에서 지원하는 모든 효과를 확인할 수 있습니다.

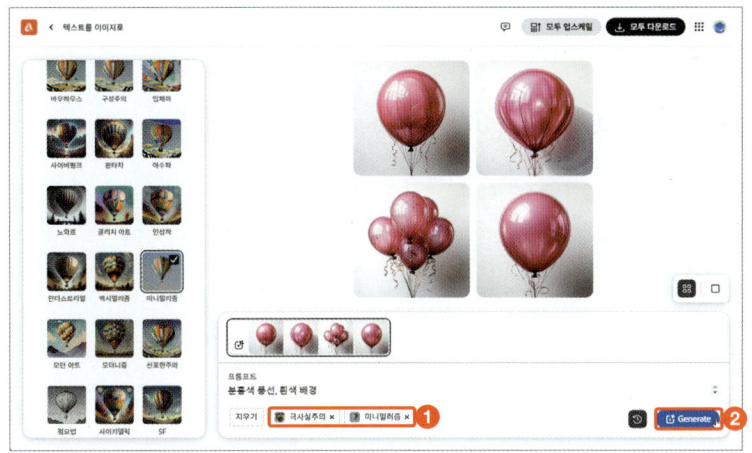

13 ❶ 프롬프트 입력창 아래에 [극사실주의], [미니멀리즘]이 선택된 것을 확인할 수 있습니다. ❷ [Generate]를 클릭합니다.

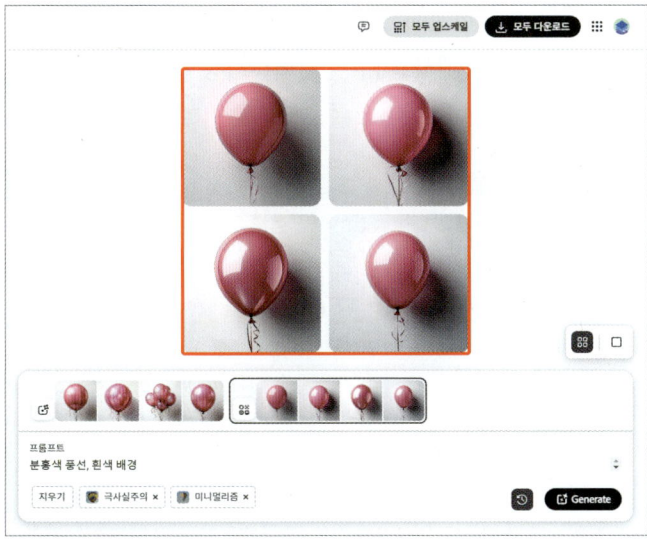

14 선명하고 깔끔한 이미지의 피사체가 생성되었습니다.

> 극사실주의와 미니멀리즘 두 스타일을 동시에 적용하면 현실감을 살리면서도 단순하고 세련된 느낌의 이미지를 생성합니다.

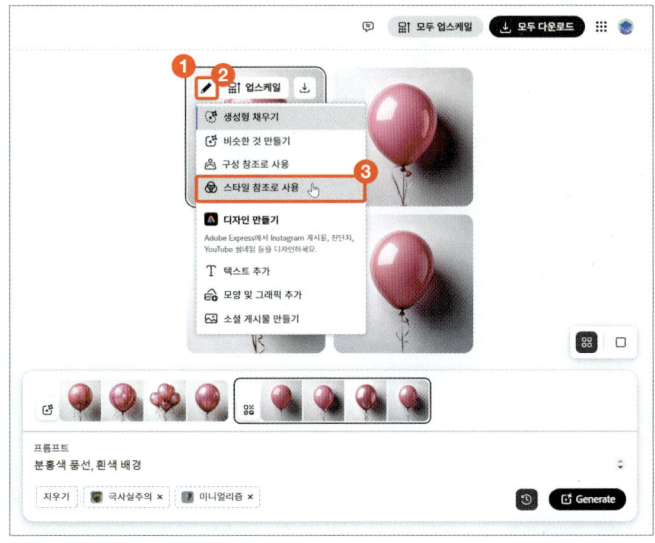

15 ❶ 가장 마음에 드는 이미지에 마우스 포인터를 올리고 ❷ ✏를 클릭합니다. ❸ [스타일 참조로 사용]을 클릭합니다.

> [스타일 참조로 사용]은 선택한 이미지의 스타일을 다른 작업에 적용하는 기능입니다.

CHAPTER 01 포토샵 AI 기능으로 감각적인 이미지 만들기 **279**

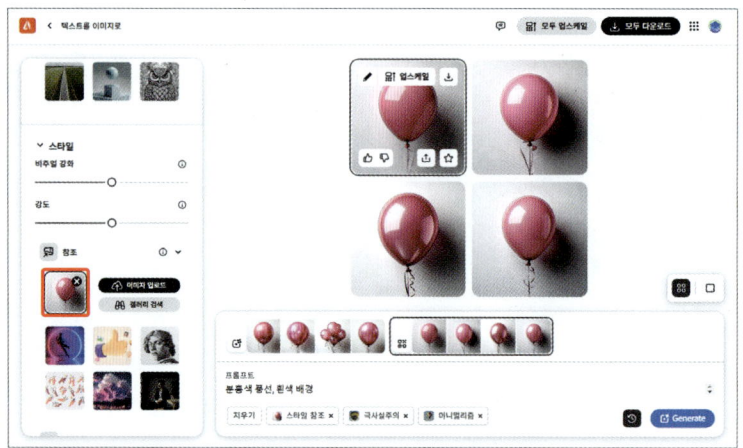

16 왼쪽 [스타일] 항목의 참조 섹션에 선택한 이미지가 추가된 것을 확인합니다.

17 ❶ 왼쪽 [구성] 항목에서 [이미지 업로드]를 클릭하고 ❷ 이전에 만들어둔 **LOVE.jpg** 파일을 업로드합니다. ❸ [강도]는 최대로 설정합니다. ❹ 이어서 [스타일] 항목에서 [비주얼 강화]와 [강도]는 모두 낮게 조절합니다. ❺ [Generate]를 클릭합니다.

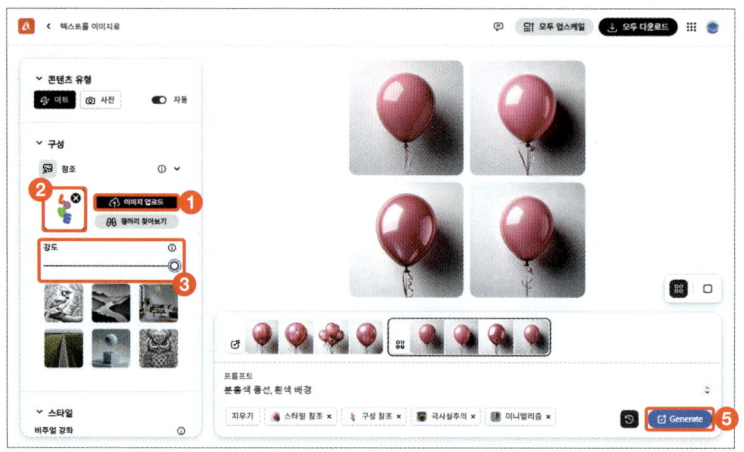
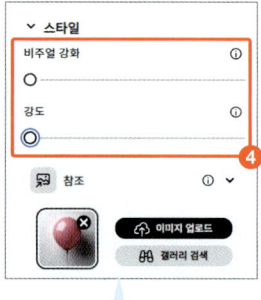

[구성] 항목의 [강도]를 최대로 설정하면 이미지의 기본 구조와 형태를 강조합니다. [구성]과 [스타일]의 가중치 항목을 바꿔서 설정하지 않도록 주의합니다.

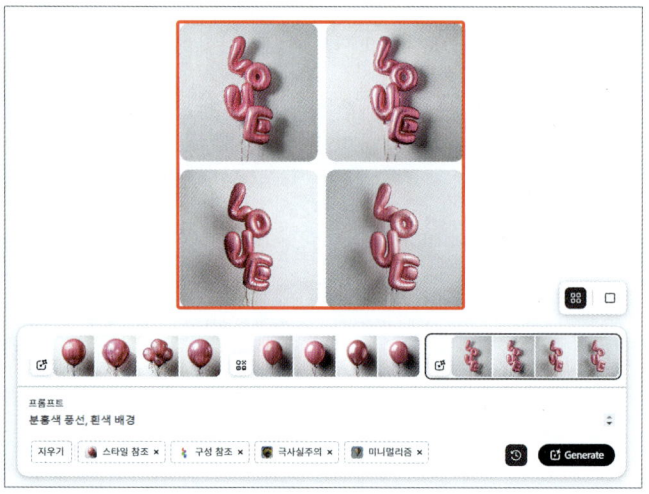

18 LOVE 글자에 참조 이미지의 스타일이 반영되어 독창적인 타이포그래피가 완성되었습니다.

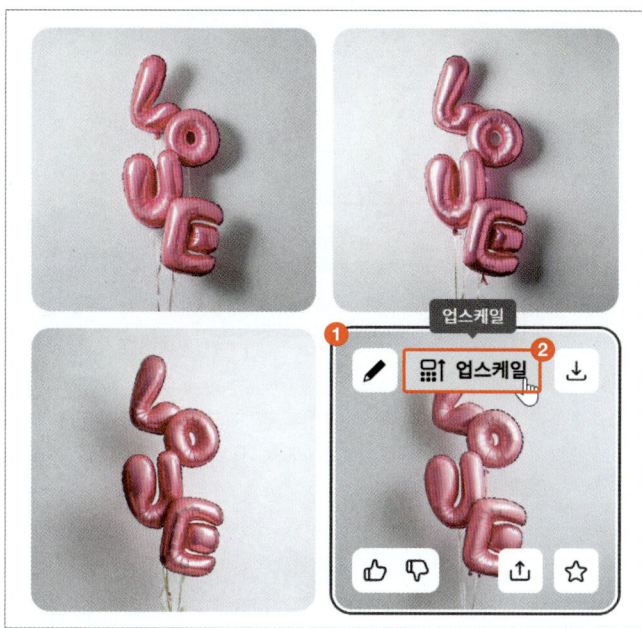

19 ❶ 마음에 드는 이미지에 마우스 포인터를 올리고 ❷ [업스케일]을 클릭합니다. 이미지의 해상도를 높이는 작업입니다.

20 ❶ 업스케일된 이미지를 클릭한 후 팝업창이 나타나면 ❷ 오른쪽 상단에 있는 아이콘을 클릭해 이미지를 저장합니다.

> 업스케일된 이미지는 마우스 포인터를 올리면 [업스케일] 대신 [업스케일됨]이라고 표시됩니다.

기능 꼼꼼 익히기 | 파이어플라이 결과물에 다른 질감 적용하기

01 LOVE 글자에 다른 질감을 적용해보겠습니다. ❶ 왼쪽 [효과] 항목에서 [재질]을 클릭하고 ❷ [종이접기]를 클릭한 후 ❸ [Generate]를 클릭합니다.

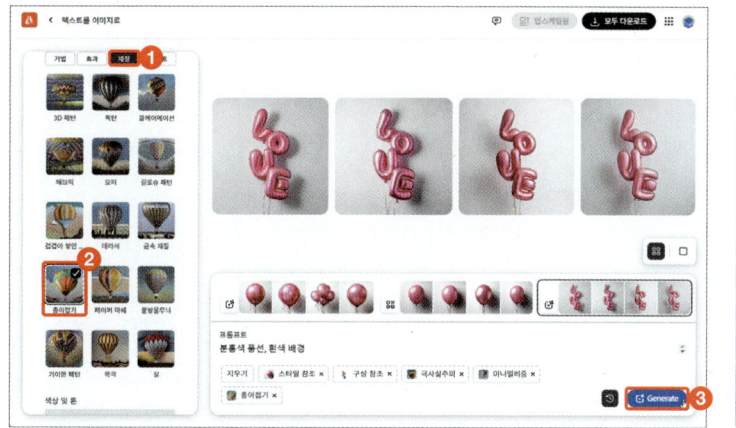

02 종이접기 느낌의 텍스트가 손쉽게 생성됩니다. 여러 스타일을 선택하거나 참조 이미지를 변경하면 다양한 변형을 만들어낼 수 있습니다.

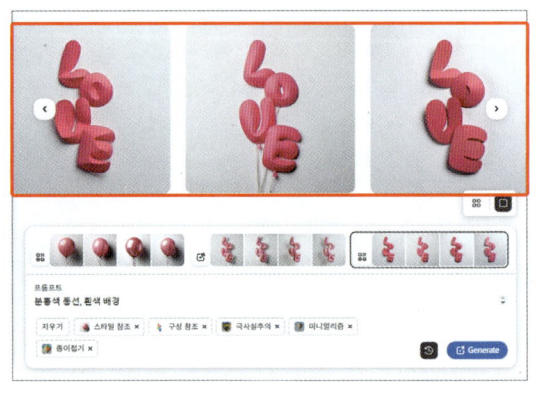

결과물을 포토샵에서 다듬기

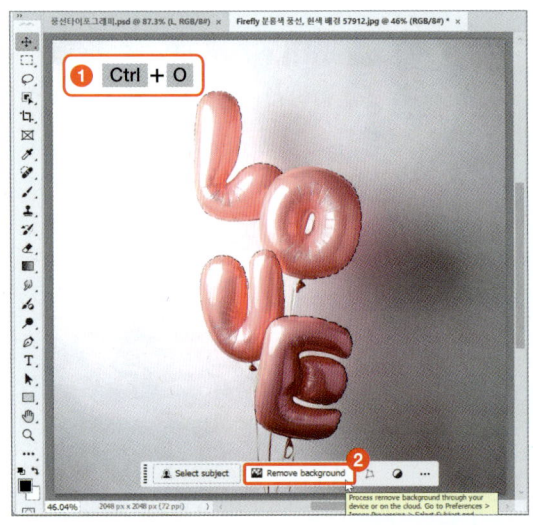

21 ❶ 포토샵으로 돌아옵니다. Ctrl + O 를 눌러 파이어플라이에서 생성하고 저장한 이미지 파일을 불러옵니다. ❷ 상황별 작업 표시줄(Contextual Task Bar)에서 [Remove background]를 클릭합니다.

> 파이어플라이에서 생성한 이미지는 항상 다르게 나타날 수 있습니다. 예제에서 사용하는 이미지로 작업하려면 **파이어플라이_LOVE.jpg** 파일을 불러옵니다.

22 [Generate background]를 클릭합니다. [Generating] 대화상자가 나타나면 잠시 기다립니다.

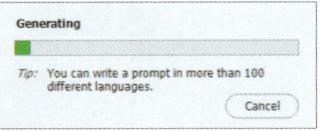

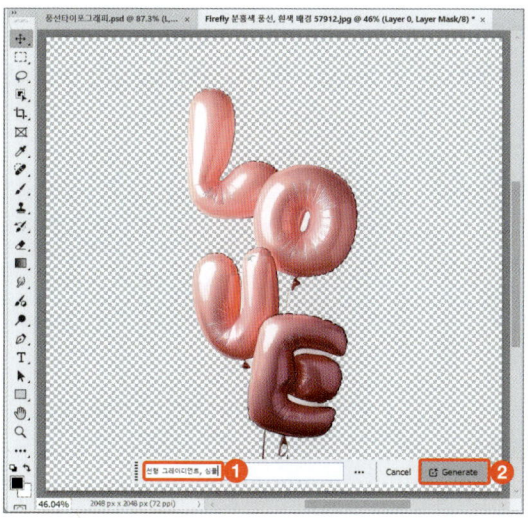

23 ① 프롬프트 입력창에 **선형 그레이디언트, 심플**을 입력하고 ② [Generate]를 클릭합니다. [Generating] 대화상자가 나타나면 잠시 기다립니다.

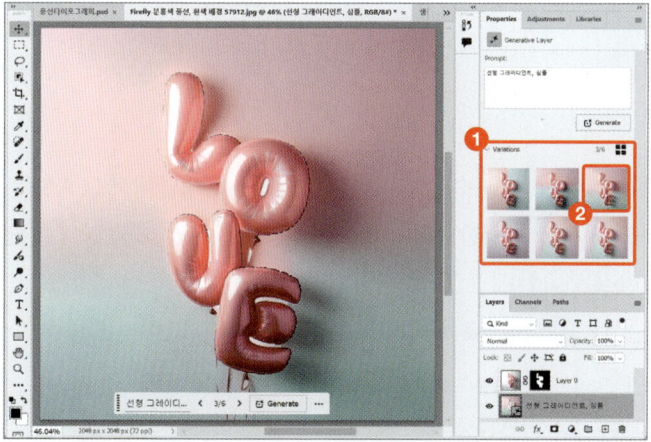

24 그림자까지 자연스럽게 유지된 상태로 배경이 적용됩니다. 생성형 AI는 한 번에 세 개의 결과를 생성합니다. ① [Properties] 패널의 [Variations]를 확인해보면 추가로 제안된 이미지를 확인할 수 있습니다. ② 가장 마음에 드는 이미지를 선택합니다.

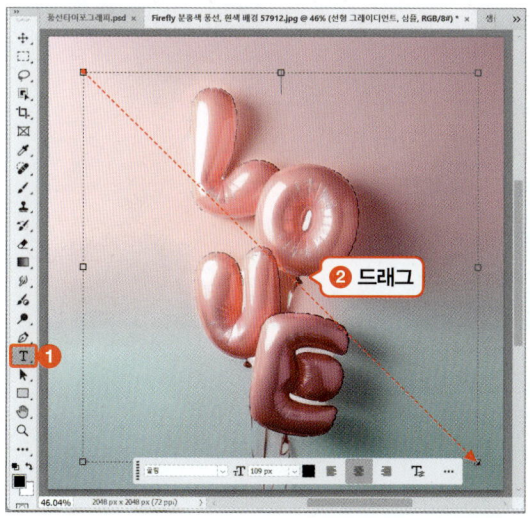

25 ① 도구바에서 문자 도구 T 를 클릭합니다. ② 왼쪽 위에서 오른쪽 아래로 드래그하여 텍스트 박스를 만듭니다.

26 ❶ 배경에 자유롭게 텍스트를 입력한 후 ❷ [Character] 패널에서 문자 스타일을 설정합니다. 예제에서는 글꼴은 Century Gothic, 크기는 **91pt**, 검은색(**000000**)을 설정했습니다. ❸ [Paragraph]는 가운데 정렬로 선택합니다.

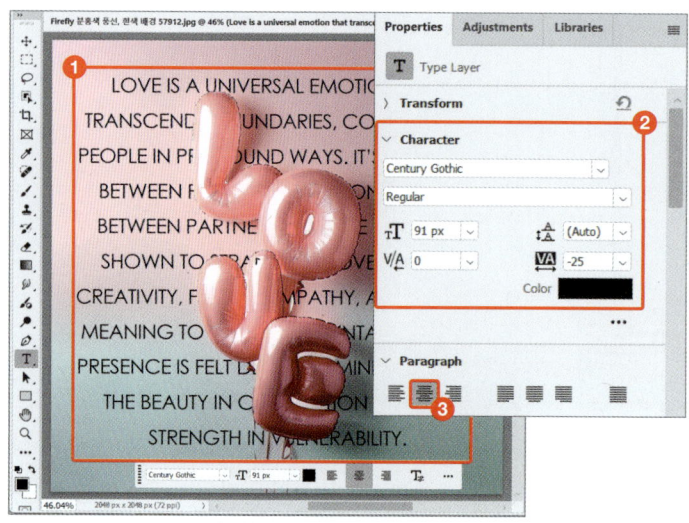

Century Gothic 글꼴은 윈도우에서 기본으로 제공됩니다. MacOS 혹은 윈도우 기본 서체로 설치되어 있지 않다면 맛있는 '디자인 헬프 페이지'를 참조해 다운로드한 후 설치해 사용할 수 있으며, 원하는 다른 서체를 사용해도 됩니다.

텍스트 내용은 준비 파일 **배경텍스트.txt**를 참조해 입력해도 좋습니다.

27 자동 배경 제거로 말끔하게 지워지지 않는 영역이 있을 수 있습니다. ❶ [Layers] 패널에서 LOVE 문자의 마스크 레이어를 선택합니다. ❷ 브러시 도구를 클릭합니다. ❸ 검은색으로 칠하면 해당 영역이 숨겨지고, 흰색으로 칠하면 다시 표시됩니다. 나머지 부족한 부분을 보완한 후 완성합니다.

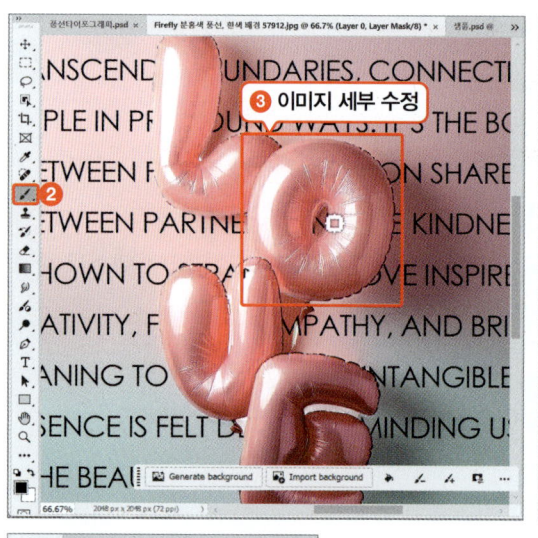
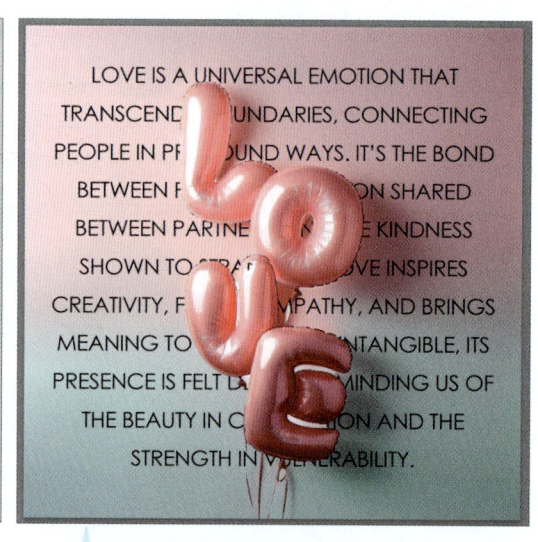

AI 자동 인식 도구로 배경을 제거할 때 풍선 가운데 부분 등이 제대로 분리되거나, 분리되지 않을 수 있으니 확대하여 작업합니다. 브러시 도구를 좀 더 미세하게 설정하여 작업하면 편리합니다.

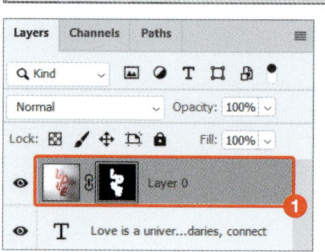

284 PART 02 지금 당장 써먹을 수 있는 포토샵 활용편

Ps LESSON 02

생성형 AI로 인물의 옷 바꾸기

생성형 AI 신기능으로 원하는 옷으로 간편하고 자연스럽게 합성하기

☐ CC 모든 버전
☑ CC 2025 버전

준비 파일 활용/Chapter 01/옷바꾸기.jpg, 상의.jpg
완성 파일 활용/Chapter 01/옷바꾸기.psd

AFTER

이 예제를 따라 하면

포토샵의 생성형 AI 기능을 활용해 텍스트 입력만으로 이미지를 생성하고, 참조 이미지를 활용해 스타일에 맞는 변환 적용이 가능합니다. 다양한 AI 생성 결과 중 최적의 이미지를 선택해 자연스러운 합성을 완성해보겠습니다.

- 생성형 AI를 활용해 프롬프트를 입력하면 선택 영역에 맞는 새로운 이미지를 생성할 수 있습니다.
- Variations와 Generative Similar로 여러 이미지를 비교해 가장 적합한 이미지를 선택해 적용할 수 있습니다.
- 베타 앱의 참조 이미지 기능으로 스타일을 반영한 맞춤형 이미지를 생성할 수 있습니다.

BEFORE

텍스트로 이미지 생성하기

01 Ctrl + O 를 눌러 **옷바꾸기.jpg** 파일을 불러옵니다.

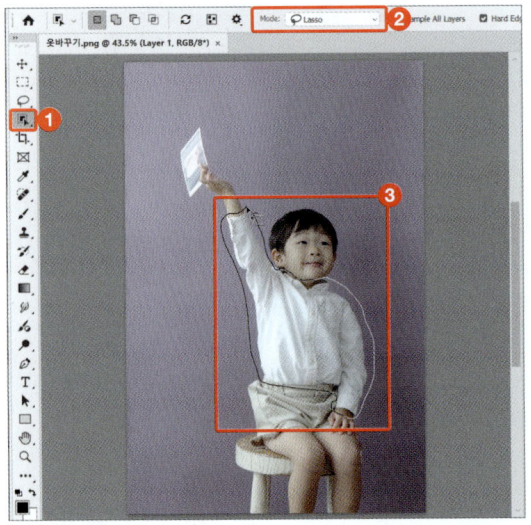

02 ❶ 도구바에서 개체 선택 도구를 클릭합니다. ❷ 옵션바에서 [Mode]를 [Lasso]로 선택합니다. ❸ 그림과 같이 흰색 셔츠 부분이 포함되도록 드래그합니다.

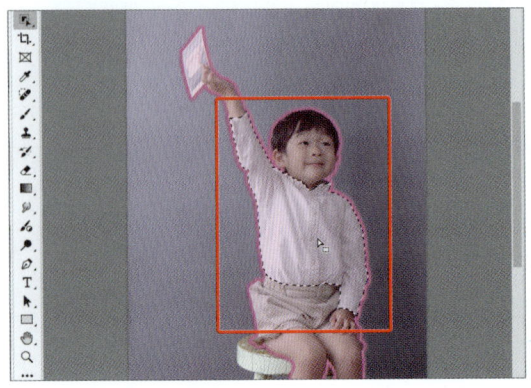

03 개체를 자동으로 인식해 흰색 셔츠만 선택 영역으로 지정됩니다.

> 기존 선택된 영역에서 제외할 부분이 있다면 Alt 를 누른 상태로 드래그하면 되고, 추가할 부분이 있다면 Shift 를 누른 상태로 드래그하면 됩니다.

04 ① 상황별 작업 표시줄(Contextual Task Bar)에서 [Generative Fill]을 클릭합니다. ② 프롬프트 입력창에 **파란색 후드티**라고 입력하고 ③ [Generate]를 클릭합니다. [Generating] 대화상자가 나타나면 잠시 기다립니다.

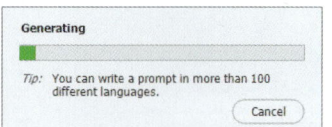

05 생성형 AI는 한 번에 세 개의 결과를 생성합니다. [Properties] 패널의 [Variations]를 확인해보면 추가로 제안된 이미지를 확인할 수 있습니다.

다른 프롬프트 내용을 입력한 후 [Generate]를 클릭하면 동일한 선택 영역에 다른 결과를 추가할 수도 있습니다. 의도에 맞는 이미지를 생성하고 싶다면 프롬프트는 좀 더 구체적으로 작성하는 것이 좋습니다.

06 ① 가장 마음에 드는 이미지에 마우스 포인터를 올리면 나타나는 ⋯를 클릭합니다. ② [Generate similar]를 클릭하면 비슷한 세 개의 이미지가 추가로 생성됩니다. ③ 새로 생성된 이미지 중 가장 마음에 드는 이미지를 선택하여 적용해도 됩니다.

[Generate similar]는 유사 이미지 생성 기능입니다. 자세한 내용은 182쪽을 참고합니다.

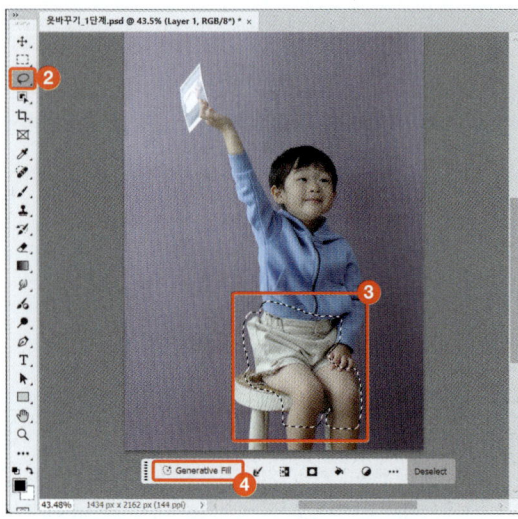

07 ① [Layers] 패널에서 [Layer 1]을 선택합니다. ② 올가미 도구를 클릭하고 ③ 의자와 손을 제외한 바지 영역을 드래그하여 선택 영역으로 지정합니다. ④ 상황별 작업 표시줄에서 [Generative Fill]을 클릭합니다.

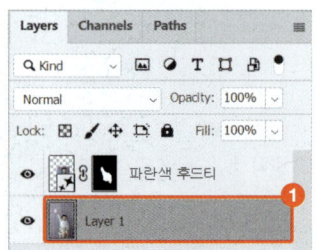

08 ① 프롬프트 입력창에 **여유로운 데님 청바지**라고 입력하고 ② [Generate]를 클릭합니다.

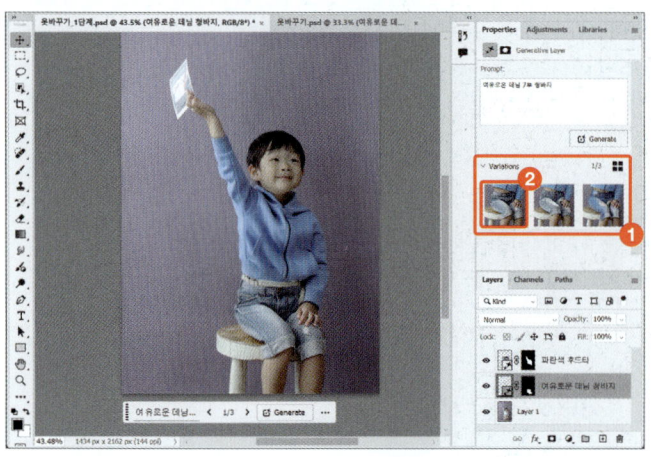

09 ① [Properties] 패널의 [Variations]에서 제안된 세 개의 이미지를 확인할 수 있습니다. ② 가장 마음에 드는 이미지로 선택합니다.

288 PART 02 지금 당장 써먹을 수 있는 포토샵 활용편

어색한 부분 수정하고 완성하기

10 허리 부분이 어색하여 자연스럽게 만들어보겠습니다. ❶ [Layers] 패널에서 맨 위의 레이어를 선택하고 ❷ 올가미 도구 로 대략적으로 드래그합니다. ❸ [Generative Fill]을 클릭합니다. 프롬프트 입력창은 비워둔 상태로 ❹ [Generate]를 클릭합니다.

> AI로 생성한 결과물은 항상 다르게 나타납니다. 앞서 생성한 이미지가 어색하지 않다면 해당 작업은 생략해도 됩니다.

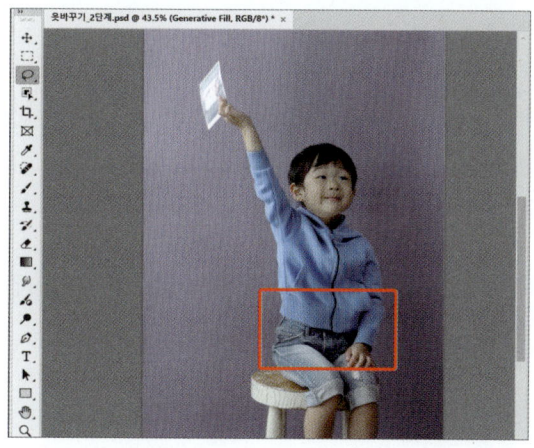

11 어색했던 허리 부분이 자연스럽게 다른 이미지로 변경되었습니다.

12 ❶ 올가미 도구 를 클릭하고 ❷ 손에 들고 있는 사진 영역을 대략적으로 드래그합니다. ❸ [Generative Fill]을 클릭합니다. ❹ 프롬프트 입력창에 **변신 로봇 장난감**이라고 입력하고 ❺ [Generate]를 클릭합니다.

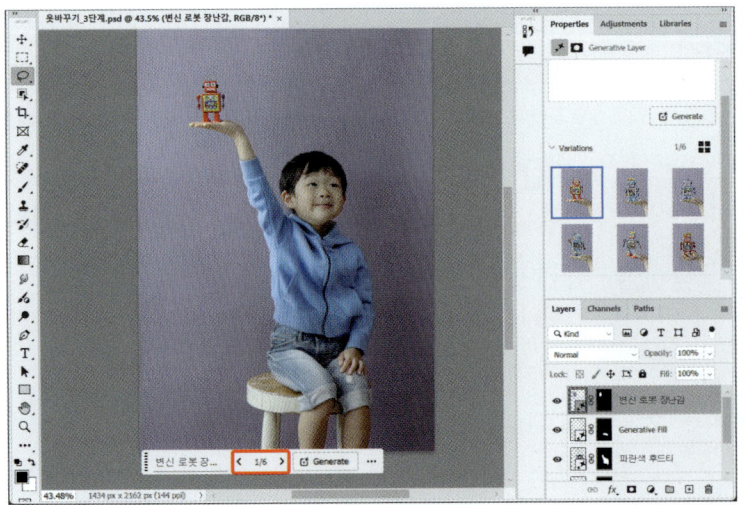

13 상황별 작업 표시줄의 < 1/6 > 를 클릭해 가장 마음에 드는 이미지를 찾아 적용합니다. 작업을 마무리합니다.

참조 이미지로 옷 바꾸기(Beta 버전)

포토샵의 베타 기능에는 생성형 AI 기능을 활용한 신기능이 추가되었습니다. 생성형 AI가 이미지에 새로운 부분을 생성할 때 단순히 프롬프트 텍스트가 아닌 참조 이미지(Reference Image)를 활용하는 기능입니다. 이 기능을 활용하면 결과물을 더욱 의도에 맞게 생성할 수 있습니다. 책 출간 시점인 2025년 3월 기준으로 베타 기능이며, 해당 기능이 업데이트되면 정식 버전에서도 사용할 수 있습니다.

14 ❶ 크리에이티브 클라우드 데스크톱 앱을 실행합니다. ❷ [앱]-[Beta] 메뉴를 클릭합니다. ❸ 전체 Beta 앱 목록에서 [Photoshop (Beta)] 앱을 설치하고 실행합니다.

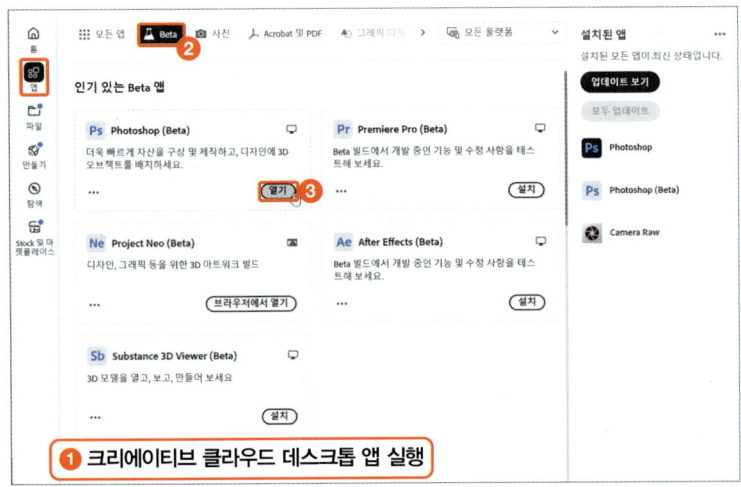

Photoshop (Beta) 앱은 정식 버전에 앞서 새로운 기능을 테스트하고 피드백을 제공하기 위해 사용되는 앱입니다. 현재 생성형 AI의 참조 이미지 기능은 베타에서만 제공되지만, 추후 정식 버전에 포함될 수 있습니다. 따라서 실습을 진행할 때 정식 버전에서 해당 기능이 지원되는지 확인 후 설치하고 실행합니다.

15 ① `Ctrl`+`O`를 눌러 **옷바꾸기.jpg** 파일을 불러옵니다. ② 도구바에서 개체 선택 도구를 클릭하고 ③ 흰색 셔츠 부분을 선택합니다. ④ 상황별 작업 표시줄(Contextual Task Bar)에서 [Generative Fill]을 클릭합니다.

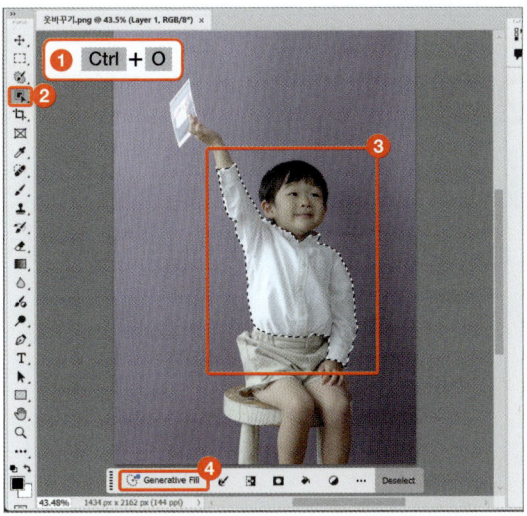

자세한 작업 방법은 01~03 과정을 참고합니다.

16 ① Reference image 를 클릭합니다. ② [Choose image]를 클릭하고 **상의.jpg** 파일을 선택합니다. ③ 선택한 파일이 첨부됩니다. ④ [Generate]를 클릭합니다.

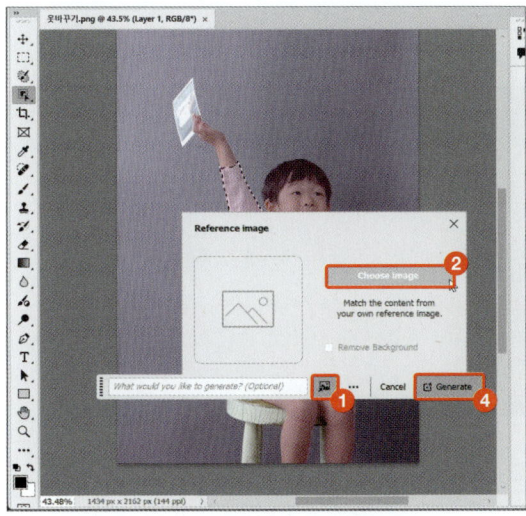

17 상황별 작업 표시줄의 `< 2/3 >`를 클릭해 가장 마음에 드는 이미지를 찾아 적용합니다. 작업을 마무리합니다.

생성된 이미지는 [Variations] 패널에서 확인한 후 선택해도 됩니다.

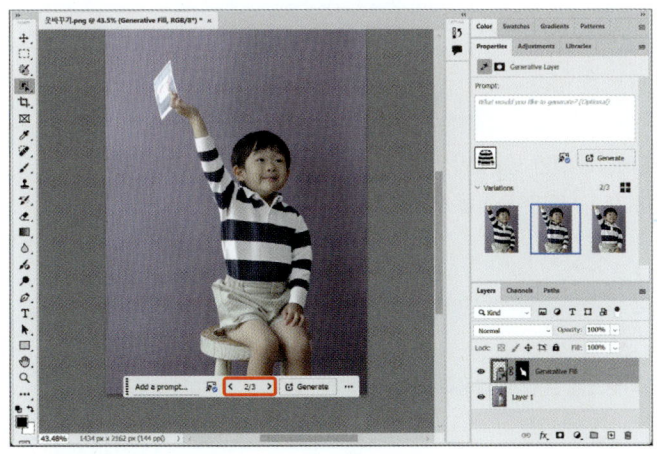

CHAPTER 01 포토샵 AI 기능으로 감각적인 이미지 만들기　291

Ps LESSON 03

원근 왜곡으로 자연스럽게 합성하기

원근 왜곡으로 배경과 자연스럽게 어우러지는 합성 방법 알아보기

☐ CC 모든 버전
☑ CC 2025 버전

준비 파일 활용/Chapter 01/도로.jpg, 자동차.jpg
완성 파일 활용/Chapter 01/도로_완성.psd

AFTER

이 예제를 따라 하면

포토샵의 생성형 AI 기능을 활용해 자동차 이미지를 배경과 자연스럽게 합성하고, Generative Expand를 사용해 잘린 배경을 확장하거나 새로운 요소를 추가하는 과정을 익힐 수 있습니다.

- 포토샵의 생성형 AI 기능을 이용해 이미지를 빠르고 간편하게 수정하고 합성할 수 있습니다.
- Perspective Warp 기능을 통해 이미지의 각도와 원근을 손쉽게 왜곡하고 조정할 수 있습니다.
- Generative Expand 기능으로 배경 이미지를 자연스럽게 확장할 수 있습니다.

BEFORE

생성형 채우기로 자동차 제거하기

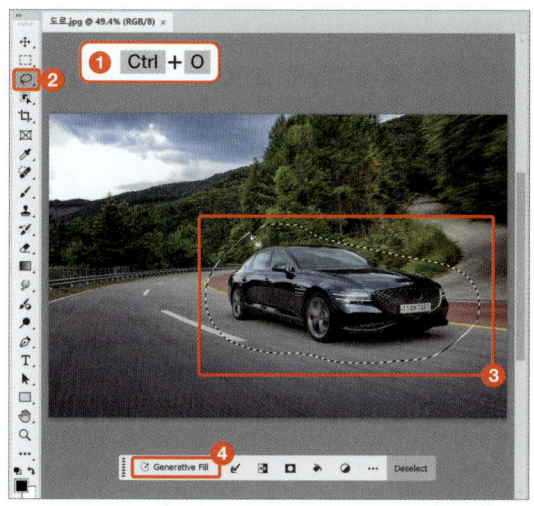

01 ① Ctrl + O 를 눌러 **도로.jpg** 파일을 불러옵니다. 배경만 필요하기 때문에 자동차는 지워보겠습니다. ② 도구바에서 올가미 도구를 클릭합니다. ③ 자동차 외곽 라인을 대략적으로 드래그합니다. ④ 상황별 작업 표시줄에서 [Generative Fill]을 클릭합니다.

02 ① 프롬프트 입력창에 아무것도 입력하지 않고 ② [Generate]를 클릭합니다. [Generating] 대화상자가 나타나면 잠시 기다립니다.

03 자동차가 사라지고 배경으로 자연스럽게 채워졌습니다. 생성형 AI는 한 번에 세 개의 결과를 생성합니다. 상황별 작업 표시줄의 < 2/3 > 를 클릭하여 가장 마음에 드는 이미지를 찾아 적용합니다.

합성할 이미지 가져오기

04 Ctrl + O 를 눌러 **자동차.jpg** 파일을 불러옵니다.

05 ❶ 도구바에서 개체 선택 도구를 클릭합니다. ❷ 옵션바에서 [Mode]를 [Rectangle]로 선택합니다. ❸ 자동차를 드래그합니다. 개체를 자동으로 인식해 자동차만 선택 영역으로 지정됩니다.

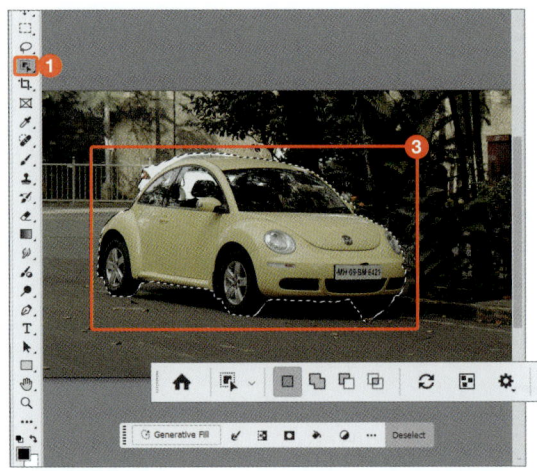

06 자동 인식으로 선택 영역이 지정되면서 뒤의 흰색 자동차까지 포함될 수 있습니다. ❶ Alt 를 누르고 흰색 자동차를 드래그하여 선택 영역에서 제외합니다. ❷ 노란색 자동차만 선택되면 Ctrl + C 를 눌러 복사합니다.

07 ❶ [도로.jpg] 탭을 클릭하여 작업 화면을 변경합니다. ❷ Ctrl + V 를 눌러 복사한 이미지를 붙여 넣습니다.

배경에 맞게 자동차 원근 뒤틀기

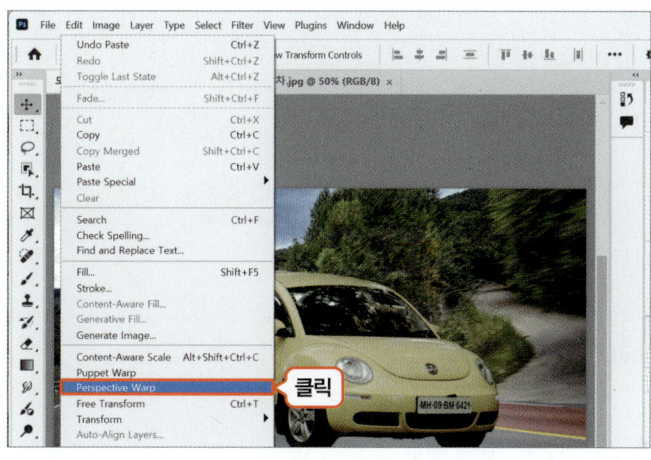

08 자동차를 배경 구도와 일치하도록 원근감을 조정해보겠습니다. [Edit]-[Perspective Warp] 메뉴를 선택합니다.

09 자동차 왼쪽에 사각형을 드래그해 그리면 네 개의 조절 핸들이 생성됩니다.

CHAPTER 01 포토샵 AI 기능으로 감각적인 이미지 만들기 **295**

10 구도에 맞춰 네 개의 조절점을 각각 드래그하여 조정합니다.

11 오른쪽에도 사각형을 드래그해 그리면 기존에 삽입한 조절점에 착하고 붙는 스냅이 적용됩니다.

12 오른쪽도 구도에 맞춰 네 개의 조절점을 각각 드래그하여 조정합니다.

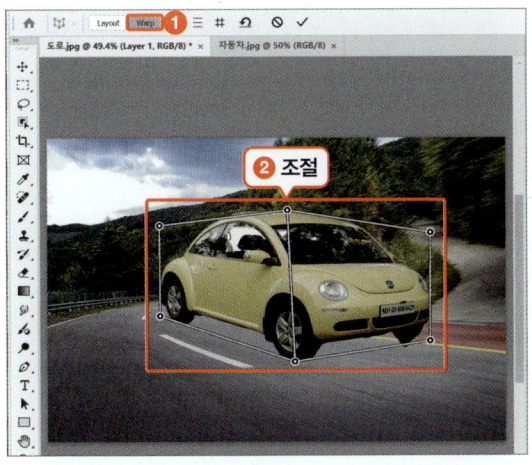

13 ① 옵션바에서 [Warp](뒤틀기 모드)를 클릭합니다. ② 네 개의 핀 모퉁이를 조금씩 드래그하여 이미지의 원근을 조정합니다.

> 조정이 어색하다면 옵션바에서 ▥(수직으로 똑바르게 하기)를 클릭해 원근을 다시 정렬할 수 있습니다.

14 ① Enter 를 눌러 변경을 적용합니다. ② 이동 도구 ⊕를 클릭하고 ③ 자동차 이미지를 적당한 위치로 이동합니다.

색감 및 그림자 조정하기

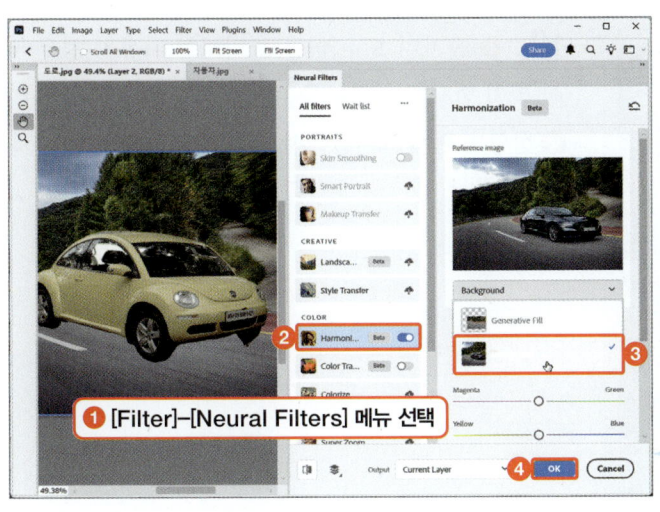

15 자연스러운 합성을 위해 배경과 색감을 맞춰보겠습니다. ① [Filter]-[Neural Filters] 메뉴를 선택합니다. ② [Harmonization](일치)을 클릭해 활성화합니다. ③ [Reference image]에서 [Background]를 선택합니다. 배경과 자연스럽게 어울리는 색감으로 조정됩니다. ④ [OK]를 클릭합니다.

> Neural Filters의 자세한 활용 방법은 기본편 257쪽을 참고합니다.

CHAPTER 01 포토샵 AI 기능으로 감각적인 이미지 만들기 **297**

16 ① Ctrl + D 를 눌러 선택 영역을 해제합니다. ② 도구바에서 올가미 도구 를 클릭하고 ③ 자동차 아래 그림자가 들어가는 영역을 드래그합니다.

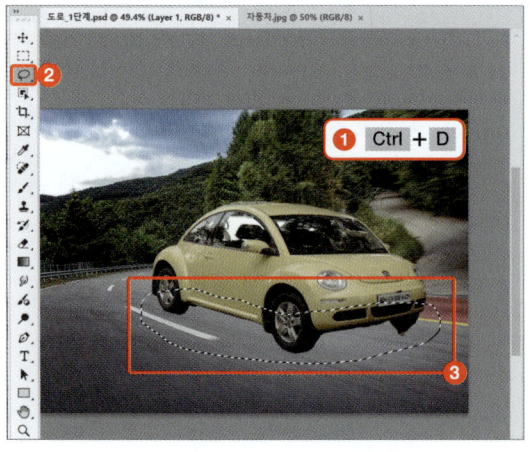

17 ① 상황별 작업 표시줄에서 [Generative Fill]을 클릭합니다. ② 프롬프트 입력창에 아무것도 입력하지 않고 ③ [Generate]를 클릭합니다. 자동차 아래 그림자가 자연스럽게 생성됩니다. ④ [Variations] 패널에서 가장 자연스러운 이미지를 찾아 적용합니다.

18 ① 올가미 도구 를 클릭하고 자동차 창문에서 빛이 반사되는 부분을 대략적으로 드래그합니다. ② 상황별 작업 표시줄에서 [Generative Fill]을 클릭합니다.

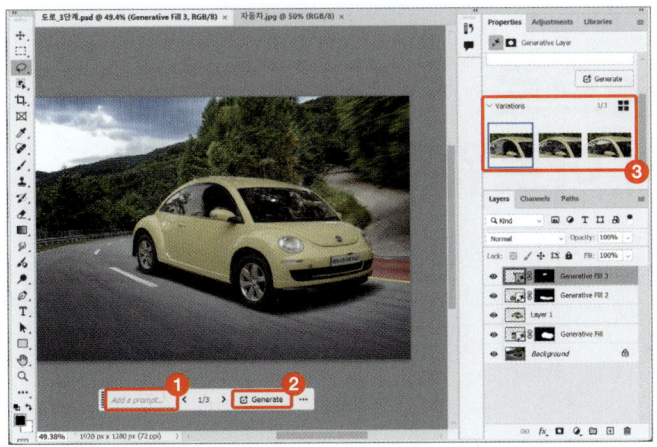

19 ❶ 프롬프트 입력창은 비워둔 상태로 ❷ [Generate]를 클릭합니다. ❸ [Variations] 패널을 확인해보면 자동차 아래에 자연스러운 그림자가 생성되었고, 창문도 배경과 어우러지게 변경되었습니다.

Generative Expand로 배경 확장하기

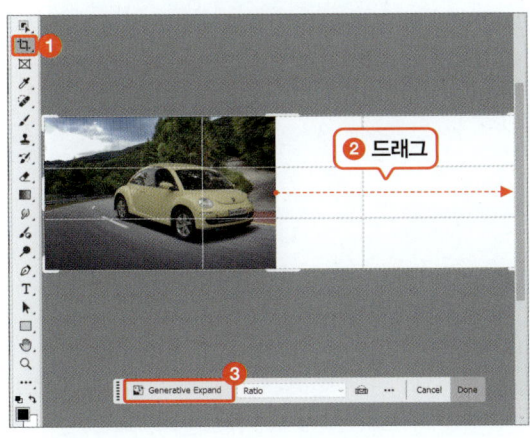

20 ❶ 도구바에서 자르기 도구를 클릭하고 ❷ 캔버스를 오른쪽으로 확장합니다. ❸ [Generative Expand]를 클릭합니다.

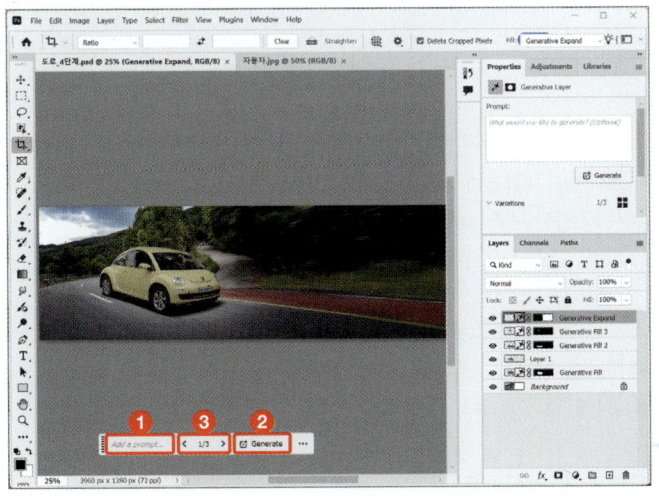

21 ❶ 프롬프트 입력창은 비워둔 상태로 ❷ [Generate]를 클릭합니다. ❸ 상황별 작업 표시줄의 < 1/3 > 를 클릭하여 가장 마음에 드는 이미지를 찾아 적용합니다. 작업을 마무리합니다.

생성된 이미지는 [Variations] 패널에서 확인한 후 선택해도 됩니다.

Ps LESSON 04

AI 기능으로 손쉽게 아트워크 완성하기

의도하지 않은 결과를 활용한 독특한 느낌의
아트워크 만들어보기

☐ CC 모든 버전
☑ CC 2025 버전

준비 파일 활용/Chapter 01/숲.jpg
완성 파일 활용/Chapter 01/숲_완성.psd

이 예제를 따라 하면

포토샵의 생성형 채우기(Generative Fill) 기능을 사용하면 고화질의 이미지 소스 파일 없이도 아트워크 작업을 할 수 있습니다. 하지만 때로는 전혀 의도하지 않은 퀄리티의 결과물이 나오는데 이를 잘 활용하면 독특한 느낌의 분위기를 연출할 수 있습니다. 이번 실습에서는 다양한 시도를 통해서 새로운 느낌의 이미지를 만들어보겠습니다.

- 생성형 채우기(Generative Fill) 기능을 활용해 아트워크를 만들 수 있습니다.
- 하나의 이미지에 여러 번 합성하는 방법을 통한 워크플로를 익힐 수 있습니다.
- 완성된 이미지를 병합하고 보정하여 원하는 느낌을 구현할 수 있습니다.

생성형 채우기로 이미지 합성하기

01 ① Ctrl + O 를 눌러 **숲.jpg** 파일을 불러옵니다. ② 도구바에서 올가미 도구 ◯를 클릭합니다. ③ 그림처럼 드래그하여 선택 영역을 지정합니다. ④ 상황별 작업 표시줄에서 [Generative Fill]을 클릭합니다.

02 프롬프트 입력창에 **Soldier**를 입력하고 Enter 를 누릅니다. [Generating] 대화상자가 나타나고 이미지 생성이 진행됩니다.

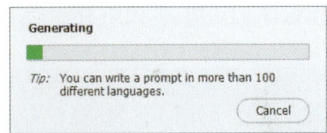

생성형 AI 프롬프트는 한글, 영문 외에도 다양한 언어로 입력할 수 있습니다.

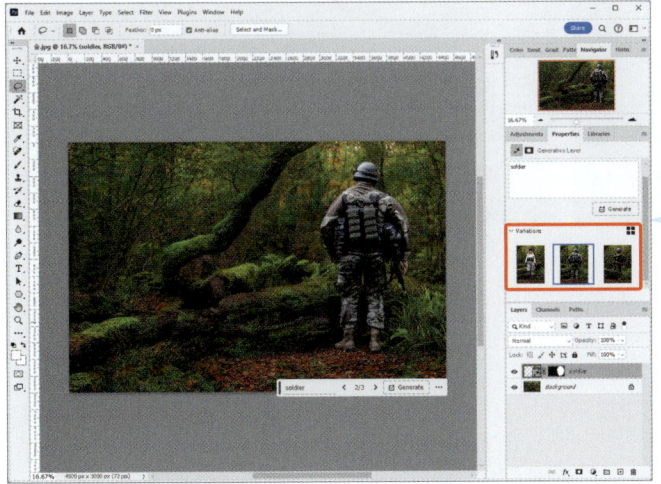

03 [Properties] 패널에 세 개의 이미지 제안이 나타납니다. 원본에 잘 어울리는 이미지를 선택합니다.

생성형 AI 기능은 동일한 단어, 문장을 입력해도 매번 다른 결과가 나타납니다. 따라서 예제와 다른 종류의 이미지가 나옵니다. 제안된 세 개의 이미지 중 마음에 드는 것이 없다면 [Properties] 패널의 [Generate]를 클릭해 추가로 세 개의 이미지를 생성할 수 있습니다. 이번 실습에서는 마음에 드는 이미지를 선택하고 순서대로 진행합니다.
이미지 영역을 선택하고 적용하는 생성형 채우기(Generative Fill) 기능은 프롬프트도 중요하지만 선택된 영역의 크기도 결과물에 영향을 미칩니다. 해당 기능은 '선택된 영역 안에 프롬프트에 맞는 결과물'을 표시하는 것이 기본입니다. 따라서 결과가 마음에 들지 않는다면 선택 영역을 조절해보는 것도 좋습니다.

이미지를 추가 합성해 아트워크 만들기

04 ① [Background] 레이어를 선택합니다. ② 올가미 도구로 그림과 같이 영역을 지정하고 ③ 상황별 작업 표시줄에서 [Generative Fill]을 클릭합니다. ④ 프롬프트 입력창에 **rock**을 입력하고 ⑤ [Generate]를 클릭합니다. ⑥ 이미지가 생성되면 [Properties] 패널 [Variations]에서 마음에 드는 이미지를 클릭해 적용합니다.

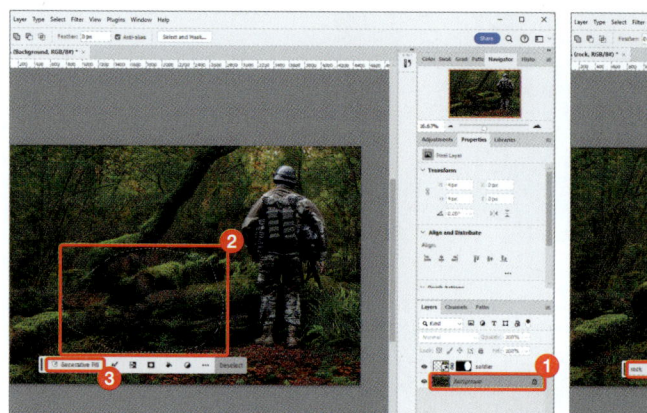
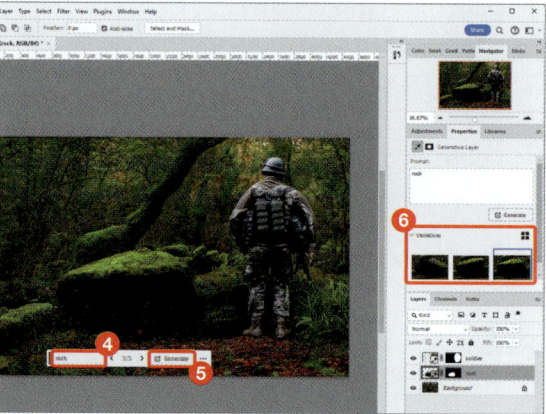

05 ① 같은 방법으로 군인 이미지 왼쪽에 올가미 도구로 영역을 지정합니다. ② 프롬프트 입력창에 **modern tank**를 입력한 후 이미지를 추가합니다.

06 같은 방법으로 프롬프트 입력창에 flower field를 입력한 후 이미지를 추가합니다.

완성된 아트워크 색 보정하기

07 ❶ [Layers] 패널에서 조정 레이어 ◐를 클릭하고 [Black&White]를 선택합니다. 조정 레이어가 추가되면 ❷ [Properties] 패널에서 슬라이더를 조절해 적당한 분위기로 바꿔 이미지를 완성합니다.

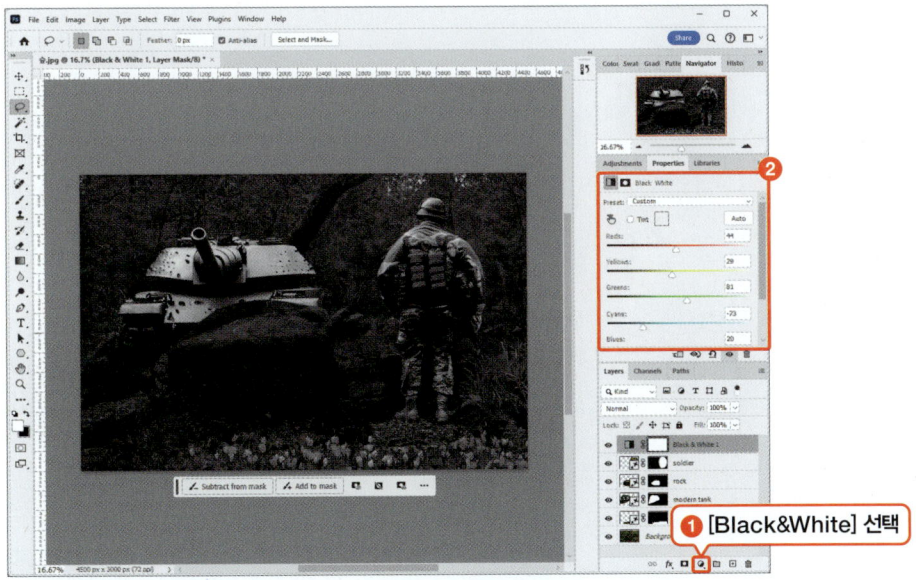

조정 레이어(Adjustment Layer)는 다른 이미지 레이어 위에 위치하며, 아래에 위치한 모든 레이어를 보정하는 레이어입니다. 조정 레이어에 대한 자세한 설명은 214쪽을 참고합니다.

CHAPTER 02

포토샵 활용의 첫 단계, 이미지 활용 예제

디자인을 본격적으로 시작하기 전에
실무에서 자주 쓰이는 활용 예제를 실습하며
자신감을 충전해보겠습니다.
다양한 예제를 통해 하늘 대체와 인물 합성,
오브젝트 배치, 아트보드 다루기,
라인 일러스트 그리기를 따라 하며
이미지 활용 방법을 익혀보겠습니다.

북 커버 디자인하기

01

그리드 레이아웃으로 에세이 표지 만들기

☑ CC 모든 버전
☐ CC 2025 버전

준비 파일 활용/Chapter 02/북 커버 폴더
완성 파일 활용/Chapter 02/북 커버_완성.psd

AFTER

이 예제를 따라 하면

북 커버를 디자인할 때 여백을 설정하고 그리드를 기준으로 콘텐츠를 정렬하면 더욱 정돈된 느낌을 표현할 수 있습니다. 이번 실습을 통해 그리드를 이용한 안정적인 레이아웃 배치법을 익혀보겠습니다. 더 나아가 표지를 완성했다면 목업을 활용하여 실제 책에 적용하는 방법까지 배워봅니다.

- 레이아웃 안내선 기능을 이용하여 그리드를 만들 수 있습니다.
- 그리드를 이용하여 안정적인 레이아웃 배치를 할 수 있습니다.
- 목업을 이용하여 실제 책에 적용된 듯한 입체 모양을 만들 수 있습니다.

새 문서 만들고 여백 안내선 설정하기

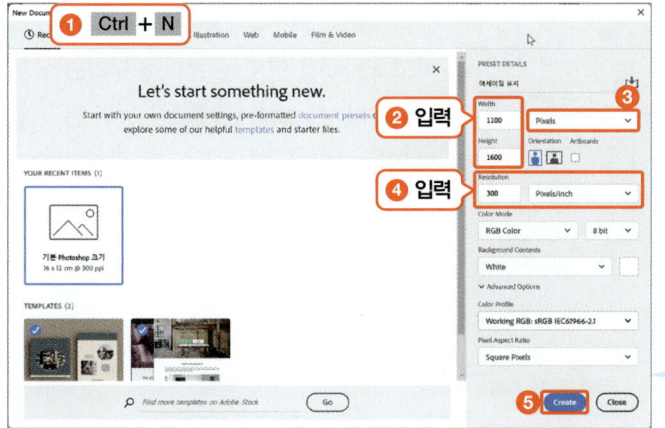

01 ① Ctrl + N 을 눌러 [New Document] 대화상자를 불러옵니다. ② [Width]는 1100, [Height]는 1600으로 입력하고 ③ [Pixels]를 선택합니다. ④ [Resolution]은 300으로 입력하고 ⑤ [Create]를 클릭하여 새 작업 문서를 만듭니다.

> 이번 실습은 전자책 표지(웹용)를 만드는 것이므로 [Color Mode]를 [RGB Color]로 설정했습니다. 인쇄용으로 사용할 예정이라면 [CMYK Color]를 선택합니다.

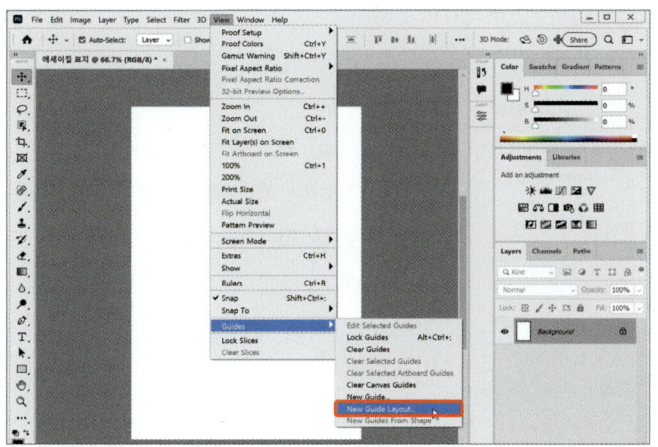

02 격자 모양의 그리드를 이용해서 각 요소들을 배치해보겠습니다. 가이드를 만들기 위해 [View]-[Guides]-[New Guide Layout] 메뉴를 선택합니다.

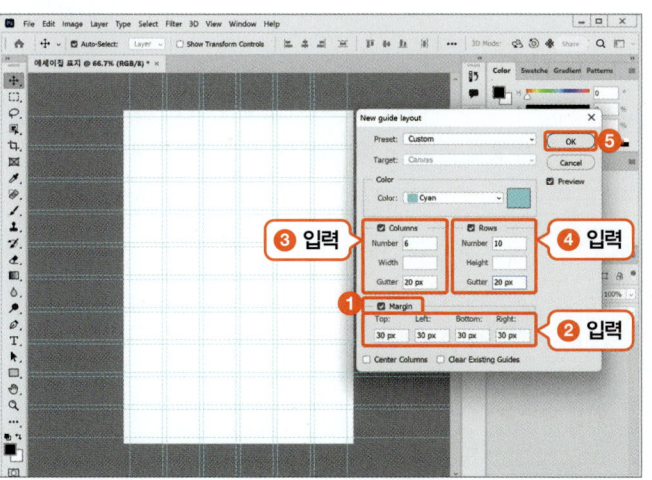

03 [New guide layout] 대화상자가 나타나면 ① [Margin]에 체크하고 ② 상하좌우 여백을 30px로 입력합니다. ③ [Columns]에 체크하고 [Number]는 6, [Gutter]는 20px을 입력합니다. ④ [Rows]에 체크하고 [Number]는 10, [Gutter]는 20px을 입력합니다. ⑤ [OK]를 클릭해 적용합니다.

문자 입력하고 정렬하기

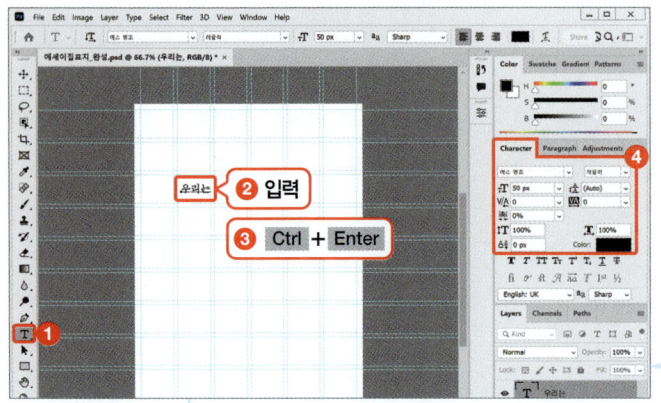

04 ❶ 도구바에서 문자 도구 T 를 클릭하고 ❷ 작업 영역을 클릭해 **우리는**을 입력합니다. ❸ Ctrl + Enter 를 눌러 문자 입력을 마칩니다. ❹ [Character] 패널에서 문자 스타일을 설정합니다. 예제에서는 **예스 명조, 검은색(000000)**을 설정했습니다.

[Character] 패널이 보이지 않으면 [View]-[Character] 메뉴를 선택합니다.

명조 계열은 섬세하고 서정적인 느낌을 주는 에세이집에 많이 사용합니다. 예제에서 사용한 예스 명조 글꼴은 눈누 폰트 홈페이지(https://noonnu.cc/font_page/406)에서 누구나 무료로 다운로드하여 자유롭게 사용할 수 있습니다.

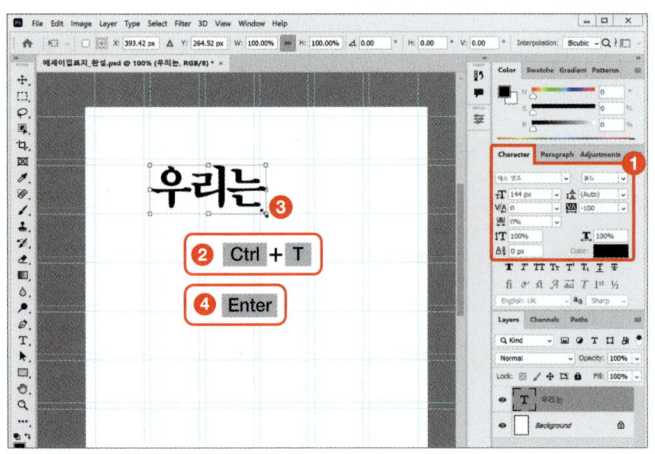

05 문자를 좀 더 다듬어보겠습니다. ❶ [Character] 패널에서 **볼드, 자간 -100**으로 설정합니다. ❷ Ctrl + T 를 눌러 자유 변형 기능을 적용합니다. ❸ 조절점을 드래그하여 그림과 같이 안내선만큼 크기를 확대합니다. ❹ Enter 를 눌러 적용합니다.

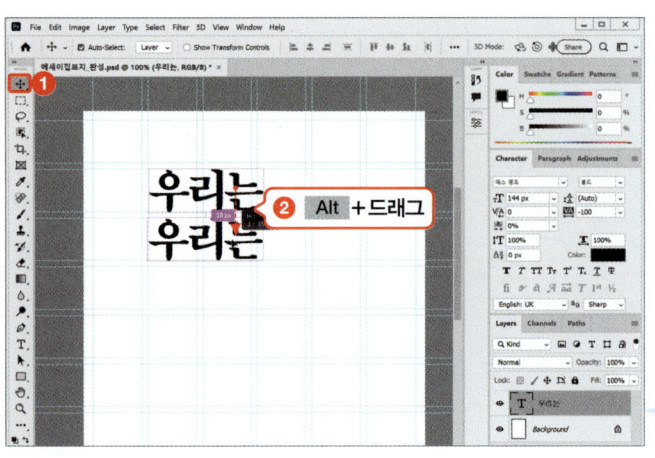

06 ❶ 도구바에서 이동 도구 를 클릭하고 ❷ Alt 를 누른 채 안내선에 맞추어 '우리는'을 아래로 드래그합니다. [우리는] 레이어가 복제됩니다.

글 상자를 복제할 때 Shift 를 함께 누른 채 드래그하면 수직/수평으로 이동할 수 있습니다.

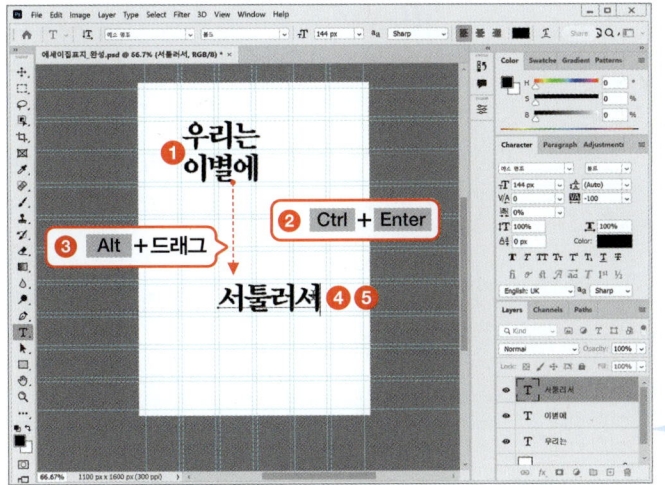

07 ① 복제한 문자를 더블클릭하여 **이별**로 수정합니다. ② `Ctrl` + `Enter`를 눌러 문자 입력을 마칩니다. ③ 다시 한번 `Alt`를 누르고 '이별에'를 드래그하여 복제하고 ④ 문자를 더블클릭하여 **서툴러서**로 수정합니다. ⑤ 위치를 아래로 옮겨 배치합니다.

> `Ctrl` + `H`를 누르면 안내선을 숨기거나 보이게 할 수 있습니다. 작업하면서 필요에 따라 안내선을 숨겨 미리 보기합니다.

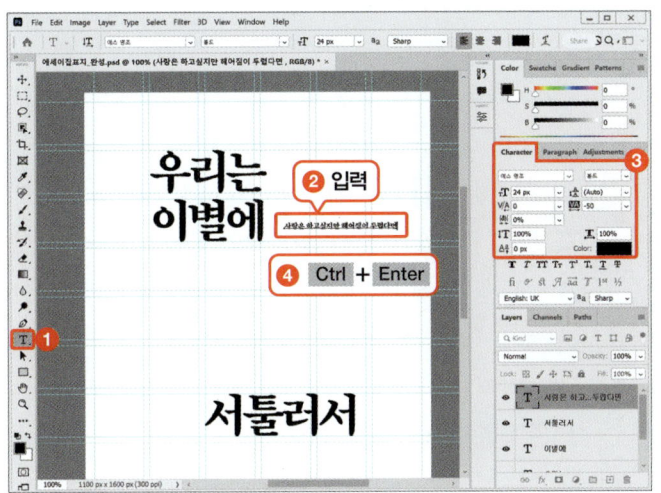

08 보조 제목을 입력해보겠습니다. ① 문자 도구 `T`를 클릭하고 ② 작업 영역을 클릭해 원하는 문구를 입력합니다. ③ [Character] 패널에서 **예스 명조**, **24px**, **자간 −50**, **검은색(000000)**으로 설정합니다. ④ `Ctrl` + `Enter`를 눌러 문자 입력을 마칩니다.

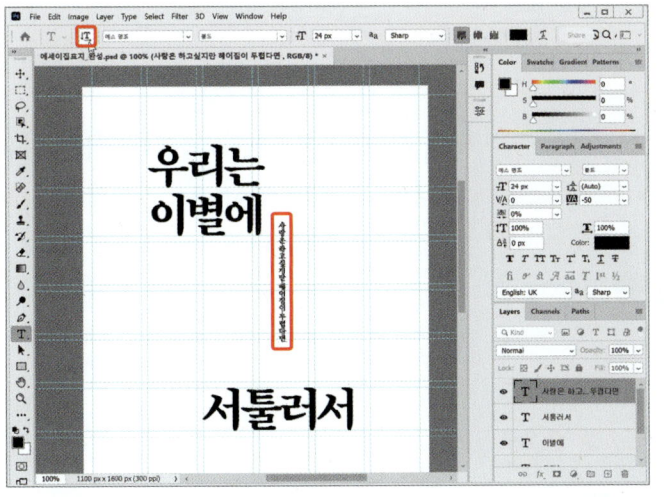

09 문자가 선택된 상태에서 옵션바의 텍스트 방향 켜기/끄기 `T`를 클릭하여 문자 방향을 세로로 바꿉니다.

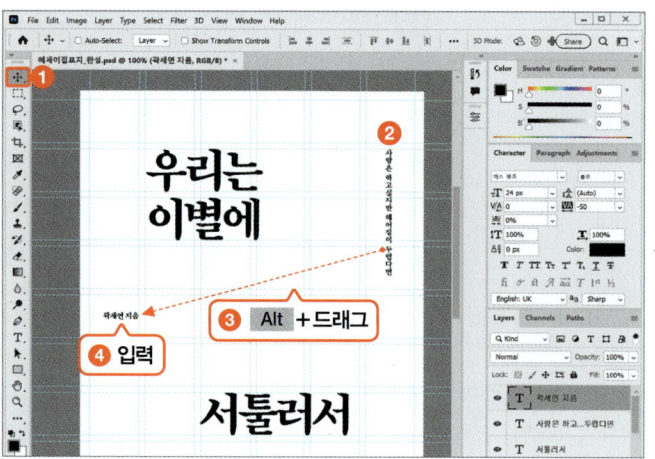

10 ❶ 이동 도구를 클릭하고 ❷ 안내선에 맞추어 보조 제목을 오른쪽으로 옮깁니다. 이번에는 지은이를 입력해보겠습니다. ❸ Alt 를 누른 채 왼쪽 아래로 드래그하여 글 상자를 복제한 후 ❹ 임의의 이름으로 수정합니다. 이때 텍스트 방향 켜기/끄기를 클릭하여 문자 방향을 가로로 바꿉니다.

표지 색 지정하고 텍스처 배경 합성하기

11 ❶ [Background] 레이어를 선택합니다. ❷ 조정 레이어를 클릭하고 ❸ [Solid Color]를 선택합니다.

12 ❶ [Color Picker] 대화상자가 나타나면 색상값을 **f8e1e3**으로 입력하고 ❷ [OK]를 클릭합니다.

13 전체 문자의 색을 바꿔보겠습니다. ❶ [Layers] 패널에서 맨 위에 있는 문자 레이어를 클릭하고 ❷ Shift 를 누른 채 맨 아래에 있는 문자 레이어를 클릭해 전체 문자 레이어를 선택합니다. ❸ [Character] 패널에서 색을 클릭합니다. ❹ [Color Picker] 대화상자가 나타나면 색상값을 3e2d5e로 입력하고 ❺ [OK]를 클릭합니다.

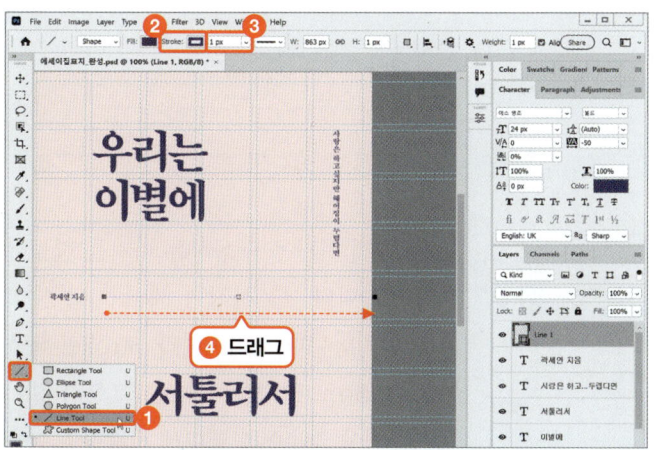

14 ❶ 선 셰이프 도구 를 클릭합니다. ❷ 옵션바에서 [Stroke]를 클릭하고 선 색을 3e2d5e로 설정합니다. ❸ 선 두께는 1px로 설정합니다. ❹ 지은이 이름 옆을 드래그하여 선을 만듭니다.

[Stroke]를 클릭하고 옵션 창이 나타나면 Color Picker를 클릭합니다. [Color Picker] 대화상자가 나타나고 마우스 포인터가 스포이트 모양으로 바뀌면 같은 색을 적용한 문자를 클릭하거나 3e2d5e를 입력하여 색을 설정합니다.

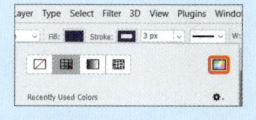

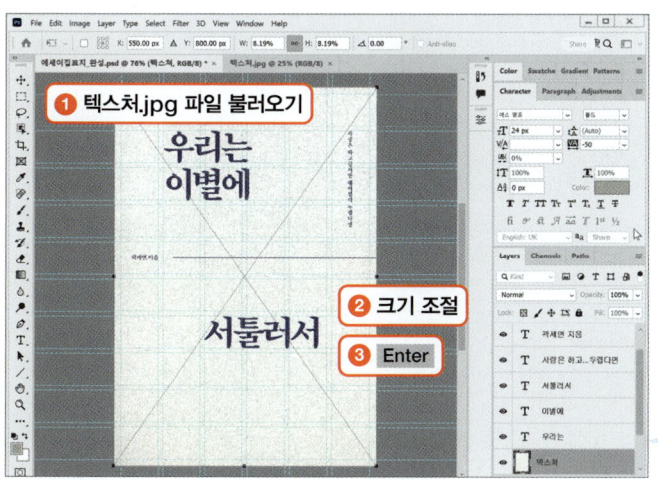

15 텍스처 배경을 추가해보겠습니다. ❶ [File]-[Place Embedded] 메뉴를 선택하여 **텍스처.jpg** 파일을 불러옵니다. ❷ 조절점을 드래그하여 작업 화면에 맞게 배경 크기를 조절합니다. ❸ 변형이 완료되면 Enter 를 눌러 적용합니다.

불러온 [텍스처] 레이어는 [Background] 레이어 위로 옮깁니다.

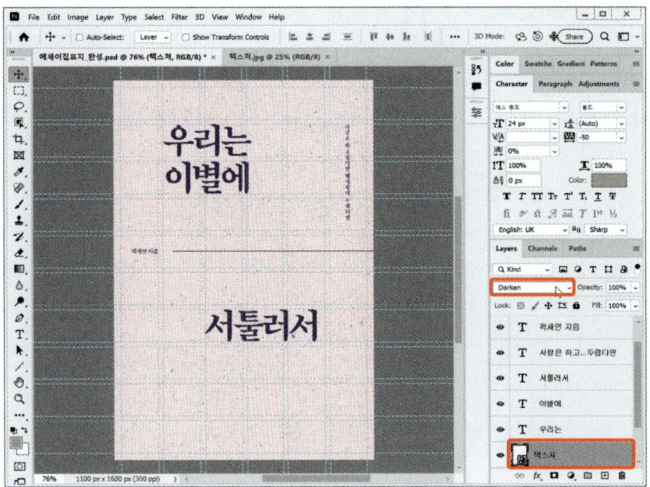

16 [텍스처] 레이어의 블렌딩 모드를 [Darken]으로 설정하여 배경에 한지 느낌을 적용합니다.

책 띠지 구성하기

17 책 하단을 구성하는 띠지를 만들어 보겠습니다. ① 사각형 셰이프 도구를 클릭합니다. ② [Fill]과 [Stroke] 색을 **3e2d5e**로 설정합니다. ③ 그림과 같이 안내선에 맞추어 드래그해 사각형 도형을 만듭니다.

18 ① Ctrl + O 를 눌러 **사람.jpg** 파일을 불러옵니다. ② [Select]-[Subject] 메뉴를 선택하여 인물을 선택 영역으로 지정합니다. ③ Ctrl + C 를 눌러 선택 영역을 복사합니다. ④ 작업 탭을 클릭하고 ⑤ Ctrl + V 를 눌러 선택 영역을 붙여 넣습니다.

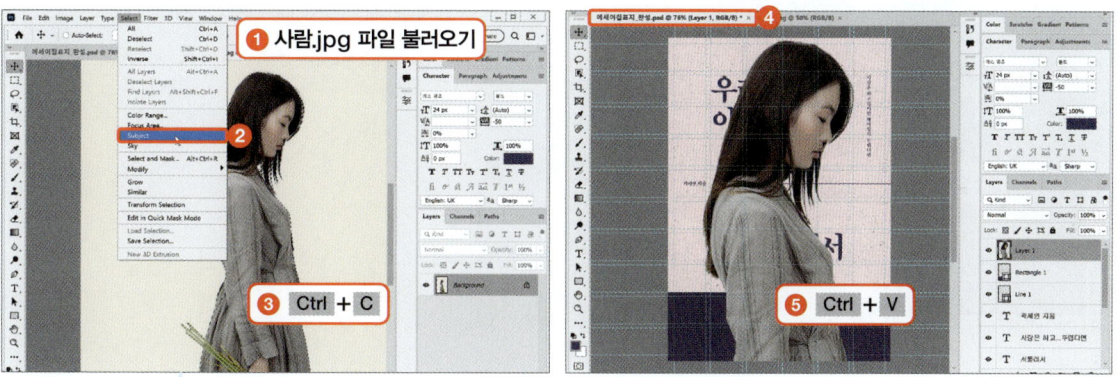

Ctrl + H 를 누르면 안내선을 숨기거나 보이게 할 수 있습니다. 작업하면서 필요에 따라 안내선을 숨겨 미리 보기합니다.

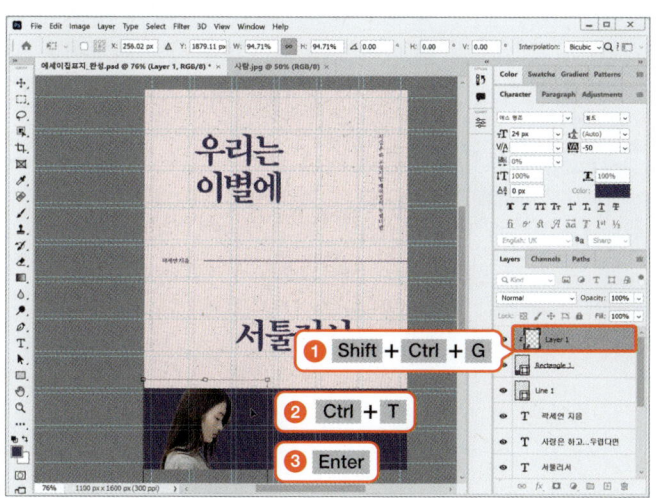

19 띠지 안에서만 인물이 보이도록 클리핑 마스크를 적용하겠습니다. ① Shift + Ctrl + G 를 눌러 클리핑 마스크를 적용합니다. ② Ctrl + T 를 눌러 자유 변형 기능을 적용하고 조절점을 드래그하여 그림과 같이 왼쪽 아래에 배치합니다. ③ Enter 를 눌러 적용합니다.

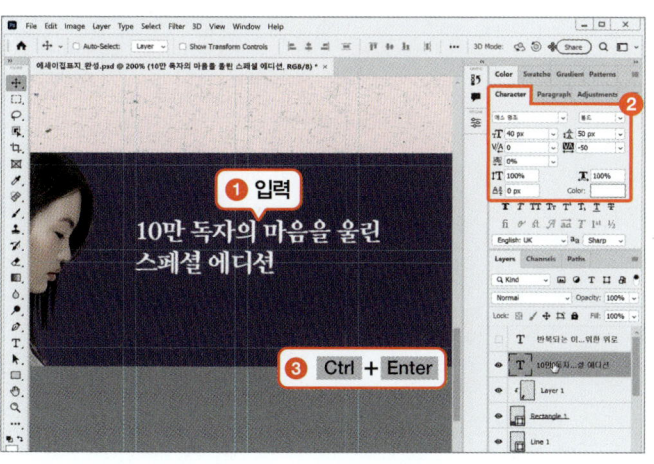

20 이번에는 띠지를 구성할 문구를 입력해보겠습니다. ① 문자 도구 T 로 작업 영역을 클릭해 원하는 문구를 입력합니다. ② 문자 스타일은 **예스 명조**, **40px**, **자간 -50**, **줄 간격 50px**, **흰색(ffffff)**으로 설정했습니다. ③ Ctrl + Enter 를 눌러 문자 입력을 마칩니다.

CHAPTER 02 포토샵 활용의 첫 단계, 이미지 활용 예제 **313**

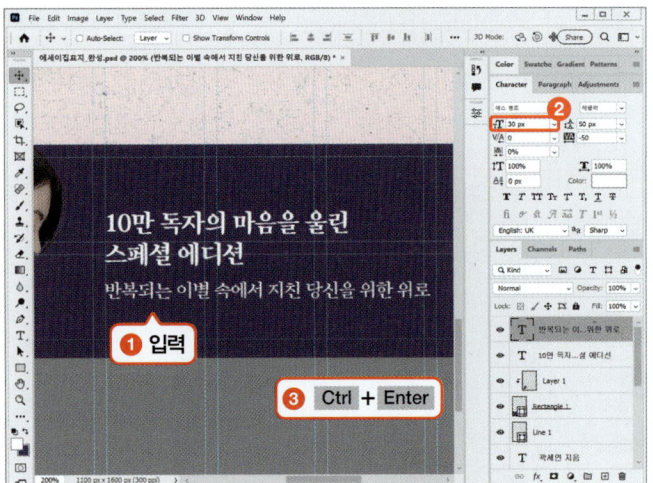

21 추가 문구를 입력합니다. ① 작업 영역을 클릭해 원하는 문구를 입력합니다. ② 추가 문구는 문자 크기만 **30px**로 설정합니다. ③ `Ctrl` + `Enter` 를 눌러 문자 입력을 마칩니다.

22 ① 표지 오른쪽 아래에 출판사 이름 또는 로고 등을 추가합니다. ② `Ctrl` + `0` 을 눌러 화면에 맞춘 후 ③ `Ctrl` + `H` 를 눌러 안내선을 숨기고 완성된 디자인을 확인합니다. 표지 디자인이 완성되었습니다.

목업 만들기

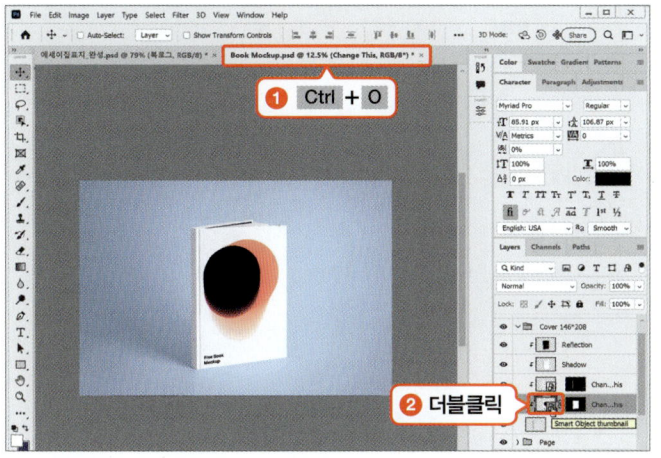

23 앞서 만든 표지 디자인이 실제 어떻게 보여지는지 목업을 만들어보겠습니다. ① Ctrl + O 를 눌러 Book Mockup.psd 파일을 불러옵니다. ② [Layers] 패널에서 표지를 교체할 레이어의 섬네일을 더블클릭합니다.

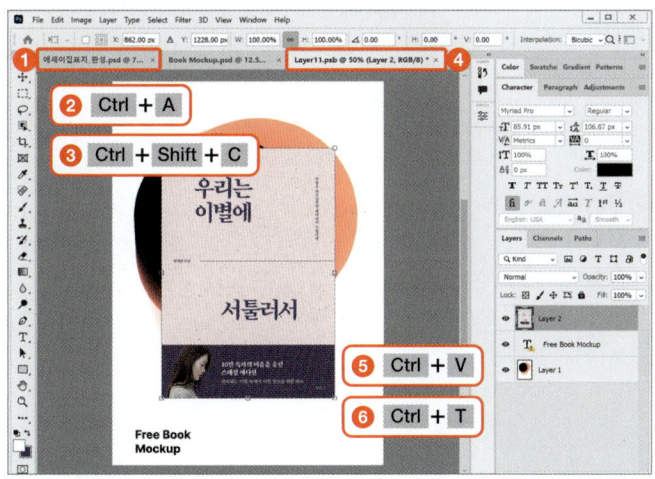

24 샘플 이미지가 있는 목업 이미지가 새 탭에서 열립니다. 앞서 만든 표지 디자인을 가져오겠습니다. ① 표지를 작업한 탭을 클릭하고 ② Ctrl + A 를 눌러 전체 선택합니다. ③ Ctrl + Shift + C 를 눌러 레이어 전체를 복사합니다. ④ 샘플 이미지 탭을 클릭하고 ⑤ Ctrl + V 를 눌러 붙여넣기한 후 ⑥ Ctrl + T 를 눌러 자유 변형 기능을 적용합니다.

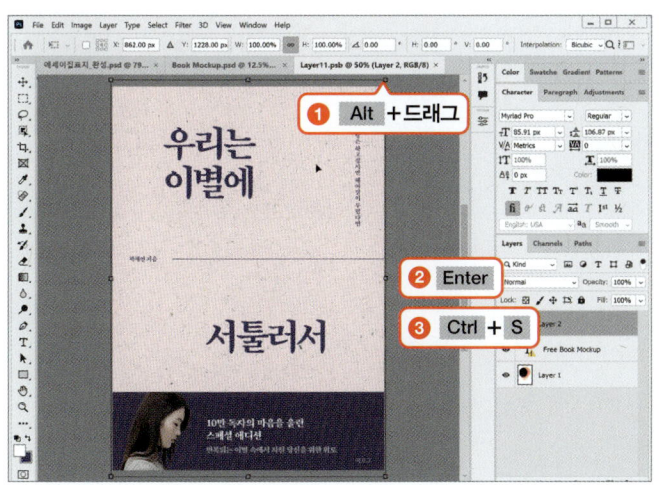

25 ① Alt 를 누르고 조절점을 드래그하여 표지 이미지가 화면에 꽉 차도록 확대합니다. ② Enter 를 눌러 적용하고 ③ Ctrl + S 를 눌러 저장합니다.

26 ❶ [Book Mockup.psd] 탭을 클릭합니다. ❷ 그림과 같이 표지가 적용된 것을 확인할 수 있습니다.

27 ❶ [Layers] 패널에서 [Change Color] 레이어의 섬네일을 더블클릭합니다. ❷ [Color Picker] 대화상자가 나타나면 표지 이미지와 어울리는 색상을 설정하고 작업을 마무리합니다.

목업에서 책등 디자인도 적용할 수 있습니다. [Layers] 패널에서 책등 레이어의 섬네일을 클릭하여 책 제목을 작성합니다.

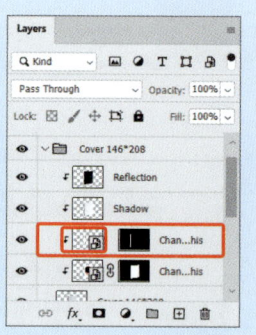

Ps LESSON 02
타이포그래피 웹 포스터 만들기

안내선 활용하여 오브젝트를 안정감 있게 배치하기

☑ CC 모든 버전
☐ CC 2025 버전

준비 파일 없음
완성 파일 활용/Chapter 02/웹포스터_완성.psd

AFTER

이 예제를 따라 하면

웹 포스터를 제작하기 위해 여백을 설정하고 안내선을 기준으로 콘텐츠를 정렬하여 더욱 정돈되고 프로페셔널하게 보이도록 디자인합니다. 그런 다음 그레이디언트 맵을 이용하여 컬러 베리에이션하는 방법을 알아봅니다. 간단한 소스를 새 패턴으로 등록하고 패턴으로 채우는(Fill) 기능까지 익혀보겠습니다.

- 레이아웃 안내선 기능을 이용하여 여백을 설정할 수 있습니다.
- 그레이디언트 맵을 이용하여 컬러 베리에이션을 할 수 있습니다.
- 새 패턴을 등록하고 원하는 영역에 패턴을 채울 수 있습니다.

새 문서 만들고 안내선 설정하기

01 ① Ctrl + N 을 눌러 [New Document] 대화상자를 불러옵니다. ② 문서 이름을 **웹포스터**로 입력하고 ③ [Pixels]를 선택합니다. ④ [Width]는 900, [Height]는 1274로 입력하고 ⑤ [Background Contents]는 [Black]을 선택합니다. ⑥ [Create]를 클릭해 새 작업 문서를 만듭니다.

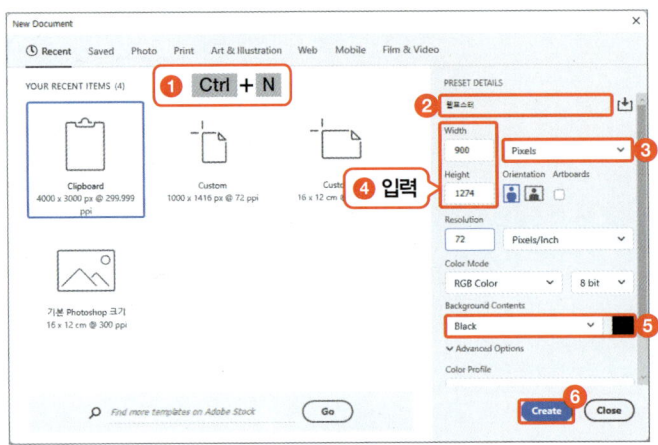

02 여백을 설정해보겠습니다. ① [View]-[New Guide Layout] 메뉴를 선택합니다. ② [New Guide Layout] 대화상자가 나타나면 [Margin]에 체크하고 ③ 상하좌우 여백을 **40px**로 입력합니다. ④ [OK]를 클릭해 적용합니다.

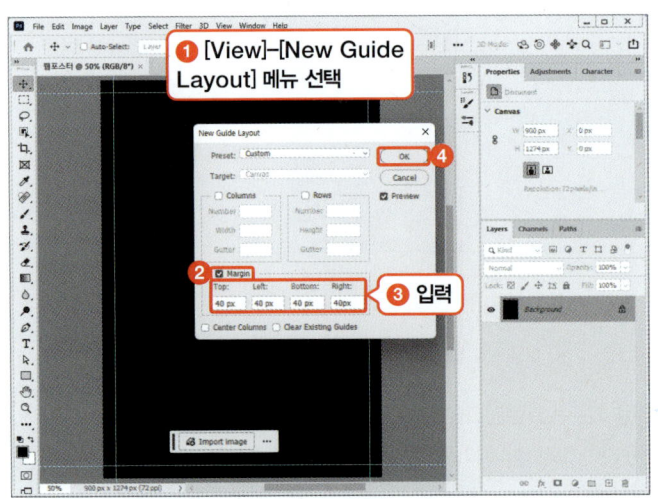

포토샵 CC 2024 버전부터 이미지를 열거나 새 작업 문서를 만들면 하단에 [Contextual Task Bar(상황별 작업 표시줄)]가 나타납니다. 해당 표시줄은 작업에 방해될 경우 [Window]-[Contextual Task Bar]에 체크를 해제하여 숨길 수 있습니다.

Margin은 콘텐츠를 감싸는 상하좌우의 여백을 뜻하며 적당한 여백은 가독성을 높여줍니다.

[New Guide Layout] 대화상자에서 [Columns] 항목과 [Clear Existing Guides]를 체크 해제해야 그림과 같은 안내선이 적용됩니다.

문자 입력하고 정렬하기

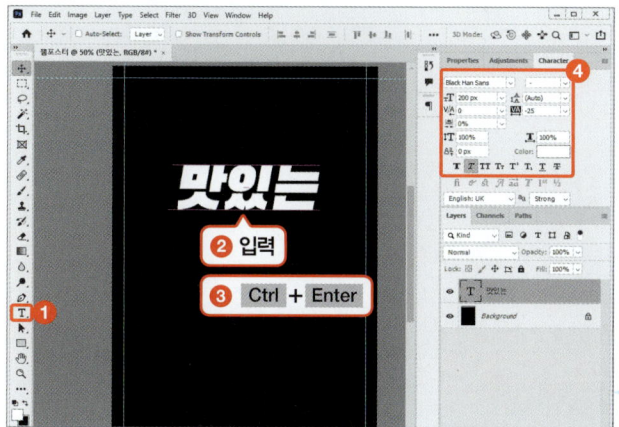

03 ❶ 도구바에서 문자 도구 T.를 클릭합니다. ❷ 작업 영역을 클릭해 **맛있는**을 입력하고 ❸ Ctrl + Enter 를 눌러 문자 입력을 마칩니다. ❹ [Character] 패널에서 문자 스타일을 설정합니다. 예제에서는 **검은고딕(Black Han Sans)**, **200px**, **자간 -25**, **흰색(ffffff)**, **기울임꼴** T 로 설정했습니다.

> [Character] 패널이 보이지 않으면 [View]-[Character] 메뉴를 선택해 불러옵니다.

> 예제에 사용한 검은고딕(Black Han Sans)은 누구나 무료로 다운로드하여 사용할 수 있는 글꼴입니다. 무료 한글 글꼴을 제공하는 눈누(https://noonnu.cc/font_page/106)에 접속하여 검은고딕을 사용해보세요. 검은고딕은 본문보다 제목에 잘 어울립니다.

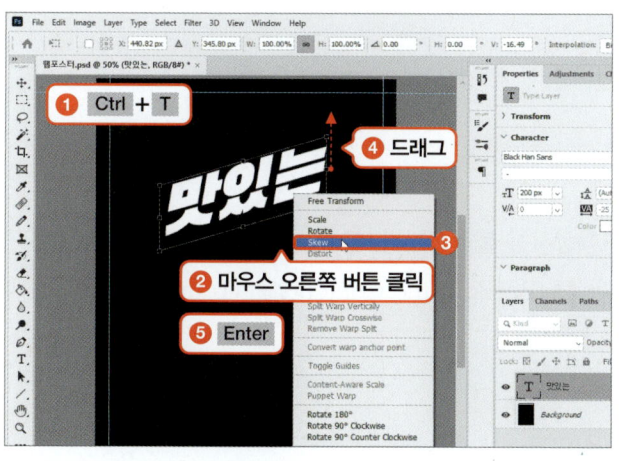

04 문자를 사선으로 배치하여 활동적인 느낌을 표현하겠습니다. ❶ Ctrl + T 를 눌러 자유 변형 기능을 적용합니다. ❷ 마우스 오른쪽 버튼을 클릭하고 ❸ [Skew]를 선택합니다. ❹ 오른쪽에 있는 조절점을 위로 드래그해 활동적인 모습을 표현합니다. ❺ Enter 를 눌러 변형을 적용합니다.

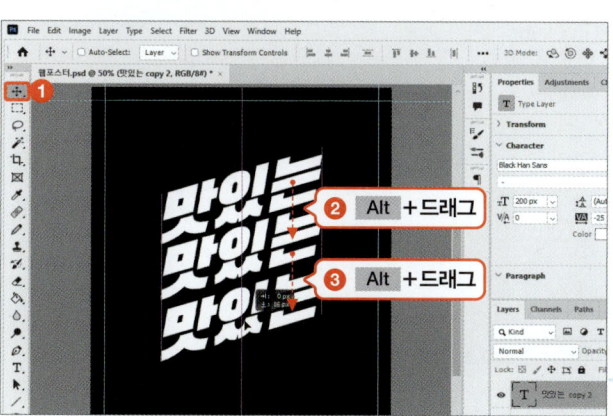

05 ❶ 도구바에서 이동 도구 ⊕ 를 클릭하고 ❷ Alt 를 누른 채 '맛있는'을 아래로 드래그합니다. [맛있는] 문자 레이어가 복제됩니다. ❸ Alt 를 누른 채 한 번 더 아래로 드래그하여 레이어를 하나 더 복제합니다.

> Alt + Shift 를 누른 채 아래로 드래그하면 수직으로 이동하며 복제할 수 있습니다.

CHAPTER 02 포토샵 활용의 첫 단계, 이미지 활용 예제

06 이동 도구를 가 선택된 상태에서 ①② 두 번째, 세 번째 줄의 문자를 더블클릭하여 문자를 **디자인, 스터디**로 수정합니다. ③ Ctrl + Enter 를 눌러 문자 수정을 마칩니다. ④ [Layers] 패널에서 [디자인] 레이어와 [스터디] 레이어를 각각 선택하고 ⑤ 그림처럼 위치를 옮겨 배치합니다. ⑥ Ctrl + H 를 눌러 안내선을 숨기고 작업물을 미리 보기합니다.

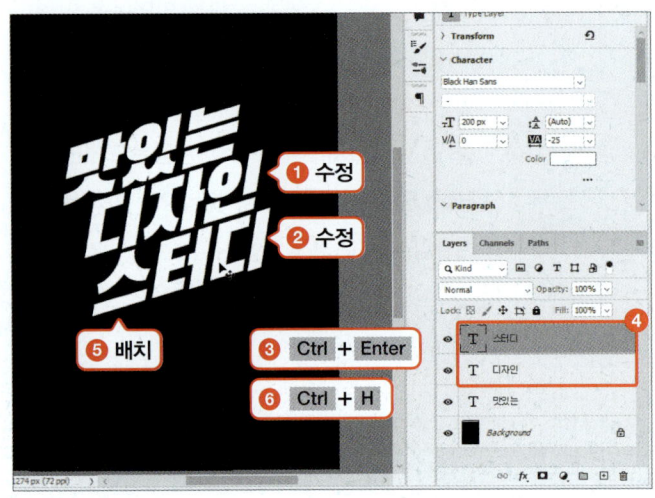

> 검은고딕(Black Han Sans) 글꼴이 지원하지 않는 문자 (ㅅ+ㅌ)가 입력되면 시스템 기본 글꼴로 바뀔 수 있습니다. [Character] 패널에서 해당 문자의 글꼴을 한 번 더 적용해줍니다.

> 문자를 수정하면 레이어 이름도 자동으로 바뀝니다.

스트라이프 패턴 만들기

07 ① Ctrl + N 을 눌러 [New Document] 대화상자를 불러옵니다. ② 문서 이름을 **패턴 만들기**로 입력하고 ③ [Width]는 **6**, [Height]는 **1**로 입력합니다. ④ [Background Contents]는 [Transparent]로 선택하고 ⑤ [Create]를 클릭해 새 작업 문서를 만듭니다.

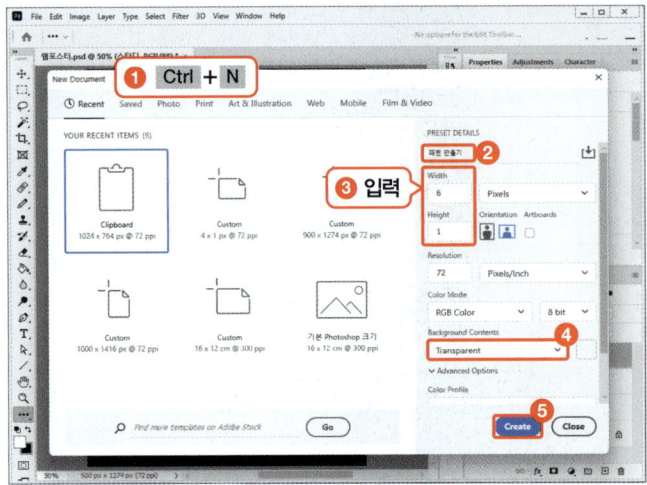

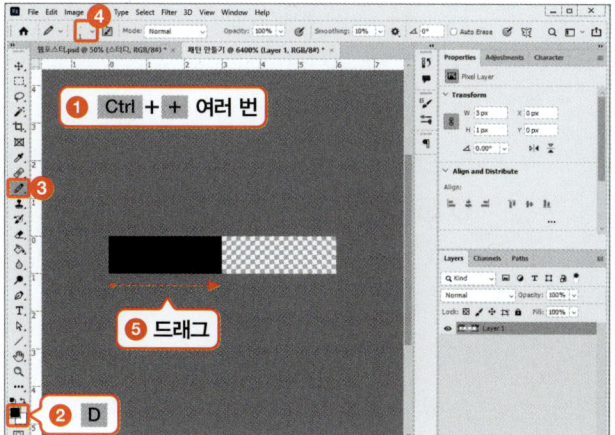

08 ① `Ctrl` + `+`를 여러 번 눌러 작업 화면 크기를 최대로 확대합니다. ② `D`를 눌러 전경색과 배경색을 초기화하고 ③ 도구바에서 연필 도구를 클릭합니다. ④ 옵션바에서 연필 크기를 **1px**로 설정합니다. ⑤ 그림처럼 왼쪽에서부터 3px 만큼 드래그합니다.

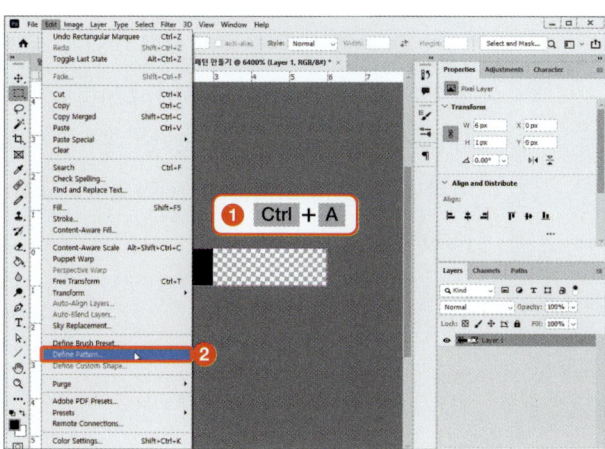

09 ① `Ctrl` + `A`를 눌러 전체 선택하고 ② [Edit]-[Define Pattern] 메뉴를 선택합니다. ③ [Pattern Name] 대화상자가 나타나면 패턴 이름을 **Line 3px**로 입력하고 ④ [OK]를 클릭합니다.

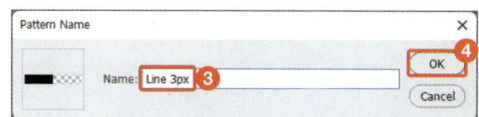

문자에 스트라이프 패턴 입히기

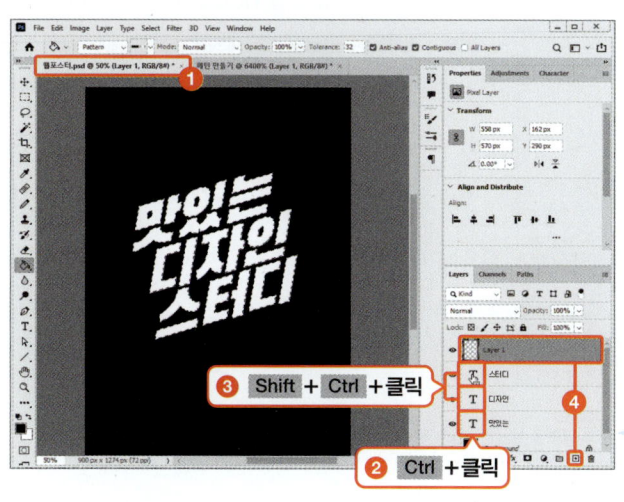

10 ① [웹포스터.psd] 탭을 클릭합니다. ② [Layers] 패널에서 `Ctrl`을 누른 채 [맛있는] 레이어의 섬네일을 클릭하여 선택 영역으로 만듭니다. ③ `Shift`와 `Ctrl`을 함께 누른 채 [디자인]과 [스터디] 레이어의 섬네일도 클릭하여 선택 영역을 추가합니다. ④ 새 레이어를 클릭하여 맨 위에 새 레이어를 추가합니다.

> `Alt`를 누른 채 레이어의 섬네일을 클릭하면 선택 영역이 해제됩니다.

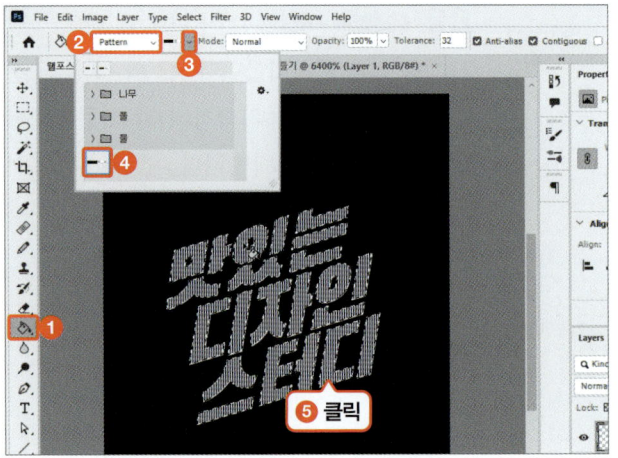

11 ① 도구바에서 페인트 도구를 클릭합니다. ② 옵션바에서 [Pattern]을 선택하고 ③ 더 보기를 클릭합니다. ④ 패턴 목록 중 09 단계에서 저장한 [Line 3px]을 선택하고 ⑤ 문자 영역을 클릭합니다. 선택 영역에 스트라이프 패턴이 채워집니다.

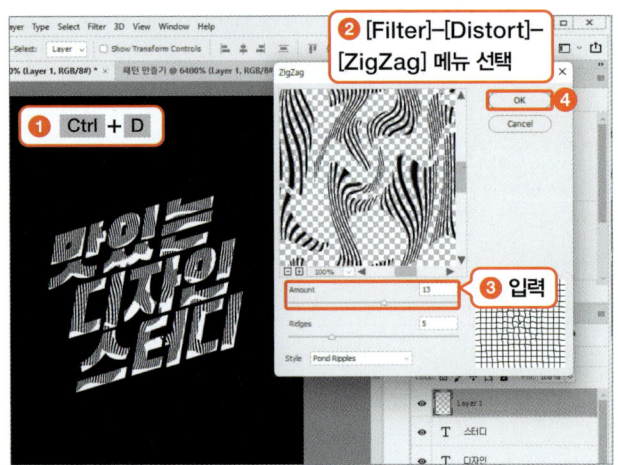

12 ① Ctrl + D 를 눌러 선택 영역을 해제합니다. ② [Filter]-[Distort]-[ZigZag] 메뉴를 선택합니다. ③ [ZigZag] 대화상자가 나타나면 [Amount]를 13으로 입력하고 ④ [OK]를 클릭합니다.

ZigZag 필터는 이미지를 물결의 파장 형태로 왜곡합니다.

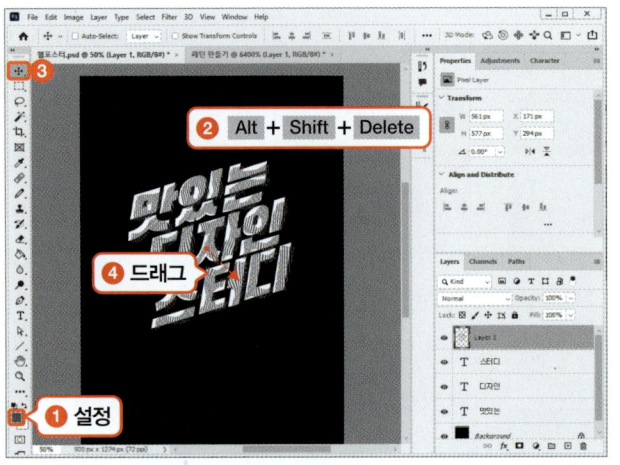

13 패턴 색상을 진한 회색으로 변경해보겠습니다. ① 전경색을 6c6c6c로 설정하고 ② Alt + Shift + Delete 를 눌러 패턴(Layer 1) 레이어에 전경색을 채웁니다. ③ 도구바에서 이동 도구를 클릭하고 ④ 패턴을 오른쪽 아래로 살짝 드래그하여 문자와 패턴을 엇갈리게 합니다.

Alt + Delete 는 전경색을 채우는 단축키입니다. Alt + Shift + Delete 는 투명 영역을 보호한 채 전경색을 채우는 단축키입니다.

웹 포스터 세부 정보 입력하기

14 세부 정보를 입력해보겠습니다. ❶ `Ctrl` + `+` 를 여러 번 눌러 작업 화면을 키웁니다. ❷ 전경색을 **흰색(ffffff)**으로 설정하고 ❸ 도구바에서 사각형 셰이프 도구 를 클릭합니다. ❹ 그림처럼 안내선에 맞춰 드래그하여 사각형 도형을 만듭니다.

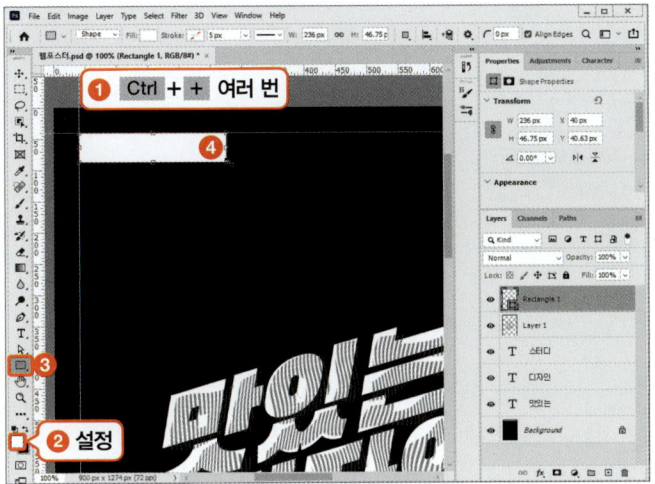

02 단계에서 설정한 안내선이 보이지 않으면 `Ctrl` + `H` 를 눌러 보이게 합니다.

이미 사용했던 셰이프 도구의 설정이 적용되어 있으면 옵션바에서 각 항목을 다시 설정합니다. 모서리가 둥근 사각형이 나타나면 모서리 옵션을 0px로 설정한 후 다시 그립니다.

15 ❶ 도구바에서 문자 도구 를 클릭합니다. ❷ 작업 영역을 클릭해 **맛있는 디자인 스터디**를 입력한 후 ❸ `Ctrl` + `Enter` 를 눌러 문자 입력을 마칩니다. ❹ [Character] 패널에서 문자 스타일을 지정합니다. 예제에서는 **Spoqa Han Sans, 24px, 자간 -25, 검은색(000000)**으로 설정했습니다.

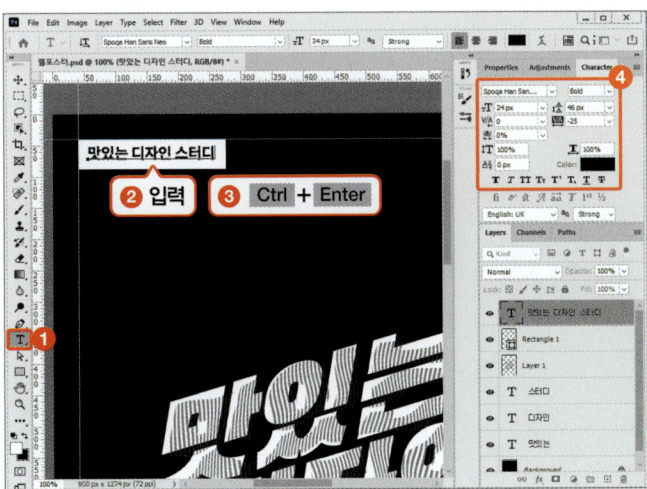

예제에서는 Spoqa Han Sans 글꼴을 사용했으며, 스포카 한 산스 홈페이지(https://spoqa.github.io/spoqa-han-sans)에서 누구나 자유롭게 다운로드하여 사용할 수 있습니다.

16 ① 도구바에서 이동 도구 를 클릭합니다. ② [Layers] 패널에서 Ctrl 을 누른 채 사각형(Rectangle 1) 레이어와 문자(맛있는 디자인 스터디) 레이어를 선택합니다. ③ 작업 영역에서 Alt + Shift 를 누른 채 아래로 드래그하여 복제합니다.

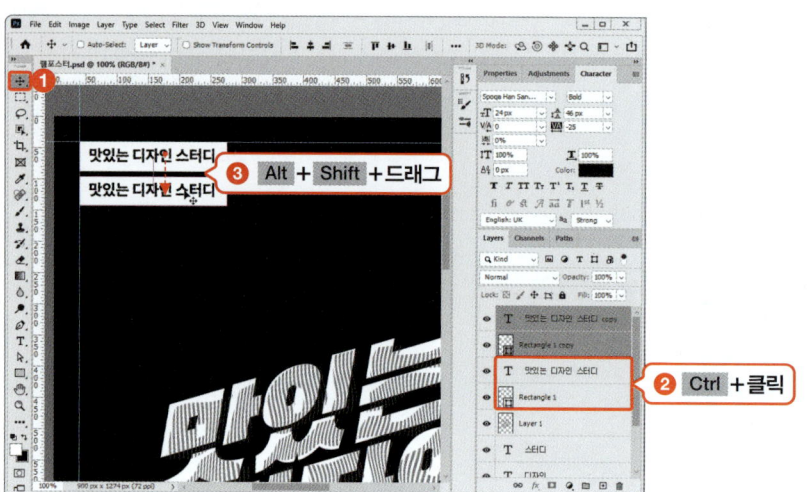

17 ① 도구바에서 문자 도구 를 클릭합니다. ② 아래에 있는 문자를 **8기 멤버 모집**으로 수정하고 ③ Ctrl + Enter 를 눌러 문자 입력을 마칩니다. ④ [Layers] 패널에서 복사된 사각형(Rectangle 1 copy) 레이어를 선택하고 ⑤ Ctrl + T 를 눌러 자유 변형 기능을 적용합니다. ⑥ Shift 를 누른 채 오른쪽에 있는 가운데 조절점을 안쪽으로 드래그하여 사각형 크기를 조절합니다. ⑦ Enter 를 눌러 변형을 완료합니다.

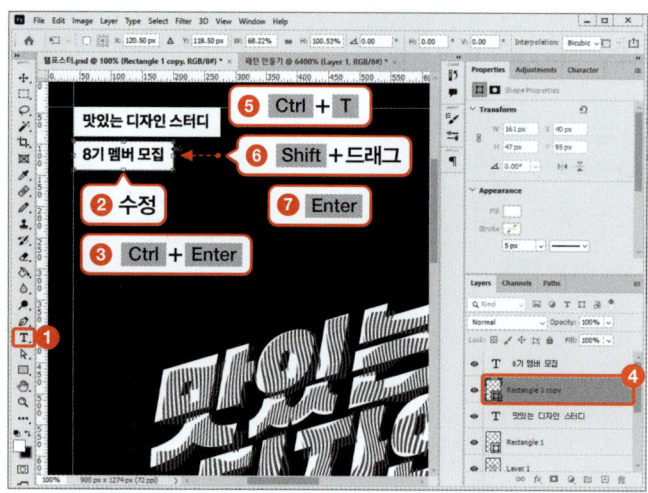

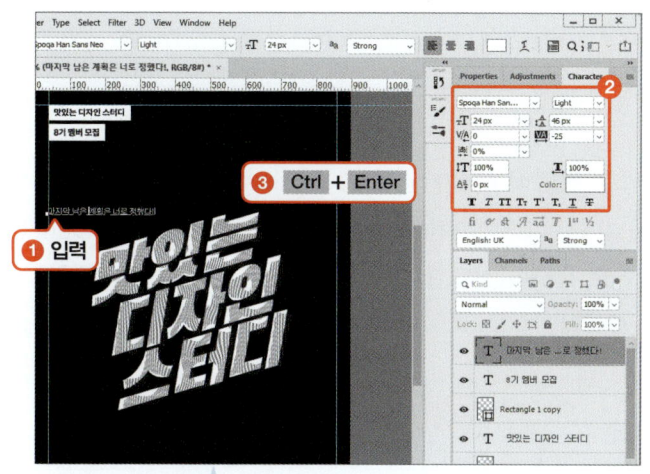

18 이번에는 좌우 가운데에 문자를 입력해 보겠습니다. ① 문자 도구 T.가 선택된 상태에서 작업 영역을 클릭해 원하는 문구를 입력합니다. 여기에서는 **마지막 남은 계획은 너로 정했다!**를 입력했습니다. ② [Character] 패널에서 문자 스타일을 설정합니다. 예제에서는 **Spoqa Han Sans, 24px, 자간 –25, 흰색 (ffffff)**으로 설정했습니다. ③ Ctrl + Enter 를 눌러 문자 입력을 마칩니다.

Ctrl + +, Ctrl + - 를 눌러가며 작업 화면의 크기를 알맞게 조정합니다.

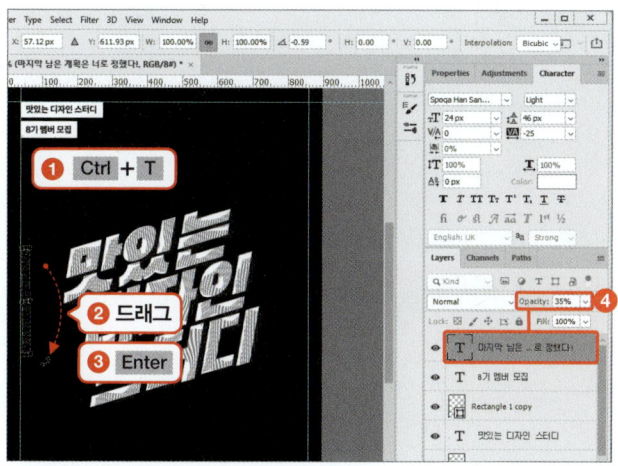

19 ① Ctrl + T 를 눌러 자유 변형 기능을 적용합니다. ② 조절점을 드래그하여 그림과 같이 회전합니다. ③ Enter 를 눌러 변형을 완료합니다. ④ [Layers] 패널에서 [Opacity]를 35%로 설정합니다.

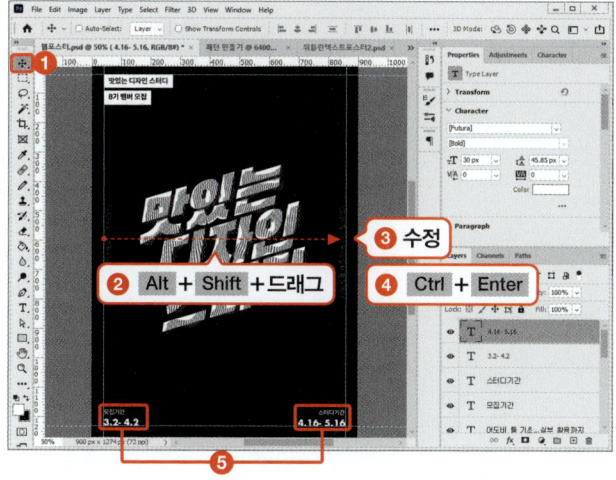

20 ① 도구바에서 이동 도구 ⊕를 클릭하고 ② Alt + Shift 를 누른 채 **18** 단계에서 입력한 문자를 오른쪽으로 드래그합니다. ③ 문자를 더블클릭하여 원하는 문구로 수정합니다. ④ Ctrl + Enter 를 눌러 문자 입력을 마칩니다. ⑤ 문자 도구 T.를 이용해 포스터 아래에 일정을 입력하고 안내선에 맞게 배치합니다.

일정 입력 부분은 원하는 글꼴, 크기로 적용해봅니다.

CHAPTER 02 포토샵 활용의 첫 단계, 이미지 활용 예제 **325**

컬러 베리에이션하여 완성하기

21 포스터의 컬러를 바꾸는 베리에이션 작업을 진행해보겠습니다. ❶ [Adjustments] 패널에서 [Gradient Map]을 클릭하고 ❷ [Properties] 패널에서 그레이디언트 색상을 클릭합니다. ❸ [Gradient Editor] 대화상자가 나타나면 원하는 그레이디언트 색상을 선택합니다. 예제에서는 [분홍] 폴더의 [분홍_17]을 선택했습니다. ❹ [OK]를 클릭하여 완성합니다.

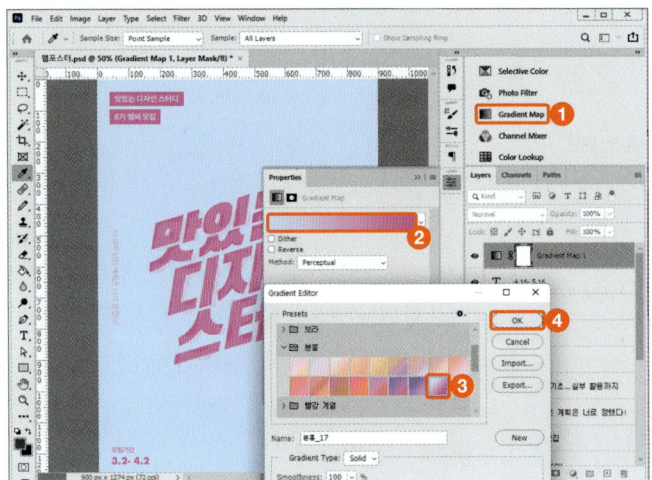 

포토샵 환경 설정에 따라 폴더 이름이 한글로 나타나기도 합니다. [분홍] 폴더의 [분홍_17]을 선택합니다.

SNS에 활용할 카드뉴스 만들기

Artboards 기능으로 문서를 한번에 관리하기

☑ **CC 모든 버전**
☐ CC 2025 버전

준비 파일 활용/Chapter 02/카드뉴스 폴더
완성 파일 활용/Chapter 02/카드뉴스_완성.psd

AFTER

이 예제를 따라 하면

아트보드 기능을 활용하면 한 화면에 작업 문서를 여러 개 만들 수 있어 카드뉴스, 리플릿 등 연속된 여러 장의 이미지를 만들 때 유용합니다. 이번 실습에서는 아트보드를 관리하고 여러 개의 이미지 파일을 한번에 저장하는 방법을 알아보겠습니다.

- 아트보드 기능을 활용해 한 화면에 여러 개의 문서를 만들어 작업할 수 있습니다.
- 마스크를 적용할 수 있습니다.
- 문자를 정렬할 수 있습니다.

BEFORE

아트보드 만들고 안내선 설정하기

01 ❶ Ctrl + N 을 눌러 [New Document] 대화상자를 불러옵니다. ❷ [Web] 탭을 클릭하고 ❸ 문서 이름을 **카드뉴스**로 입력합니다. ❹ [Pixels]를 선택하고 ❺ [Width]와 [Height]는 **1080**으로 입력합니다. ❻ [Create]를 클릭해 새 작업 문서를 만듭니다.

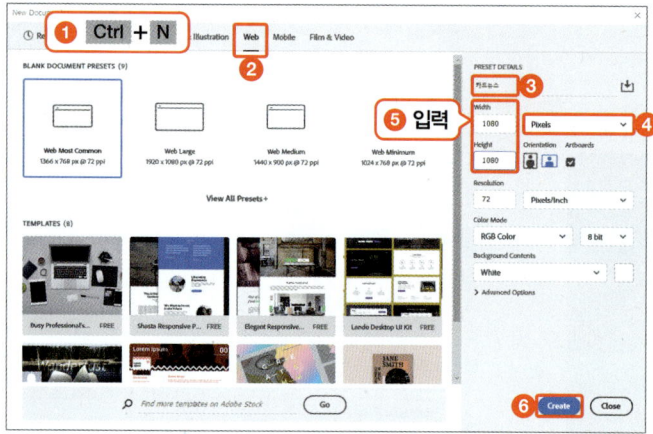

[Web] 탭을 클릭하면 자동으로 [Artborads] 항목이 체크됩니다.

인스타그램, 카카오스토리에 등록하는 이미지 사이즈는 1080px, 페이스북, 트위터, 블로그에 등록하는 이미지 사이즈는 900px입니다. 따라서 이미지를 1080px로 만들고 사이즈를 900px로 바꿔서 저장한 후 활용합니다.

02 작업 화면이 나타나면 [Layers] 패널에서 [Artboard 1] 폴더를 확인할 수 있습니다. ❶ [Artboard 1] 이름 부분을 더블클릭하여 ❷ 원하는 이름으로 수정합니다. 여기에서는 **Card_01**을 입력했습니다.

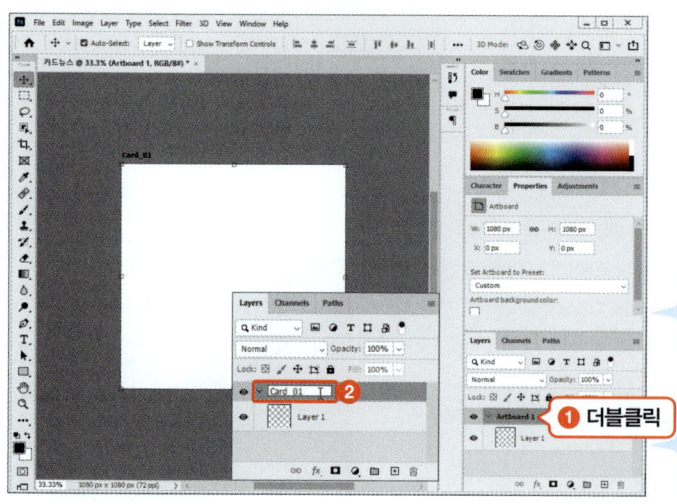

아트보드 기능을 사용하면 한 화면에 여러 개의 문서를 만들어 작업할 수 있습니다.

아트보드별로 폴더 이름을 지정해두면 이미지 파일을 저장하는 마무리 단계에서 아트보드 폴더 이름이 파일명으로 저장됩니다.

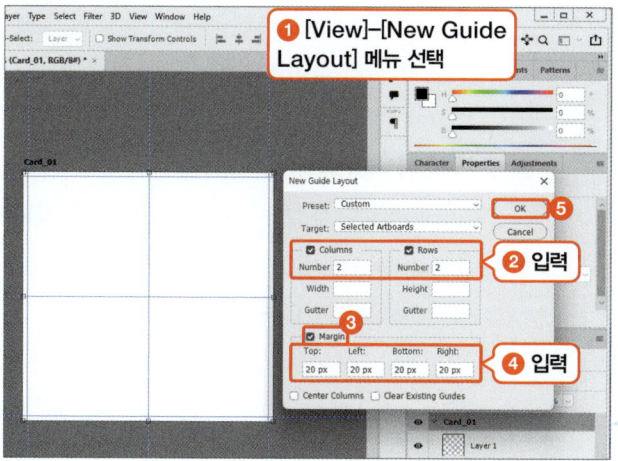

03 여백을 설정해보겠습니다. ❶ [View]-[New Guide Layout] 메뉴를 선택합니다. ❷ [New Guide Layout] 대화상자가 나타나면 [Columns]와 [Rows] 항목의 [Number]를 2로 입력합니다. ❸ [Margin]에 체크하고 ❹ 상하좌우 여백을 20px로 입력합니다. ❺ [OK]를 클릭해 적용합니다.

> [Columns]와 [Rows] 항목의 [Gutter]에 입력된 숫자는 삭제합니다.

이미지 불러오고 흑백으로 만들기

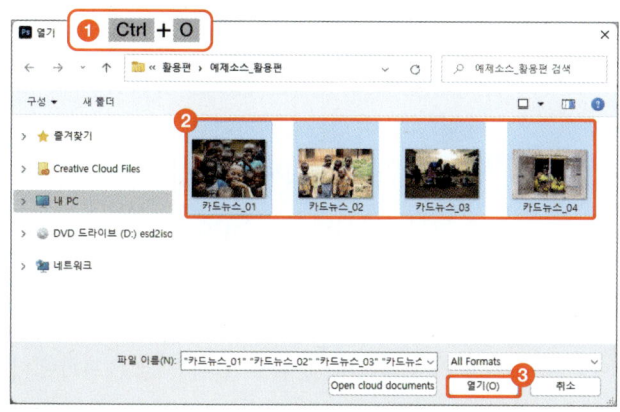

04 ❶ Ctrl + O 를 눌러 [열기] 대화상자를 불러옵니다. ❷ 준비 파일 폴더에 있는 카드뉴스 이미지를 모두 선택하고 ❸ [열기]를 클릭합니다.

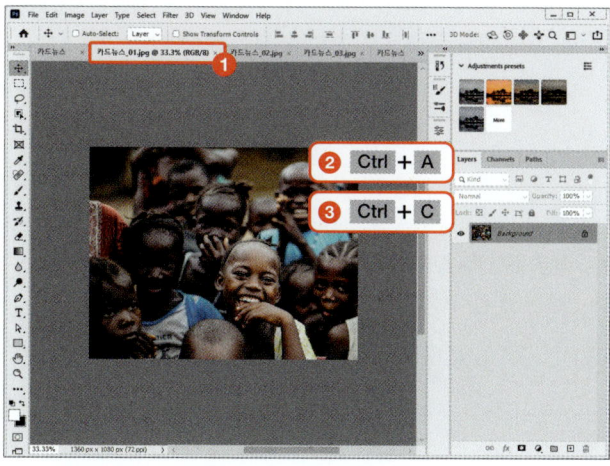

05 ❶ [카드뉴스_01.jpg] 탭을 클릭합니다. ❷ Ctrl + A 를 눌러 이미지를 전체 선택한 후 ❸ Ctrl + C 를 눌러 복사합니다.

CHAPTER 02 포토샵 활용의 첫 단계, 이미지 활용 예제 **329**

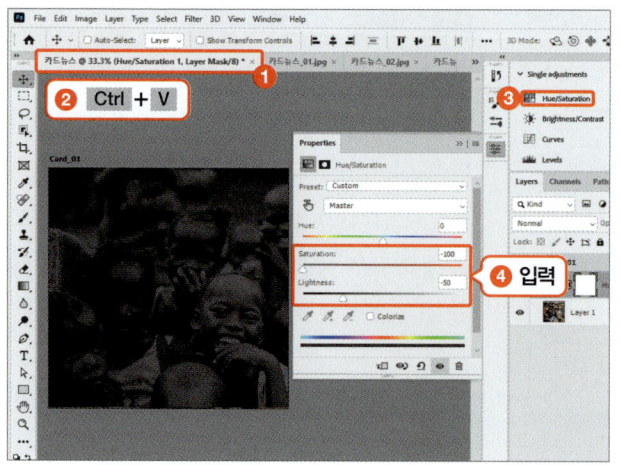

06 ① [카드뉴스] 탭을 클릭하고 ② Ctrl + V 를 눌러 붙여 넣습니다. ③ 이미지를 흑백으로 만들기 위해 [Adjustments] 패널에서 [Hue/Saturation]을 클릭합니다. ④ [Properties] 패널에서 [Saturation]은 -100, [Lightness]는 -50으로 입력합니다. 이미지가 흑백으로 바뀌었습니다.

문자 입력하고 꾸미기

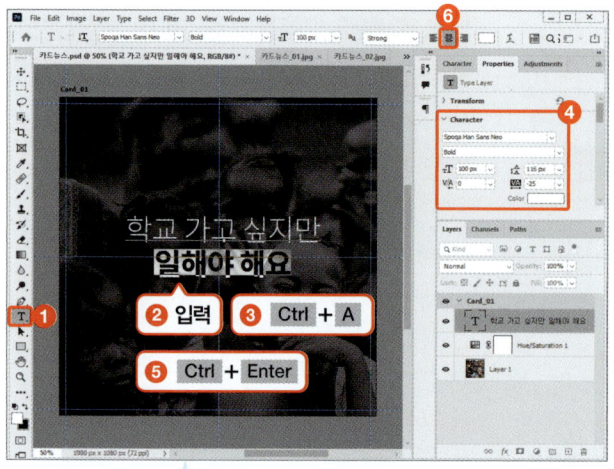

07 ① 문자 도구 T 를 클릭하고 ② 작업 영역을 클릭해 원하는 문구를 입력합니다. ③ Ctrl + A 를 눌러 문자를 모두 선택하고 ④ [Character] 패널에서 문자 스타일을 설정합니다. 예제에서는 Spoqa Han Sans, 100px, 줄 간격 116px, 자간 -25, 흰색 (ffffff)으로 설정했습니다. ⑤ Ctrl + Enter 를 눌러 문자 입력을 완료합니다. ⑥ 옵션바에서 가운데 정렬 을 클릭해 문자를 가운데 정렬합니다.

카드뉴스에 입력할 문구는 원하는 문장으로 입력합니다. 여기에서는 '학교 가고 싶지만'을 Thin으로 '일해야 해요'를 Bold로 설정했습니다.

기능 꼼꼼 익히기 — 문자 정렬하기

이미 입력한 문자를 작업 화면 중앙에 정렬할 수 있습니다. 해당 문자 레이어를 선택하고 이동 도구 를 클릭합니다. 옵션바 오른쪽에 있는 세로 선 가운데 정렬 , 가로 선 가운데 정렬 을 클릭해 화면 중앙에 정렬합니다.

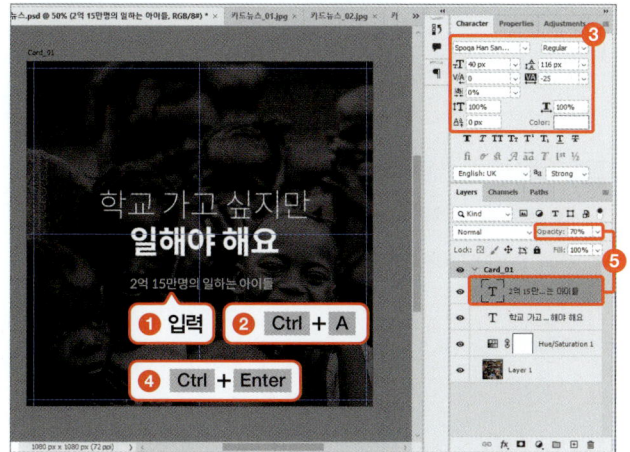

08 부제목을 입력해보겠습니다. ❶ 작업 영역을 클릭해 원하는 문구를 입력합니다. ❷ `Ctrl` + `A` 를 눌러 문자를 모두 선택하고 ❸ [Character] 패널에서 문자 스타일을 설정합니다. 예제에서는 **Spoqa Han Sans, Regular, 40px, 자간 –25, 흰색(ffffff)**으로 설정했습니다. ❹ `Ctrl` + `Enter` 를 눌러 문자 입력을 완료합니다. ❺ [Layers] 패널에서 부제목 레이어의 [Opacity]를 **70%**로 설정합니다.

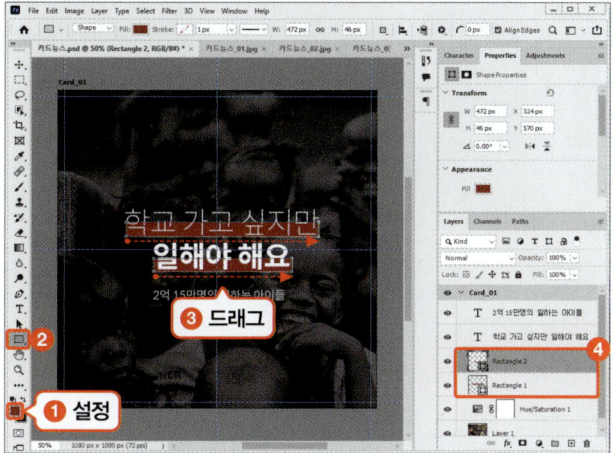

09 문자 뒤에 형광펜 효과를 적용해보겠습니다. ❶ 전경색을 **a81515**로 설정하고 ❷ 도구바에서 사각형 셰이프 도구 □를 클릭합니다. ❸ 그림처럼 문자의 아래 50% 영역을 드래그하여 두 개의 박스를 만듭니다. ❹ [Layers] 패널에서 두 개의 사각형 도형(Rectangle 1, 2) 레이어를 앞서 입력한 문자 레이어 아래로 옮깁니다.

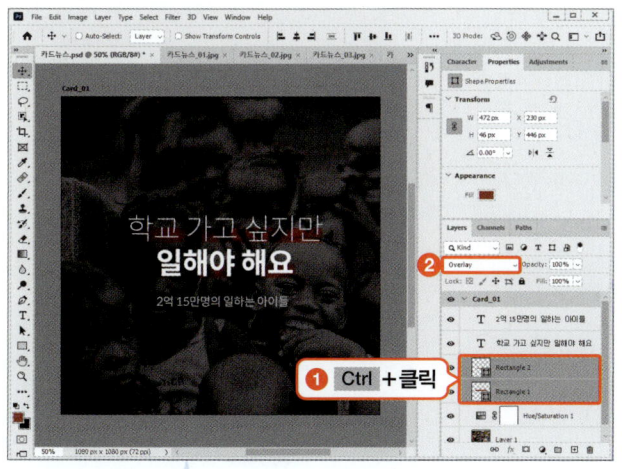

10 ❶ `Ctrl` 을 누른 채 사각형을 그린 도형(Rectangle 1, 2) 레이어를 모두 선택합니다. ❷ 레이어 블렌딩 모드를 [Overlay]로 설정합니다.

[View]–[Clear Guides] 메뉴를 클릭하거나 `Ctrl` + `H` 를 누르면 안내선을 지울 수 있습니다.

아트보드 추가하고 배경 꾸미기

11 ❶ 작업 화면 왼쪽 위에 있는 [Card_01] 아트보드 이름을 클릭합니다. 상하좌우로 ⊕ 모양의 아이콘이 표시됩니다. ❷ 오른쪽에 있는 ⊕를 클릭합니다. ❸ 동일한 크기의 아트보드가 오른쪽에 추가됩니다. ❹ [Layers] 패널에서 아트보드 이름을 더블클릭하여 **Card_02**로 수정합니다.

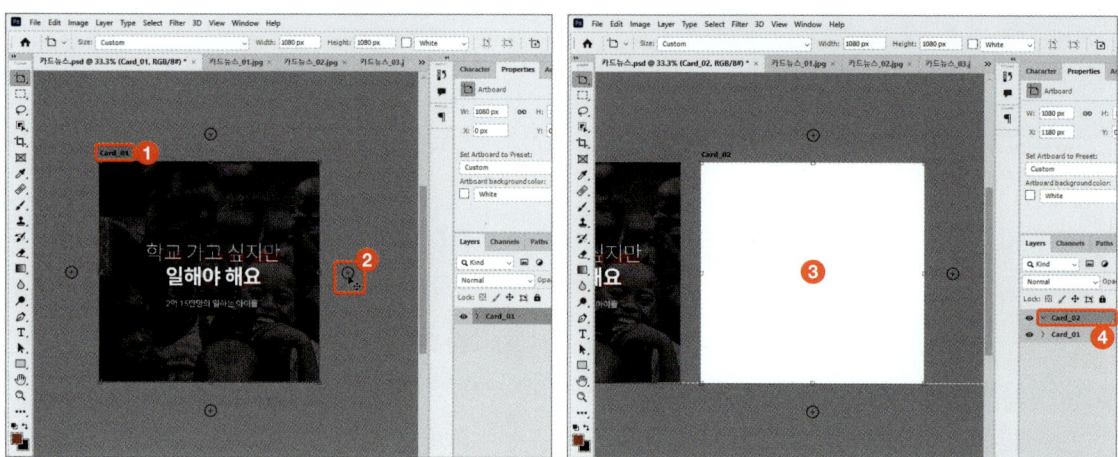

12 배경 이미지를 추가해보겠습니다. ❶ [File]-[Place Embedded] 메뉴를 선택하여 **카드뉴스_배경.jpg** 파일을 불러옵니다. ❷ 조절점을 드래그하여 크기를 조절하고 ❸ 변형이 완료되면 Enter 를 눌러 적용합니다.

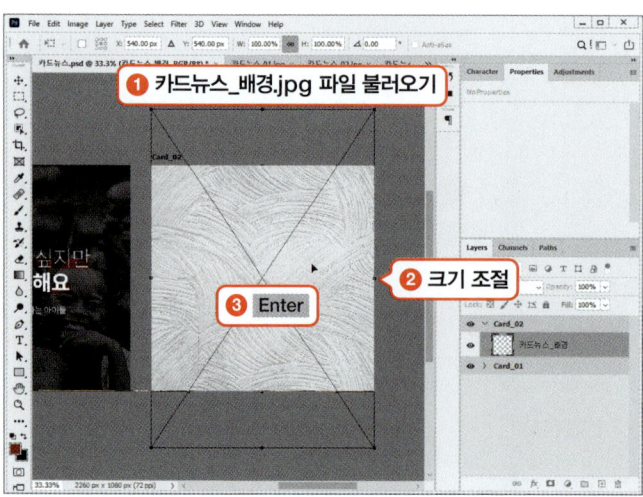

사각형 박스에 이미지 삽입하기

13 이미지를 삽입할 사각형 박스를 만들어보겠습니다. ❶ 도구바에서 사각형 셰이프 도구를 클릭합니다. ❷ 옵션바에서 [Fill]을 **흰색(ffffff)**, [Stroke]를 **검은색(000000)**, **5px**로 설정합니다. ❸ 작업 영역을 클릭하면 [Create Rectangle] 대화상자가 나타납니다. ❹ [Width]와 [Height]에 **540px**을 입력하고 ❺ [OK]를 클릭합니다.

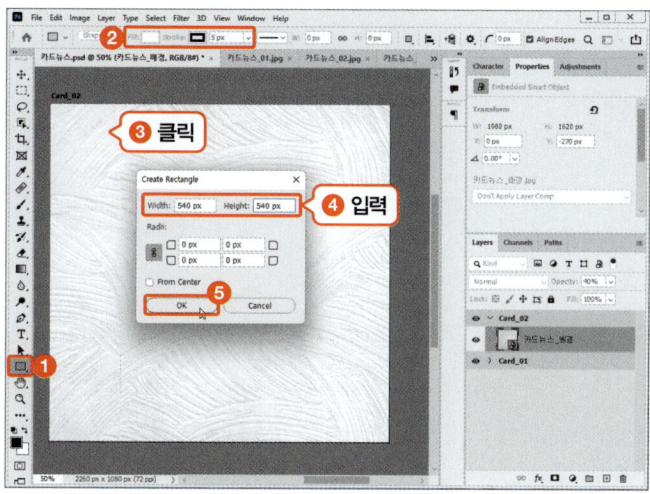

14 ❶ 도구바에서 이동 도구를 클릭하고 ❷ 옵션바에서 세로 선 가운데 정렬을 클릭하여 사각형 도형을 가운데 정렬합니다. ❸ 사각형 영역에는 이미지, 그 아래에는 콘텐츠를 입력할 것이므로 그림처럼 가운데보다 조금 위에 배치합니다.

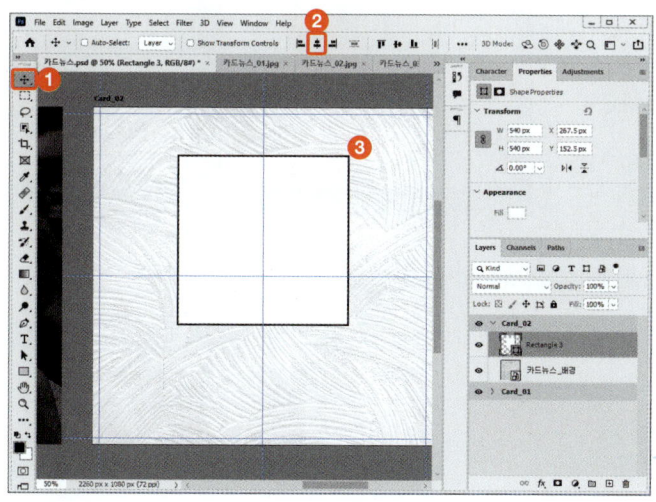

03 단계처럼 안내선을 설정하여 콘텐츠를 정렬합니다. `Ctrl` + `H` 를 눌러 안내선을 불러와도 됩니다.

15 ❶ [카드뉴스_02.jpg] 탭을 클릭합니다. ❷ 도구바에서 사각형 선택 도구를 클릭하고 ❸ 아이 영역을 드래그해 선택합니다. ❹ Ctrl + C 를 눌러 이미지를 복사합니다.

16 ❶ [카드뉴스.psd] 탭을 클릭하고 ❷ Ctrl + V 를 눌러 붙여 넣습니다. ❸ [Layer]-[Create Clipping Mask] 메뉴를 선택해 클리핑 마스크를 적용합니다. ❹ 클리핑 마스크의 크기를 조절하기 위해 Ctrl + T 를 눌러 자유 변형 기능을 적용합니다. ❺ 조절점을 드래그하여 크기를 조절합니다. ❻ Enter 를 눌러 변형을 완료합니다.

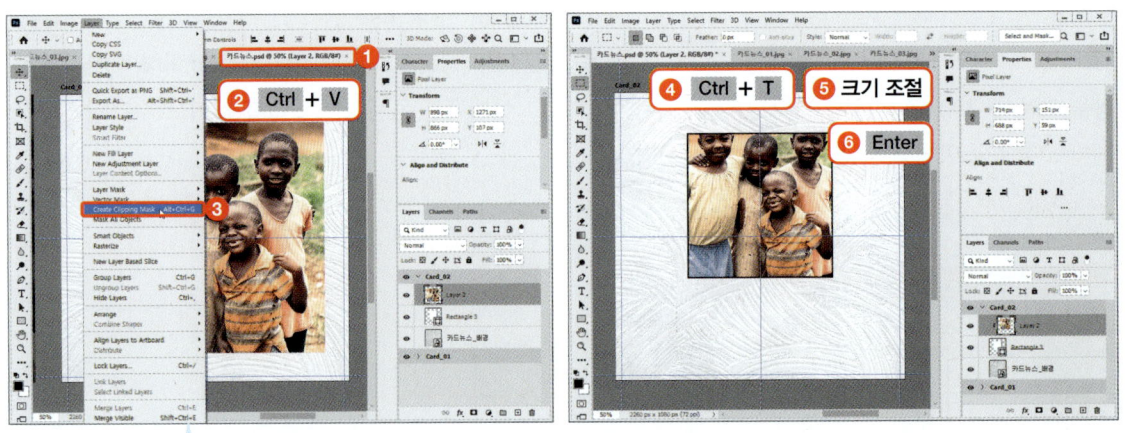

Alt 를 누른 채 사각형 박스 [Rectangle 3] 레이어와 [Layer 2] 레이어의 사이를 클릭해도 클리핑 마스크를 적용할 수 있습니다.

사각형 박스 밖으로 이미지가 보이게 수정하기

17 ❶ [Layers] 패널에서 [Layer 2] 레이어를 선택합니다. ❷ 도구바에서 사각형 선택 도구를 클릭하고 ❸ 그림처럼 아이들의 머리 부분을 드래그하여 선택합니다.

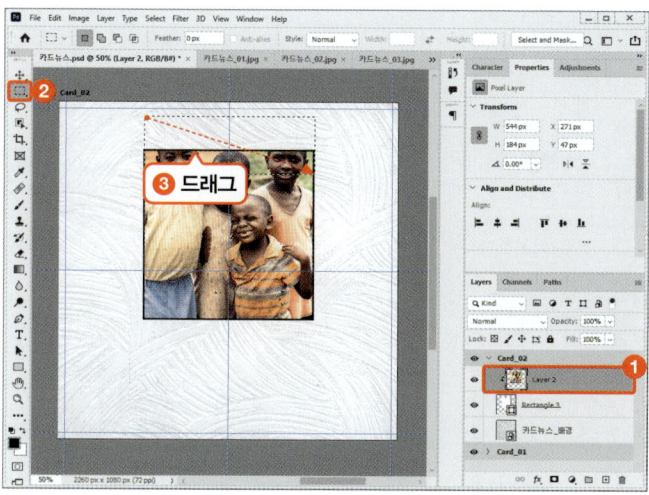

18 ❶ Ctrl + J 를 눌러 선택 영역 이미지를 새 레이어로 복제합니다. ❷ 도구바에서 지우개 도구를 클릭하고 ❸ 옵션바에서 [Size]는 15px, [Hardness]는 100%로 설정합니다. ❹ 아이들은 그대로 둔 채 배경을 드래그하여 지웁니다.

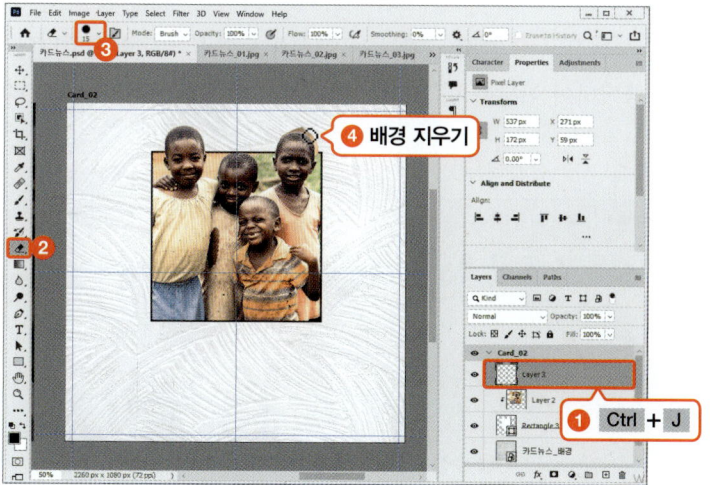

CHAPTER 02 포토샵 활용의 첫 단계, 이미지 활용 예제 **335**

19 본문을 입력해보겠습니다. ❶ 도구바에서 문자 도구 T를 클릭하고 ❷ 작업 영역을 클릭해 원하는 문구를 입력합니다. ❸ Ctrl + A 를 눌러 문자를 모두 선택하고 ❹ [Character] 패널에서 문자 스타일을 설정합니다. 예제에서는 **Spoqa Han Sans, Bold, 28px, 줄 간격 44px, 자간 −25, 검은색(000000)**으로 설정했습니다. ❺ Ctrl + Enter 를 눌러 문자 입력을 완료합니다. ❻ 옵션바에서 가운데 정렬 을 클릭해 문자를 가운데 정렬합니다.

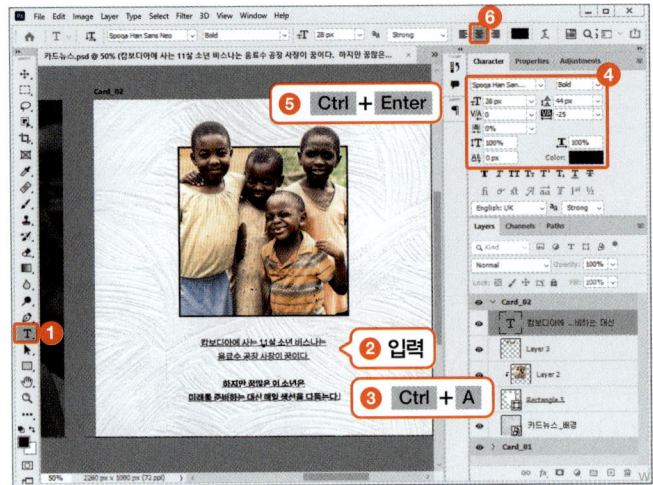

카드뉴스에 입력할 문구는 원하는 문장으로 입력합니다. 여기에서는 첫 번째 단락을 [Regular]로, 두 번째 단락을 [Bold]로 설정했습니다.

여러 개의 아트보드 만들어 한번에 저장하기

20 ❶ [Layers] 패널에서 [Card_02] 폴더를 선택하고 ❷ Ctrl + J 를 두 번 눌러 아트보드를 복제합니다. ❸ 복제한 아트보드 폴더의 이름 부분을 더블클릭하여 이름을 변경합니다. 여기서는 **Card_03, Card_04**로 수정했습니다.

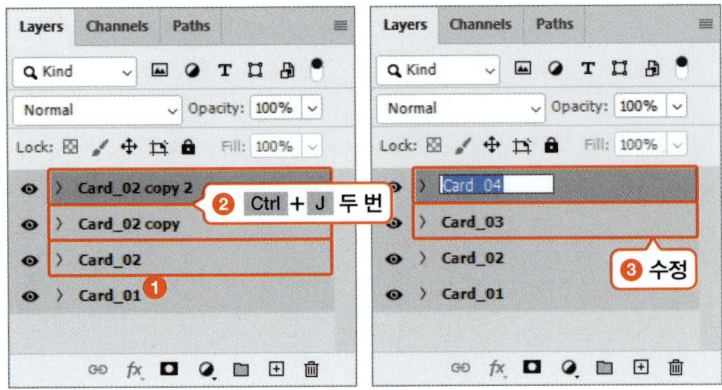

21 콘텐츠에 통일감을 주기 위해 [Card_03]과 [Card_04]의 레이아웃은 그대로 유지하고 이미지와 문구만 교체합니다. [카드뉴스_03.jpg], [카드뉴스_04.jpg] 탭의 이미지를 이용하여 **15~19** 과정을 반복합니다.

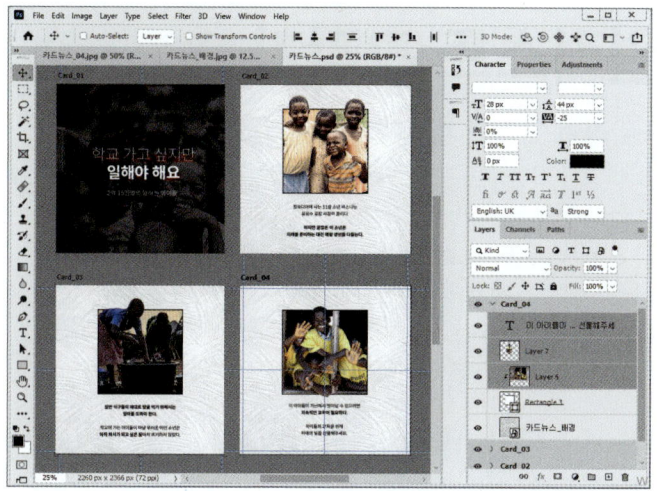

아트보드를 선택하고 Ctrl + J 를 누르면 기본 설정에 따라 아트보드 오른쪽에 새 아트보드가 추가됩니다. 작업 영역의 아트보드 이름을 드래그하면 그림처럼 위치를 옮길 수 있습니다.

22 ❶ [File]-[Export]-[Export As] 메뉴를 선택합니다. ❷ [Export As] 대화상자가 나타나면 [Format]을 [PNG]로 설정합니다. ❸ [Export]를 클릭하고 저장할 폴더를 선택합니다. ❹ 저장한 폴더에 네 개의 이미지 파일이 저장된 것을 확인할 수 있습니다.

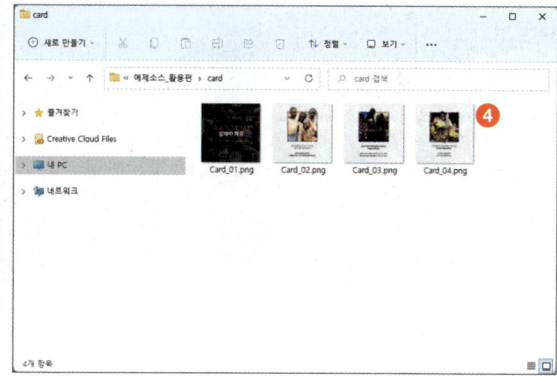

Ps LESSON 04

인물에 라인 일러스트 그리기

브러시 도구로 라인 그리고 채색하기

☑ CC 모든 버전
☐ CC 2025 버전

준비 파일 활용/Chapter 02/소녀 일러스트 폴더
완성 파일 활용/Chapter 02/소녀 일러스트_완성.psd

AFTER

이 예제를 따라 하면

브러시 도구를 이용해 간단한 손그림 일러스트를 그려봅니다. 그런 다음 포토샵의 다양한 기능을 활용해 일러스트 소스를 합성하고 채색합니다. 완성도를 높이기 위해 블렌딩 모드를 이용해 배경이 흰색인 소스는 자연스럽게 합성합니다.

- 브러시 도구로 자연스러운 라인을 그릴 수 있습니다.
- 이미지 소스를 추출하고 합성할 수 있습니다.
- 조정 레이어를 이용하여 이미지를 흑백으로 만들 수 있습니다.

BEFORE

이미지 불러와 배경을 흑백으로 만들기

01 Ctrl + O 를 눌러 **소녀**.jpg 파일을 불러옵니다.

02 이미지의 배경을 흑백으로 만들어보겠습니다. ① 도구바에서 개체 선택 도구를 클릭하고 ② 소녀 영역에 마우스 포인터를 올리면 분홍색으로 표시되고 클릭하면 선택 영역으로 지정됩니다. ③ Ctrl + J 를 눌러 선택 영역을 새 레이어로 복제합니다.

03 ① [Layers] 패널에서 [Background] 레이어를 선택합니다. ② [Adjustments] 패널에서 [Black &White]를 클릭하여 배경만 흑백으로 만듭니다. ③ 배경을 어둡게 만들기 위해 [Adjustments] 패널의 [Curves]를 클릭합니다. ④ [Properties] 패널에서 중간 지점의 그래프를 오른쪽 아래로 드래그하여 배경을 좀 더 어둡게 만듭니다.

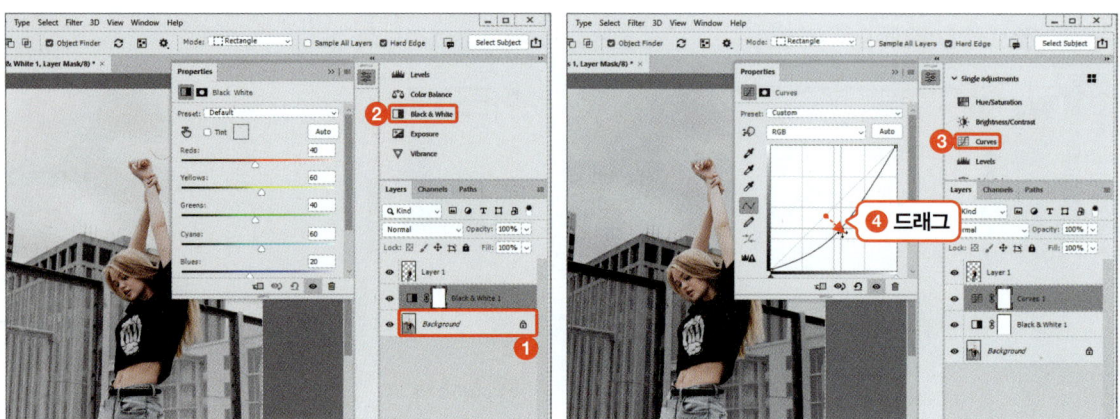

라인 일러스트 만들기

04 ① [Layers] 패널에서 [Layer 1] 레이어 이름을 **소녀**로 수정합니다. ② 새 레이어 만들기를 클릭해 새 레이어를 만들고 ③ 레이어 이름을 **라인**으로 수정합니다.

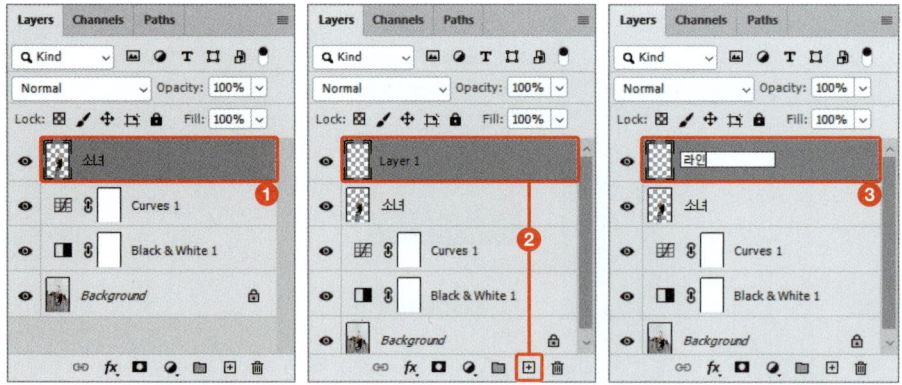

05 ① 전경색을 **흰색(ffffff)**으로 설정하고 ② 도구바에서 브러시 도구를 클릭합니다. ③ 옵션바에서 더 보기를 클릭하고 ④ [Size]는 **4px**, [Hardness]는 **100%**로 설정합니다.

06 ① Ctrl + + 를 여러 번 눌러 옷 부분을 확대합니다. ② 그림과 같이 옷의 바깥 라인을 드래그하여 색상을 칠합니다. ③ [를 두 번 눌러 브러시 크기를 **2px**로 만들고 ④ 옷 안쪽의 주름 라인도 그립니다.

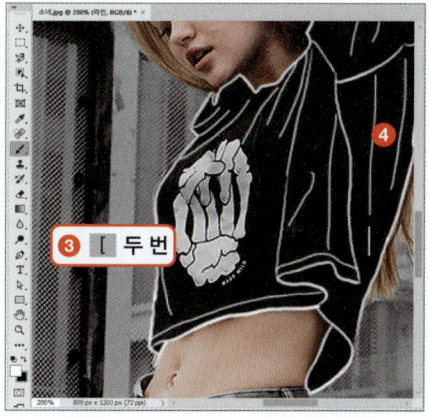

작업 화면에 보이지 않는 영역으로 이동할 때는 SpaceBar 를 누른 채 드래그합니다.

07 06 단계와 같은 방식으로 바지의 라인도 그립니다.

옷 꾸미고 채색하기

08 티셔츠에 꽃 이미지를 넣어보겠습니다. [File]-[Place Embedded] 메뉴를 선택하여 **플라워.jpg** 파일을 불러옵니다.

> 예제에 사용한 플라워.jpg 파일은 Freepik.com의 리소스를 사용하였습니다.

09 ❶ 플라워 이미지의 크기를 조절하고 그림과 같이 이미지를 회전합니다. ❷ 변형이 완료되면 Enter 를 눌러 적용합니다. ❸ [Layers] 패널에서 [플라워] 레이어를 [라인] 레이어 아래로 옮깁니다.

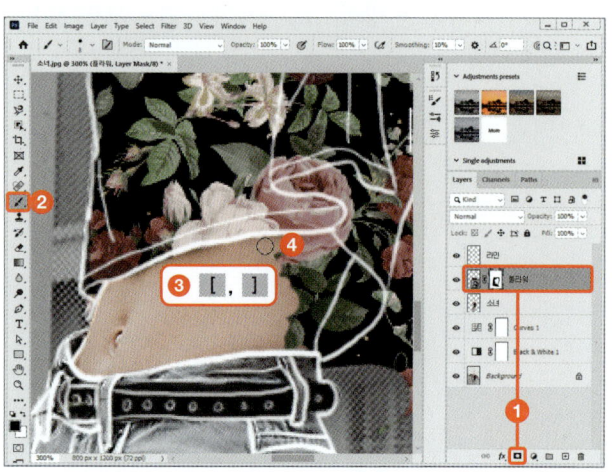

10 ❶ [Layers] 패널에서 레이어 마스크를 클릭해 [플라워] 레이어에 마스크를 적용합니다. ❷ 도구바에서 브러시 도구를 클릭하고 ❸ [나] 를 눌러 브러시를 적당한 크기로 만듭니다. ❹ 티셔츠 영역만 남긴 채 바깥쪽을 드래그하여 지웁니다.

11 ① 마스크 작업을 완료했다면 Ctrl + 0 을 눌러 전체 이미지를 확인합니다. ② [Layers] 패널에서 [플라워] 레이어의 블렌딩 모드를 [Linear Dodge(Add)]로 설정해 좀 더 자연스러운 색감을 살립니다.

12 바지를 채색해보겠습니다. ① [Layers] 패널에서 새 레이어 만들기 를 클릭하여 새 레이어를 만듭니다. ② 새 레이어 이름을 **바지**로 수정합니다. ③ 전경색을 **3091ff**로 설정하고 ④ 브러시 도구 로 드래그하여 채색합니다.

> [바지] 레이어가 [라인] 레이어 아래에 있어야 라인 일러스트가 나타납니다.

13 이번에는 바지에 그림자를 적용하겠습니다. ① 새 레이어 만들기 를 클릭하여 새 레이어를 만듭니다. ② 새 레이어 이름을 **바지 그림자**로 수정합니다. ③ 전경색은 바지 색보다 진한 **2565aa**로 설정합니다. ④ 그림과 같이 드래그하여 채색합니다.

꽃 소스 합성하기

14 ❶ Ctrl + O 를 눌러 **라인아트.jpg** 파일을 불러옵니다. ❷ 도구바에서 올가미 도구 를 클릭하고 ❸ 작업 화면에서 소스로 사용할 꽃을 드래그하여 선택합니다. ❹ Ctrl + C 를 눌러 선택 영역을 복사합니다.

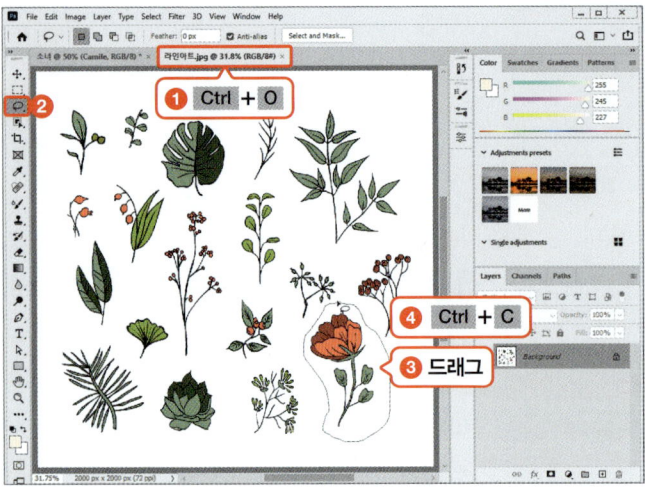

15 ❶ [소녀] 탭을 클릭하고 ❷ Ctrl + V 를 눌러 붙여 넣습니다. ❸ [Layers] 패널에서 복사한 꽃 소스 [Layer 1] 레이어를 [소녀] 레이어 아래로 옮깁니다.

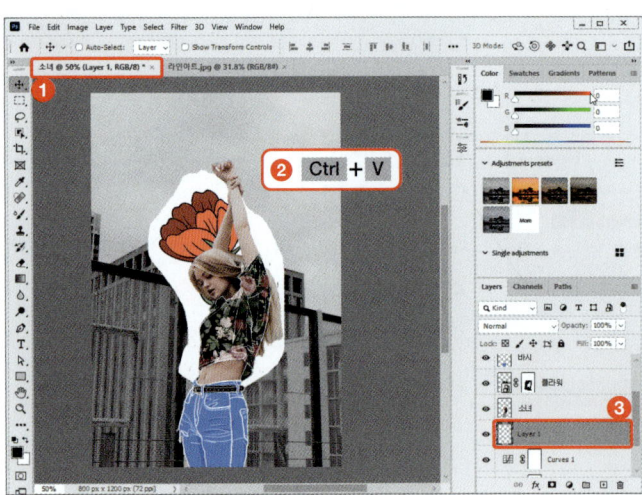

16 ❶ 레이어 블렌딩 모드를 [Darken]으로 설정합니다. ❷ Ctrl + T 를 눌러 자유 변형 기능을 적용합니다. ❸ 꽃 소스 이미지를 회전하고 크기를 조절합니다. ❹ 변형이 완료되면 Enter 를 눌러 변형을 적용합니다.

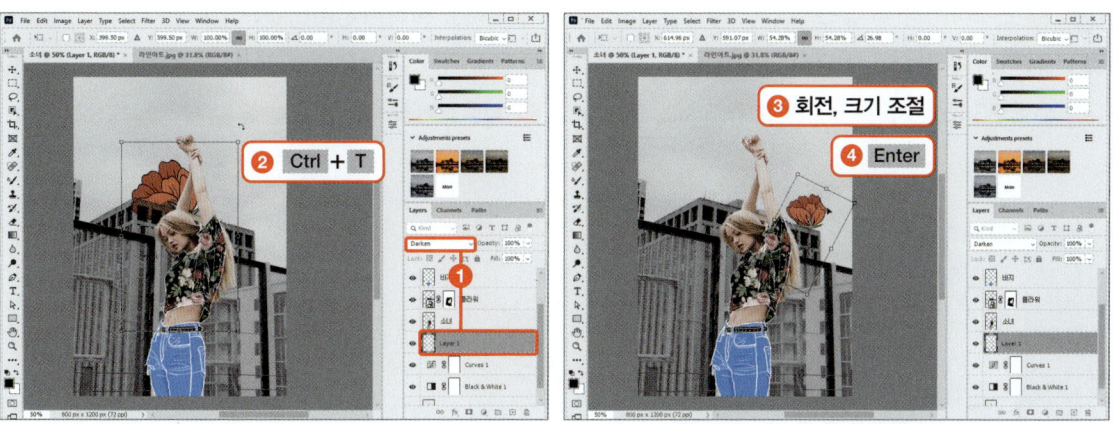

Darken 모드는 흰색을 투명하게 하고 어두운 색상이 겹치는 부분은 더 어둡게 합성합니다. 자세한 내용은 202쪽을 참고하세요.

17 14~16 과정과 같은 방법으로 꽃 소스를 작업 화면에 다양하게 배치합니다.

CHAPTER 02 포토샵 활용의 첫 단계, 이미지 활용 예제 **345**

어울리는 문자 입력하여 완성하기

18 ① 도구바에서 문자 도구 `T`를 클릭합니다. ② 작업 영역을 클릭해 **Camile**을 입력합니다. ③ `Ctrl` + `A`를 눌러 문자를 모두 선택하고 ④ [Character] 패널에서 문자 스타일을 설정합니다. 예제에서는 **Ashly Tabitha, 334px, 자간 -50, 3091ff**로 설정했습니다. ⑤ `Ctrl` + `Enter`를 눌러 문자 입력을 완료합니다.

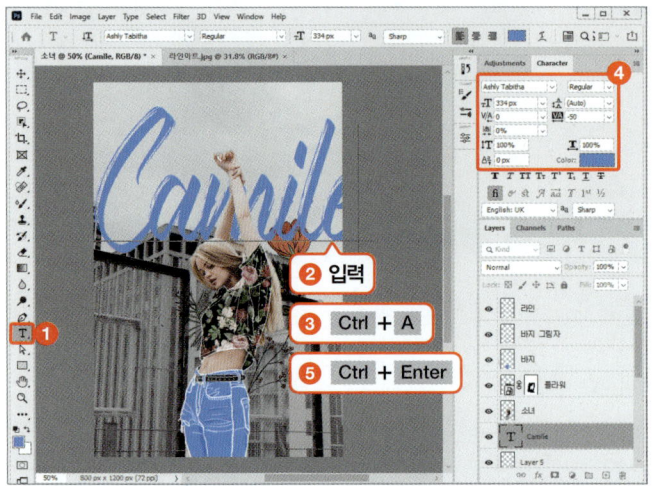

예제에서 사용한 Ashly Tabitha 글꼴은 FREE FONTS 홈페이지(https://www.freefonts.io/ashly-tabitha-font/)에서 다운로드할 수 있습니다. 상업적 이용을 하지 않는 개인이라면 무료로 다운로드하여 자유롭게 사용할 수 있습니다.

19 ① `Ctrl` + `T`를 눌러 자유 변형 기능을 적용합니다. ② 문자를 회전하고 오른쪽 위로 위치를 이동합니다. ③ `Enter`를 눌러 변형을 적용하고 완성합니다.

저작권 걱정 없는 무료 이미지 웹사이트

저작권자의 허락 없이 자유롭게 이미지를 이용할 수 있는 무료 이미지 웹사이트를 소개합니다. 고품질의 무료 이미지를 제공하므로 원하는 이미지가 있다면 다양하게 활용해보기 바랍니다.

1. https://unsplash.com 고품질, 고해상도 이미지가 10일마다 10장씩 추가됩니다.
2. https://www.pexels.com 5천 장 이상의 고품질 사진이 있으며, 인기별 또는 주제별로 검색할 수 있습니다.
3. https://picjumbo.com 사진작가가 찍은 고급스럽고 감각적인 사진이 많습니다.
4. http://www.gratisography.com 고해상도의 창의적인 사진을 볼 수 있습니다.
5. http://pngimg.com PNG 이미지는 배경이 투명하게 처리된 이미지로 합성할 때 유용하게 사용할 수 있습니다.
6. https://visualhunt.com 이미지를 3억 장 넘게 보유하고 있으며 인기 카테고리별 또는 색상별로 검색할 수 있습니다.

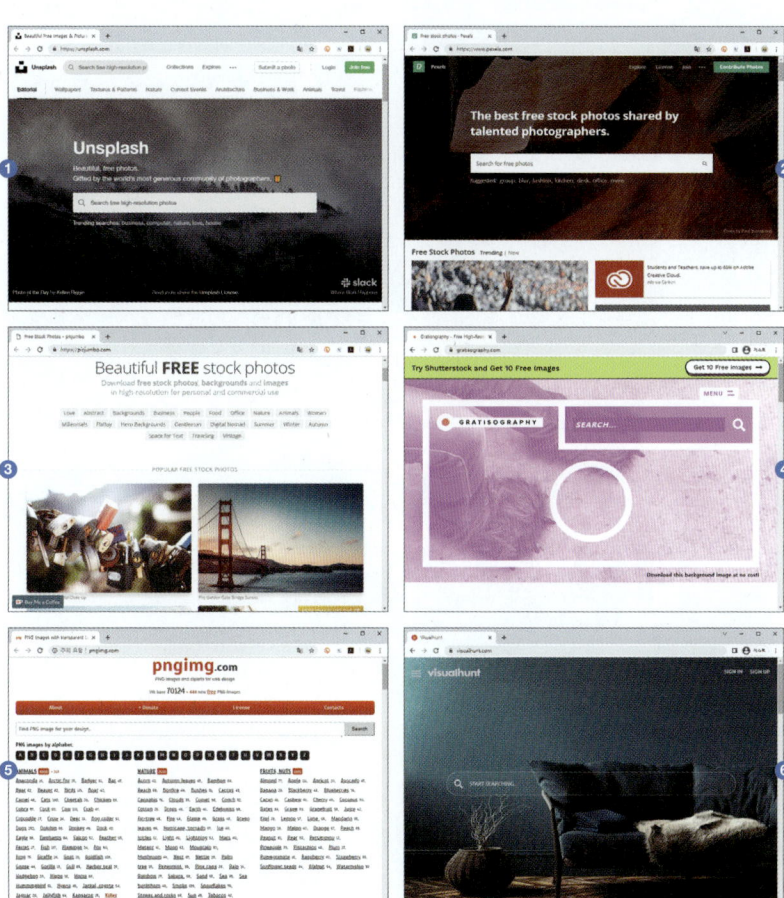

CHAPTER 03

문자를 요리하는 타이포그래피 활용 예제

이미지에 문자를 함께 배치하면 디자인 완성도가 높아집니다.
이번에는 타이포그래피 활용 예제를 실습하며
다양한 문자 디자인 방법을 익혀보겠습니다.
문자를 입력해 수정하는 것은 물론,
조각 문자, 3D 표현, 포스터 디자인을 통해
타이포그래피 디자인을 정복해보겠습니다.

Ps LESSON 01

자연스럽게 숨어 있는 입체 글자 만들기

마스크 적용하여 이미지에 어울리는 문자 배치하기

☑ CC 모든 버전
☐ CC 2025 버전

준비 파일 활용/Chapter 03/공간에 있는 입체 글자 만들기.jpg
완성 파일 활용/Chapter 03/공간에 있는 입체 글자 만들기_완성.psd

AFTER

이 예제를 따라 하면

이미지와 문자가 어울리도록 구성해봅니다. 오브젝트 뒤에 자연스럽게 숨어 있거나 걸쳐진 느낌으로 입체감 있는 이미지와 문자를 표현할 수 있습니다. 다양한 선과 도형을 그려 완성도를 높여보겠습니다.

- 마스크를 적용할 수 있습니다.
- 브러시 도구로 선을 그릴 수 있습니다.
- 다각형 도구를 이용해 원하는 도형을 그릴 수 있습니다.

BEFORE

문자 입력하고 정렬하기

01 ① Ctrl + O 를 눌러 [열기] 대화상자를 불러옵니다. ② 공간에 있는 입체 글자 만들기.jpg 파일을 선택하고 ③ [열기]를 클릭합니다.

02 ① 도구바에서 문자 도구 T 를 클릭하고 ② 작업 영역을 클릭해 MY LITTLE FOREST를 입력합니다. ③ Ctrl + A 를 눌러 문자를 모두 선택하고 ④ 옵션바에서 문자 스타일을 설정합니다. 예제에서는 JejuGothic, 200pt, 흰색(ffffff)으로 설정했습니다. ⑤ Ctrl + Enter 를 눌러 문자 입력을 완료합니다.

기능 꼼꼼 익히기 — 다양한 글꼴 사용하기

문자를 활용하는 예제를 실습하다 보면 다양한 글꼴을 사용하게 됩니다. 이번 실습 예제에서는 제주고딕(JejuGothic) 글꼴을 사용했으며, 제주특별자치도 홈페이지(https://www.jeju.go.kr/jeju/symbol/font/infor.htm)에서 다운로드할 수 있습니다. 제주서체는 누구나 무료로 다운로드하여 자유롭게 사용할 수 있습니다.

03 ❶ 도구바에서 이동 도구 를 클릭하고 ❷ 이미지와 문자가 어울리도록 배치합니다.

> 문자에 마스크 적용하여 문자의 일부분 지우기

04 ❶ [MY LITTLE FOREST] 레이어를 선택하고 ❷ [Opacity]를 50%로 설정합니다. ❸ 문자가 흐려집니다. ❹ [Layers] 패널에서 레이어 마스크 를 클릭하여 문자 레이어에 마스크를 적용합니다.

05 ① 도구바에서 브러시 도구를 클릭하고 ② Ctrl + + 를 여러 번 눌러 작업 화면을 확대합니다. ③ X 를 눌러 전경색이 검은색, 배경색이 흰색이 되게 설정한 후 ④ 버섯을 가리는 문자를 드래그하여 지웁니다. 앞서 04 단계에서 문자 레이어의 불투명도를 조절했으므로 버섯과 문자를 쉽게 구분할 수 있습니다.

> **기능 꼼꼼 익히기** **레이어 마스크 모드**
>
> 레이어에 마스크를 적용하면 마스크 모드의 기본 설정 색상이 적용됩니다. 전경색은 흰색(ffffff), 배경색은 검은색(000000)입니다. 이번 실습에서는 레이어 마스크에서 검은색이 보이지 않도록 문자를 지울 예정입니다. 따라서 전경색과 배경색을 바꾸는 단축키 X 를 눌러 전경색과 배경색을 바꾼 후 작업합니다. X 를 눌러도 전경색과 배경색이 바뀌지 않는다면 한/영 을 눌러 키보드 입력 상태가 영문임을 확인한 후 다시 X 를 눌러봅니다. 레이어 마스크 모드에 대한 자세한 내용은 211쪽을 참고하세요.

06 같은 방법으로 잎이나 나뭇가지를 가리는 부분을 지워줍니다.

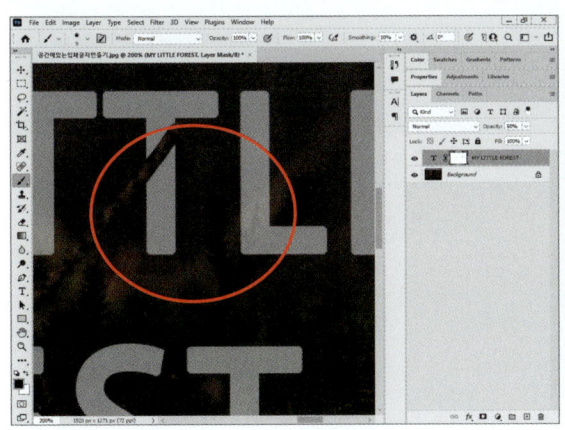

브러시 도구를 이용해 이미지 꾸미기

07 ① [Layers] 패널에서 새 레이어 만들기 를 클릭하여 새 레이어를 만듭니다. ② 도구바에서 브러시 도구 를 클릭합니다. ③ 옵션바에서 브러시 크기를 **1px**로 변경합니다. ④ X 를 눌러 전경색을 흰색으로 바꾼 뒤 ⑤ Shift 를 누른 채 작업 화면을 드래그하여 대각선을 그립니다.

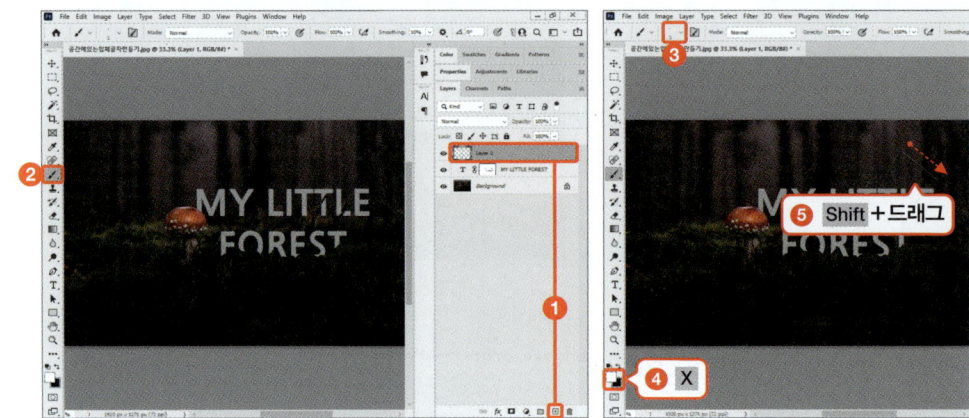

08 그림을 참고하여 문자 주변에 선을 그립니다.

셰이프 도구를 이용해 이미지 꾸미기

09 ❶ 도구바에서 다각형 셰이프 도구 를 클릭하고 ❷ 옵션바에서 [Pixels]를 선택합니다. ❸ [Layers] 패널에서 새 레이어 만들기 를 클릭하여 새 레이어를 만든 후 ❹ 옵션바에서 꼭짓점을 3으로 설정합니다. ❺ 작업 영역에 드래그하여 삼각형을 그립니다.

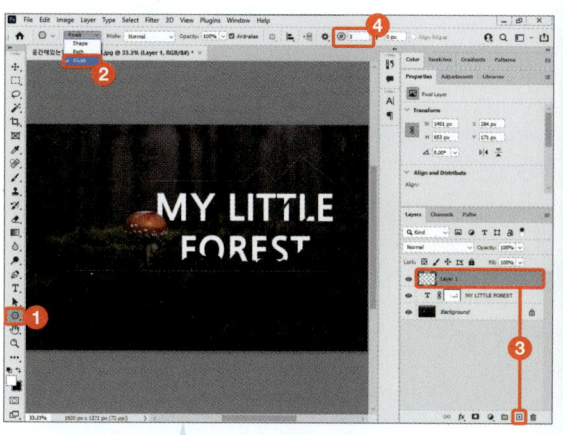 

포토샵 CC 2021 버전에서는 삼각형 셰이프 도구가 추가되었습니다. 옵션바에서 꼭짓점을 설정한 후 드래그하면 원하는 꼭짓점 개수를 가진 도형을 쉽게 그릴 수 있습니다. 셰이프 도구에 대한 자세한 설명은 168쪽을 참고하세요.

10 같은 방법으로 크기가 작은 삼각형을 하나 더 그립니다.

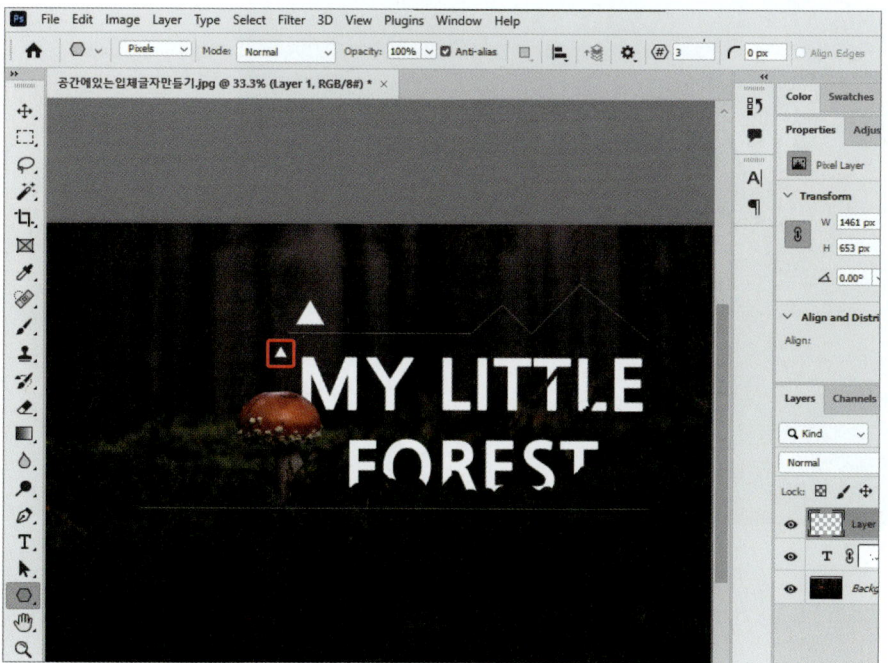

11 ❶ 도구바에서 타원 셰이프 도구 ◯를 클릭합니다. ❷ [Layers] 패널에서 새 레이어 만들기 ⊞를 클릭하여 새 레이어를 만듭니다. ❸ Shift 를 누른 채 작업 화면에 드래그하여 원을 그립니다.

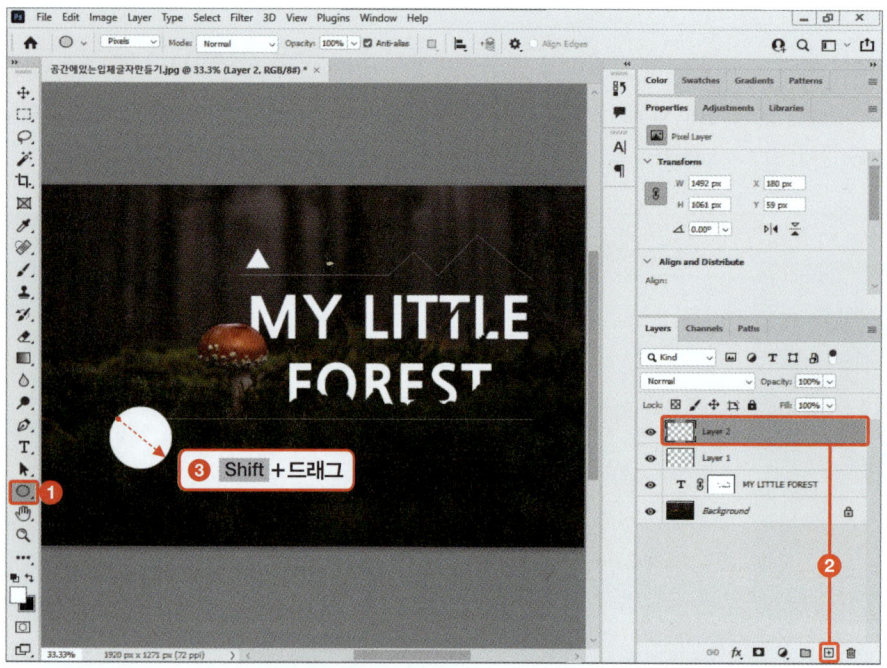

12 도형과 선, 문자의 비율을 생각하며 부족한 부분을 보완한 후 완성합니다.

Ps LESSON 02

조각 문자 디자인

영역을 선택하고 필요 없는 부분 지우기

☑ **CC 모든 버전**
☐ **CC 2025 버전**

준비 파일 활용/Chatper 03/조각 문자 디자인.jpg
완성 파일 활용/Chapter 03/조각 문자 디자인_완성.psd

AFTER

이 예제를 따라 하면

조각 문자 디자인은 문자의 일부를 제거하지만 형태는 남겨놓는 디자인 방식입니다. 지워진 부분을 상상해볼 수 있는 재미가 있어 다양한 디자인에 자유롭게 활용할 수 있습니다.

- 영역을 선택하고 지울 수 있습니다.
- 문자를 정렬할 수 있습니다.
- 문자를 래스터라이즈(픽셀화)하여 자유롭게 다룰 수 있습니다.

BEFORE

문자 입력하고 정렬하기

01 ① Ctrl + O 를 눌러 [열기] 대화상자를 불러옵니다. ② **조각 문자 디자인.jpg** 파일을 선택하고 ③ [열기]를 클릭합니다.

02 ① D 를 눌러 전경색과 배경색을 기본 설정으로 초기화한 후 ② X 를 눌러 전경색과 배경색을 바꿉니다. ③ 도구바에서 문자 도구 T 를 클릭하고 ④ 작업 영역을 클릭해 원하는 문구를 입력합니다. 예제에서는 **patter patter**를 입력했습니다. ⑤ 문자 스타일은 JejuGothic, 150pt, 자간 130, 대문자 TT 로 설정했습니다. ⑥ Ctrl + Enter 를 눌러 문자 입력을 완료합니다.

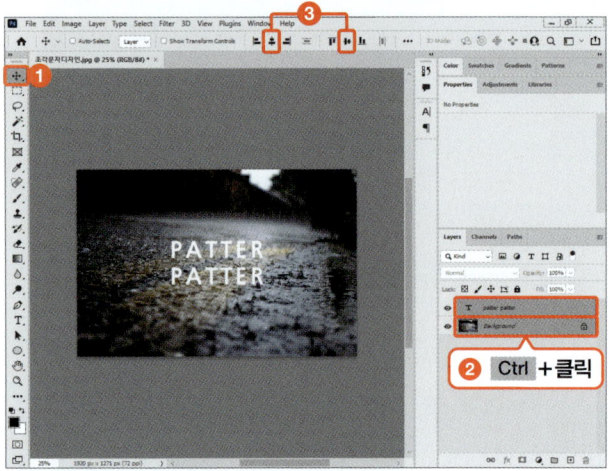

03 ① 도구바에서 이동 도구 를 클릭합니다. ② [Layers] 패널에서 Ctrl 을 누른 채 [Background] 레이어와 [patter patter] 레이어를 모두 선택합니다. ③ 옵션바에서 세로 선 가운데 정렬 , 가로 선 가운데 정렬 을 클릭하여 문자와 배경을 가운데 정렬합니다.

문자를 래스터라이즈한 후 자유롭게 자르기

04 ① [patter patter] 레이어를 선택하고 ② Ctrl + J 를 눌러 레이어를 복제합니다. ③ [patter patter] 레이어의 눈을 클릭해 끕니다. ④ [patter patter copy] 레이어를 마우스 오른쪽 버튼으로 클릭하고 ⑤ [Rasterize Type]을 선택하여 래스터라이즈(픽셀화)합니다.

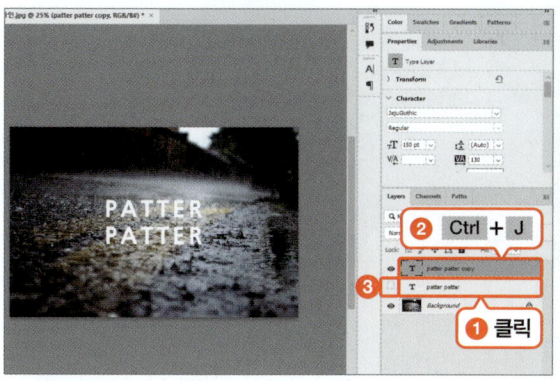

05 ① 도구바에서 다각형 올가미 도구를 클릭합니다. ②③④⑤⑥⑦ 작업 영역을 순서대로 클릭한 후 ⑧ Enter 를 누릅니다. 문자 'P'의 왼쪽 획을 포함합니다.

Ctrl + + 를 눌러 작업 화면을 키워가며 진행합니다.

06 선택 영역이 생성되면 Delete 를 눌러 선택 영역을 삭제합니다.

07 같은 방법으로 문자 'A'도 지웁니다. ❶❷❸❹❺❻❼ 작업 영역을 순서대로 클릭한 후 ❽ Enter 를 눌러 선택 영역으로 지정하고 ❾ Delete 를 눌러 삭제합니다.

08 ❶ 도구바에서 사각형 선택 도구를 클릭합니다. ❷ 그림처럼 문자 'E'의 획을 드래그하여 선택 영역으로 지정합니다.

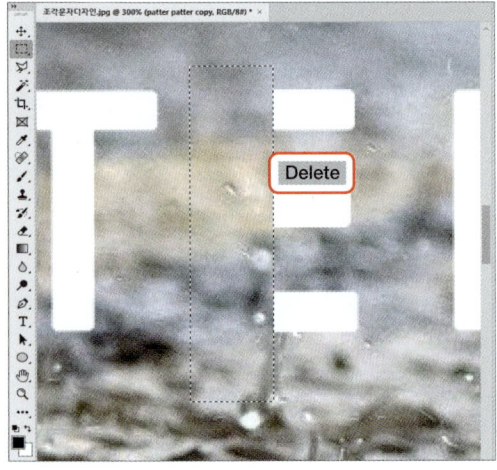

09 Delete 를 눌러 앞서 선택한 영역을 삭제합니다.

10 같은 방법으로 문자 'R'의 획도 지웁니다.

11 ① 도구바에서 사각형 선택 도구 □를 클릭합니다. ② 두 번째 줄 문자 'E'의 가운데 부분이 걸치도록 드래그하여 선택합니다. ③ `Delete` 를 눌러 선택 영역을 삭제합니다.

> 실습을 진행할 때는 작업 화면을 확대하거나 축소하며 전체 화면을 확인합니다. `Ctrl` + `+` 나 `Ctrl` + `-` 를 눌러도 되고, 돋보기 도구 🔍를 선택한 후 작업 화면을 더블클릭해도 됩니다. 작업 화면을 확대하거나 축소하는 자세한 방법은 이 책의 171쪽을 참고하세요.

CHAPTER 03 문자를 요리하는 타이포그래피 활용 예제

12 ① Shift 를 누른 채 →를 여러 번 눌러 선택 영역을 문자 'R' 위로 옮깁니다. ② Delete 를 눌러 삭제합니다.

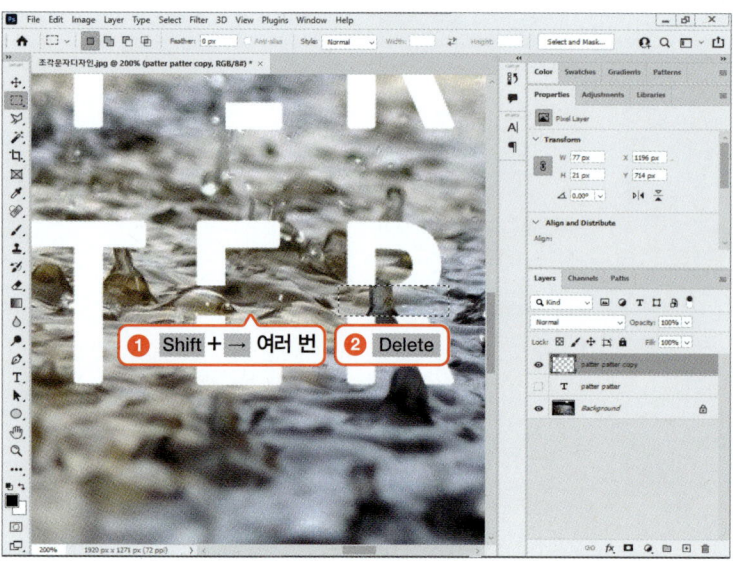

13 05~12 과정을 참고하여 문자의 일부 영역을 지워 완성합니다.

03 물결치는 그림자 문자 만들기

자유 변형(Free Transform) 기능 반복하기

☑ CC 모든 버전
☐ CC 2025 버전

준비 파일 없음
완성 파일 활용/Chapter 03/3D 그림자 문자_완성.psd

AFTER

이 예제를 따라 하면

자유 변형(Free Transform) 기능 중에는 방금 전에 적용했던 작업을 반복하는 기능도 있습니다. 이번 실습에서는 3D 문자 형태를 만들고 자유 변형 기능을 활용해 이전에 적용한 작업을 쉽게 반복하는 방법을 익혀보겠습니다. 물결치는 모양의 그림자와 3D 느낌의 오브젝트를 만들어 다양한 방식으로 활용해보세요.

- 문자에 입체 효과를 적용할 수 있습니다.
- 이전에 적용한 자유 변형 기능을 반복 적용할 수 있습니다.
- 스마트 오브젝트 레이어를 활용해 오브젝트를 수정할 수 있습니다.

새 문서 만들고 문자 입력하기

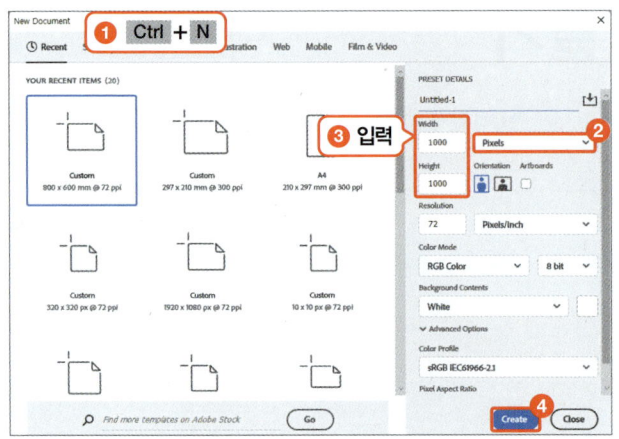

01 ① Ctrl + N 을 눌러 [New Document] 대화상자를 불러옵니다. ② [Pixels]를 선택하고 ③ [Width]와 [Height]에 **1000**을 입력합니다. ④ [Create]를 클릭해 새 작업 문서를 만듭니다.

02 ① 도구바에서 전경색을 클릭합니다. ② [Color Picker] 대화상자가 나타나면 색상값에 **f4c2b7**을 입력하고 ③ [OK]를 클릭합니다. ④ Alt + Delete 를 눌러 전경색을 채웁니다.

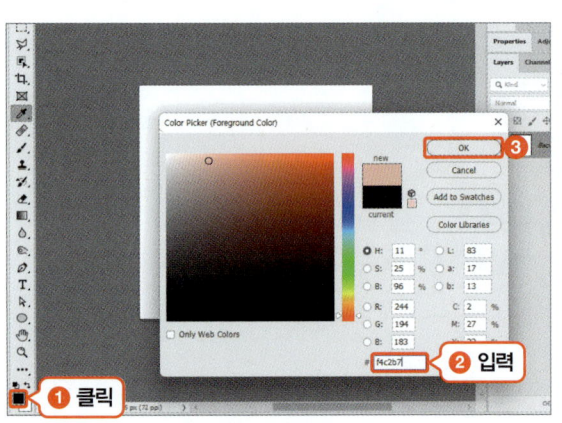

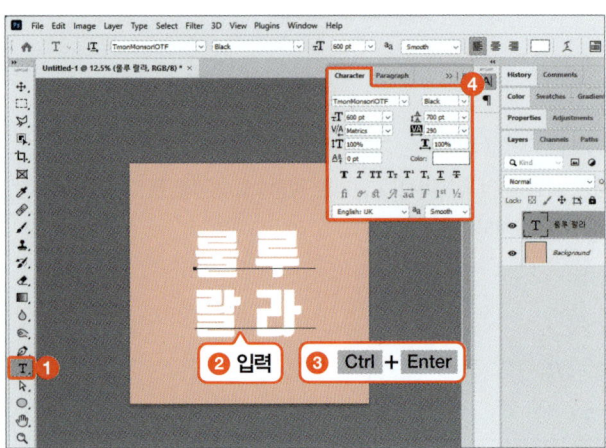

03 ① 도구바에서 문자 도구 T 를 클릭합니다. ② 작업 영역 가운데를 클릭해 **룰루 랄라**를 두 줄이 되도록 입력합니다. ③ Ctrl + Enter 를 눌러 문자 입력을 마칩니다. ④ [Character] 패널에서 문자 스타일을 설정합니다. 예제에서는 **TmonMonsori, 600pt, 흰색(ffffff)**으로 설정했습니다.

> 원하는 글꼴과 크기를 적용하되 되도록 굵은 글꼴을 사용하는 것을 추천합니다. 작업 화면에 맞추어 문자 크기를 조정합니다.

자유 변형 기능으로 문자 변형하기

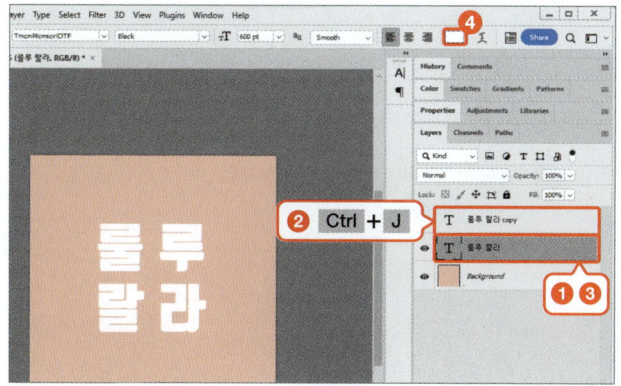

04 ① [룰루 랄라] 레이어를 선택하고 ② Ctrl + J 를 눌러 같은 위치에 문자 레이어를 복제합니다. ③ [Layers] 패널에서 아래에 있는 [룰루 랄라] 레이어를 선택하고 ④ 옵션바에서 컬러박스를 클릭합니다.

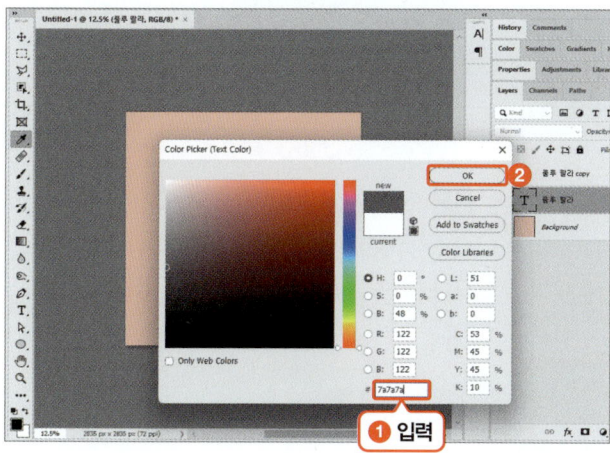

05 ① [Color Picker] 대화상자에서 색상값을 7a7a7a로 입력하고 ② [OK]를 클릭해 문자를 어두운 회색으로 수정합니다.

06 ① Ctrl + T 를 눌러 자유 변형 기능을 적용합니다. ② Ctrl + + 를 여러 번 눌러 작업 화면을 확대하고 ③ 키보드의 방향키(→, ↓)를 여러 번 눌러 그림자를 표현합니다. 그림처럼 그림자가 5시 방향이 되도록 조정합니다. ④ Enter 를 눌러 이미지 변형을 완료합니다.

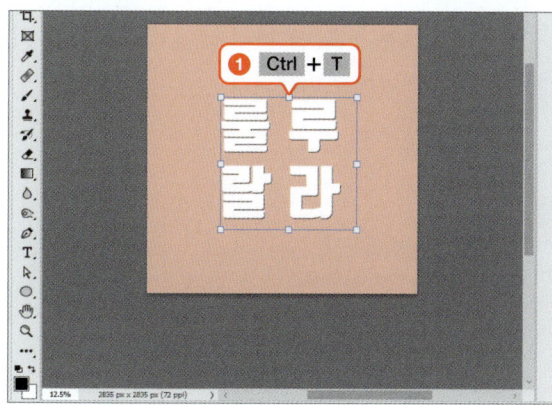 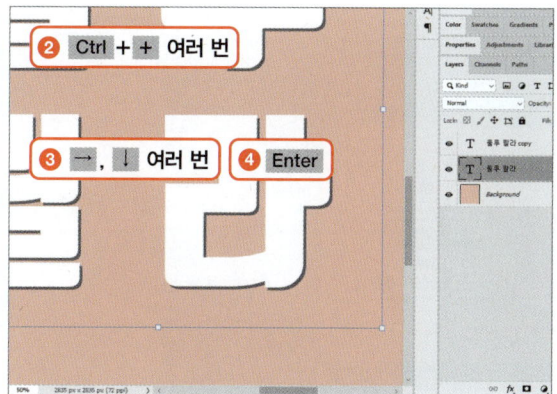

이전에 적용한 변형 작업 반복하여 그림자 만들기

07 ❶ Ctrl + J 를 눌러 문자 레이어를 복제하고 ❷ Shift + Ctrl + T 를 눌러 이전에 적용한 변형 작업을 반복 적용합니다. ❸ Ctrl + J 와 Shift + Ctrl + T 를 순서대로 여러 번 눌러 다음 그림과 같이 두꺼운 그림자를 표현합니다.

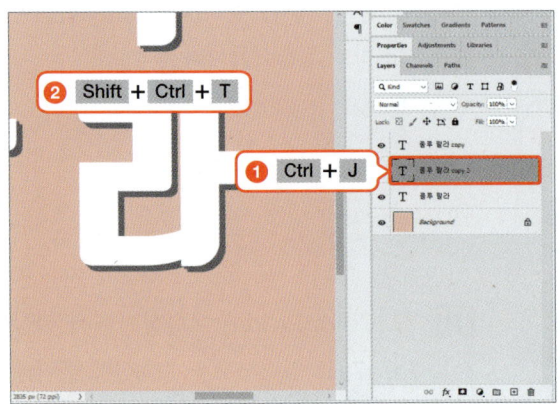
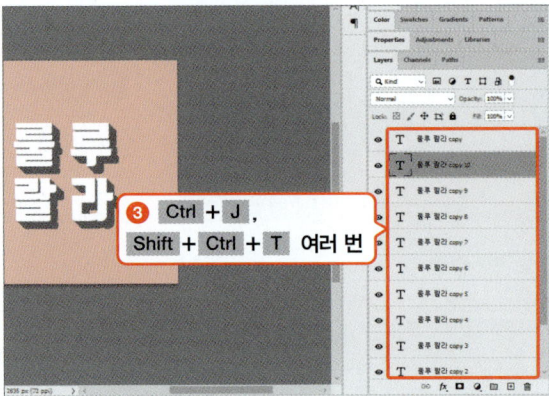

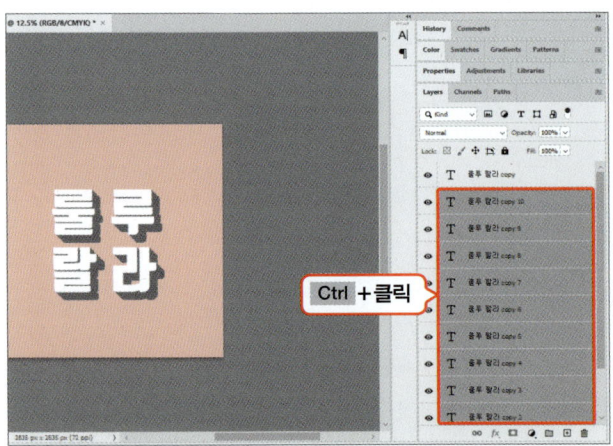

08 [Layers] 패널에서 Ctrl 을 누른 채 어두운 회색의 문자 레이어만 모두 선택합니다. 복제한 그림자 문자 레이어만 선택하는 것입니다.

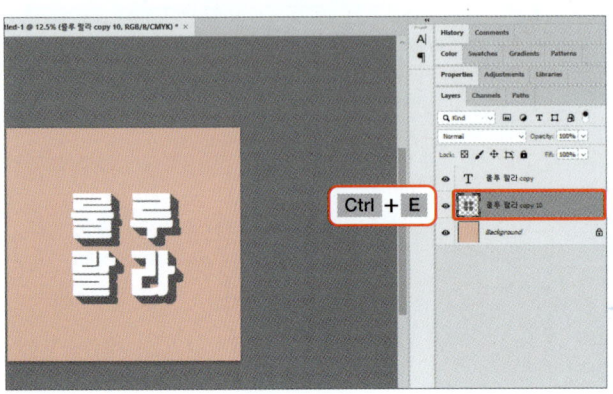

09 Ctrl + E 를 눌러 레이어를 병합해 이미지 레이어로 만듭니다.

> Ctrl + E 는 레이어를 병합하는 [Merge Layers] 메뉴의 단축키입니다. 문자 레이어를 여러 번 복제했기 때문에 레이어 정리가 필요합니다. 레이어가 많다면 [Layers] 패널을 조작하기 어렵고 포토샵 파일 용량에도 영향을 끼칩니다. 반복적인 형태, 동일한 형태의 레이어는 하나로 합쳐서 관리하는 것이 좋습니다.

10 ① 합친 레이어의 여백을 더블클릭하고 ② [Layer Style] 대화상자가 나타나면 [Color Overlay]를 선택합니다. ③ [Color]의 컬러박스를 클릭하여 ④ [Color Picker] 대화상자에서 색상값을 **5daeb2**로 입력한 후 ⑤ [OK]를 클릭합니다. ⑥ [Layer Style] 대화상자의 [OK]를 클릭하면 ⑦ 회색 그림자의 색이 민트색으로 바뀝니다.

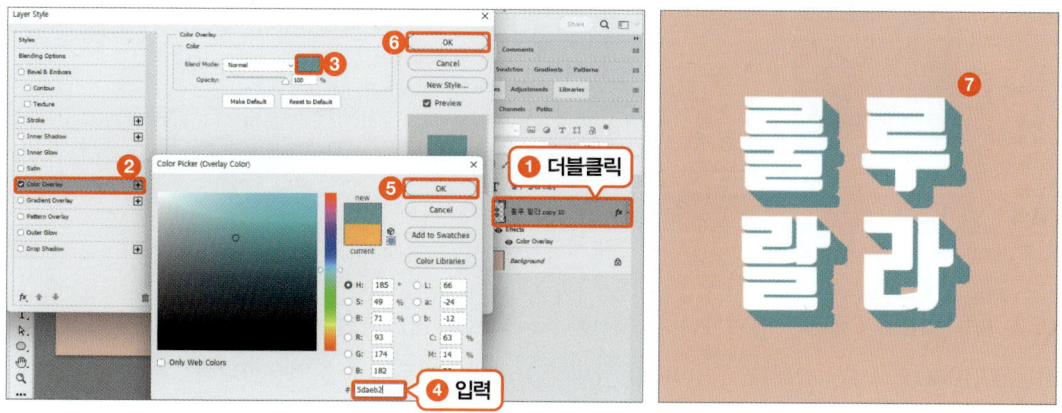

마스크 적용하여 입체감 표현하기

11 ① [Layers] 패널에서 새 레이어 만들기 를 클릭하여 새 레이어를 만듭니다. ② 새로 만들어진 레이어가 선택된 상태에서 Ctrl 을 누른 채 문자 레이어의 섬네일을 클릭합니다. ③ 앞서 입력한 문자 형태로 선택 영역이 만들어집니다.

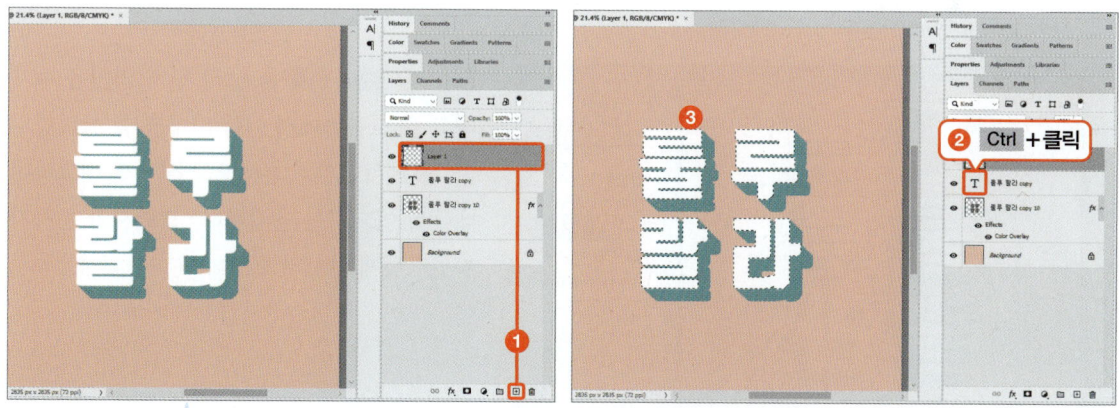

Ctrl 을 누른 채 섬네일을 클릭하면 레이어가 가지고 있는 이미지의 외곽 형태를 따라 선택 영역이 만들어집니다.

CHAPTER 03 문자를 요리하는 타이포그래피 활용 예제

12 ❶ 도구바에서 전경색을 클릭합니다. ❷ [Color Picker] 대화상자가 나타나면 색상 값을 073940으로 입력한 후 ❸ [OK]를 클릭합니다. 선택 영역에 색이 적용됩니다.

13 ❶ [Edit]-[Stroke] 메뉴를 선택합니다. ❷ [Stroke] 패널이 나타나면 [Width]에 **3px**을 입력하고 ❸ [Color]는 073940으로 설정합니다. ❹ [OK]를 클릭해 3px만큼 테두리 색을 적용합니다.

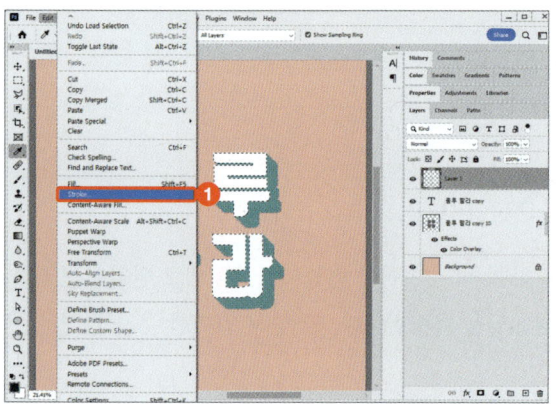
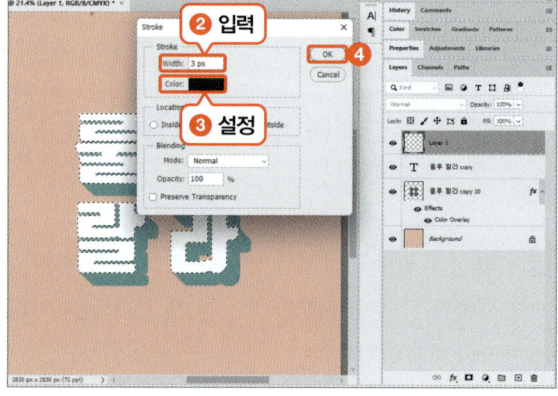

14 ❶ Ctrl + D 를 눌러 선택 영역을 해제하고 ❷ 도구바에서 이동 도구를 클릭합니다. ❸ 테두리를 오른쪽으로 살짝 드래그하여 테두리 이미지를 옮깁니다. 그림자와 문자가 자연스럽게 떨어져 보입니다.

스마트 오브젝트 레이어로 오브젝트 수정하기

15 ① `Ctrl`을 누른 채 [Background] 레이어를 제외한 모든 레이어를 선택합니다. ② 마우스 오른쪽 버튼을 클릭해 ③ [Convert to Smart Object]를 선택합니다.

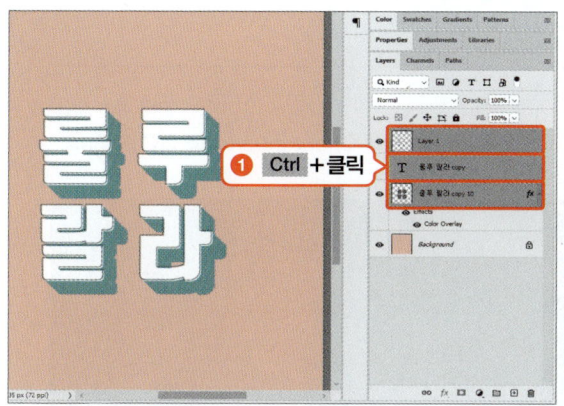 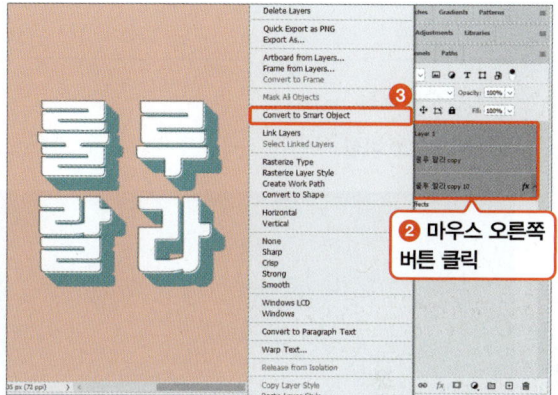

16 스마트 오브젝트로 합쳐진 오브젝트를 자유롭게 변형해보겠습니다. ① `Ctrl` + `T`를 눌러 자유 변형 기능을 적용합니다. ② [Edit]-[Transform]-[Warp] 메뉴를 선택합니다. ③ 왜곡 조절점이 나타나면 핸들을 움직여 자연스럽게 오브젝트를 비틀어줍니다.

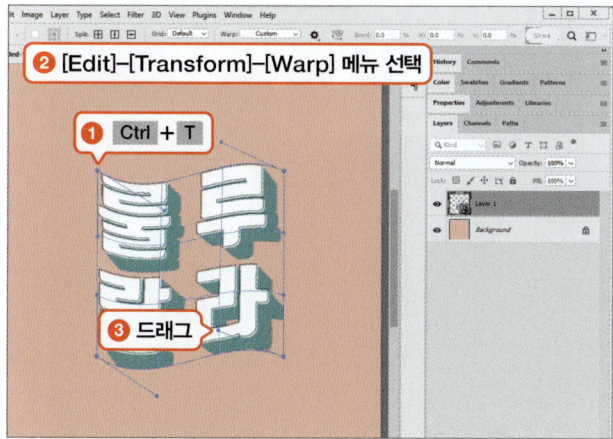

17 `Enter`를 눌러 이미지 변형을 적용하고 완성합니다.

TV 노이즈 화면 애니메이션 만들기

04

글리치 효과와 애니메이션 적용하기

☑ **CC 모든 버전**
☐ CC 2025 버전

준비 파일 없음
완성 파일 활용/Chapter 03/노이즈 화면_완성.psd

AFTER

이 예제를 따라 하면

이번 실습에서는 글리치 효과와 모션 블러를 반복적으로 적용하여 옛날 브라운관 TV의 노이즈 화면을 애니메이션으로 만들어보겠습니다. 이러한 효과는 텍스트뿐만 아니라 이미지로도 표현할 수 있어 독특한 분위기를 만들어내는 데 효과적입니다. 여기에 애니메이션 효과를 적용해 지직거리는 동적인 느낌까지 표현해보겠습니다.

- Noise 필터를 적용할 수 있습니다.
- 모션 블러(Motion Blur)를 활용할 수 있습니다.
- 그룹 레이어를 프레임으로 배치해 애니메이션 기능을 적용할 수 있습니다.

노이즈 효과의 검은 배경 만들기

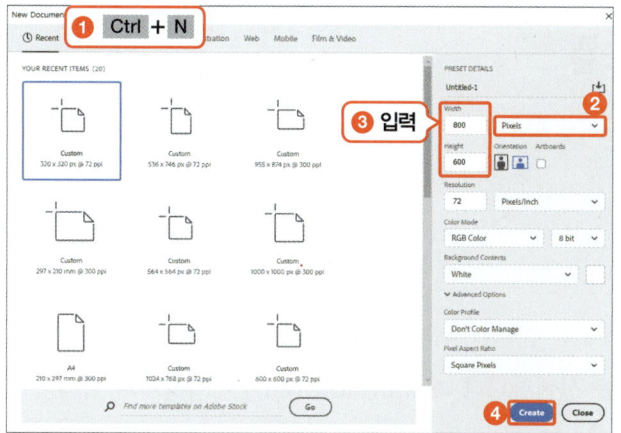

01 ① `Ctrl` + `N` 을 눌러 [New Document] 대화상자를 불러옵니다. ② [Pixels]를 선택하고 ③ [Width]는 800, [Height]는 600으로 입력합니다. ④ [Create]를 클릭해 새 작업 문서를 만듭니다.

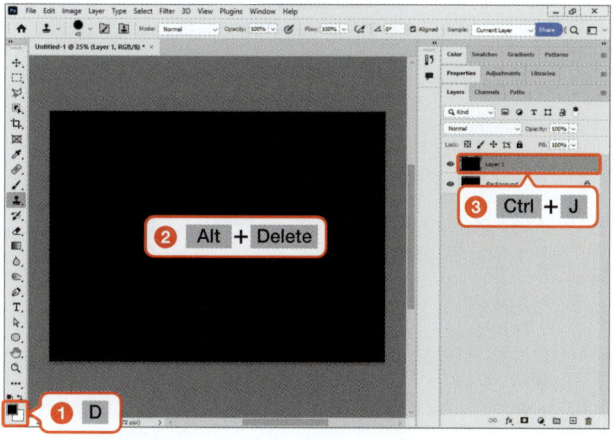

02 ① `D` 를 눌러 전경색과 배경색을 기본값으로 초기화합니다. ② `Alt` + `Delete` 를 눌러 [Background] 레이어에 전경색을 적용하고 ③ `Ctrl` + `J` 를 눌러 레이어를 복제합니다.

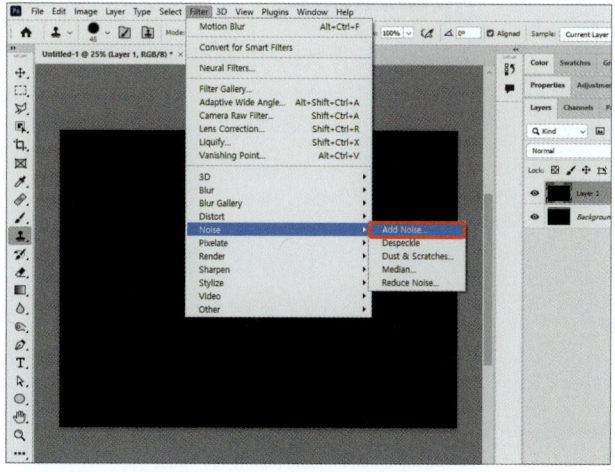

03 [Filter]-[Noise]-[Add Noise] 메뉴를 선택합니다.

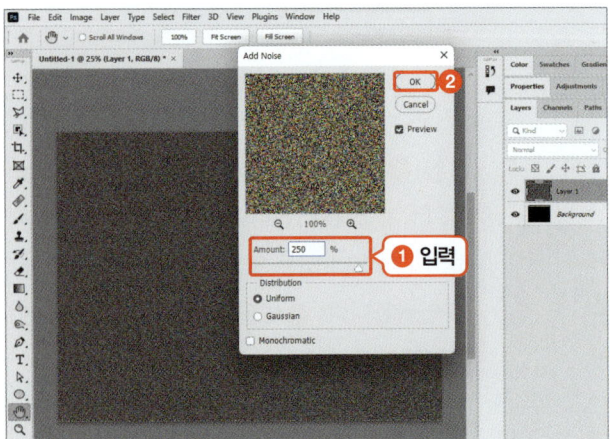

04 ① [Add Noise] 대화상자가 나타나면 [Amount]를 250으로 입력합니다. ② [OK]를 클릭해 노이즈 효과를 적용합니다.

05 ① [Filter]-[Blur]-[Motion Blur] 메뉴를 선택합니다. ② [Motion Blur] 대화상자가 나타나면 [Angle]은 0, [Distance]는 20으로 입력합니다. ③ [OK]를 클릭해 Noise 필터에 움직이는 흐림 효과를 적용합니다.

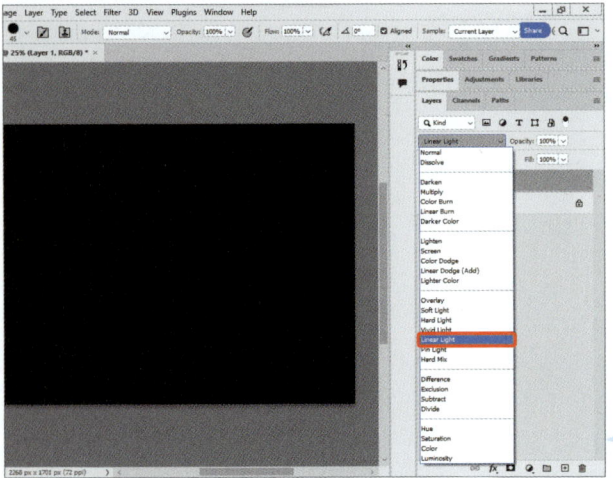

06 [Layers] 패널에서 [Layer 1] 레이어의 블렌딩 모드를 [Linear Light]로 설정합니다.

> Linear Light 모드에 대한 자세한 내용은 203쪽을 참고하세요.

문자 입력하기

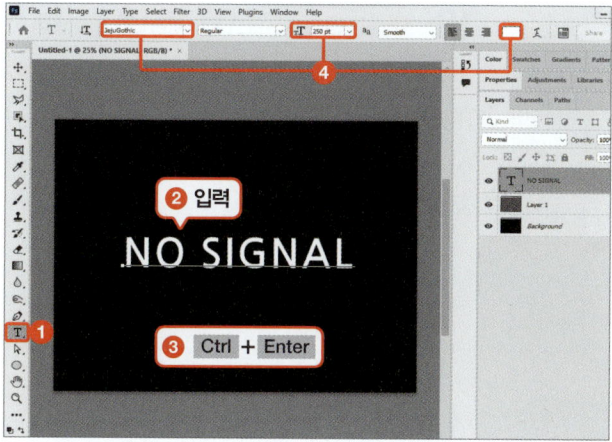

07 ① 도구바에서 문자 도구 T 를 클릭합니다. ② 작업 영역을 클릭해 **NO SIGNAL**을 입력한 후 ③ Ctrl + Enter 를 눌러 문자 입력을 마칩니다. ④ 옵션바에서 문자 스타일을 설정합니다. 예제에서는 JejuGothic, 250pt, **흰색(ffffff)**으로 설정했습니다.

> 문자 스타일을 설정할 때 [Character] 패널을 활용해도 됩니다. 대문자 설정은 [Character] 패널에서 적용합니다.

08 ① Ctrl 을 누른 채 [Background] 레이어와 [NO SIGNAL] 레이어를 선택합니다. ② 도구바에서 이동 도구 를 클릭하고 ③ 옵션바에서 세로 선 가운데 정렬 을 클릭하여 문자를 가운데 정렬합니다.

> [Background] 레이어와 [NO SIGNAL] 레이어를 함께 선택해야만 배경과 문자를 함께 정렬할 수 있습니다. 이동 도구를 클릭한 후 정렬 옵션을 선택합니다.

09 ① [NO SIGNAL] 레이어를 선택하고 Ctrl + J 를 눌러 복제합니다. ② 복제한 [NO SIGNAL copy] 레이어의 눈 을 클릭해 끕니다.

문자에 글리치 효과 적용하기

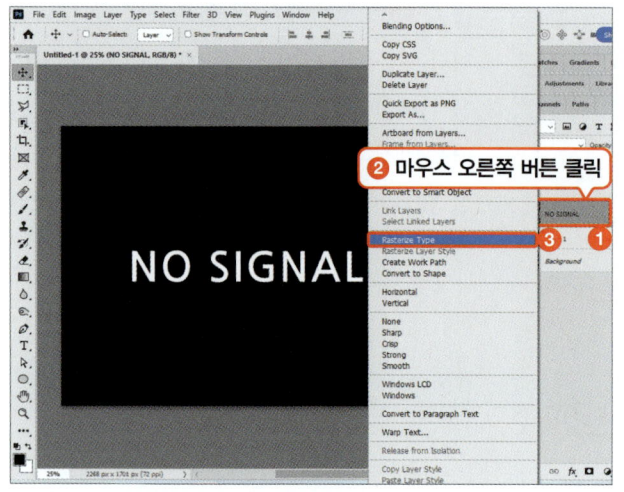

10 ❶ [NO SIGNAL] 레이어를 선택하고 ❷ 마우스 오른쪽 버튼을 클릭합니다. ❸ [Rasterize Type]을 선택합니다. 문자 레이어가 래스터라이즈(픽셀화)되어 이미지 레이어로 변환됩니다.

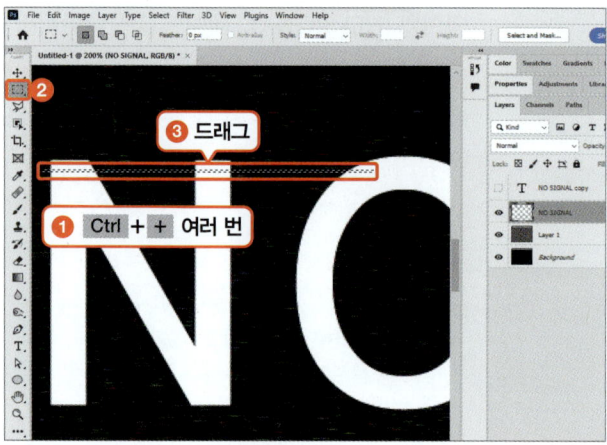

11 ❶ Ctrl + + 를 여러 번 눌러 작업 화면을 키우고 ❷ 도구바에서 사각형 선택 도구를 클릭합니다. ❸ 문자의 일부분을 드래그하여 선택합니다.

> 글리치(Glitch) 효과를 표현하려면 문자가 지직거리는 듯한 노이즈 효과를 적용해야 합니다. 이번 단계는 문자의 일부분이 흔들린 듯 움직이는 모습을 만드는 과정입니다.

12 ❶ 도구바에서 이동 도구를 클릭하고 ❷ ←를 여러 번 눌러 해당 선택 영역만 왼쪽으로 옮깁니다.

13 11~12 과정을 여러 번 반복해 그림과 같이 만듭니다.

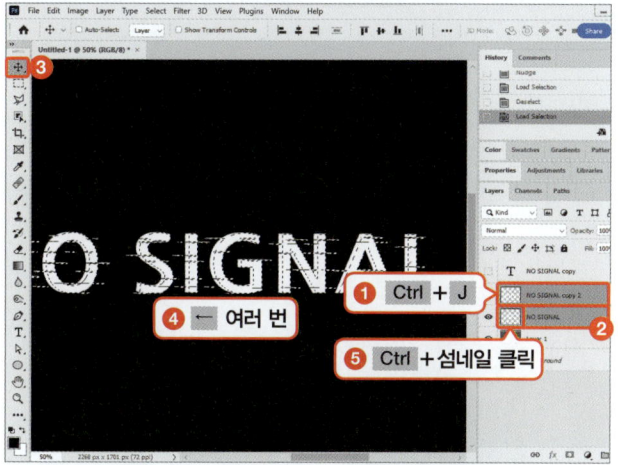

14 ① [NO SIGNAL] 레이어가 선택된 상태에서 Ctrl + J 를 눌러 이미지화된 문자 레이어를 복제합니다. ② [NO SIGNAL] 레이어를 선택하고 ③ 도구바에서 이동 도구 ⊕ 를 클릭합니다. ④ ← 를 여러 번 눌러 [NO SIGNAL] 레이어만 왼쪽으로 옮깁니다. 문자가 조금 두꺼워집니다. ⑤ Ctrl 을 누른 채 [NO SIGNAL] 레이어의 섬네일을 클릭하여 문자 모양을 선택 영역으로 지정합니다.

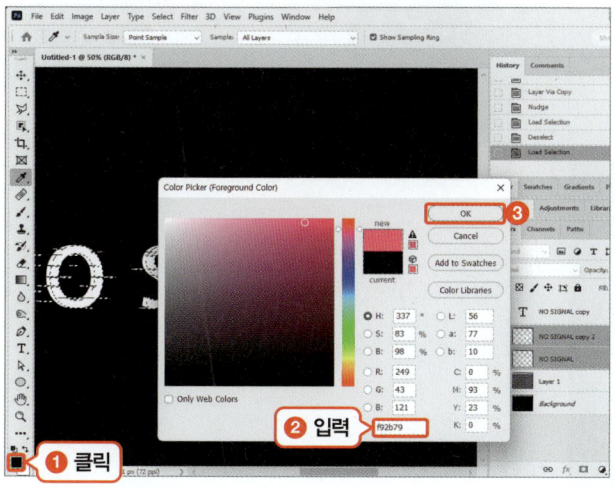

15 ① 도구바에서 전경색을 클릭합니다. ② [Color Picker] 대화상자가 나타나면 색상값에 f92b79를 입력하고 ③ [OK]를 클릭합니다.

16 ① `Alt` + `Delete`를 눌러 전경색을 채웁니다. ② `Ctrl` + `D`를 눌러 선택 영역을 해제합니다.

14 단계에서 [NO SIGNAL] 레이어를 왼쪽으로 조금 옮겼습니다. [Layers] 패널에서 [NO SIGNAL copy 2] 레이어가 위에 위치하고 있어 색을 적용한 [NO SIGNAL] 레이어의 일부분만 보입니다.

17 ① [Filter]-[Blur]-[Motion Blur] 메뉴를 선택합니다. ② [Motion Blur] 대화상자가 나타나면 [Angle]은 0, [Distance]는 25로 입력한 후 ③ [OK]를 클릭합니다. ④ [NO SIGNAL] 레이어에 움직이는 흐림 효과가 적용됩니다.

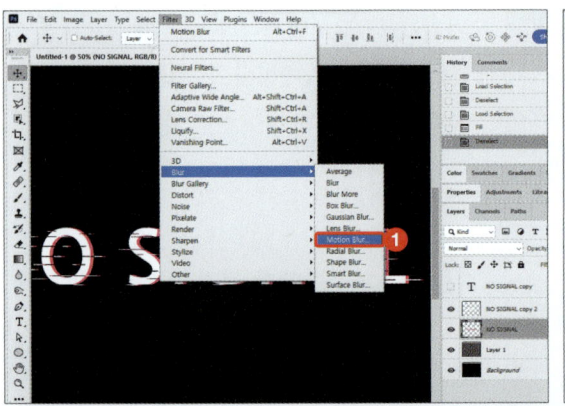

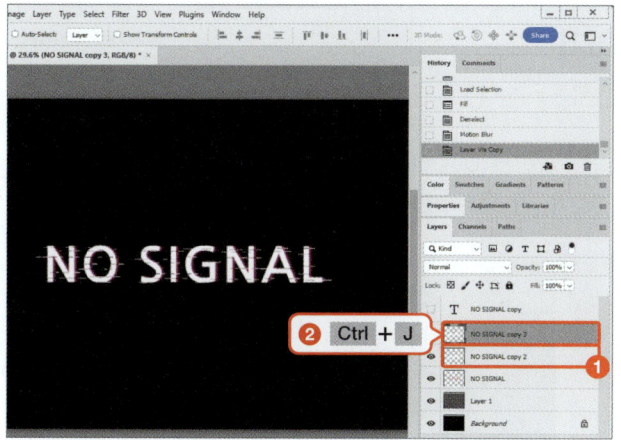

18 14~16 과정을 반복하며 글리치 효과를 표현해보겠습니다. ❶ [NO SIGNAL copy 2] 레이어를 선택하고 ❷ Ctrl + J 를 눌러 레이어를 복제합니다.

19 14~16 과정을 두 번 반복합니다. 이때 전경색으로는 **2b6af9, 91df09** 색상을 적용합니다.

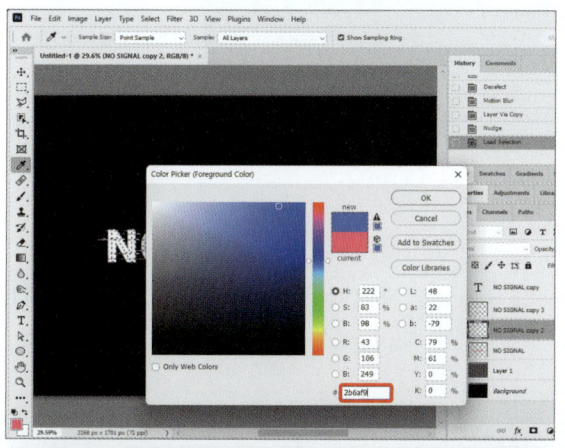
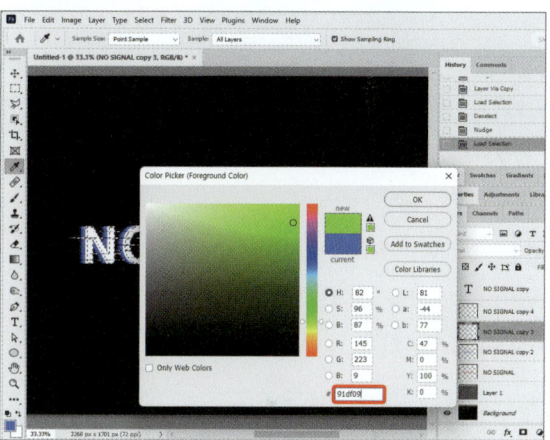

14~16 과정을 반복하며 [NO SIGNAL copy 4] 레이어까지 만들고 색상을 적용합니다. 17 단계처럼 모션 블러를 적용해도 좋습니다.

그룹 레이어 만들어 애니메이션 적용하기

20 ❶ [Layers] 패널에서 [Background] 레이어를 제외한 모든 레이어를 선택합니다. ❷ Ctrl + G 를 눌러 그룹으로 만듭니다.

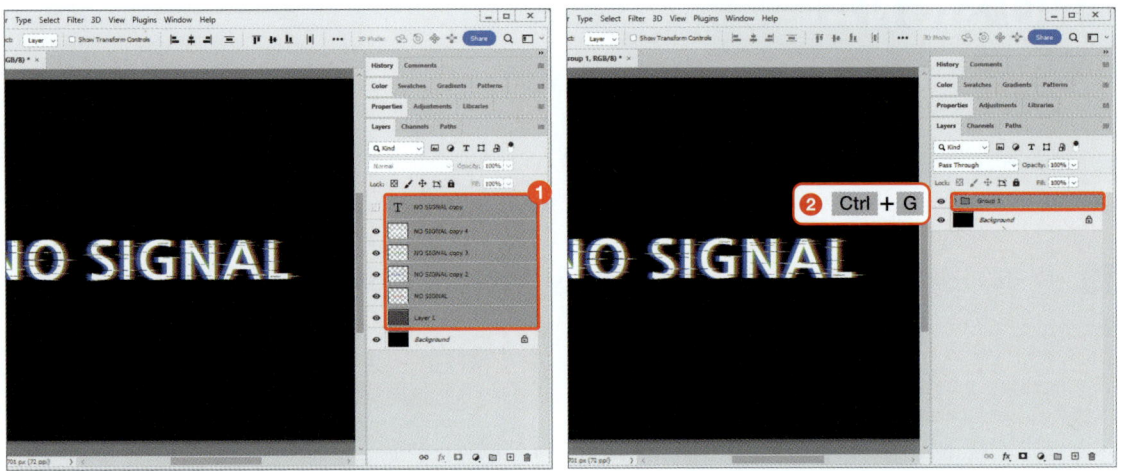

21 ❶ [Window]-[Timeline] 메뉴를 선택합니다. ❷ [Timeline] 패널이 나타나면 [Create Frame Animation]을 클릭합니다. ❸ 프레임이 생성됩니다. ❹ [Layers] 패널에서 [Group 1]-[NO SIGNAL copy] 레이어의 눈 👁 을 클릭해 끕니다.

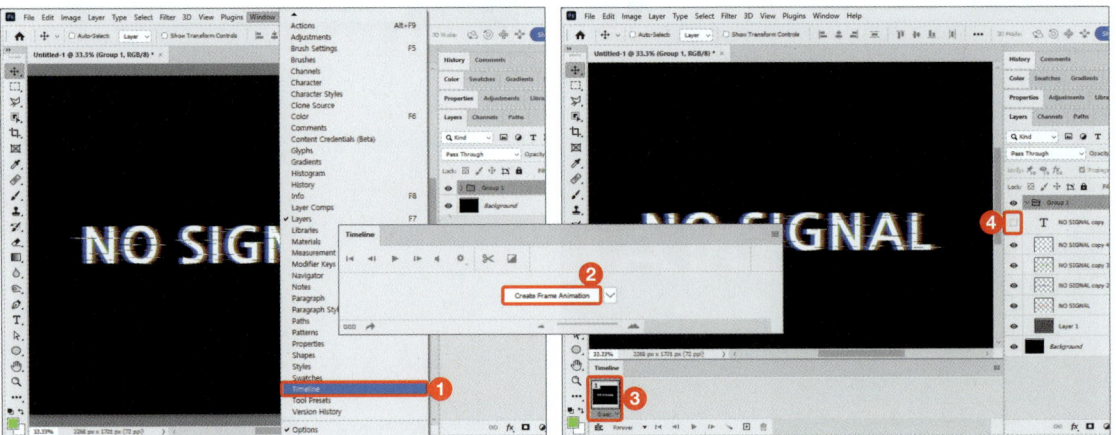

22 ① [Timeline] 패널에서 새 프레임을 클릭해 두 번째 애니메이션 프레임을 생성합니다. ② 다시 [Group 1]-[NO SIGNAL] 레이어의 눈을 클릭해 끕니다.

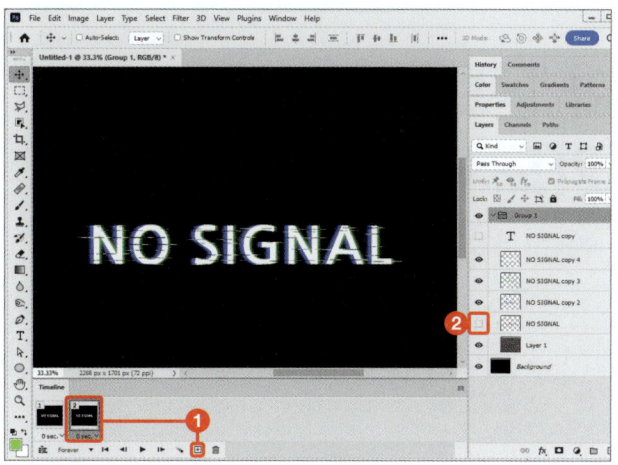

23 ①②③ 위와 같은 방법으로 [Layers] 패널에서 각 레이어의 눈을 켜고, 끄면서 새 프레임을 만듭니다. 이미지가 변하는 모습을 참고하며 총 네 개의 프레임을 추가합니다. ④ 나머지 프레임의 지연 시간도 0으로 설정하여 마무리합니다.

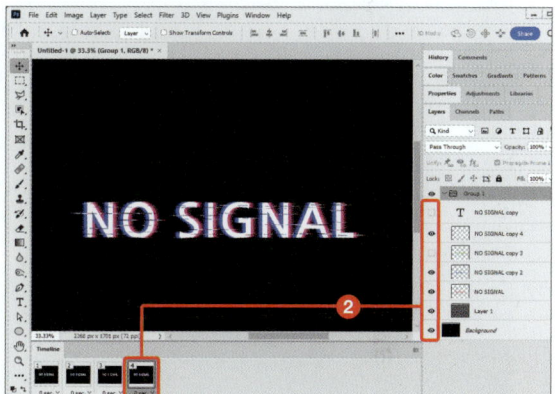

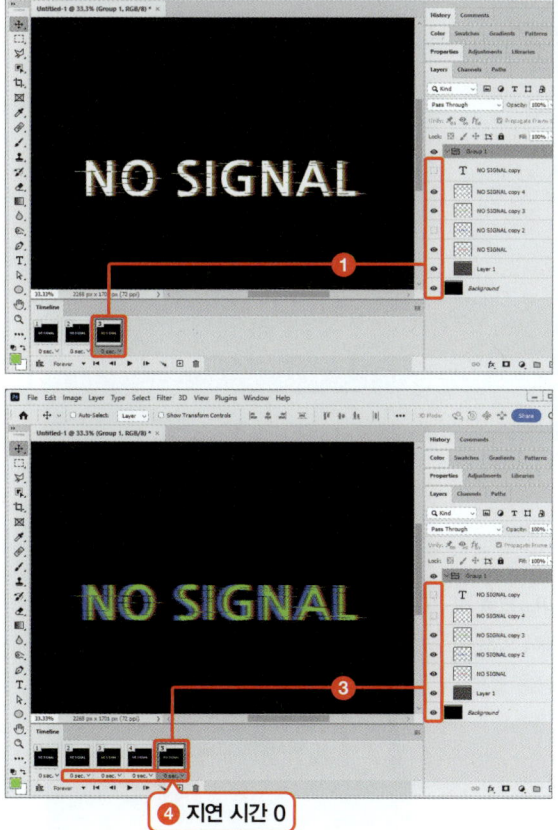

Ps LESSON 05

타이포가 돋보이는 이미지 카드 디자인하기

클리핑 마스크 적용하여 타이포 강조하기

☑ CC 모든 버전
☐ CC 2025 버전

준비 파일 활용/Chapter 03/마스크로 만드는 이미지카드.jpg
완성 파일 활용/Chapter 03/마스크 이미지 카드_완성.psd

AFTER

이 예제를 따라 하면

이미지와 타이포가 어우러진 카드를 디자인하기 위해 클리핑 마스크를 적용해보겠습니다. 타이포가 입력된 영역이 투명하게 지워져 아래에 있는 이미지가 보이게 표현할 수 있습니다. 이때 Hue/Saturation 기능을 활용해 이미지의 색상을 쉽게 보정하여 다양하게 활용해봅니다.

- 개체 선택 도구로 이미지와 배경을 쉽게 분리할 수 있습니다.
- 선택 영역을 확장할 수 있습니다.
- 문자에 클리핑 마스크를 적용할 수 있습니다.

BEFORE

이미지 불러와 인물만 선택하기

01 ❶ Ctrl + O 를 눌러 **마스크로 만드는 이미지카드.jpg** 파일을 불러옵니다. ❷ Ctrl + J 를 눌러 이미지를 복제합니다.

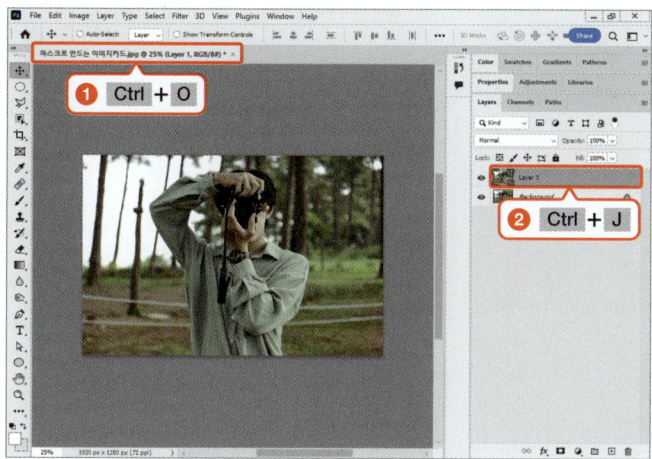

02 ❶ 도구바에서 개체 선택 도구를 클릭합니다. ❷ 인물을 클릭하여 인물 영역만 선택 영역으로 만듭니다.

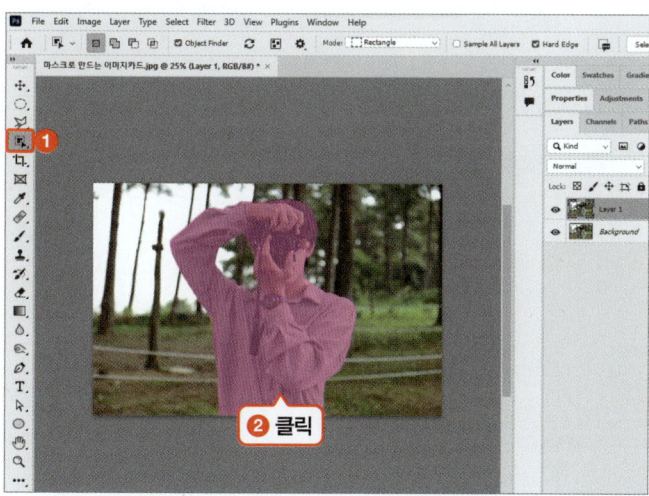

> 개체 선택 도구는 포토샵 CC 2020 버전부터 버전이 업데이트될 때마다 그 기능이 업그레이드되었습니다. 선택하고 싶은 영역(개체)에 마우스 포인터를 올리는 것만으로도 개체를 자동 인식할 수 있습니다. 인식된 개체는 분홍색으로 미리 볼 수 있으며, 클릭 한 번으로 개체를 자동 선택할 수 있습니다. 하위 버전을 사용한다면 빠른 선택 도구를 활용해 영역을 선택합니다. 개체 선택 도구에 대한 자세한 활용법은 100쪽을 참고하세요.

배경에 색 채우기

03 ① Q 를 눌러 퀵 마스크 모드를 적용하고 ② 도구바에서 브러시 도구 를 클릭합니다. ③ 선택 영역에서 제외할 부분을 드래그하여 선택 영역에서 제외합니다.

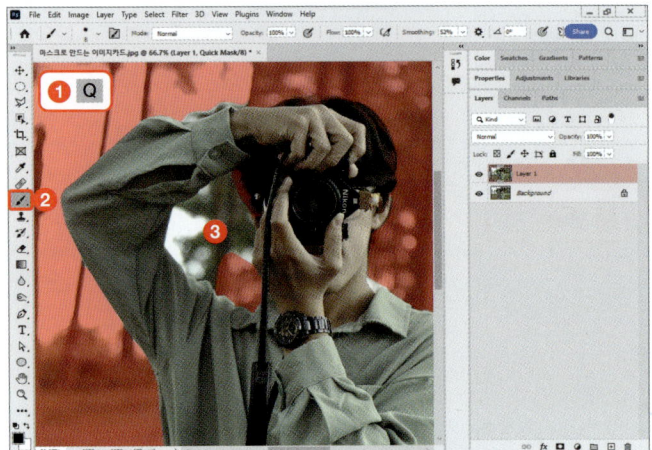

선택 영역을 제외하거나 추가할 때는 Ctrl + + 를 여러 번 눌러 작업 화면 크기를 키우면 쉽게 작업할 수 있습니다.

04 ① Q 를 눌러 퀵 마스크 모드를 종료하고 선택 영역을 확인합니다. ② Shift + Ctrl + I 를 눌러 선택 영역을 반전합니다. ③ Delete 를 눌러 인물을 제외한 배경을 지웁니다.

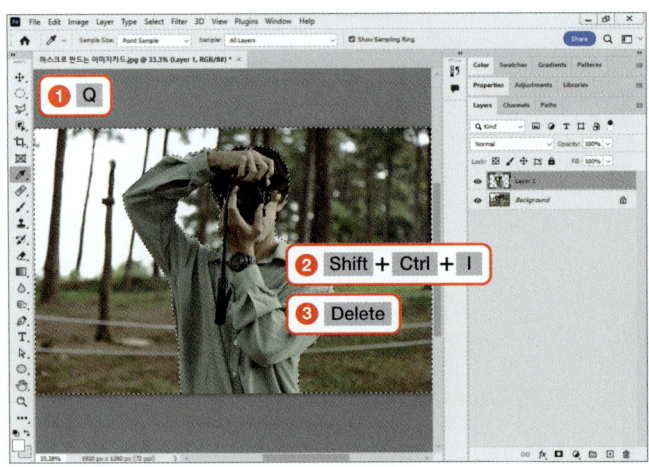

화면에는 배경이 그대로 보이지만 [Layers] 패널의 [Layer 1] 레이어에는 배경이 사라진 것을 확인할 수 있습니다.

05 ❶ [Layers] 패널에서 새 레이어 만들기를 클릭하여 새 레이어를 만듭니다. ❷ 새 레이어를 [Layer 1] 레이어 아래로 옮기고 ❸ 도구바에서 전경색을 클릭합니다. ❹ [Color Picker] 대화상자가 나타나면 색상 값에 **6dc7d4**를 입력하고 ❺ [OK]를 클릭합니다. ❻ Alt + Delete 를 눌러 전경색을 채웁니다.

채널 활용해 이미지 보정하고 색 채우기

06 ❶ [Layer 1] 레이어를 선택하고 ❷ [Image]-[Adjustments]-[Hue/Saturation] 메뉴를 선택합니다. ❸ [Hue/Saturation] 대화상자가 나타나면 [Preview]에 체크하고 ❹ [Hue]는 +30, [Saturation]은 +25로 입력합니다. ❺ [OK]를 클릭하면 인물이 푸른빛으로 보정됩니다.

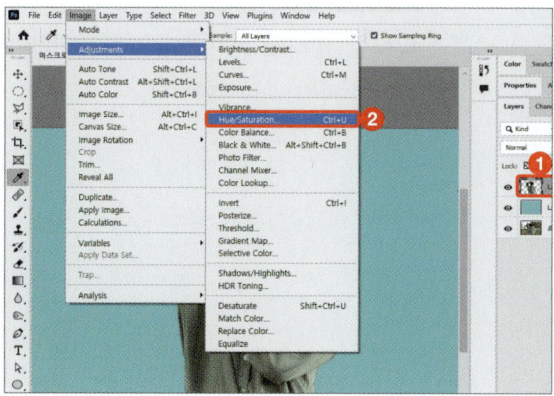
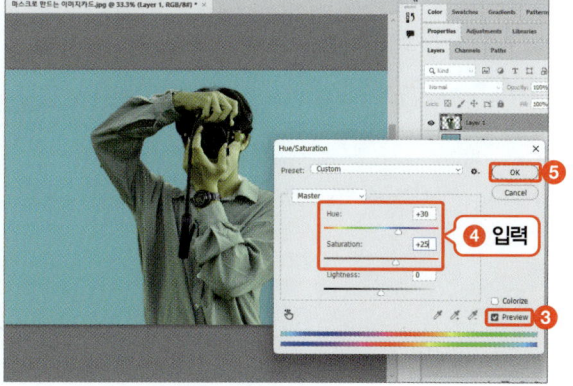

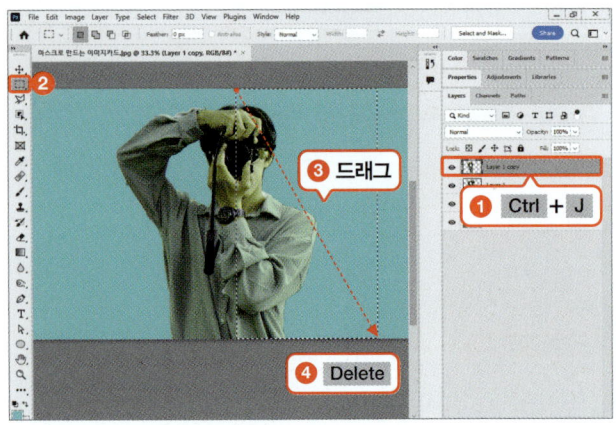

07 ❶ Ctrl + J 를 눌러 레이어를 복제하고 ❷ 도구바에서 사각형 선택 도구를 클릭합니다. ❸ 그림과 같이 드래그하여 인물의 오른쪽 부분을 선택 영역으로 만듭니다. ❹ Delete 를 눌러 영역을 삭제합니다.

08 ❶ [Layer 1] 레이어를 선택하고 ❷ Shift + Ctrl + I 를 눌러 선택 영역을 반전합니다. ❸ Delete 를 눌러 영역을 삭제합니다.

타이틀 입력하고 클리핑 마스크 적용하기

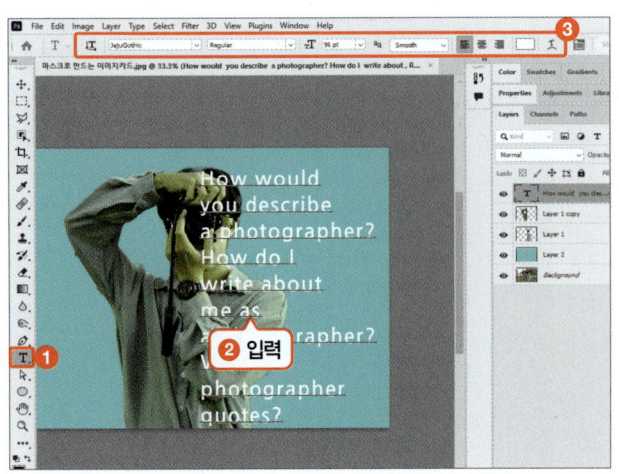

09 ❶ 도구바에서 문자 도구를 클릭합니다. ❷ 작업 화면을 클릭해 어울리는 타이틀을 입력합니다. ❸ 문자 스타일은 옵션바에서 원하는 스타일로 설정합니다.

10 [Layers] 패널에서 문자 레이어를 배경색 레이어 위에 오도록 배치합니다. 인물에 타이틀 일부가 가려집니다.

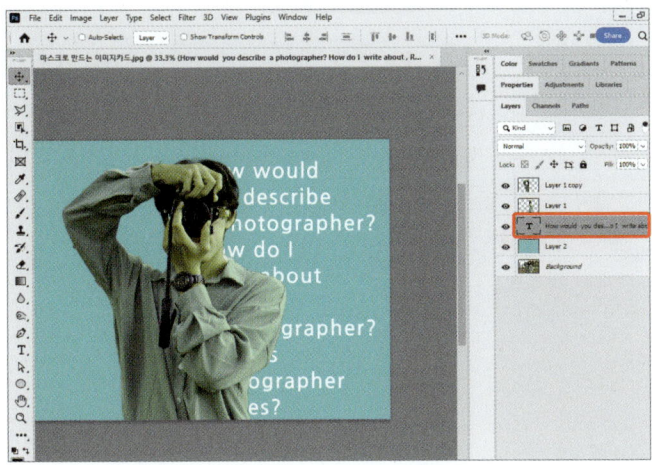

11 Alt 를 누른 채 [Layer 1] 레이어와 문자 레이어 사이에 마우스 포인터를 옮깁니다. 마우스 포인터가 ⬚ 모양이 되면 클릭합니다. [Layer 1] 레이어에 클리핑 마스크가 적용되어 문자 레이어 안에 이미지가 들어갑니다.

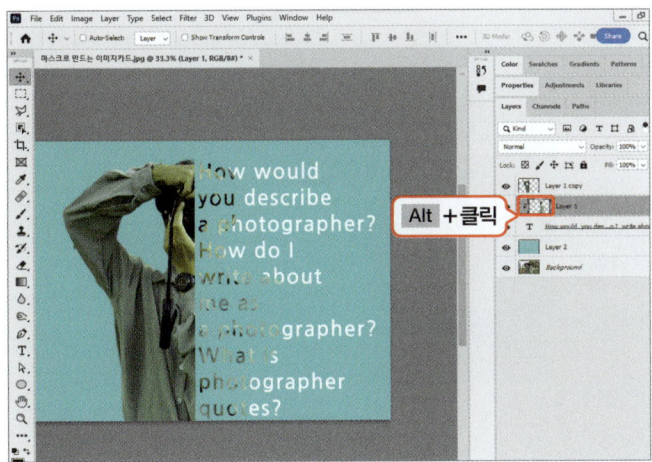

문자를 래스터라이즈하여 완성하기

12 ❶ 문자 레이어를 선택하고 ❷ 마우스 오른쪽 버튼을 클릭합니다. ❸ [Rasterize Type]을 선택하여 문자 레이어를 래스터라이즈(픽셀화)합니다.

13 ❶ Ctrl 을 누른 채 텍스트 레이어의 섬네일을 클릭하여 글자 부분만 선택합니다. ❷ [Select]-[Modify]-[Expand] 메뉴를 선택합니다. ❸ [Expand Selection] 대화상자에서 [Expand By]에 5를 입력하고 ❹ [OK]를 클릭해 선택 영역을 확장합니다.

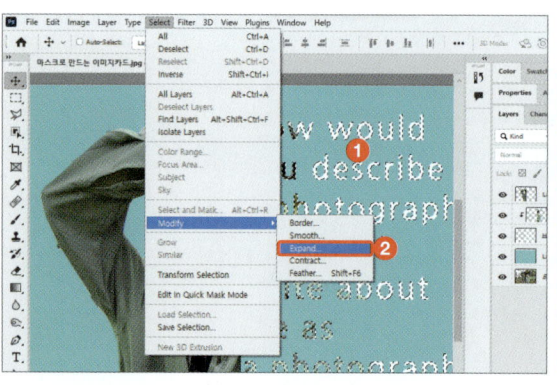

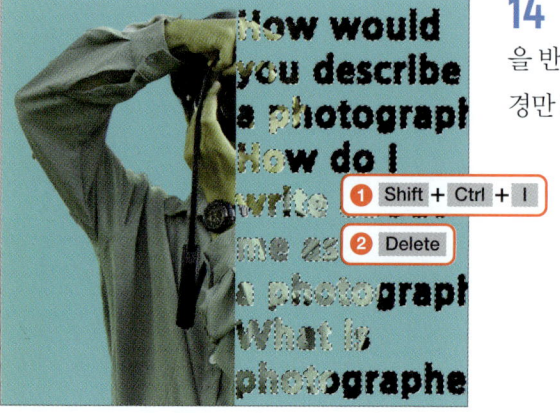

14 ❶ Shift + Ctrl + I 를 눌러 선택 영역을 반전하고 ❷ Delete 를 눌러 글자가 아닌 배경만 지웁니다.

15 ① `Ctrl`을 누른 채 [Layer 1] 레이어의 섬네일을 클릭합니다. 인물 영역만 선택됩니다. ② 레이어 마스크 ▢ 를 클릭합니다. 인물 영역에만 타이틀이 보이도록 마스크가 적용됩니다.

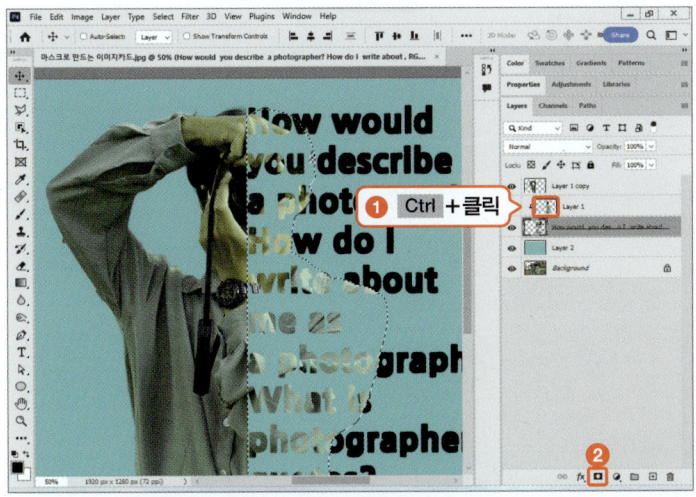

CHAPTER 04

실력을 업그레이드하는
트렌디한 이미지 활용 예제

요즘은 블로그나 SNS에 사진을 올리기 전에
포토샵에서 보정 작업을 거칩니다.
또한 이모티콘이나 애니메이션을 만들 때도
포토샵을 이용합니다.
이번에는 트렌디한 이미지 활용 예제를 모아 실습해보겠습니다.
자연스럽게 합성하고 보정하는 방법부터
애니메이션 작업까지 익혀보겠습니다.

Ps LESSON 01

그림자와 색을 합치는 블렌딩 디자인

Noise 필터와 블렌딩 모드를 이용해 색상 겹치기

☑ CC 모든 버전
☐ CC 2025 버전

준비 파일 활용/Chapter 04/그림자 블렌딩 폴더
완성 파일 활용/Chapter 04/그림자 블렌딩_완성.psd

AFTER

이 예제를 따라 하면

블렌딩 모드는 연속된 두 개의 레이어 중 위쪽 레이어를 아래쪽 레이어와 혼합하는 기능입니다. 레이어를 겹쳐 오묘한 색을 표현할 수 있어 다양한 느낌을 낼 수 있습니다. 이번 실습에서는 인물 이미지에 Noise 필터를 적용하고 그림자를 만들어 빈티지한 이미지를 완성해보겠습니다.

- 레이어 블렌딩 모드를 적용할 수 있습니다.
- Noise 필터를 적용할 수 있습니다.

BEFORE

개체 선택 도구로 인물과 배경 분리하기

01 ❶ Ctrl + O 를 눌러 [열기] 대화상자를 불러옵니다. ❷ 준비 파일을 모두 선택하고 ❸ [열기]를 클릭합니다. ❹ 준비 파일이 네 개의 탭으로 열리면 [포즈01.jpg] 탭을 클릭합니다.

02 ❶ [Layers] 패널에서 [Background] 레이어를 더블클릭합니다. ❷ [New Layer] 대화상자가 나타나면 [OK]를 클릭하여 배경 레이어를 일반 레이어 형태로 변환합니다.

03 ❶ 도구바에서 개체 선택 도구 를 클릭하고 ❷ 인물 영역을 클릭하여 선택합니다.

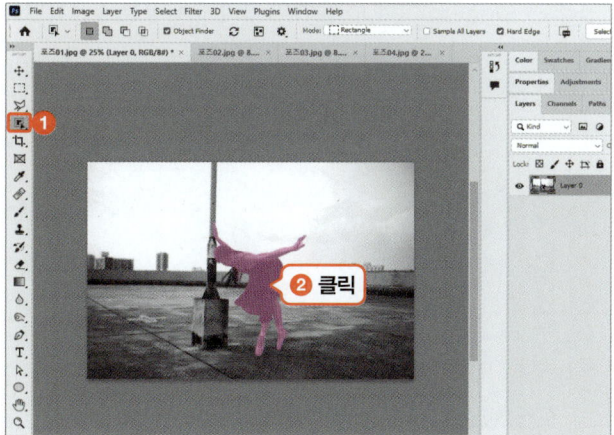

> 개체 선택 도구를 활용하면 클릭 한 번으로 영역을 쉽게 선택할 수 있습니다. 단, 이번 예제에서는 퀵 마스크 모드에서 완벽하지 않은 영역을 수정할 예정이므로 개체 선택 도구가 아닌 다양한 선택 도구를 활용해도 됩니다.

CHAPTER 04 실력을 업그레이드하는 트렌디한 이미지 활용 예제

04 완벽하지 않은 선택 영역을 수정해보겠습니다. ① Q 를 눌러 퀵 마스크 모드를 실행합니다. ② Ctrl + + 를 여러 번 눌러 작업 화면을 키웁니다. ③ 도구바에서 브러시 도구 를 클릭하고 ④ 전경색을 **검은색(000000)**으로 설정한 후 ⑤ 흘러내린 머리카락을 지워 선택 영역에서 제외합니다. ⑥ Ctrl + - 를 여러 번 눌러 작업 화면을 줄인 후 선택 영역을 확인합니다.

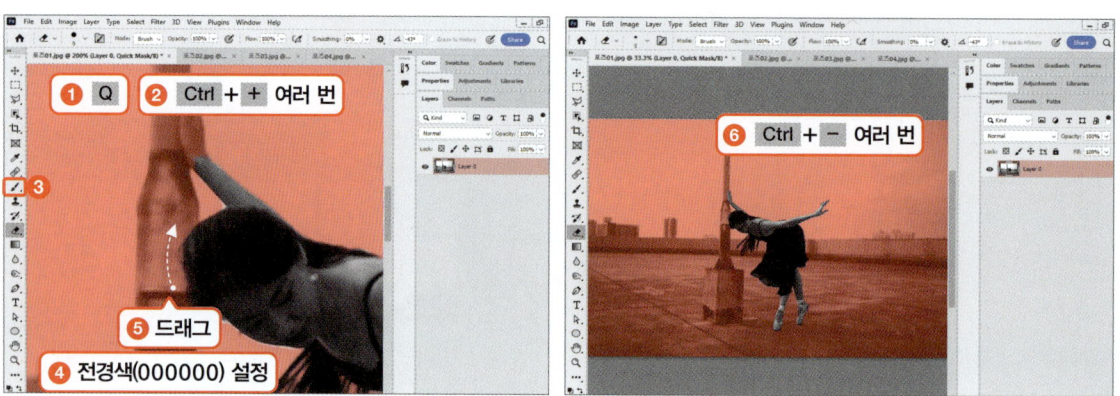

05 ① Q 를 눌러 퀵 마스크 모드를 종료합니다. ② 선택 영역을 확인한 후 Shift + Ctrl + I 를 눌러 선택 영역을 반전합니다. ③ Delete 를 눌러 인물을 제외한 배경을 지웁니다.

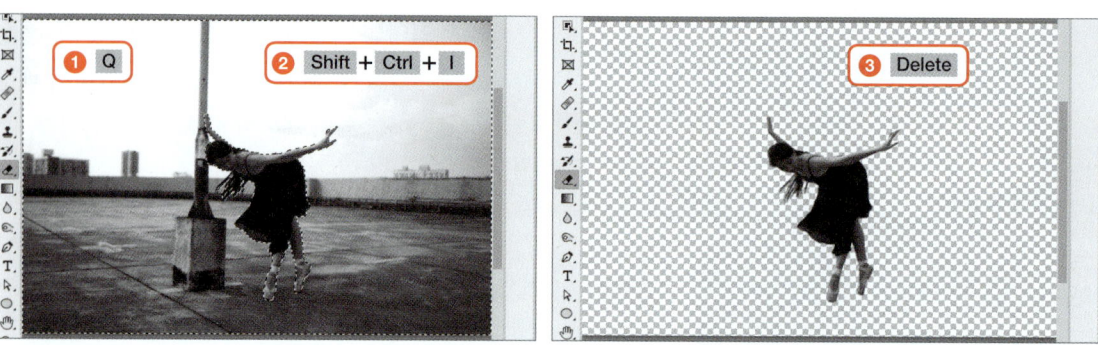

06 02~05 과정과 같은 방법으로 [포즈02.jpg], [포즈03.jpg], [포즈04.jpg] 탭의 이미지 배경을 지웁니다.

이미지를 흑백으로 만들기

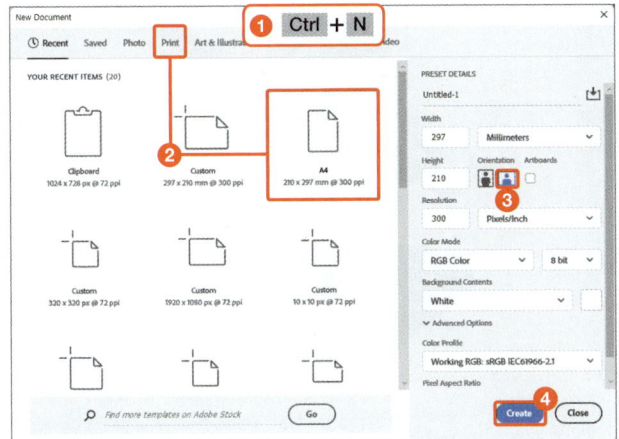

07 ① Ctrl + N 을 눌러 [New Document] 대화상자를 불러옵니다. ② [Print] 탭의 [A4]를 선택하고 ③ [Orientation]은 [가로]를 선택합니다. ④ [Create]를 클릭해 새 작업 문서를 만듭니다.

08 ① [포즈01.jpg] 탭을 클릭합니다. ② Ctrl + A 를 눌러 이미지를 전체 선택한 후 ③ Ctrl + C 를 눌러 복사합니다. ④ 새로 만든 [Untitled-1] 탭을 클릭하고 ⑤ Ctrl + V 를 눌러 붙여 넣습니다. ⑥ 같은 방법으로 남은 세 개의 이미지를 모두 [Untitled-1] 작업 화면에 붙여 넣습니다.

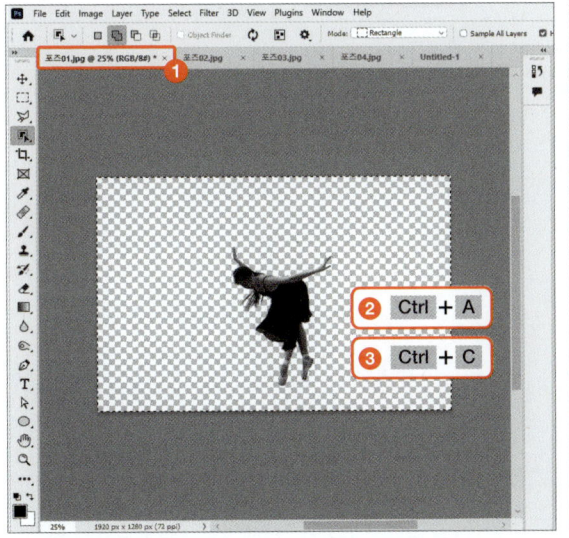
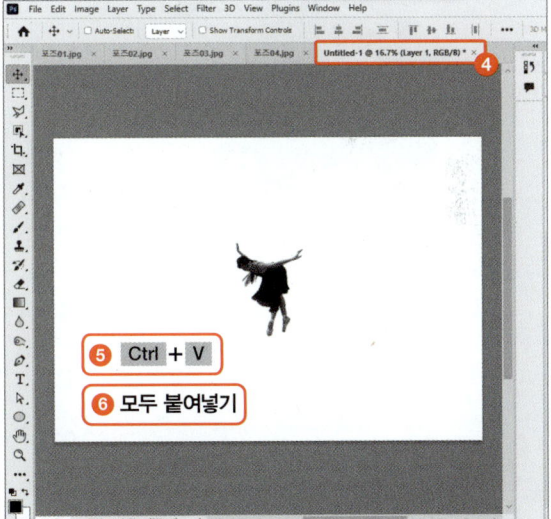

09 ❶ [Layers] 패널에서 맨 위에 있는 레이어를 선택합니다. ❷ [Image]-[Adjustments]-[Desaturate] 메뉴를 선택합니다. ❸ 이미지가 흑백으로 보정됩니다.

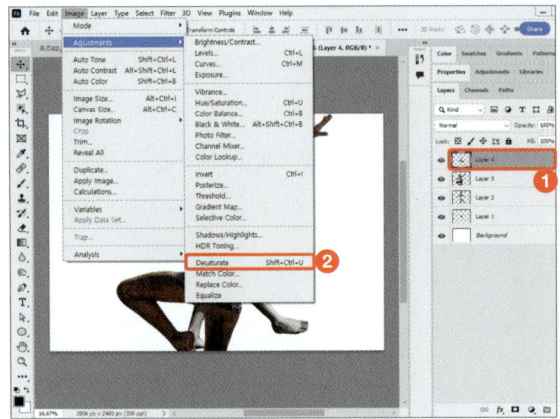 

붙여 넣은 네 개의 레이어를 모두 흑백으로 보정할 것이므로 레이어 순서가 실습과 달라도 무방합니다.

10 09 단계와 같은 방법으로 남은 세 개의 레이어를 모두 흑백으로 보정합니다.

자연스럽게 배치하기

11 도구바에서 이동 도구 ⊕를 클릭하고 인물을 드래그하여 위치를 옮겨보겠습니다.

12 ❶ [Layers] 패널에서 두 번째 레이어를 선택하고 ❷ Ctrl + T 를 눌러 자유 변형 기능을 적용합니다. ❸ 모서리 조절점을 드래그하여 크기를 줄이고 위치도 옮겨줍니다. ❹ Enter 를 눌러 이미지 변형을 적용합니다.

> 선택하는 레이어 순서가 실습 이미지와 다를 수도 있습니다. 앞서 인물을 복사해 붙여 넣은 순서에 따라 레이어가 차례대로 쌓이기 때문입니다. 레이어 이름에 신경 쓰지 말고 인물을 자연스럽게 배치하세요.

13 11~12 과정과 같은 방법으로 인물을 자연스럽게 배치합니다.

이미지 색상 조절하기

14 ❶ [Layers] 패널에서 [Layer 2] 레이어를 선택하고 ❷ [Image]-[Adjustments]-[Hue/Saturation] 메뉴를 선택합니다. ❸ [Hue/Saturation] 대화상자가 나타나면 [Colorize]에 체크합니다. ❹ [Hue]는 +217, [Saturation]은 25로 입력하고 ❺ [OK]를 클릭합니다.

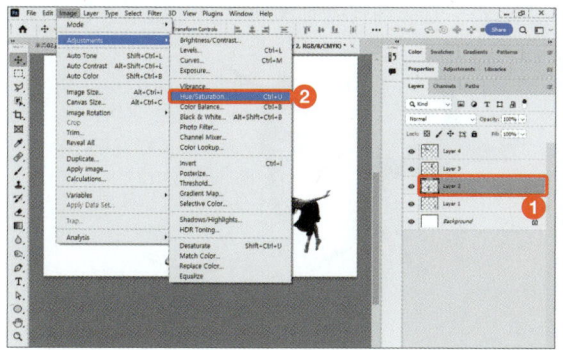 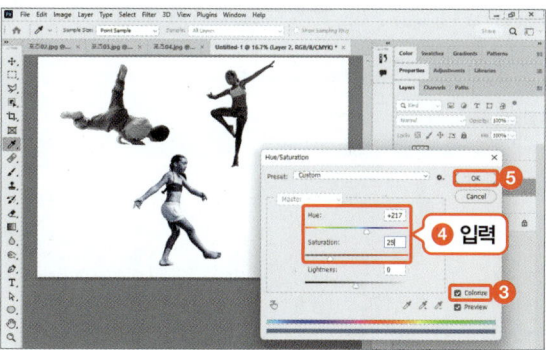

15 나머지 레이어도 같은 방법으로 색상과 채도를 바꿉니다.

Noise 필터 적용하기

16 ❶ [Filter]-[Noise]-[Add Noise] 메뉴를 선택합니다. ❷ [Add Noise] 대화상자가 나타나면 [Amount]에 66.38을 입력하고 ❸ [OK]를 클릭합니다.

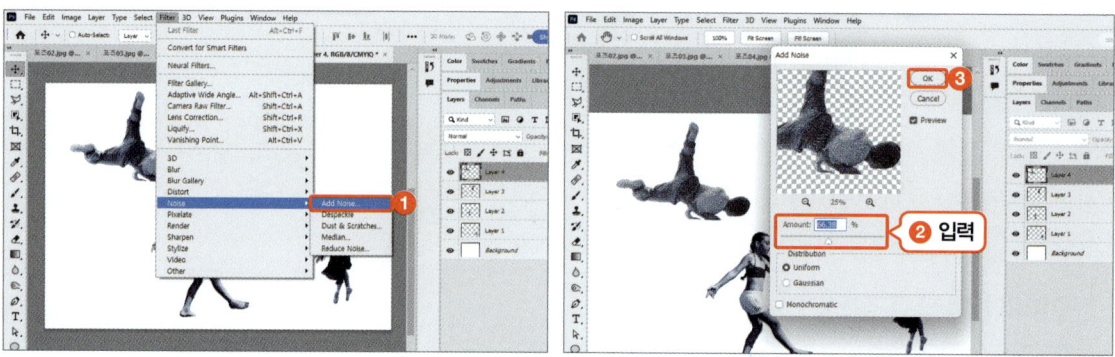

[Amount]의 슬라이더를 드래그하여 노이즈 상태를 확인하면서 작업하면 더 좋습니다. [Preview]에 체크되어 있다면 작업 화면에서 Noise 필터의 결과물을 미리 확인할 수 있습니다.

17 나머지 레이어도 같은 방법으로 작업합니다. [Filter]-[Add Noise] 메뉴를 선택하거나 Alt + Ctrl + F 를 눌러 방금 적용한 필터를 편리하게 적용할 수 있습니다. 모든 인물 레이어에 Noise 필터를 적용합니다.

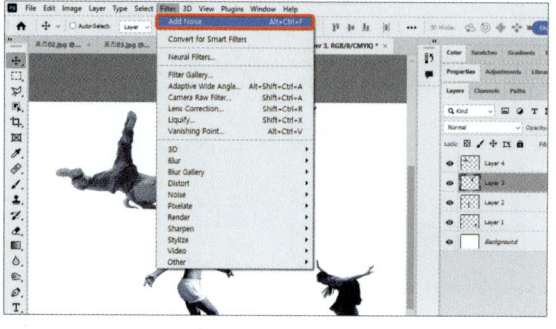

18 배경색을 적용해보겠습니다. ❶ [Layers] 패널에서 [Background] 레이어를 선택합니다. ❷ 도구바에서 전경색을 클릭합니다. ❸ [Color Picker] 대화상자가 나타나면 색상값을 **e7e7e7**로 입력한 후 ❹ [OK]를 클릭합니다. ❺ Alt + Delete 를 눌러 전경색을 채웁니다.

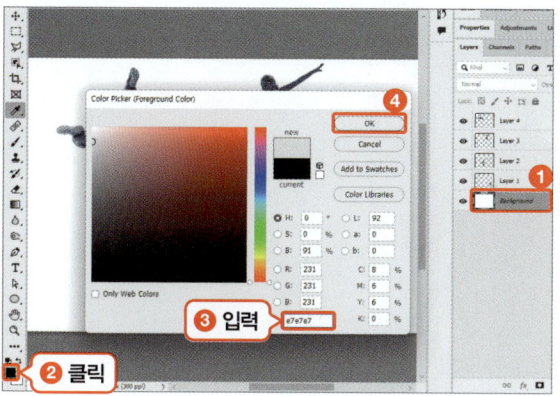

인물의 그림자 만들기

19 각 인물의 그림자를 만들어보겠습니다. ❶ [Layers] 패널에서 맨 위에 있는 레이어를 선택하고 ❷ Ctrl + J 를 눌러 같은 자리에 같은 이미지를 복제합니다. ❸ 복제한 [Layer 4 copy] 레이어의 여백을 더블클릭합니다. ❹ [Layer Style] 대화상자가 나타나면 [Color Overlay]를 선택합니다. ❺ [Color]의 컬러박스를 클릭해 ❻ [Color Picker] 대화상자에서 색상값을 **ffa53a**로 입력합니다. ❼ [OK]를 클릭하고 ❽ [Layer Style] 대화상자의 [OK]도 클릭합니다.

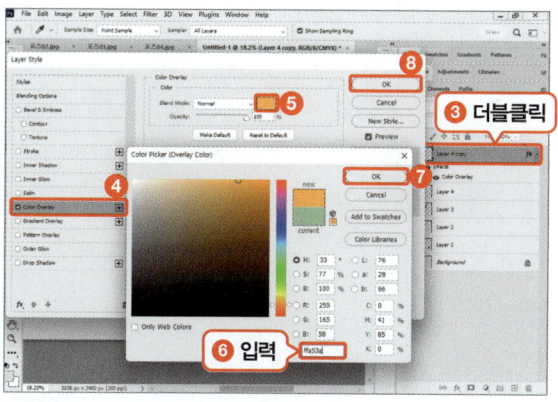

20 ❶ [Layer 4 copy] 레이어를 마우스 오른쪽 버튼으로 클릭하고 ❷ [Rasterize Layer Style]을 선택합니다. ❸ 레이어 블렌딩 모드를 [Multiply]로 선택해 색을 자연스럽게 합칩니다.

21 그림자의 위치를 옮겨보겠습니다. ❶ Ctrl + T 를 눌러 자유 변형 기능을 적용합니다. ❷ 모서리의 조절점을 드래그해 오브젝트를 회전시킵니다. ❸ Enter 를 눌러 이미지 변형을 완료합니다.

22 19~21 과정과 같은 방법으로 나머지 인물에도 그림자를 만들고 자연스럽게 위치를 옮겨 완성합니다.

Ps LESSON 02

라인을 왜곡한 포스터 디자인

도형에 클리핑 마스크 적용하여 라인 왜곡하기

☑ **CC 모든 버전**
☐ CC 2025 버전

준비 파일 없음
완성 파일 활용/Chapter 04/라인 왜곡 포스터_완성.psd

AFTER

이 예제를 따라 하면

가운데가 볼록한 렌즈를 사용하면 이미지가 왜곡되어 보입니다. 이번에는 간단한 라인을 그리고 볼록 렌즈를 적용한 것처럼 라인을 왜곡해보겠습니다. 도형에 클리핑 마스크를 적용하여 라인을 왜곡하면 어려운 기능을 활용하지 않아도 멋진 포스터를 디자인할 수 있습니다.

- 선 셰이프 도구로 여러 개의 라인을 그릴 수 있습니다.
- Warp 기능을 활용해 이미지를 왜곡할 수 있습니다.
- 도형에 클리핑 마스크를 적용할 수 있습니다.

선택 영역 만들어 복사하기

01 ❶ Ctrl + N 을 눌러 [New Document] 대화상자를 불러옵니다. ❷ [Print] 탭의 [A4]를 선택합니다. ❸ [Create]를 클릭해 새 작업 문서를 만듭니다.

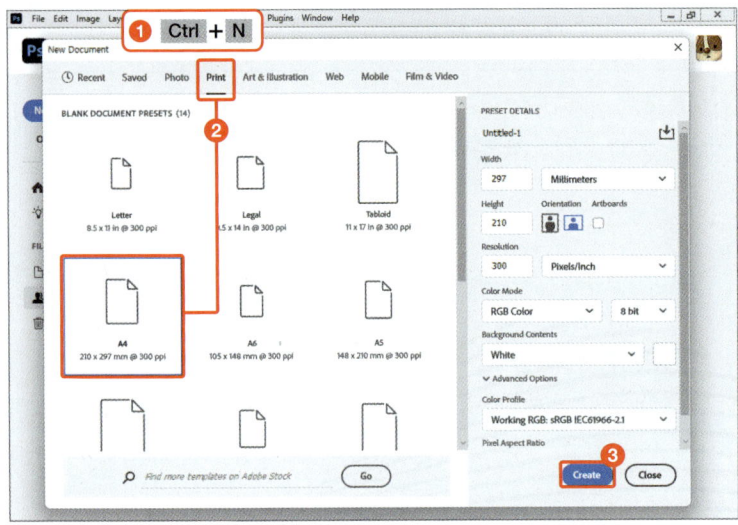

02 ❶ [Layers] 패널에서 새 레이어 만들기 ▣를 클릭하여 새 레이어를 만듭니다. ❷ 도구바에서 선 셰이프 도구 ☑를 클릭하고 ❸ 옵션바에서 [Pixels]를 선택합니다. ❹ [Weight]를 10px로 설정하고 ❺ Shift 를 누른 채 드래그하여 그림과 같이 가로로 된 라인을 그립니다.

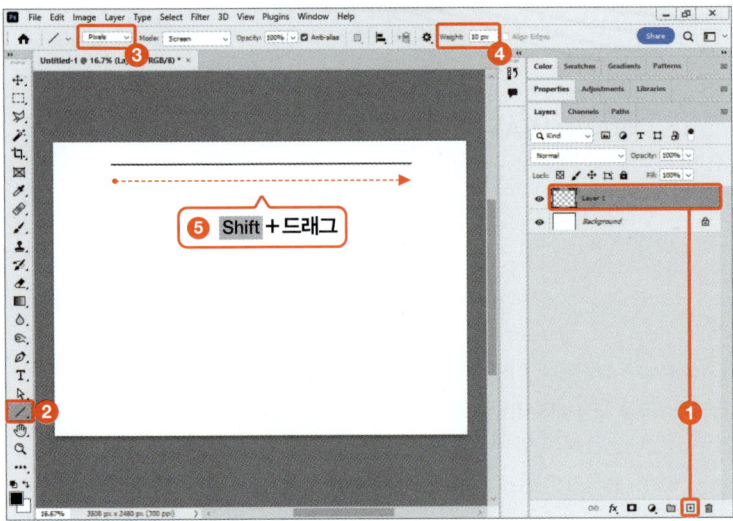

03 ① 도구바에서 이동 도구를 클릭합니다. ② 라인을 클릭하고 ③ Alt + Shift 를 누른 채 아래로 드래그하여 라인을 복제합니다.

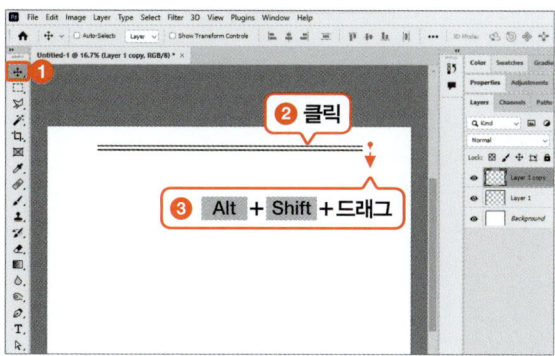

04 ① 여러 개의 라인을 만든 후 ② Ctrl 을 누른 채 [Layers] 패널의 라인 레이어를 모두 선택합니다. ③ Ctrl + E 를 눌러 레이어를 병합합니다.

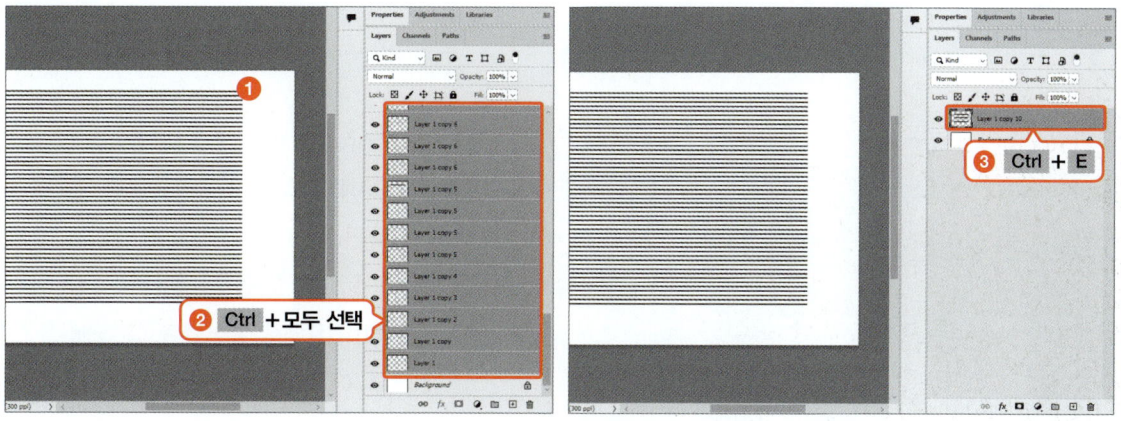

라인 왜곡하기

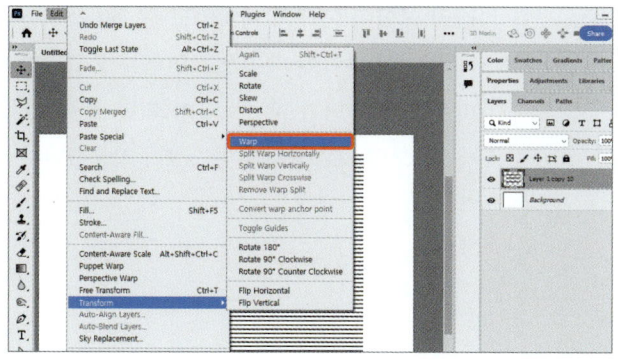

05 [Edit]-[Transform]-[Warp] 메뉴를 선택합니다.

06 ❶ 왜곡 조절점이 나타나면 각 조절점을 드래그하며 이미지를 왜곡합니다. 그림과 같이 이미지의 부분을 과장하거나 축소합니다. ❷ Enter 를 눌러 변형을 적용합니다.

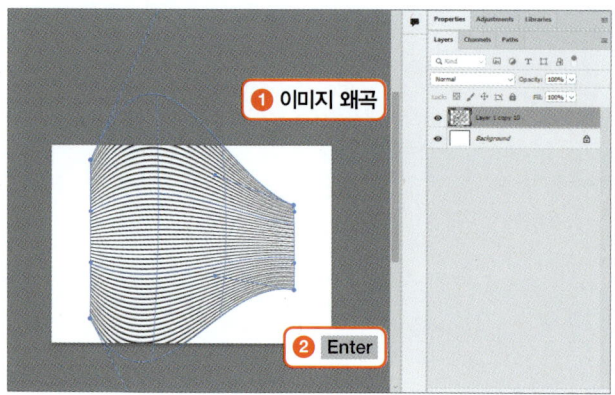

도형 그리고 클리핑 마스크 적용하기

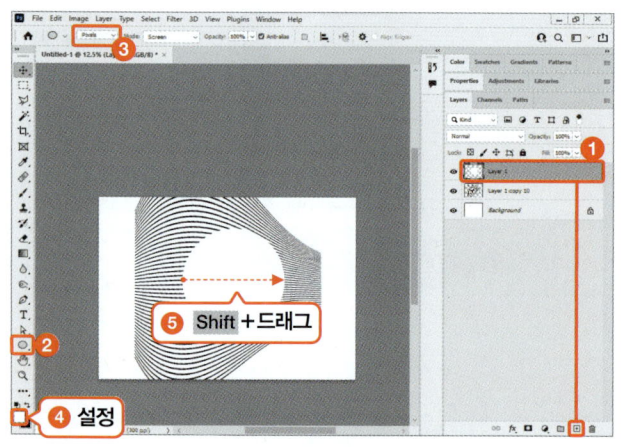

07 ❶ [Layers] 패널에서 새 레이어 만들기 ⊞를 클릭해 새 레이어를 만듭니다. ❷ 도구 바에서 타원 셰이프 도구 ◯를 클릭하고 ❸ 옵션바에서 [Pixels]를 선택합니다. ❹ 전경색을 **흰색(ffffff)**으로 설정한 후 ❺ Shift 를 누른 채 드래그하여 원을 그립니다.

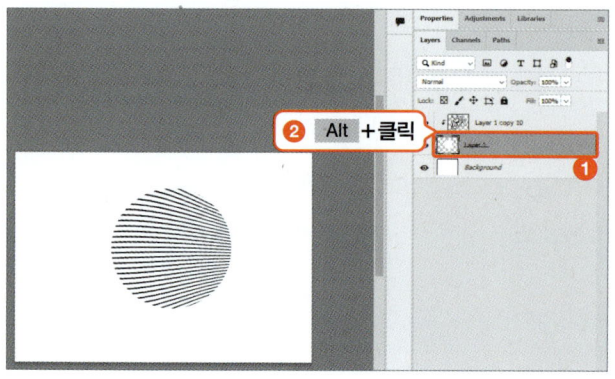

08 ❶ 원 도형을 그린 [Layer 1] 레이어를 라인 레이어 아래에 배치하고 ❷ Alt 를 누른 채 레이어 사이에 마우스 포인터를 옮깁니다. 마우스 포인터가 ⬚ 모양이 되면 클릭합니다. 원 모양으로 클리핑 마스크가 적용됩니다.

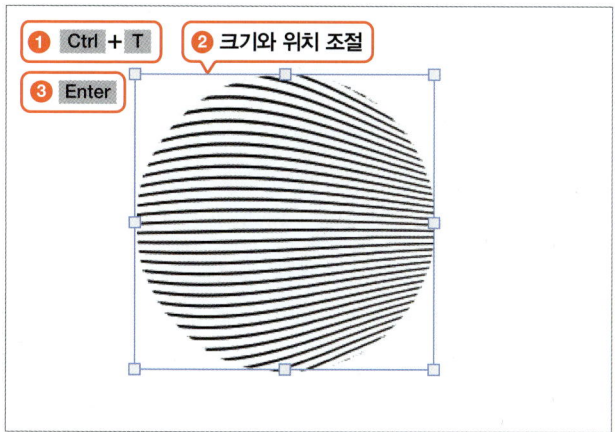

09 ① Ctrl + T 를 눌러 자유 변형 기능을 적용합니다. ② 라인 이미지의 크기와 위치를 조절해 조금 더 과장되어 보이도록 수정합니다. ③ Enter 를 눌러 변형을 적용합니다.

10 ① Ctrl 을 누른 채 두 개의 레이어를 선택합니다. ② Ctrl + G 를 눌러 두 개의 레이어를 그룹으로 만듭니다.

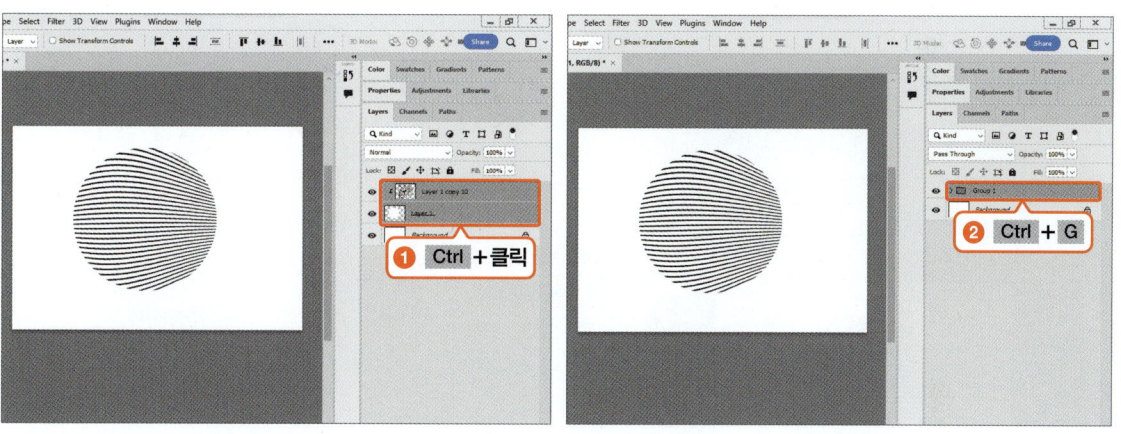

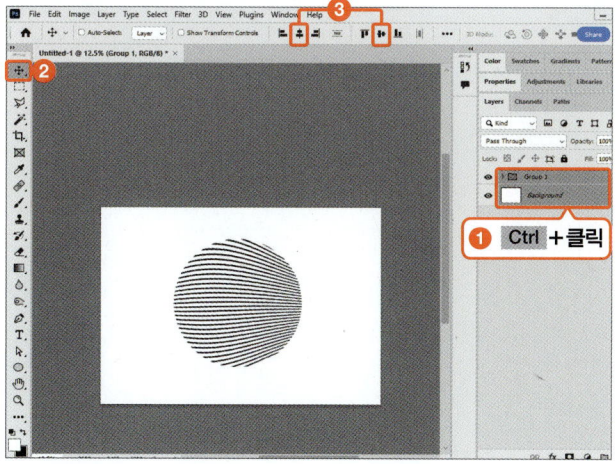

11 ① Ctrl 을 누른 채 [Background] 레이어를 클릭해 레이어를 모두 선택합니다. ② 도구바에서 이동 도구 ⊕를 클릭하고 ③ 세로 선 가운데 정렬 ♯, 가로 선 가운데 정렬 ⬌ 을 클릭합니다. 원 도형과 라인이 작업 화면의 가운데에 배치됩니다.

타이틀 입력하여 완성하기

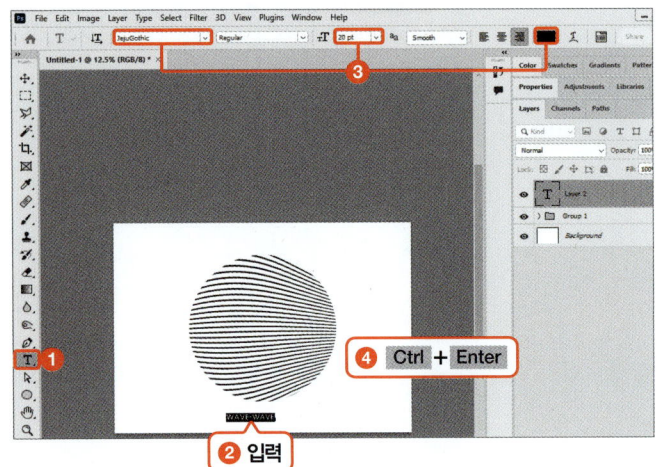

12 도형에 어울리는 타이틀을 입력해 보겠습니다. ❶ 도구바에서 문자 도구 T를 클릭합니다. ❷ 작업 화면을 클릭해 **WAVE-WAVE**를 입력합니다. ❸ 문자 스타일은 **JejuGothic**, **20pt**, **검은색 (000000)**으로 설정합니다. ❹ Ctrl + Enter 를 눌러 문자 입력을 완료합니다.

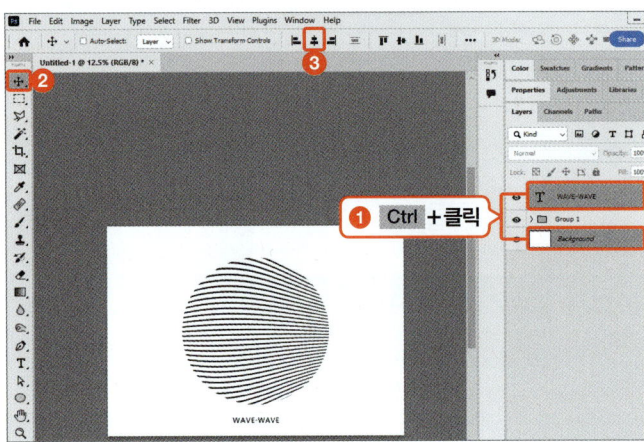

13 ❶ Ctrl 을 누른 채 [Background] 레이어와 문자 레이어를 선택합니다. ❷ 도구바에서 이동 도구를 클릭하고 ❸ 세로 선 가운데 정렬을 클릭합니다. 타이틀(문자)이 작업 화면의 가운데에 배치됩니다. 작업을 마무리합니다.

Ps LESSON 03

사진기로 찍는 듯한 콜라주 느낌 표현하기

퀵 마스크 모드로 이미지 분리하고 콜라주 만들기

☑ CC 모든 버전
☐ CC 2025 버전

준비 파일 활용/Chapter 04/사진기.jpg, 자연풍경.jpg
완성 파일 활용/Chapter 04/콜라주_완성.psd

AFTER

이 예제를 따라 하면

다양한 이미지를 이용하여 콜라주를 만들어볼 수 있습니다. 이번 실습 예제를 통해 이미지의 일정 부분을 잘라내 원하는 영역에 넣어보겠습니다.

- 콜라주 느낌이 나도록 이미지를 배치합니다.
- 퀵 마스크 모드로 배경과 피사체를 분리할 수 있습니다.
- 이미지를 빈티지하게 보정할 수 있습니다.

BEFORE

CHAPTER 04 실력을 업그레이드하는 트렌디한 이미지 활용 예제 405

이미지 불러와 배경과 피사체 분리하기

01 ① `Ctrl` + `O` 를 눌러 **사진기.jpg, 자연풍경.jpg** 파일을 불러옵니다. ② 파일이 두 개의 탭으로 나타나면 [사진기.jpg] 탭을 클릭합니다.

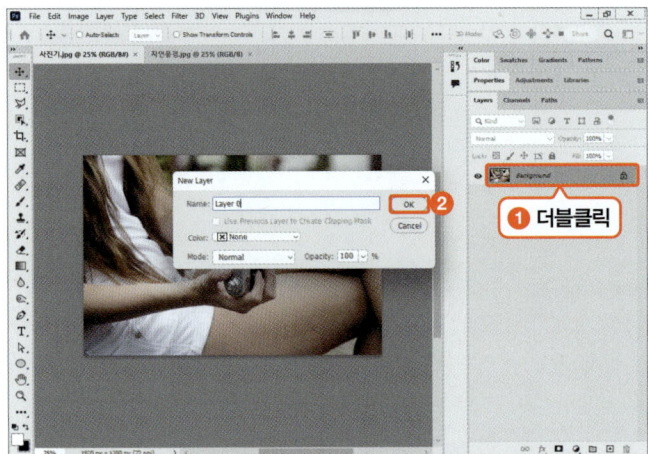

02 ① [Background] 레이어를 더블클릭합니다. ② [New Layer] 대화상자가 나타나면 [OK]를 클릭하여 배경 레이어를 일반 레이어 형태로 변환합니다.

> [Background] 레이어는 배경 레이어로, 이름을 바꾸거나 이미지를 수정할 수 없습니다. 레이어를 더블클릭하거나 잠금🔒을 클릭하여 일반 레이어로 변환한 후 자유롭게 작업합니다.

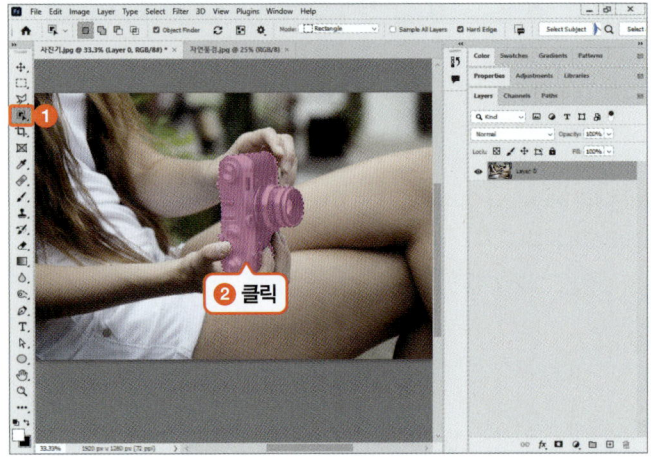

03 ① 도구바에서 개체 선택 도구를 클릭하고 ② 사진기 영역을 클릭하여 선택합니다.

04 완벽하지 않은 선택 영역을 수정해보겠습니다. ❶ Q 를 눌러 퀵 마스크 모드를 실행합니다. ❷ Ctrl + + 를 여러 번 눌러 작업 화면을 키웁니다. ❸ 지우개 도구 를 클릭하고 ❹ 손가락과 팔 영역을 드래그해 지웁니다. 해당 영역이 선택 영역으로 추가됩니다. ❺ Ctrl + − 를 여러 번 눌러 작업 화면을 줄인 후 선택 영역을 확인합니다.

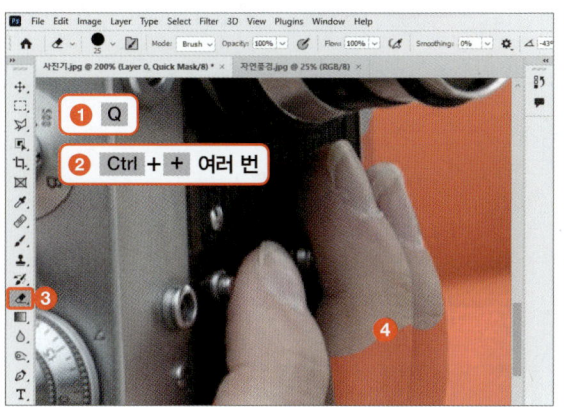
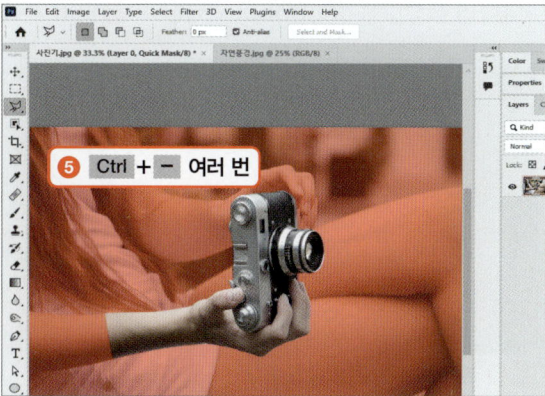

05 ❶ Q 를 눌러 퀵 마스크 모드를 종료합니다. ❷ 선택 영역을 확인한 후 Shift + Ctrl + I 를 눌러 선택 영역을 반전합니다. ❸ Delete 를 눌러 선택 영역을 제외한 배경을 지웁니다.

06 ❶ Ctrl + D 를 눌러 선택 영역을 해제합니다. ❷ Ctrl + T 를 눌러 자유 변형 기능을 적용하고 ❸ 사진기와 팔 부분의 위치를 옮깁니다. ❹ Enter 를 눌러 변형을 적용합니다.

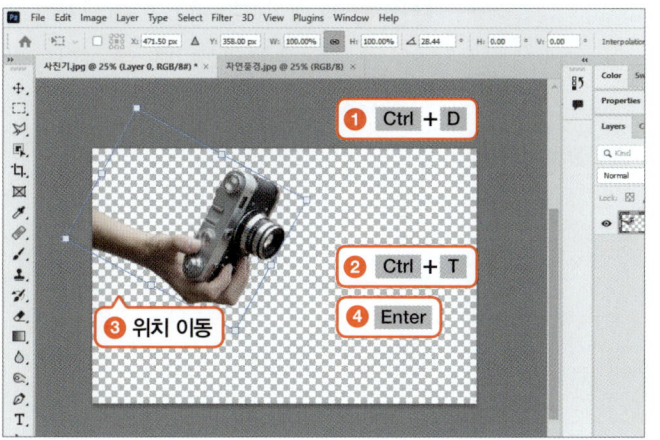

빈 배경에 바탕색 채우기

07 ① [Layers] 패널에서 새 레이어를 만듭니다. ② 전경색을 클릭합니다. ③ [Color Picker] 대화상자가 나타나면 색상값을 d0cbbb로 입력한 후 ④ [OK]를 클릭합니다. ⑤ Alt + Delete 를 눌러 전경색을 채웁니다.

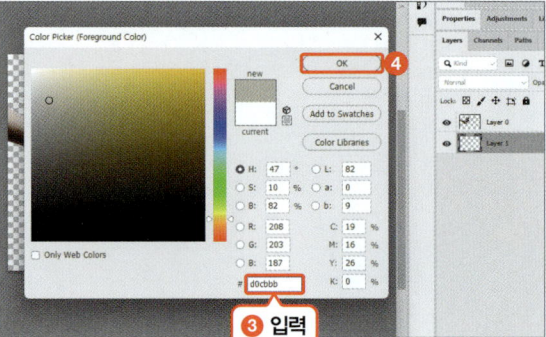

사진을 찍는 듯한 영역 만들기

08 ① 새 레이어를 만들고 ② 다각형 올가미 도구를 클릭합니다. ③ 그림과 같이 클릭하여 선택 영역을 만듭니다.

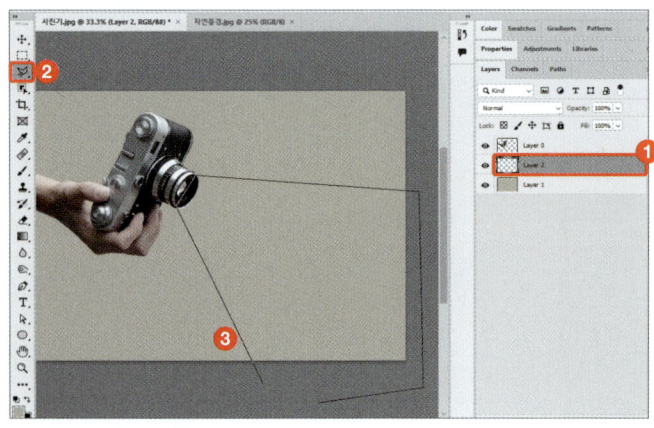

09 선택 영역에 색을 채워보겠습니다. ❶ 전경색을 클릭하고 ❷ [Color Picker] 대화상자가 나타나면 색상값을 **fa7d7e**로 입력한 후 ❸ [OK]를 클릭합니다. ❹ `Alt` + `Delete` 를 눌러 전경색을 채웁니다.

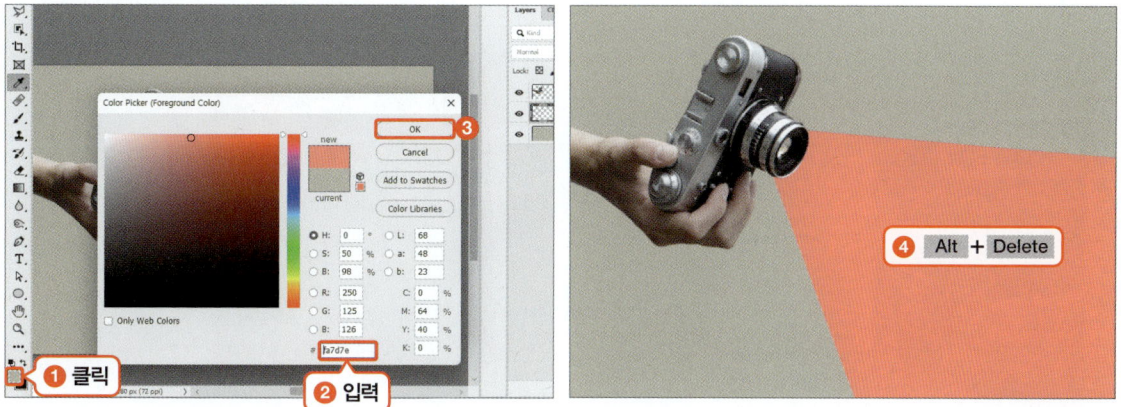

풍경 이미지 합성하기

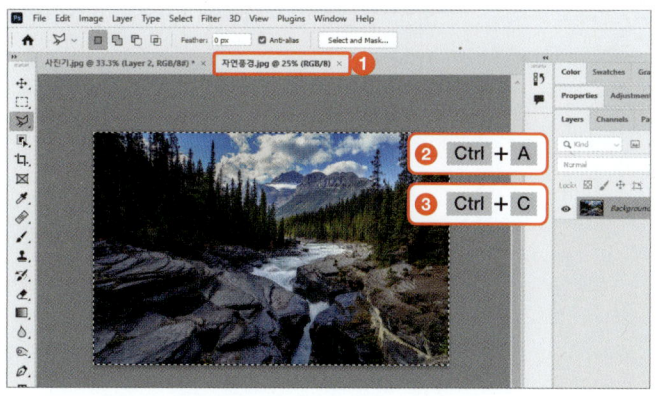

10 ❶ [자연풍경.jpg] 탭을 클릭합니다. ❷ `Ctrl` + `A` 를 눌러 전체 이미지를 선택하고 ❸ `Ctrl` + `C` 를 눌러 이미지를 복사합니다.

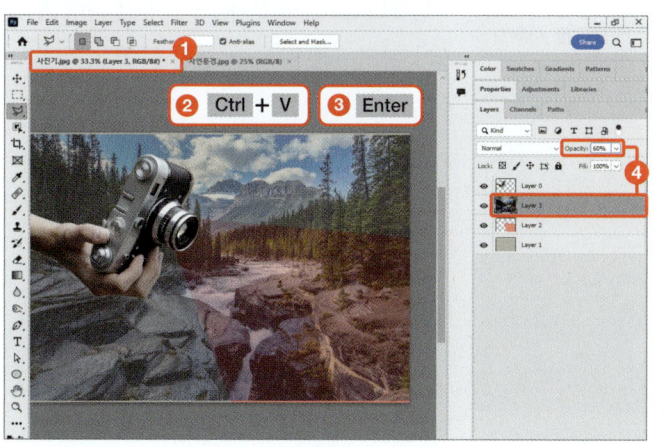

11 ❶ [사진기.jpg] 탭을 클릭합니다. ❷ `Ctrl` + `V` 를 눌러 이미지를 붙여 넣고 크기를 적당히 조절한 후 ❸ `Enter` 를 누릅니다. ❹ [Opacity]를 **60%**로 설정합니다. 이때 풍경사진을 붙여 넣은 레이어가 사진기 레이어 아래에 위치해야 합니다.

12 풍경사진 위치를 조정하겠습니다. ① Ctrl + T 를 눌러 자유 변형 기능을 적용합니다. ② 마우스 오른쪽 버튼을 클릭해 ③ [Flip Horizontal]을 선택해 좌우를 뒤집습니다. ④ 그림처럼 사진의 위치를 옮기고 Enter 를 눌러 이미지를 고정합니다.

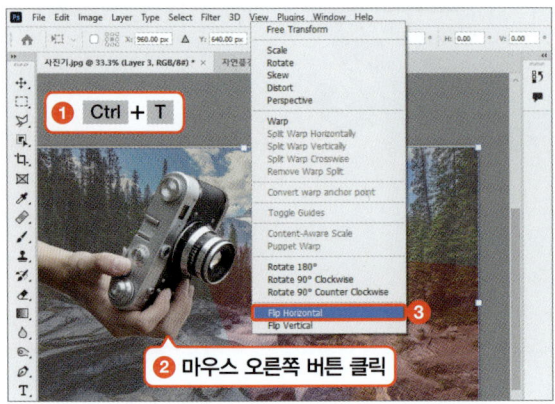

13 사진기로 촬영하는 듯한 느낌을 표현하기 위해 영역을 정교하게 수정하겠습니다. Ctrl 을 누른 채 [Layer 3] 레이어의 섬네일을 클릭합니다. 해당 부분이 선택 영역으로 지정됩니다.

14 ① Q 를 눌러 퀵 마스크 모드를 실행합니다. ② 지우개 도구 로 그림과 같이 삐져나온 나무를 지워 선택 영역에 포함합니다.

15 ❶ Q 를 눌러 퀵 마스크 모드를 종료하고 선택 영역을 확인합니다. ❷ Shift + Ctrl + I 를 눌러 선택 영역을 반전하고 ❸ Delete 를 눌러 배경을 지웁니다.

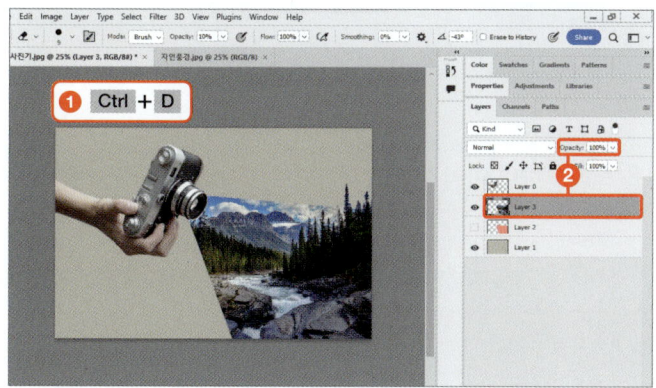

16 ❶ Ctrl + D 를 눌러 선택 영역을 해제합니다. ❷ 풍경사진 레이어의 [Opacity]를 100%로 설정합니다.

빈티지한 색감으로 보정하기

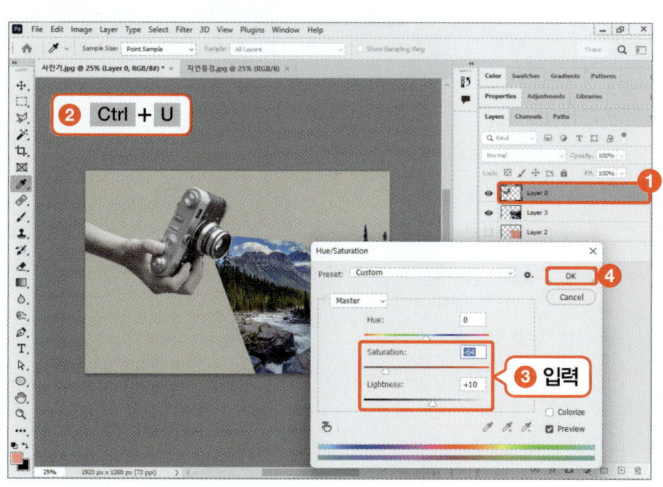

17 ❶ [Layer 0] 레이어를 선택합니다. ❷ Ctrl + U 를 눌러 [Hue/Saturation] 대화상자를 불러옵니다. ❸ [Saturation]을 -64로, [Lightness]를 +10으로 입력한 후 ❹ [OK]를 클릭해 사진기 레이어의 색상을 보정합니다.

18 같은 방법으로 풍경사진 레이어의 색상도 보정합니다. ❶ [Layer 3] 레이어를 선택하고 ❷ Ctrl + U 를 눌러 [Hue/Saturation] 대화상자를 불러옵니다. ❸ [Saturation]을 –23으로, [Lightness]를 +24로 입력한 후 ❹ [OK]를 클릭해 풍경사진 레이어의 색상도 보정합니다.

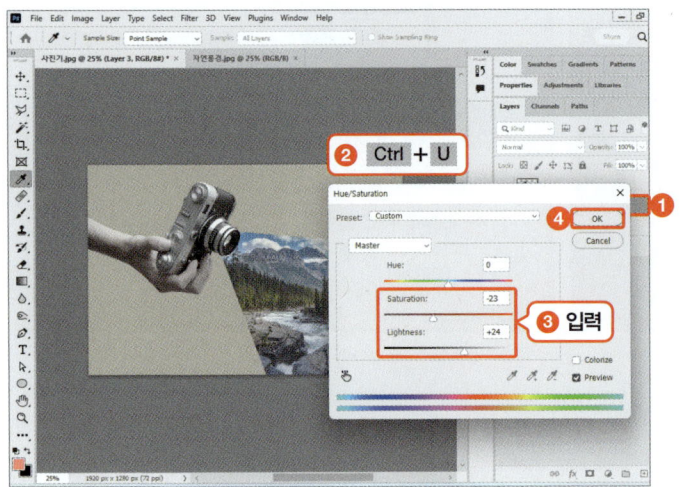

19 ❶ 자르기 도구를 클릭하고 ❷ 조절점을 드래그하여 이미지를 잘라냅니다. ❸ Enter 를 눌러 완성합니다.

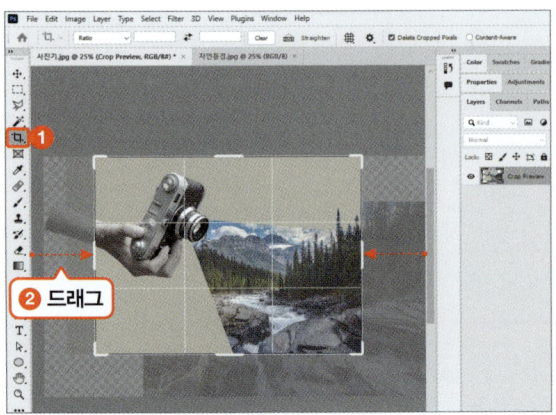

Ps LESSON 04

자연스러운 색감의 합성 이미지 만들기

상황별 표시줄을 활용해 빠르게 이미지 합성 작업 진행하기

☐ CC 모든 버전
☑ CC 2025 버전

준비 파일 활용/Chapter 04/그네.jpg, 꽃.jpg, 바다.jpg, 줄기.jpg
완성 파일 활용/Chapter 04/바다_완성.psd

AFTER

이 예제를 따라 하면

상황별 작업 표시줄을 사용하면 손쉽게 선택 영역을 선택하는 기능과 다양한 컬러 조정 프리셋 활용을 통해 빠르고 간단하게 합성 이미지를 만들 수 있습니다. 여러 장의 이미지를 불러와 합성하는 작업을 진행할 때 훨씬 빠른 속도로 작업할 수 있습니다.

- 상황별 작업 표시줄을 이용하여 선택 영역을 빠르게 적용할 수 있습니다.
- 퀵 마스크를 활용하여 선택 영역을 섬세하게 설정할 수 있습니다.
- 조정 프리셋(Adjustments Presets)을 이용하여 합성한 이미지를 자연스럽게 보정할 수 있습니다.

BEFORE

합성할 소스 이미지 준비하기

01 ① Ctrl + O 를 눌러 [열기] 대화상자를 불러옵니다. ② 네 개의 준비 파일을 모두 선택하고 ③ [열기]를 클릭합니다. ④ 가장 먼저 [꽃.jpg] 탭을 클릭해 작업합니다.

02 ① [Background] 레이어를 더블클릭합니다. ② [New Layer] 대화상자가 나타나면 [OK]를 클릭하여 배경 레이어를 일반 레이어로 변환합니다.

03 ① 상황별 작업 표시줄에서 [Select subject]를 클릭합니다. ② 꽃잎 부분이 선택 영역으로 지정되면 Ctrl + C 를 눌러 복사합니다.

> 꽃잎을 제외한 다른 부분도 선택 영역으로 지정된다면 06~08 과정을 참고해 작업합니다.

04 ① [바다.jpg] 탭을 클릭합니다. ② Ctrl + V 를 눌러 복사한 꽃잎을 붙여 넣습니다.

퀵 마스크 기능으로 원본 이미지 세밀하게 선택하기

05 ① [그네.jpg] 탭을 클릭합니다. ② 03과 같은 방법으로 그네를 타는 아이를 선택 영역으로 지정합니다.

06 선택 영역을 수정해보겠습니다. ① Q 를 눌러 퀵 마스크 모드를 실행합니다. 작업 화면을 적당히 확대합니다. ② 도구바에서 브러시 도구 를 클릭하고 ③ 전경색을 **검은색(000000)**으로 설정합니다. ④ 그네의 줄 부분을 드래그해 선택 영역에서 제외합니다.

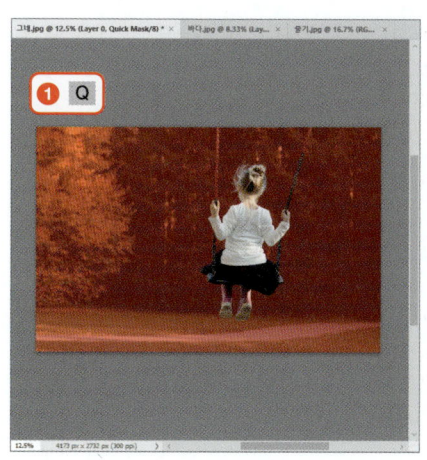 

07 작업 화면을 줄여 선택 영역을 확인합니다. ❶ 그네 타는 아이와 의자 부분만 선택되면 Ctrl + C 를 눌러 복사합니다. ❷ [바다.jpg] 탭을 클릭합니다. ❸ Ctrl + V 를 눌러 복사한 그네 타는 아이를 붙여 넣습니다.

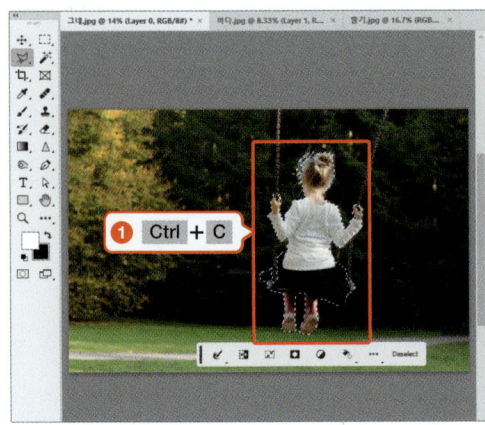

08 ❶ [줄기.jpg] 탭을 클릭하고 ❷ 그네 타는 아이와 같은 방법으로 식물의 줄기 부분만 선택해 복사합니다.

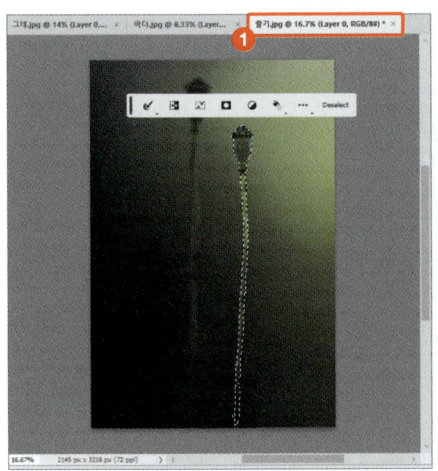
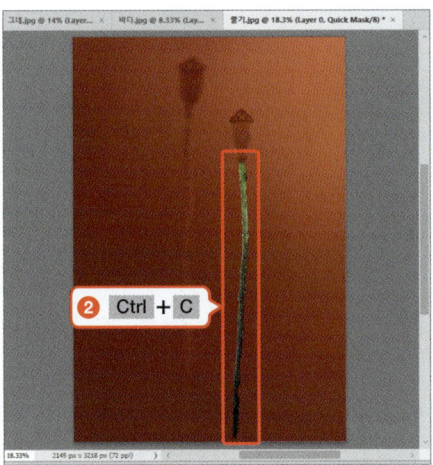

09 복사한 줄기 이미지도 [바다.jpg] 탭에 붙여 넣습니다.

합성할 이미지 배치하기

10 ① [바다.jpg] 탭을 제외한 나머지 탭을 모두 닫습니다. ② 붙여 넣은 각각의 레이어 이름을 **꽃, 그네, 줄기**로 수정합니다.

> 다른 이미지 탭을 닫을 때 변경 사항은 저장하지 않습니다. 레이어 이름을 변경하려면 레이어 이름 부분을 더블클릭하고 변경할 이름을 입력한 후 Enter 를 누릅니다.

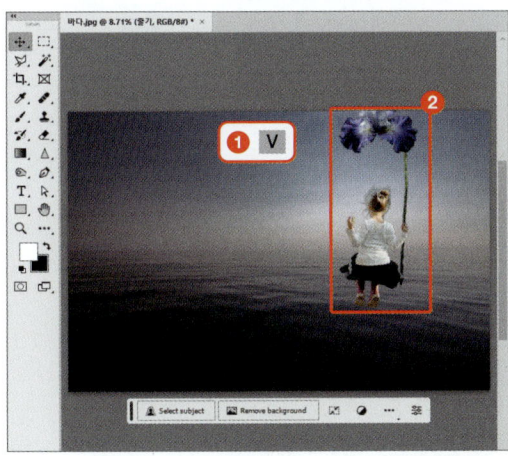

11 ① V 를 눌러 이동 도구 를 선택합니다. ② 이미지는 그림과 같이 배치합니다. 꽃잎은 작업 영역 상단에, 그네 타는 아이는 꽃잎 아래에, 줄기는 그네 타는 아이의 오른쪽 손에 배치합니다.

12 ① [줄기] 레이어를 선택하고 ② 도구바에서 다각형 올가미 도구 를 클릭합니다. ③ 그림과 같이 선택 영역을 지정합니다.

13 ❶ Ctrl + T 를 눌러 자유 변형 기능을 적용합니다. ❷ 그림과 같이 그네 의자에 맞게 회전합니다. ❸ 도구바에서 지우개 도구 ⌫ 를 클릭합니다. ❹ 불필요한 줄기를 지웁니다.

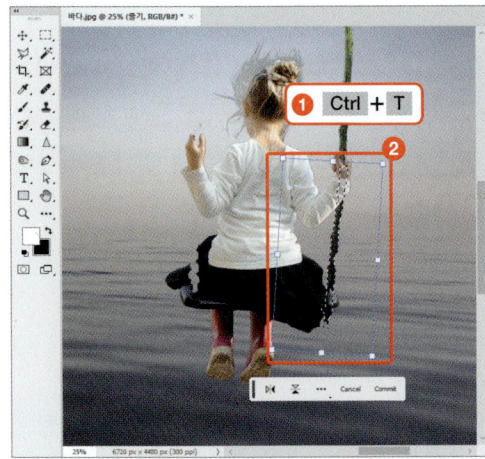

14 ❶ V 를 눌러 이동 도구 ✥ 를 선택합니다. ❷ Alt 를 누른 채 왼쪽으로 드래그해 줄기를 복제합니다.

15 12~13과 같은 방법으로 ❶ 줄기의 아랫부분을 클릭한 후 ❷ 그림과 같이 회전시킵니다.

완성 이미지 구도 수정하고 보정하기

16 ❶ 도구바에서 자르기 도구 ▣를 클릭합니다. ❷ 그림과 같이 이미지 크기를 조절하고 ❸ Enter 를 누릅니다. 이미지의 크기가 변경됩니다.

17 ❶ 상황별 작업 표시줄의 Create new adjustment layer ◐를 클릭합니다. ❷ [Adjustments] 패널에서 어울리는 색감을 선택해 마무리합니다. 예제에서는 [More]-[Creative]-[Dark Fade]를 선택했습니다.

LESSON 05
오브젝트 이미지를 활용한 포스터 디자인

블렌딩 모드를 이용해 혼합 색상 표현하기

☑ CC 모든 버전
☐ CC 2025 버전

준비 파일 활용/Chapter 04/블렌딩 포스터 폴더
완성 파일 활용/Chapter 04/블렌딩 포스터_완성.psd

AFTER

이 예제를 따라 하면

여러 개의 오브젝트를 한곳에 모아 새로운 느낌의 포스터를 만들어봅니다. 이번 실습에서는 레이어를 구성하는 이미지의 색상을 변경하고 블렌딩 모드를 활용한 오묘한 색상의 포스터를 만들어보겠습니다.

- 이미지의 색상을 변경할 수 있습니다.
- 블렌딩 모드를 활용해 색을 자연스럽게 혼합할 수 있습니다.

BEFORE

개체 선택 도구로 오브젝트와 배경 분리하기

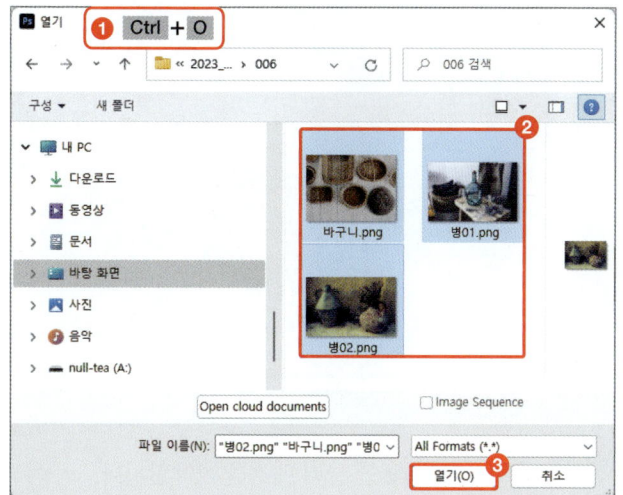

01 ① Ctrl + O 를 눌러 [열기] 대화상자를 불러옵니다. ② 준비 파일을 모두 선택하고 ③ [열기]를 클릭합니다.

02 ① [바구니.png] 탭을 클릭합니다. ② [Layers] 패널에서 [Background] 레이어를 더블클릭하고 ③ [New Layer] 대화상자가 나타나면 [OK]를 클릭합니다. 배경 레이어가 일반 레이어 형태로 변환됩니다.

03 ① 도구바에서 개체 선택 도구를 클릭하고 ② 그림처럼 바구니를 클릭하여 선택합니다.

> 개체 선택 도구를 사용할 때 오브젝트가 자동으로 인식되기 전에 오브젝트 영역을 드래그하여 선택해도 됩니다.

CHAPTER 04 실력을 업그레이드하는 트렌디한 이미지 활용 예제 **421**

04 ① Shift 를 누른 채 옆에 있는 바구니도 클릭하여 함께 선택합니다. ② Shift 를 누른 채 위에 있는 바구니도 클릭하여 바구니를 하나 더 선택합니다.

05 ① Shift + Ctrl + I 를 눌러 선택 영역을 반전시킵니다. ② Delete 를 눌러 배경을 삭제합니다.

06 같은 방법으로 오브젝트와 배경을 분리해보겠습니다. ① [병01.png] 탭을 클릭합니다. ② [Background] 레이어를 더블클릭하고 ③ [New Layer] 대화상자가 나타나면 [OK]를 클릭합니다. ④ 개체 선택 도구로 병 부분을 클릭하여 선택합니다.

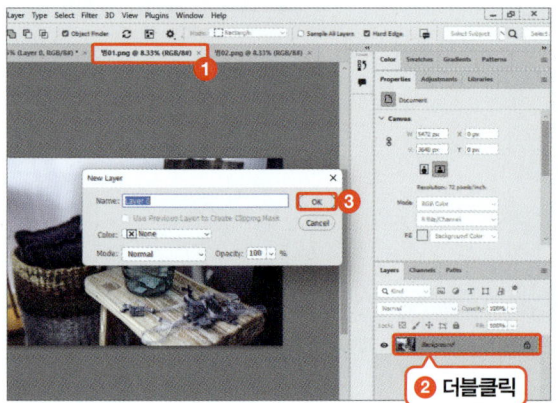 

07 선택 영역을 섬세하게 조정해보겠습니다. Q 를 눌러 퀵 마스크 모드를 실행합니다.

08 ① 도구바에서 브러시 도구 를 클릭하고 ② 병 옆 부분을 드래그하여 붉은색으로 채웁니다.

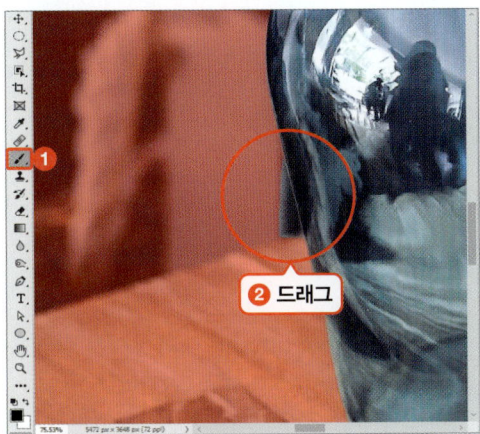 

선택되는 부분은 이미지의 원본 색, 선택되지 않는 부분은 붉은색으로 나타납니다. Ctrl + + 를 여러 번 눌러 작업 화면을 키운 후 브러시 도구로 드래그합니다. 이때 전경색은 검은색, 배경색은 흰색이어야 합니다. 검은색 브러시 도구로 드래그하면 선택 영역에서 제외됩니다.

09 ① Q 를 눌러 퀵 마스크 모드를 종료하고 병 영역이 제대로 선택되었는지 확인합니다. ② Shift + Ctrl + I 를 눌러 선택 영역을 반전합니다. ③ Delete 를 눌러 배경을 삭제하고 병만 남깁니다.

10 06~09 과정과 같은 방법으로 [병02.png] 탭의 배경을 삭제합니다.

오브젝트를 한곳에 모아 정렬하기

11 배경이 될 새 문서를 만들어보겠습니다. ❶ Ctrl + N 을 눌러 [New Document] 대화상자를 불러옵니다. ❷ [Print] 탭의 [A4]를 선택하고 ❸ [Orientation]은 [세로]를 선택합니다. ❹ [Create]를 클릭해 ❺ A4 크기의 새 작업 문서를 만듭니다.

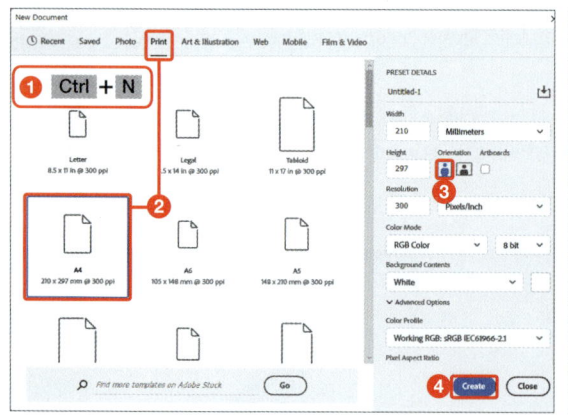 

12 ❶ [바구니.png] 탭을 클릭합니다. ❷ 도구바에서 사각형 선택 도구를 클릭하고 ❸ 바구니 하나를 드래그하여 선택합니다. ❹ Ctrl + C 를 눌러 복사하고 ❺ [Untitled-1] 탭으로 이동합니다. ❻ Ctrl + V 를 눌러 붙여 넣습니다.

13 위와 같은 방법으로 모든 이미지를 [Untitled-1] 탭에 붙여 넣습니다.

[바구니.png] 탭의 바구니와 [병01.png] 탭의 유리병, [병02.png] 탭의 화병을 각각 드래그하여 선택한 후 복사합니다. 그런 다음 [Untitled-1] 탭으로 이동해 붙여 넣습니다. 여러 개의 오브젝트가 있으므로 하나씩 선택하고 붙여 넣는 과정을 차근차근 실습합니다.

오브젝트 색 보정하기

14 [Layers] 패널에서 각 레이어를 차례대로 선택하며 오브젝트의 색을 보정합니다. ❶ [Layer 5] 레이어를 선택하고 ❷ Ctrl + U 를 눌러 [Hue/Saturation] 대화상자를 불러옵니다. ❸ [Saturation]에 –100을 입력하고 ❹ [OK]를 클릭해 이미지를 흑백으로 바꿉니다. ❺ 모든 레이어의 오브젝트 색을 흑백으로 적용합니다.

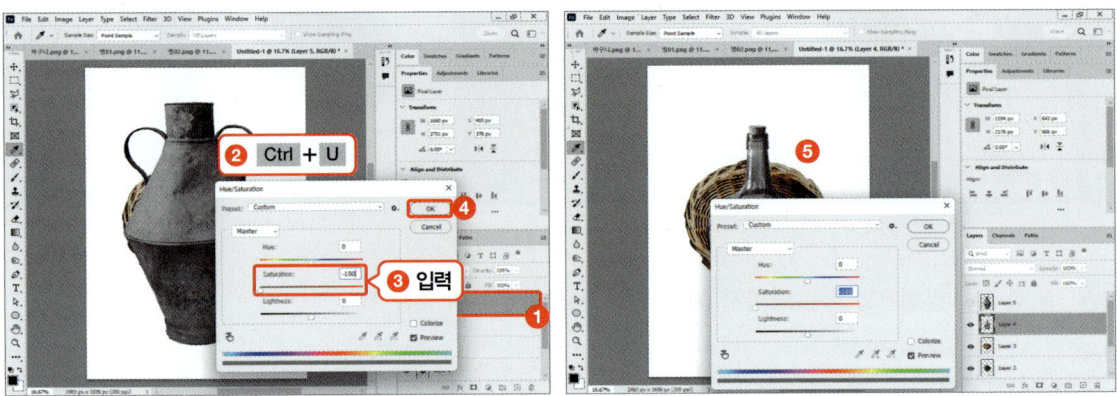

오브젝트를 복사하여 붙여 넣은 순서에 따라 레이어 이름과 순서가 다르게 표시됩니다. 레이어 이름과 순서는 실습 그림과 달라도 괜찮습니다. 모든 레이어의 오브젝트를 흑백으로 변경합니다.

15 ❶ [Layer 5] 레이어를 선택하고 ❷ Ctrl + U 를 눌러 [Hue/Saturation] 대화상자를 불러옵니다. ❸ [Colorize]에 체크하고 ❹ [Hue]에 158을 입력합니다. ❺ [OK]를 클릭해 색을 변경합니다. ❻ 다른 레이어를 선택하고 Alt + Ctrl + U 를 눌러 방금 적용한 값을 그대로 적용합니다. 차례대로 모든 레이어의 오브젝트 색을 변경합니다.

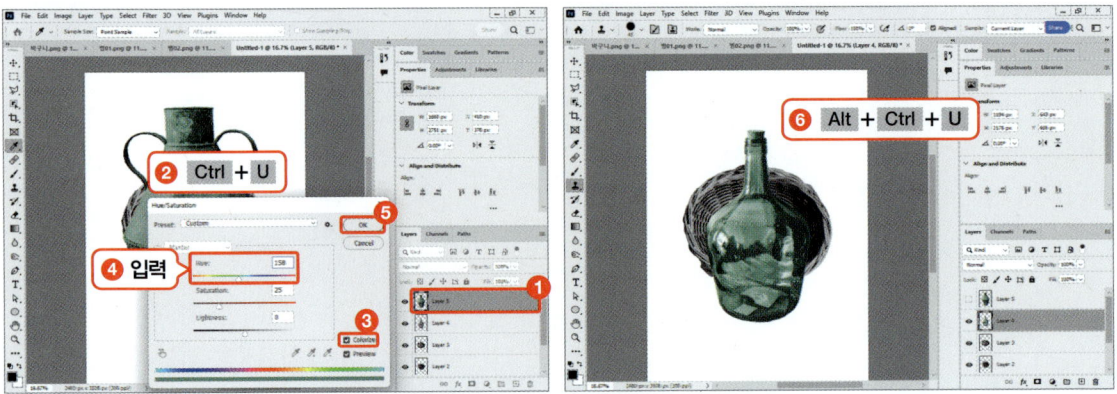

14 단계에서 각 오브젝트의 색을 흑백으로 만든 후 15 단계에서 빈티지풍의 색감을 표현했습니다. 한 단계에서 색을 적용해도 되지만 차근차근 단계를 나누어 진행합니다.

16 ❶ [Layer 5] 레이어를 선택하고 ❷ Ctrl + T 를 눌러 자유 변형 기능을 적용합니다. ❸ 오브젝트 크기를 줄이고 회전시켜 왼쪽 상단으로 옮깁니다. ❹ Enter 를 눌러 변형을 완료합니다.

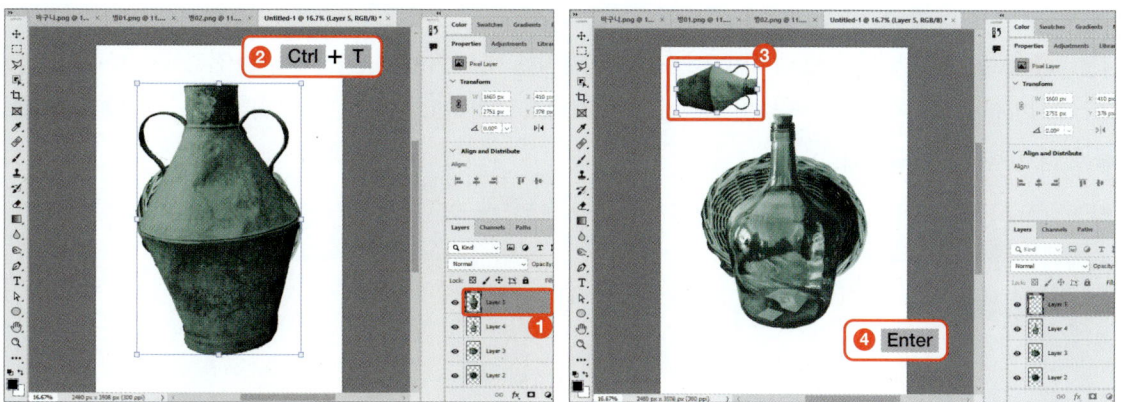

17 위와 같은 방법으로 오브젝트를 변형합니다. ❶ 다른 레이어를 선택하고 ❷ Ctrl + T 를 눌러 자유 변형 기능을 적용합니다. ❸ 오브젝트 크기를 줄이고 ❹ Enter 를 눌러 변형을 완료합니다.

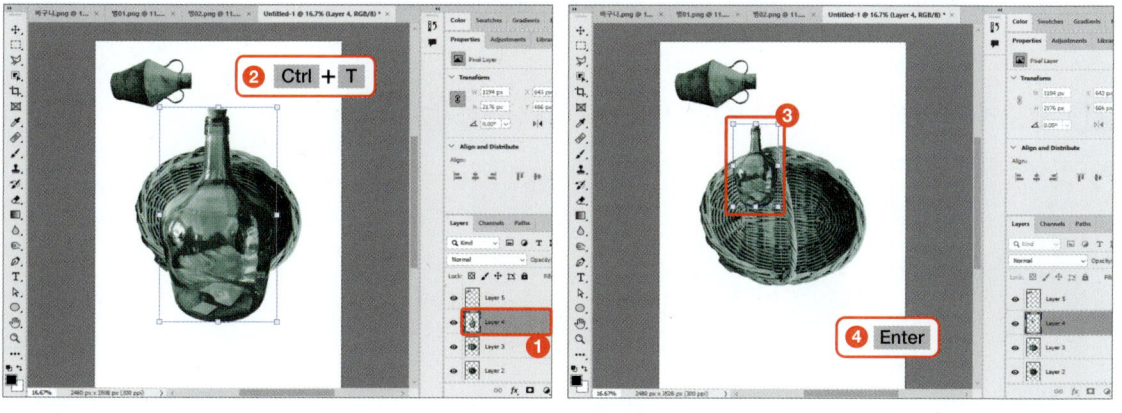

18 그림처럼 오브젝트 크기를 줄이고 위치를 옮겨 배치합니다.

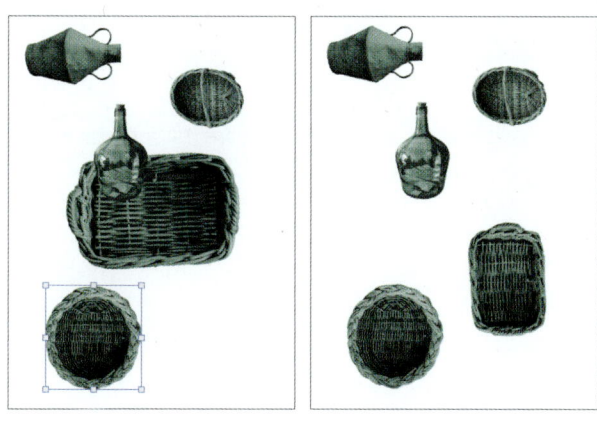

블렌딩 모드 적용하기

19 ❶ [Layers] 패널에서 새 레이어 만들기 ⊞를 클릭해 새 레이어를 만듭니다. ❷ 전경색을 클릭하고 ❸ [Color Picker] 대화상자가 나타나면 색상값을 **ffe464**로 입력하고 ❹ [OK]를 클릭합니다. ❺ Alt + Delete 를 눌러 전경색을 채웁니다.

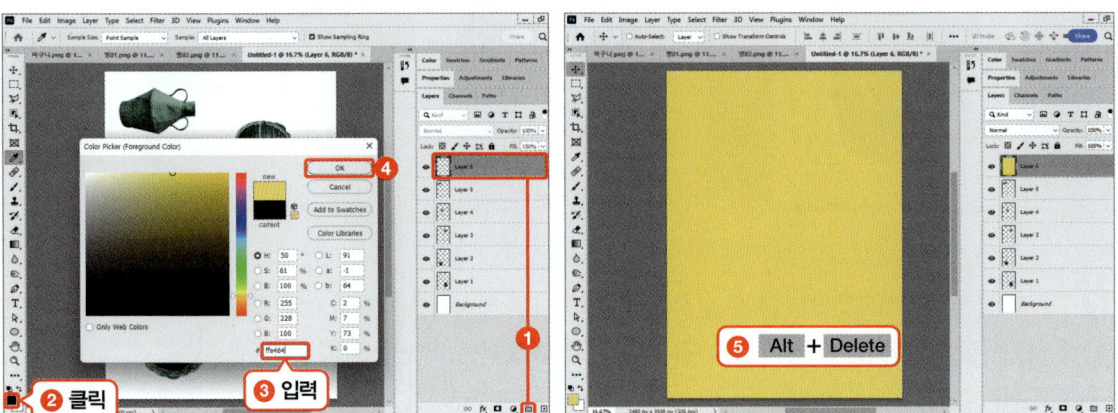

20 색을 적용한 레이어의 블렌딩 모드를 [Multiply]로 설정합니다.

> Multiply 모드는 100% 흰색을 투명하게, 아래 레이어와 색상이 겹치는 부분은 어둡게 표현합니다. 배경색 레이어 아래로 여러 개의 병 오브젝트 레이어가 보입니다. 자세한 내용은 204쪽을 참고하세요.

어울리는 문자 입력하고 도형 그리기

21 ① 도구바에서 문자 도구 T 를 클릭합니다. ② 작업 영역을 클릭하여 B를 입력하고 ③ Ctrl + Enter 를 눌러 문자 입력을 완료합니다. ④ 이동 도구 를 클릭하고 ⑤ Alt + Shift 를 누른 채 드래그하여 문자를 복제합니다. 총 다섯 번 드래그해 'B'를 여섯 개 만듭니다.

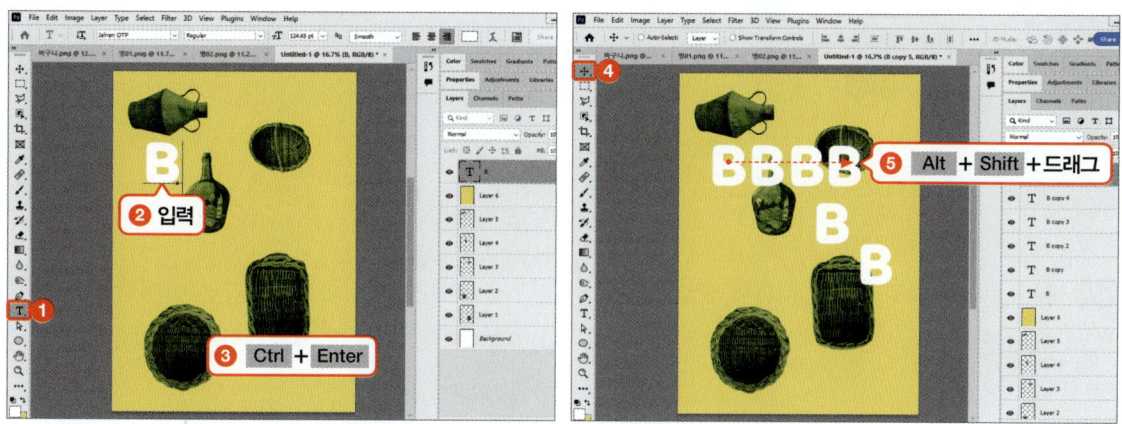

19 단계에서 전경색을 노란색으로 설정하였으므로 문자 입력 시 노란색이 적용될 수도 있습니다. 이때는 문자의 색상을 흰색(ffffff)으로 설정한 후 실습을 진행합니다. 문자 스타일은 원하는 대로 자유롭게 설정합니다. 글자 크기는 100pt 정도로 크게 설정하는 것이 좋습니다.

22 ① 도구바에서 문자 도구 T 를 클릭합니다. ② 복제한 문자 근처로 마우스 포인터를 가져다 놓으면 문자를 수정할 수 있는 입력 커서 형태로 마우스 포인터 모양이 바뀝니다. 클릭하여 O로 수정합니다. ③ 차례대로 T, T, L, E로 수정하여 'BOTTLE' 문자를 만듭니다.

23 ① 도구바에서 이동 도구 ⊕를 클릭하고 ② 문자 레이어를 선택합니다. ③ 작업 화면에서 문자를 드래그하여 자유롭게 배치합니다.

24 ① [Layers] 패널에서 새 레이어 만들기 ⊞를 클릭해 새 레이어를 만듭니다. ② 도구바에서 타원 셰이프 도구 ◯를 클릭하고 ③ 옵션바에서 [Pixels]를 선택합니다. ④ 작업 영역에 드래그하여 흰색 원 도형을 그립니다.

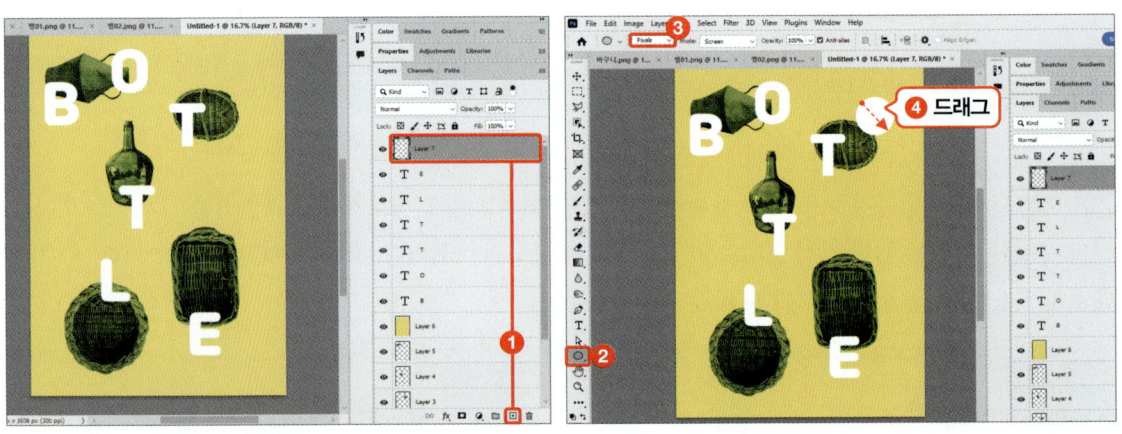

25 ① 도구바에서 이동 도구 ⊕를 클릭합니다. ② Alt + Shift 를 누른 채 원 도형을 드래그하여 여러 개 복제합니다.

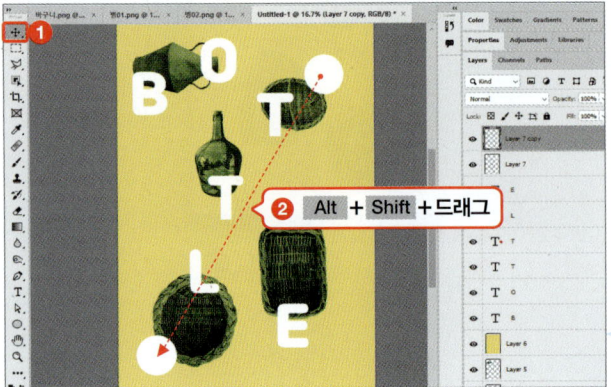

> 타원 셰이프 도구로 원 도형을 그린 후 이동 도구로 여러 개 복사해 사용합니다. 이때 브러시 도구로 원하는 도형을 그릴 수도 있습니다. 다양한 도형을 그려보세요.

스마트 오브젝트 레이어로 오브젝트 형태 수정하기

26 ① `Ctrl`을 누른 채 문자 레이어와 원 도형이 그려진 레이어를 모두 선택합니다. ② 마우스 오른쪽 버튼을 클릭하고 ③ [Convert to Smart Object]를 선택합니다. 문자 레이어와 원 도형 레이어가 스마트 오브젝트 레이어로 합쳐집니다.

[Convert to Smart Object]를 선택하면 벡터 속성을 가진 레이어로 변환됩니다. 벡터 속성을 가지고 있어 이미지를 줄였다가 늘여도 이미지 품질이 떨어지지 않고, 필터를 적용하더라도 이미지에 직접적인 영향을 주지 않아 언제든지 자유롭게 수정할 수 있습니다.

27 ① `Ctrl`을 누른 채 스마트 오브젝트 레이어의 섬네일을 클릭합니다. ② 오브젝트 모양으로 선택 영역이 지정된 것을 확인합니다. ③ 노란색을 채운 배경 레이어를 클릭합니다.

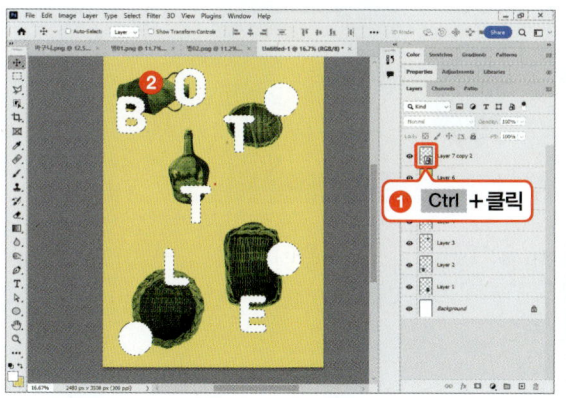 

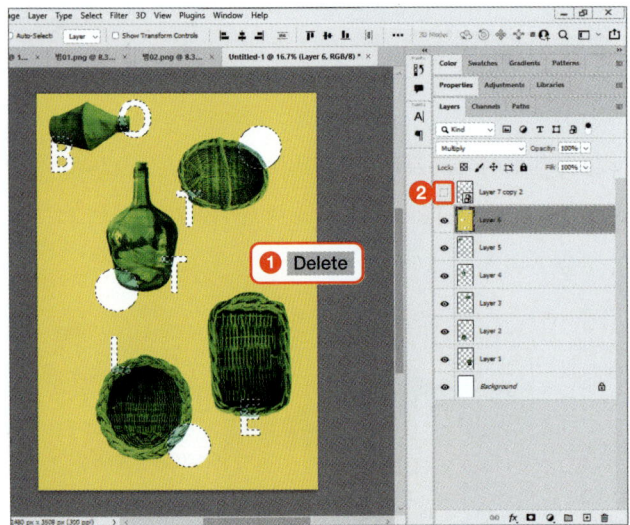

28 ❶ Delete 를 눌러 문자와 원 도형 오브젝트 모양을 지웁니다. ❷ 스마트 오브젝트 레이어의 눈 👁 을 클릭해 끕니다.

29 ❶ Ctrl 을 누른 채 오브젝트 이미지 레이어를 모두 선택합니다. ❷ 26 단계처럼 선택한 레이어를 스마트 오브젝트 레이어로 합칩니다. ❸ 합쳐진 스마트 오브젝트 레이어의 [Opacity]를 75%로 설정하여 완성합니다.

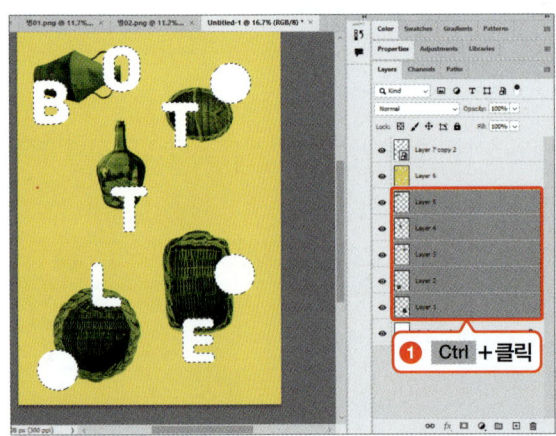
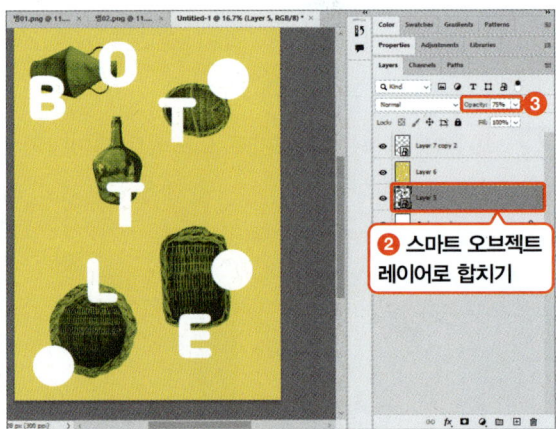

 06 빈티지한 레트로 인물 포스터

Neural 필터와 Color Halftone 필터 활용하기

☑ CC 모든 버전
☐ CC 2025 버전

준비 파일 활용/Chapter 04/빈티지한 레트로 인물 포스터.jpg
완성 파일 활용/Chapter 04/레트로 이미지_완성.psd

AFTER

이 예제를 따라 하면

만화 작업에 자주 사용하는 스크린톤 효과를 이용하여 빈티지한 인물 사진을 만들어보겠습니다. 포토샵 버전이 업데이트되며 계속 발전하고 있는 개체 선택 방식과 Neural 필터, 필터 갤러리를 활용해 만화적 이미지와 빈티지한 느낌을 표현해보세요.

- 인물의 표정을 바꿀 수 있습니다.
- 스크린톤 효과를 낼 수 있습니다.
- 빈티지한 느낌의 포스터를 만들 수 있습니다.

BEFORE

Neural 필터로 웃는 얼굴 만들기

01 ❶ Ctrl + O 를 눌러 **빈티지한 레트로 인물 포스터.jpg** 파일을 불러옵니다. ❷ [Filter]-[Neural Filters] 메뉴를 선택합니다.

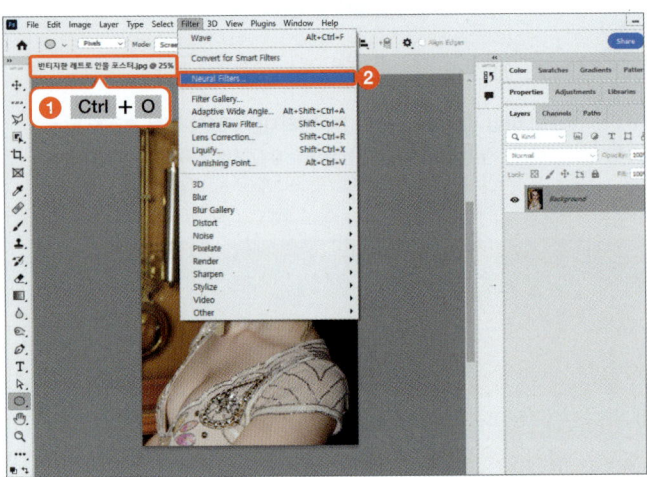

02 [Neural Filters] 패널이 나타나면 자동으로 인물의 얼굴이 인식됩니다. ❶ [PORTRAITS] 항목의 [Smart Portrait]를 클릭해 활성화합니다. ❷ [Featured]의 [Be Happy!] 슬라이더를 +25만큼 이동합니다. ❸ [OK]를 클릭합니다.

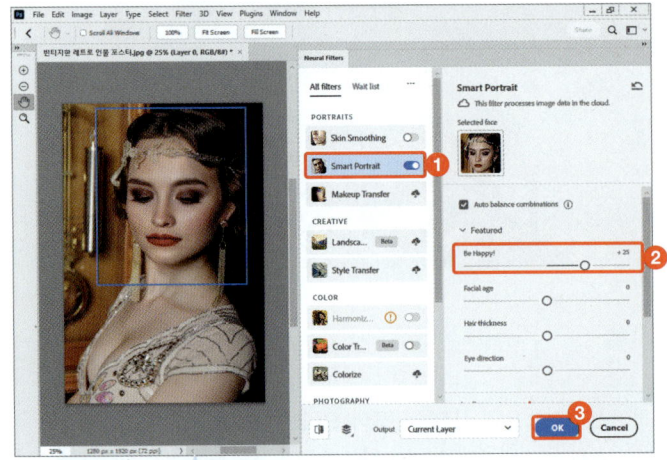

Neural 필터는 AI 기술을 이용해 몇 번의 클릭만으로 놀랄 만한 결과를 만들어냅니다. Neural 필터를 처음 실행하면 필터가 비활성화 상태로 표시됩니다. 필터 항목을 활성화해야만 오른쪽에 있는 옵션을 설정하여 원하는 효과를 만들 수 있습니다. 구름 아이콘 ☁으로 표시된 필터는 클라우드에서 다운로드한 후 사용할 수 있습니다. 다운로드를 완료한 필터는 활성화 ◯ 버튼이 표시되며, 클릭하여 활성화 ◉ 한 후 세부 옵션을 설정합니다. 자세한 설명은 이 책의 257쪽을 참고하세요.

개체 선택 도구로 인물과 배경 분리하기

03 ① Ctrl + J 를 눌러 레이어를 복제합니다. ② 도구바에서 개체 선택 도구 를 클릭하고 ③ 인물 위에 마우스 포인터를 올립니다. 인물 영역이 분홍색으로 바뀌면 클릭하여 선택 영역으로 지정합니다.

04 선택 영역을 섬세하게 조정해보겠습니다. Q 를 눌러 퀵 마스크 모드를 실행합니다.

05 ① 브러시 도구 를 클릭하고 ② Ctrl + + 를 여러 번 눌러 작업 화면을 확대합니다. ③ 선택 영역에서 제외되어야 할 부분을 드래그하여 지웁니다.

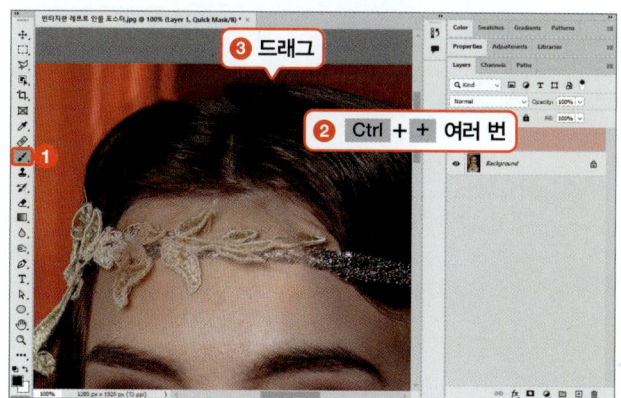

> 브러시 도구로는 선택 영역에서 제외할 부분을 드래그하고 지우개 도구로는 선택 영역에 더할 부분을 드래그하여 지정합니다.

06 ❶ Q 를 눌러 퀵 마스크 모드를 종료하고 선택 영역을 확인합니다. ❷ [Layers] 패널에서 레이어 마스크 를 클릭하여 인물 레이어(Layer 1)에 마스크를 적용합니다. ❸ [Background] 레이어의 눈 을 꺼 배경이 보이지 않게 합니다.

인물을 선명하게 보정하기

07 ❶ [Image]-[Adjustments]-[Shadows/Highlights] 메뉴를 선택합니다. ❷ [Shadows/Highlights] 대화상자가 나타나면 [Shadows]를 55, [Highlights]를 35로 입력한 후 ❸ [OK]를 클릭합니다. 이미지가 선명해집니다.

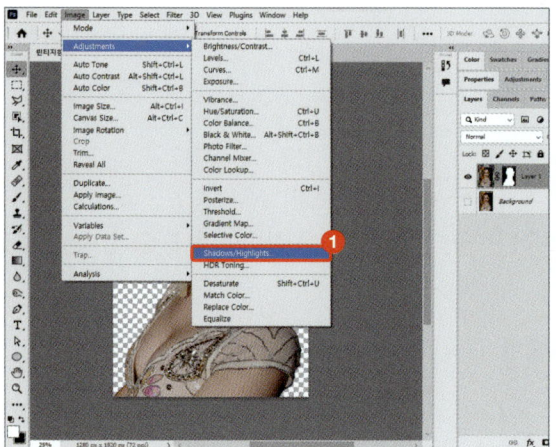

08 ❶ [Filter]-[Blur]-[Smart Blur] 메뉴를 선택합니다. ❷ [Smart Blur] 대화상자가 나타나면 [Radius]를 5.0, [Threshold]를 25.0으로 입력한 후 ❸ [OK]를 클릭합니다. 이미지의 가장자리가 자연스럽게 부드러워집니다.

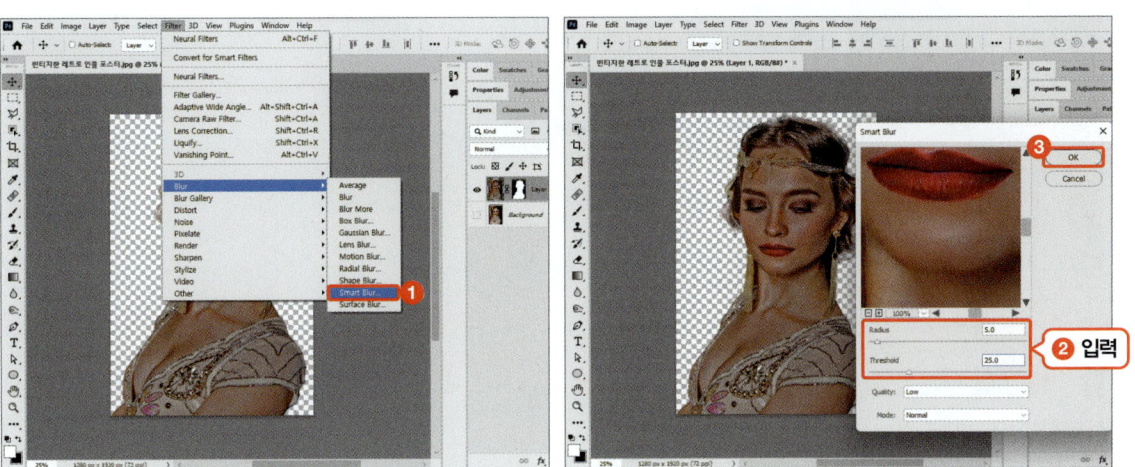

필터 갤러리를 활용해 인물에 빈티지 효과 적용하기

09 붓으로 그린 듯한 효과를 적용해보겠습니다. [Filter]-[Filter Gallery] 메뉴를 선택합니다.

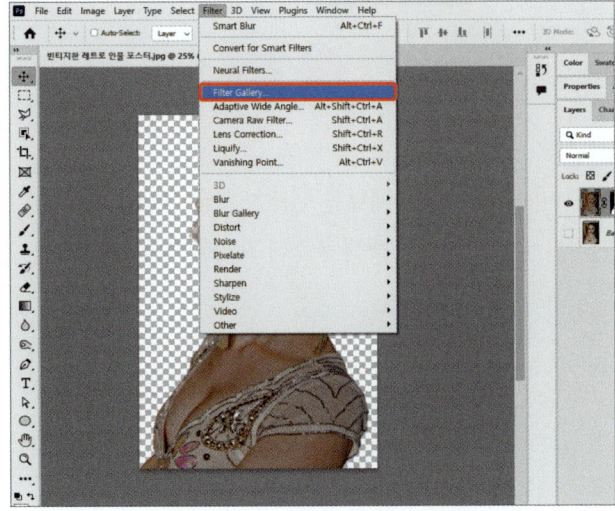

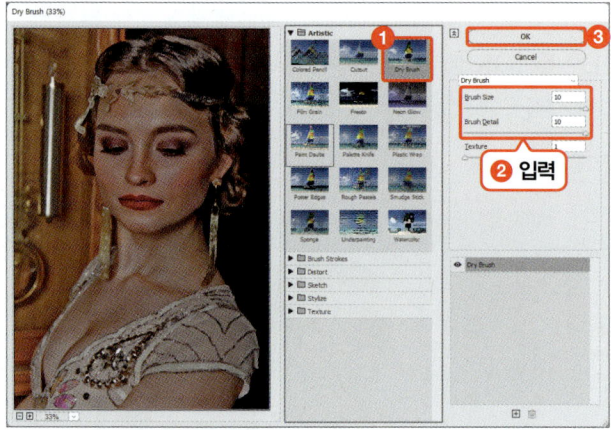

10 ① [Filter Gallery] 대화상자에서 [Artistic]-[Dry Brush]를 선택합니다. ② [Brush Size]를 10, [Brush Detail]을 10으로 입력한 후 ③ [OK]를 클릭합니다.

11 ① Ctrl + J 를 눌러 레이어를 복제합니다. ② [Layers] 패널에서 레이어 블렌딩 모드를 [Overlay]로 설정합니다. 좀 더 진한 효과가 적용됩니다.

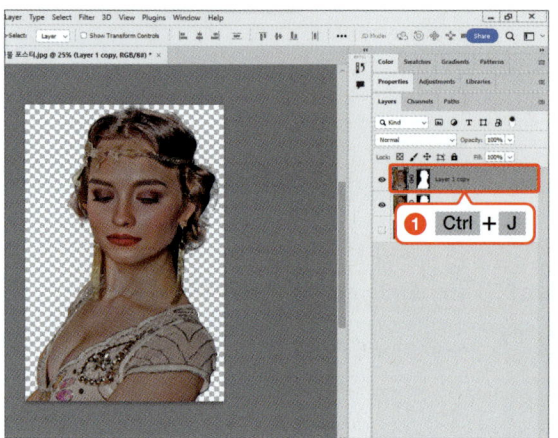

12 포스터 효과를 적용해보겠습니다. ① [Filter]-[Filter Gallery] 메뉴를 선택하고 ② [Filter Gallery] 대화상자에서 [Artistic]-[Poster Edges]를 선택합니다. ③ [OK]를 클릭해 포스터 효과를 적용합니다.

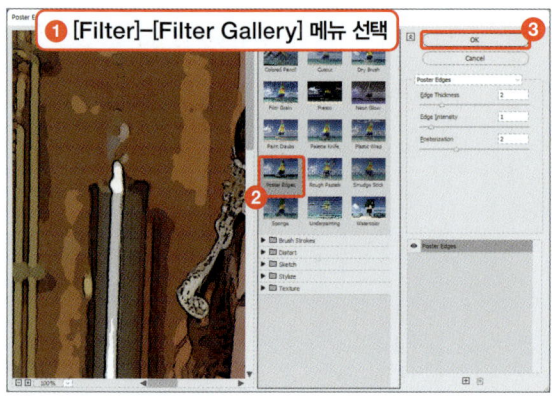

13 Color Halftone 필터를 적용해보겠습니다. ❶ Ctrl + J 를 눌러 레이어를 복제하고 ❷ [Filter]-[Pixelate]-[Color Halftone] 메뉴를 선택합니다. ❸ [Color Halftone] 대화상자가 나타나면 [Max. Radius]는 10, 각 채널에는 50을 입력한 후 ❹ [OK]를 클릭합니다. 도트 형태의 스크린톤 효과가 적용된 것을 확인할 수 있습니다.

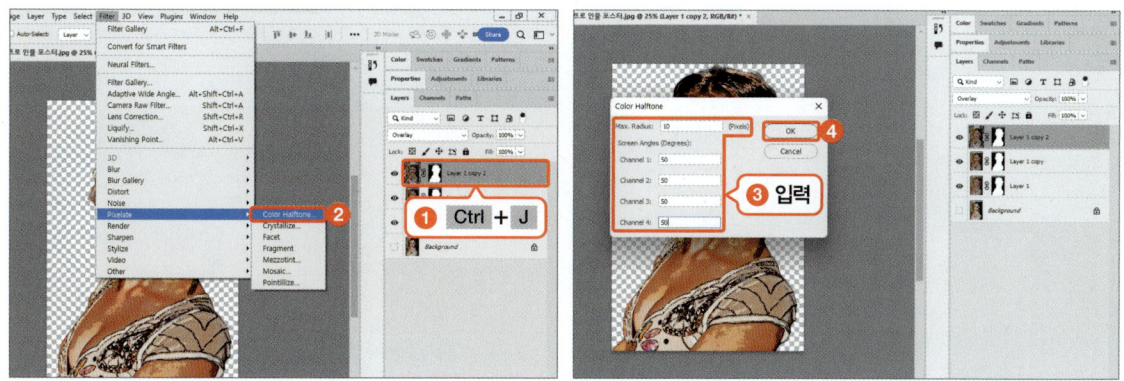

14 ❶ [Layers] 패널에서 레이어 블렌딩 모드를 [Soft Light]로 설정합니다. ❷ 도구바에서 자르기 도구 를 클릭하고 ❸ 이미지가 정사각형 모양이 되도록 조절합니다.

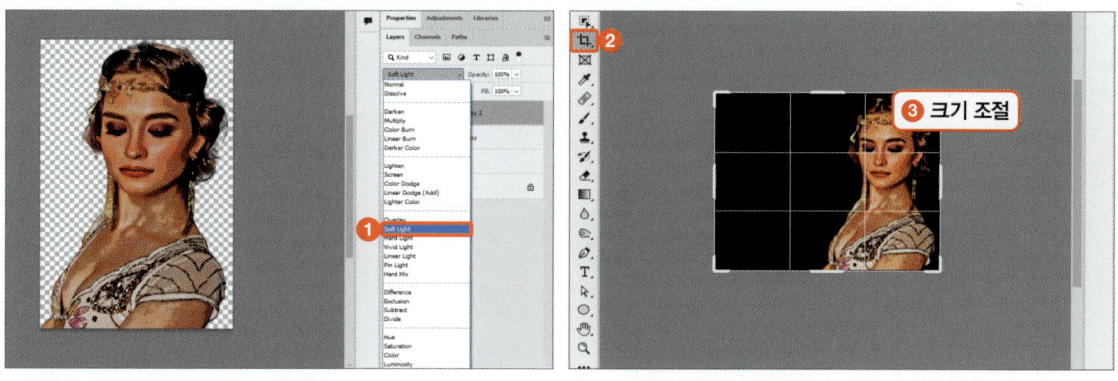

15 ❶ [Layers] 패널에서 새 레이어 만들기 를 클릭하여 새 레이어를 만듭니다. ❷ 새 레이어를 [Background] 레이어 위로 옮깁니다.

필터 갤러리를 활용해 빈티지 느낌의 배경 만들기

16 ① 도구바에서 전경색을 클릭합니다. ② [Color Picker] 대화상자가 나타나면 색상값을 **ff8840**으로 입력하고 ③ [OK]를 클릭합니다. ④ Alt + Delete 를 눌러 전경색을 채웁니다. 앞서 추가한 레이어가 맨 아래에 위치해 있어 배경으로 깔립니다.

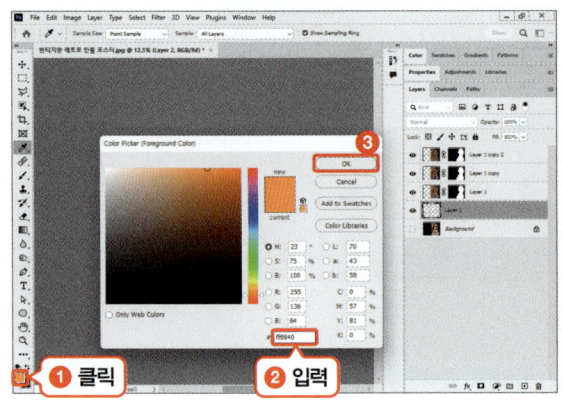

17 13 단계와 같은 방법으로 Color Halftone 필터를 적용해 스크린톤 효과를 적용합니다.

18 ❶ [Layers] 패널에서 새 레이어 만들기 ⊞를 클릭하여 새 레이어를 만들고 맨 위로 옮깁니다. ❷ D 를 눌러 전경색과 배경색을 기본 설정으로 초기화한 후 다시 X 를 눌러 색을 바꿉니다. ❸ Alt + Delete 를 눌러 레이어에 흰색(전경색)을 적용합니다. ❹ [Filter]-[Filter Gallery] 메뉴를 선택해 ❺ [Filter Gallery] 대화상자에서 [Sketch]-[Note Paper]를 선택합니다. ❻ [OK]를 클릭해 필터를 적용합니다.

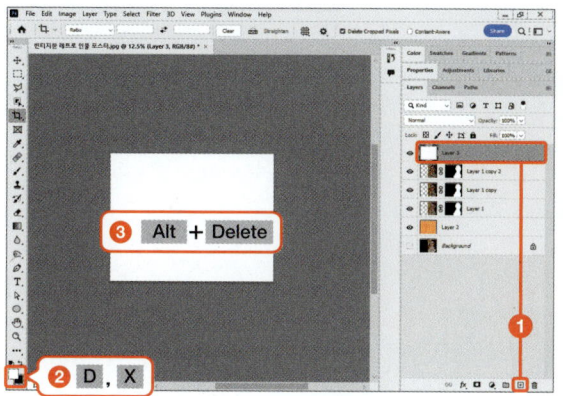
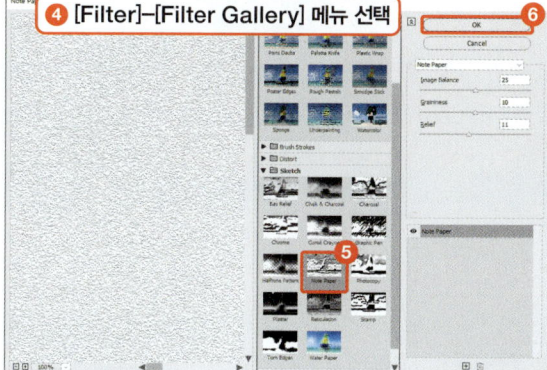

블렌딩 모드와 조정 레이어 활용하기

19 [Layers] 패널에서 [Layer 3] 레이어의 블렌딩 모드를 [Multiply]로 설정합니다.

18 단계에서 Note Paper 필터를 적용한 레이어의 블렌딩 모드를 [Multiply]로 설정했습니다. 그러면 해당 레이어 아래에 있는 인물 레이어(Layer 1 copy 2)와 블렌딩되어 나타납니다. Note Paper 필터를 적용한 배경 레이어에는 종이처럼 보이는 필터를 적용했으므로 아래 인물과 자연스럽게 합성됩니다.

20 ① [Layers] 패널에서 조정 레이어를 클릭하고 ② [Vibrance]를 선택합니다.

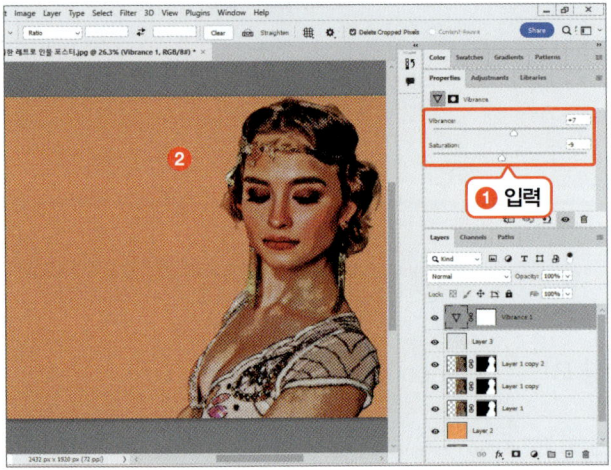

21 ① [Properties] 패널에서 [Vibrance]를 +7, [Saturation]을 -9로 입력합니다. ② 이미지에 보정된 효과가 바로 적용됩니다.

22 ① 20 단계와 같은 방법으로 조정 레이어를 클릭하고 [Color Balance]를 선택합니다. ② [Properties] 패널에서 [Cyan Red]를 -100, [Magenta Green]을 -41로 입력합니다. ③ 이미지의 색상 밸런스가 자연스럽게 맞추어집니다.

액자 모양의 테두리 적용하기

23 ❶ [Layers] 패널에서 새 레이어 만들기를 클릭해 새 레이어를 만들고 맨 위로 옮깁니다. ❷ 사각형 선택 도구를 클릭하고 ❸ 그림과 같이 작업 영역을 드래그해 선택 영역을 만듭니다.

24 ❶ Shift + Ctrl + I 를 눌러 선택 영역을 반전합니다. ❷ 전경색을 **흰색(ffffff)**으로 설정하고 ❸ Alt + Delete 를 눌러 테두리 모양에 전경색을 적용합니다. ❹ Ctrl + D 를 눌러 선택 영역을 해제하고 완성합니다.

Ps LESSON 07

패턴 안에 이미지를 넣어 독특한 분위기 연출하기

패턴 문양을 만들고 이미지에 클리핑 마스크를 적용해 디자인하기

☑ CC 모든 버전
☐ CC 2025 버전

준비 파일 활용/Chapter 04/여자얼굴.jpg
완성 파일 활용/Chapter 04/여자얼굴_완성.psd

AFTER

이 예제를 따라 하면

클리핑 마스크 기능을 활용하면 패턴을 만들고 이미지를 넣어 신비로운 느낌의 디자인으로 작업해볼 수 있습니다. 실습에서는 동그라미 패턴을 사용하지만 마름모나 독특한 형태의 도형을 직접 만들어 구성해도 좋습니다.

- 셰이프 도구를 활용해 독특한 패턴 문양을 직접 만들 수 있습니다.
- 클리핑 마스크를 사용해 이미지를 합성할 수 있습니다.
- 사진의 레벨을 조정할 수 있습니다.

BEFORE

새 작업 문서 만들기

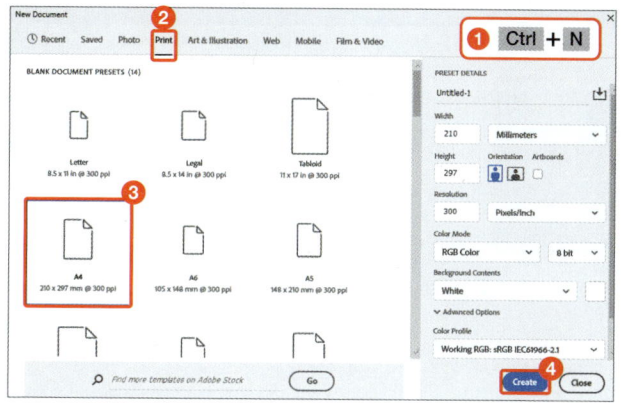

01 ① `Ctrl` + `N` 을 눌러 [New Document] 대화상자를 불러옵니다. ② [Print] 탭을 클릭하고 ③ [A4]를 선택합니다. ④ [Create]를 클릭해 새 작업 문서를 만듭니다.

셰이프 도구로 패턴 문양 만들기

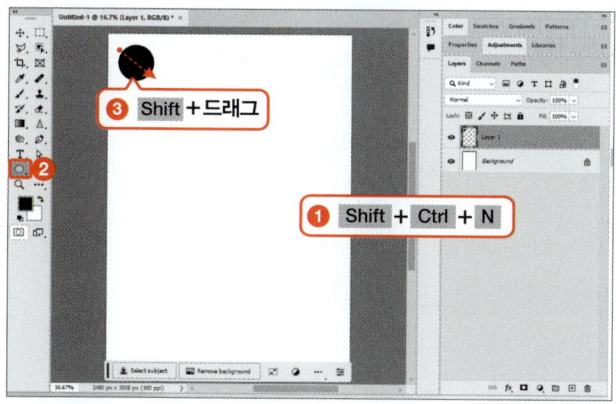

02 ① `Shift` + `Ctrl` + `N` 을 눌러 새 레이어를 생성합니다. ② 도구바에서 타원 셰이프 도구◎를 클릭합니다. ③ `Shift` 를 누른 채 드래그하여 그림과 비슷한 크기의 원을 그립니다.

03 ① 도구바에서 이동 도구✥를 클릭합니다. ② `Alt` 를 누른 채 오른쪽으로 약간만 드래그하여 복제합니다.

04 ① 같은 방법으로 그림과 같이 복제합니다. ② Ctrl 을 누른 채 생성된 레이어를 모두 선택합니다.

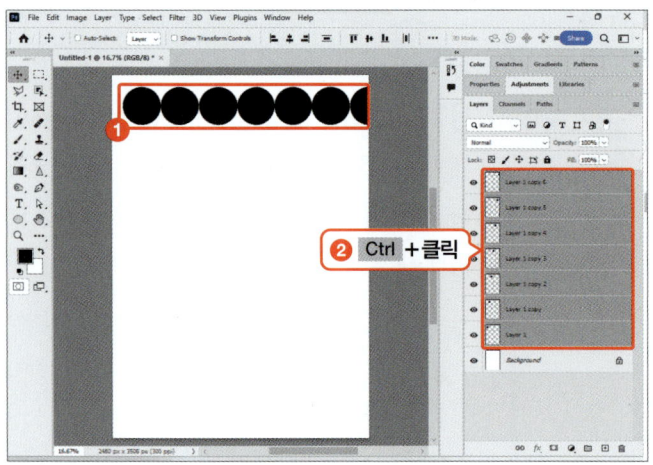

05 ① 생성된 레이어가 모두 선택된 상태에서 Ctrl + T 를 눌러 자유 변형 기능을 적용합니다. ② 생성된 원이 가로로 반듯하게 배치되도록 크기를 조절합니다. ③ Ctrl + E 를 눌러 레이어를 병합합니다.

 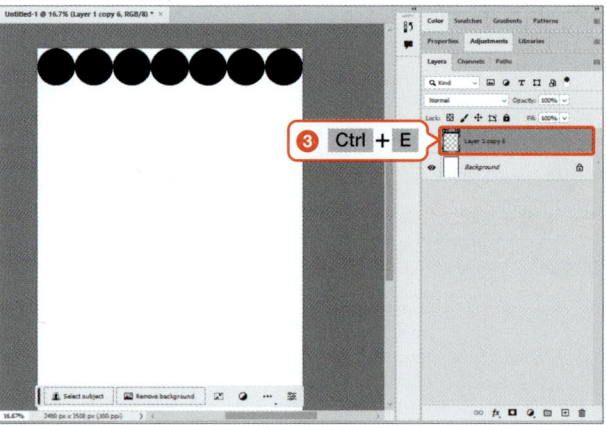

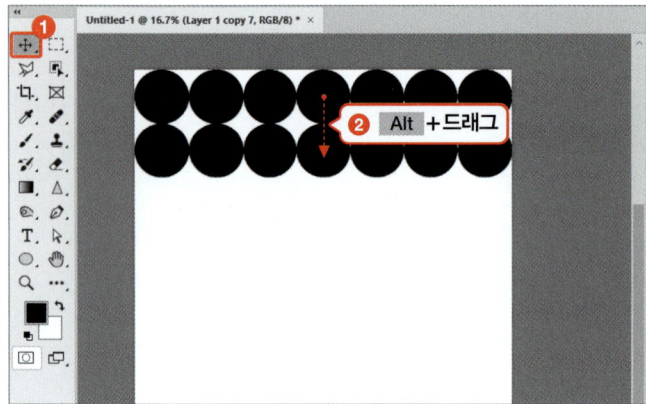

06 ① 도구바에서 이동 도구 ⊕를 클릭합니다. ② Alt 를 누른 채 아래로 드래그하여 레이어를 복제합니다.

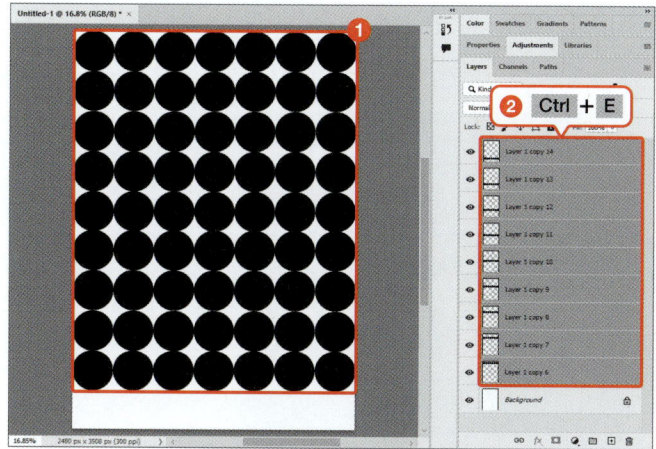

07 ❶ 왼쪽 그림처럼 반복하여 작업합니다. ❷ [Background] 레이어를 제외한 레이어를 모두 선택하고 Ctrl + E 를 눌러 레이어를 병합합니다.

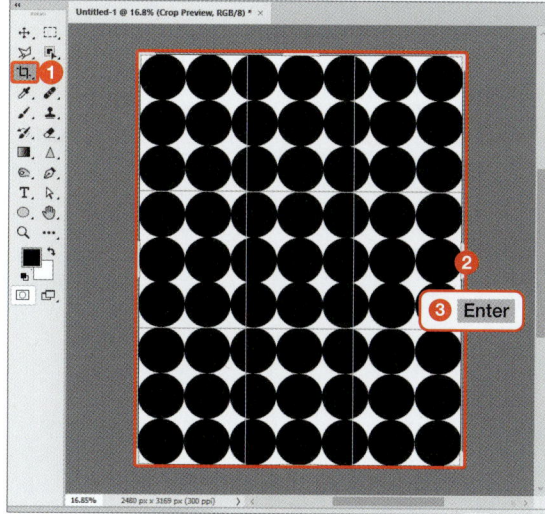

08 ❶ 도구바에서 자르기 도구 를 클릭합니다. ❷ 복제한 도형이 작업 문서에 가득 차도록 조정하고 ❸ Enter 를 눌러 작업을 완료합니다.

패턴 문양에 클리핑 마스크 적용하기

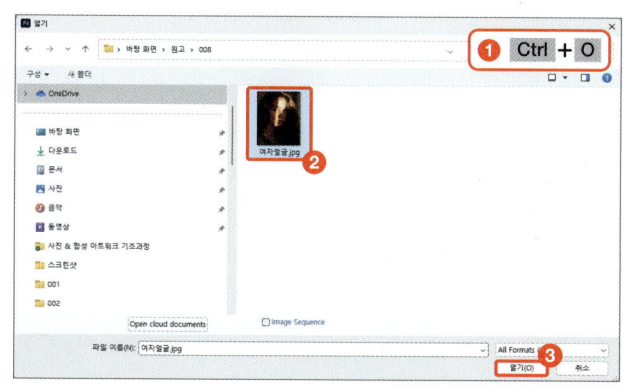

09 ❶ Ctrl + O 를 눌러 [열기] 대화상자를 불러옵니다. ❷ **여자얼굴.jpg** 파일을 선택하고 ❸ [열기]를 클릭합니다.

10 ① Ctrl + A 를 눌러 이미지를 전체 선택하고 ② Ctrl + C 를 눌러 복사합니다. ③ 이전 작업 문서로 돌아와 ④ Ctrl + V 를 눌러 붙여 넣습니다. ⑤ 붙여 넣은 이미지를 작업 문서에 맞게 축소합니다.

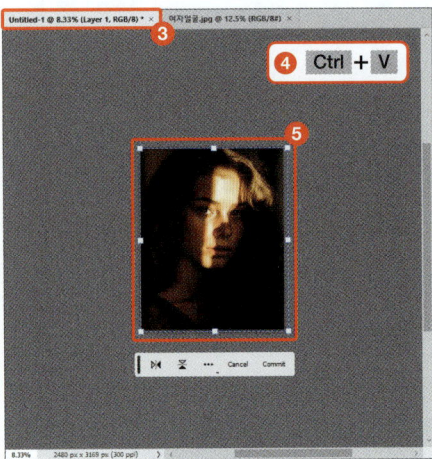

11 ① Ctrl + J 를 눌러 이미지를 붙여 넣은 레이어를 복제합니다. ② 복제한 레이어는 [Background] 레이어 위로 옮깁니다.

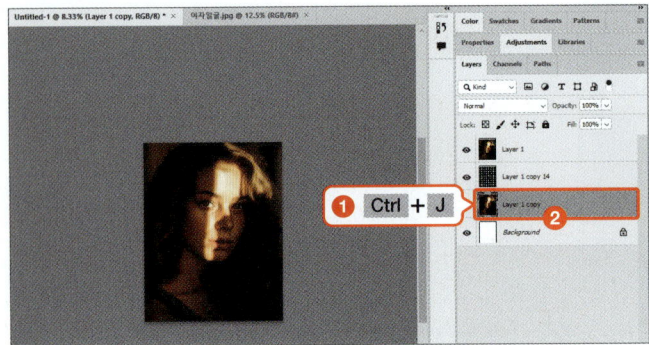

12 ① [Layer 1] 레이어를 선택하고 ② Alt + Ctrl + G 를 눌러 클리핑 마스크를 적용합니다.

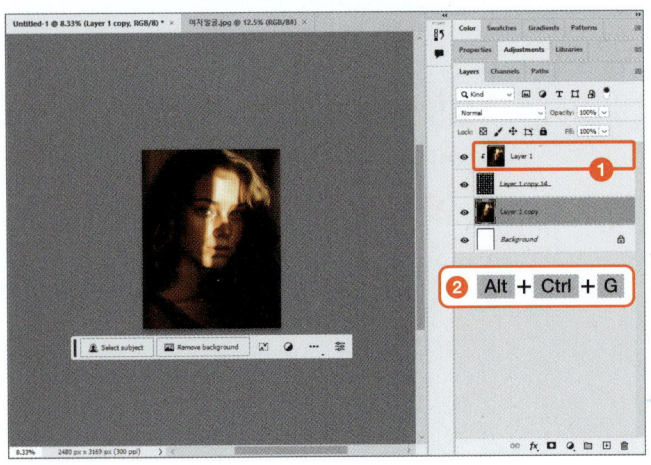

> Alt 를 누른 상태로 아래에는 클리핑 마스크로 사용할 레이어, 위는 클리핑 마스크에 적용할 레이어 사이의 경계선을 클릭해도 됩니다.

13 [Layer 1 copy] 레이어가 선택된 상태에서 ❶ V를 눌러 이동 도구 를 선택하고 ❷ 이미지를 조금 엇갈리게 이동합니다.

완성 이미지 레벨 조정하기

14 ❶ Ctrl + L 을 눌러 [Levels] 대화상자를 불러옵니다. ❷ [Levels] 대화상자에서 슬라이드 값을 **1.40**으로 변경한 후 ❸ [OK]를 클릭합니다. ❹ C 를 눌러 자르기 도구 를 활성화하고 이미지를 적절하게 잘라 완성합니다.

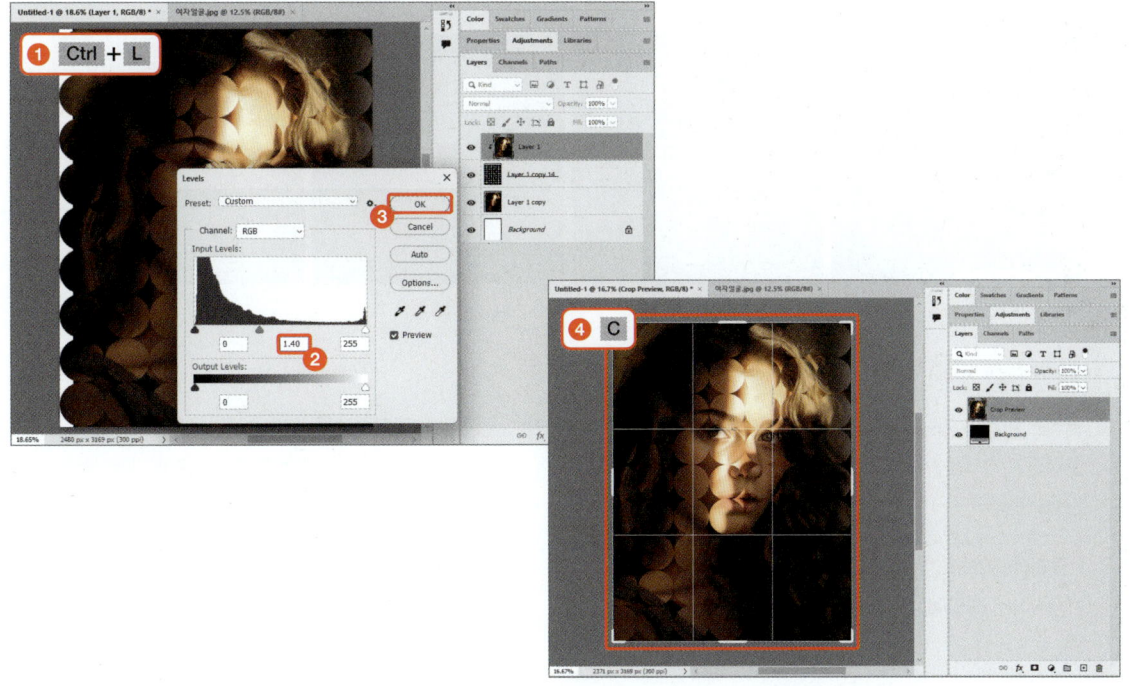

Ps LESSON 08

색이 변하는 글자 애니메이션 만들기

GIF 애니메이션 만들기

☑ CC 모든 버전
☐ CC 2025 버전

준비 파일 없음
완성 파일 활용/Chapter 04/글자 애니메이션_완성.psd

AFTER

PLAY

이 예제를 따라 하면

클리핑 마스크 기능을 활용하면 미리 형태를 잡아둔 영역 안에 원하는 색이나 모양을 채울 수 있습니다. 이번 실습에서는 클리핑 마스크를 이용해 간단한 애니메이션을 만들어보겠습니다. 각 오브젝트의 위치를 옮기며 자연스러운 애니메이션을 만들어봅니다.

- 클리핑 마스크 기능을 사용할 수 있습니다.
- 움직이는 GIF 애니메이션 작업을 할 수 있습니다.

새 문서 만들고 문자 입력하기

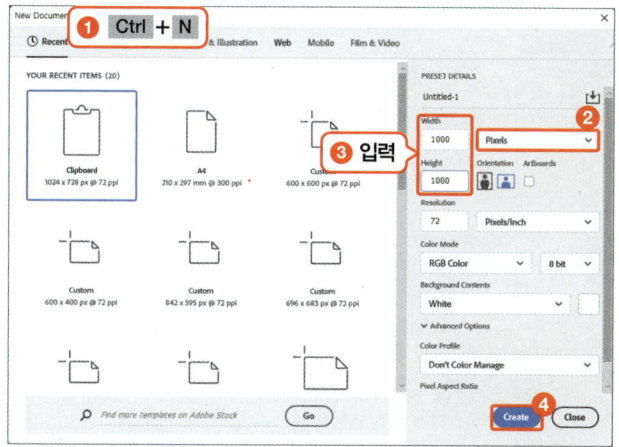

01 ① `Ctrl`+`N`을 눌러 [New Document] 대화상자를 불러옵니다. ② [Pixels]를 선택하고 ③ [Width], [Height]에 **1000**을 입력합니다. ④ [Create]를 클릭해 새 작업 문서를 만듭니다.

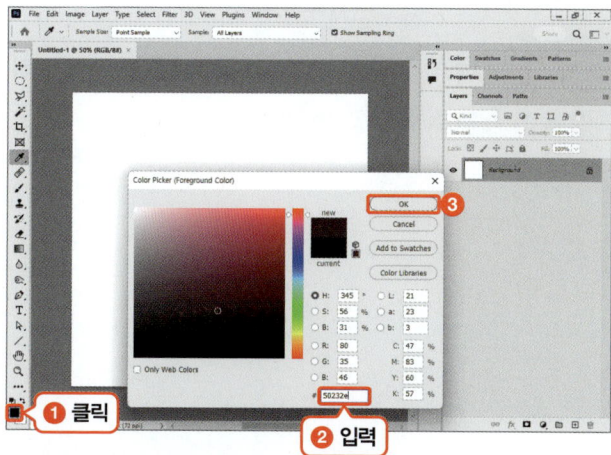

02 ① 도구바에서 전경색을 클릭합니다. ② [Color Picker] 대화상자가 나타나면 색상값에 **50232e**를 입력하고 ③ [OK]를 클릭합니다.

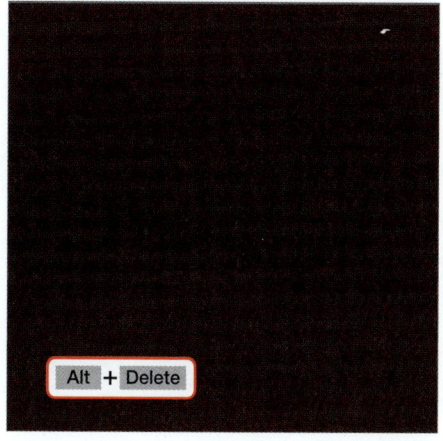

03 `Alt`+`Delete`를 눌러 전경색을 채웁니다.

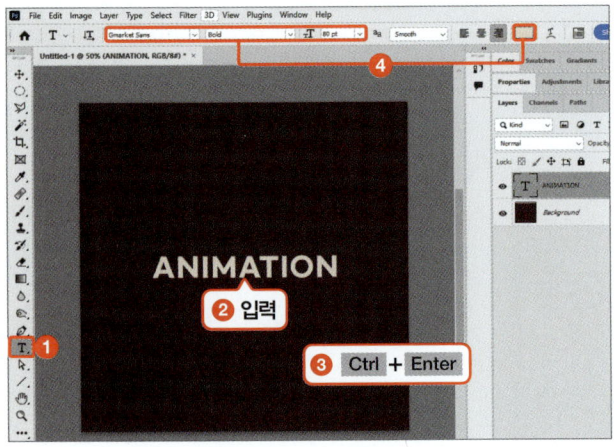

04 ① 도구바에서 문자 도구 T.를 클릭합니다. ② 작업 영역을 클릭해 ANIMATION을 입력하고 ③ Ctrl + Enter 를 눌러 문자 입력을 완료합니다. ④ 옵션바에서 문자 스타일을 설정합니다. 예제에서는 Gmarket Sans, Bold, 80pt, 연한 아이보리색(fffaf4)으로 설정했습니다.

> 문자 스타일은 원하는 대로 설정해도 됩니다. 문자 크기는 작업 화면과 문자의 비율을 생각해 적당한 크기로 설정합니다.

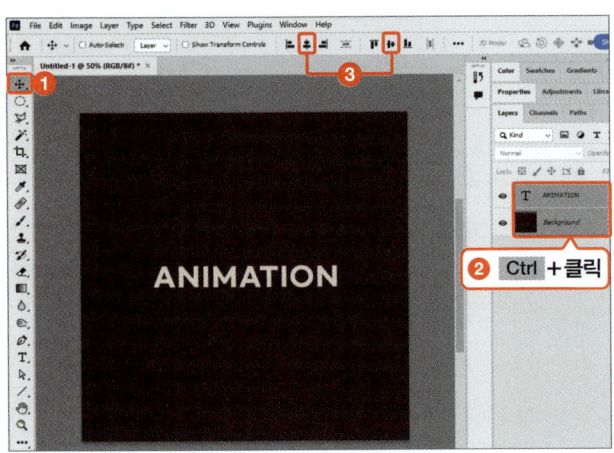

05 ① 도구바에서 이동 도구 ⊕ 를 클릭합니다. ② [Layers] 패널에서 Ctrl 을 누른 채 [Background] 레이어와 문자 레이어를 모두 선택합니다. ③ 옵션바에서 세로 선 가운데 정렬 ♣, 가로 선 가운데 정렬 ♣ 을 클릭하여 작업 화면 가운데에 정렬합니다.

문자를 가리는 선택 영역 만들기

06 ① [Layers] 패널에서 새 레이어 만들기 ⊞를 클릭하여 새 레이어를 만듭니다. ② 도구바에서 사각형 선택 도구 ▭를 클릭하고 ③ 문자 크기만큼 드래그하여 선택 영역으로 지정합니다.

07 ① 도구바에서 전경색을 클릭합니다. ② [Color Picker] 대화상자가 나타나면 색상 값에 **f77c3e**를 입력하고 ③ [OK]를 클릭합니다.

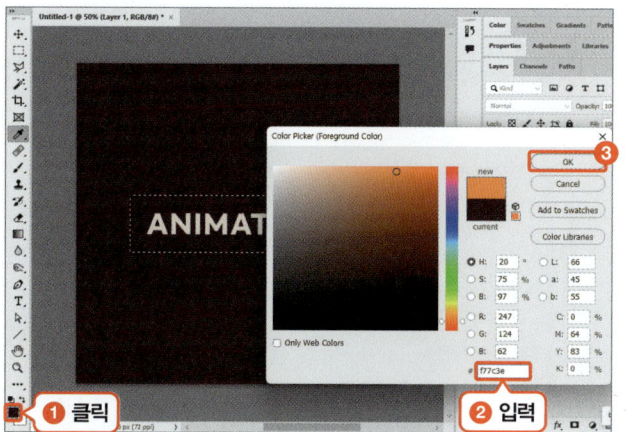

08 ① Alt + Delete 를 눌러 선택 영역 안에 전경색을 채웁니다. ② Ctrl + J 를 세 번 눌러 같은 이미지가 담긴 레이어를 세 개 복제합니다.

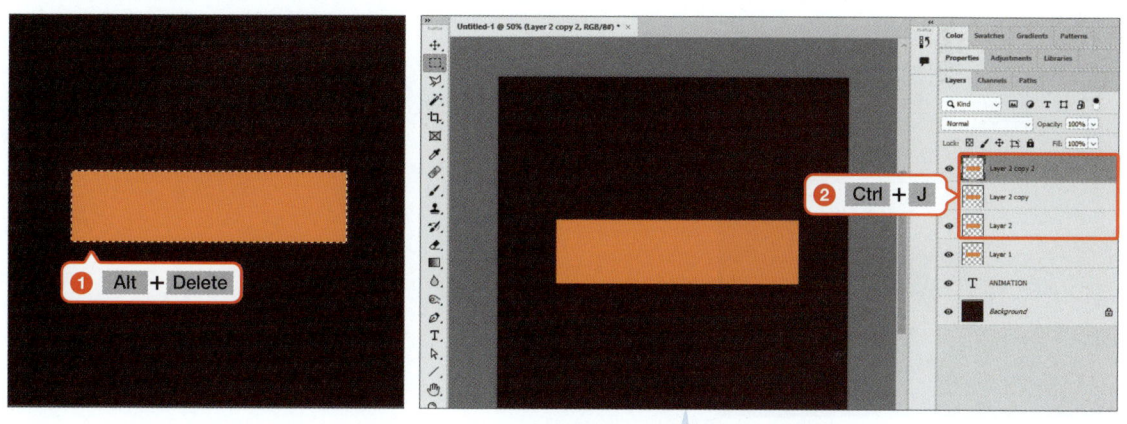

[Layers] 패널을 확인하여 주황색 사각형이 그려진 레이어가 네 개가 되어야 합니다.

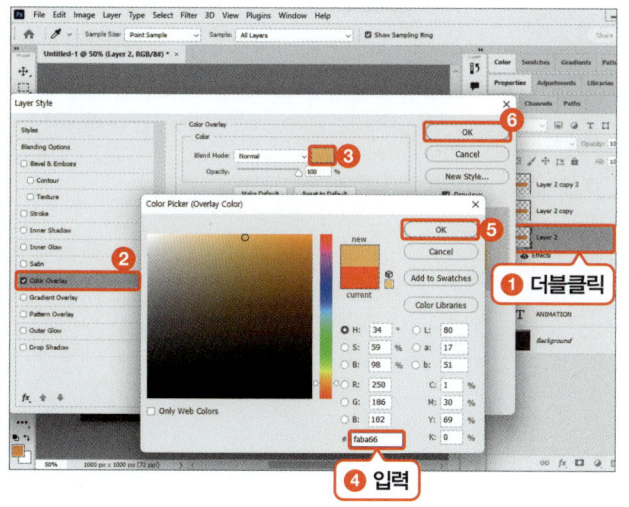

09 ① [Layers] 패널에서 [Layer 2] 레이어의 여백을 더블클릭합니다. ② [Layer Style] 대화상자가 나타나면 [Color Overlay]를 선택합니다. ③ [Color]의 컬러박스를 클릭해 [Color Picker] 대화상자가 나타나면 ④ 색상 값을 **faba66**으로 입력한 후 ⑤ [OK]를 클릭합니다. ⑥ [Layer Style] 대화상자의 [OK]도 클릭합니다.

10 ❶❷ 09 단계와 같은 방법으로 [Layer 2 copy], [Layer 2 copy 2] 레이어의 색상을 수정합니다. 각 레이어의 색상값은 **fce185**, **a2cca5**로 변경합니다. ❸ [Layers] 패널에서 [Layer 2 copy 2] 레이어가 맨 위에 있으므로 민트색 영역만 보입니다.

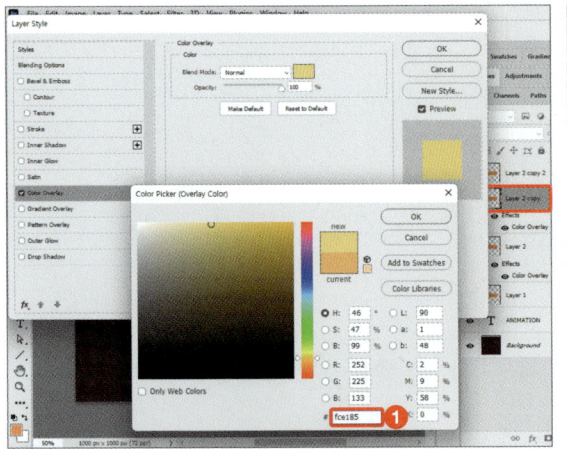
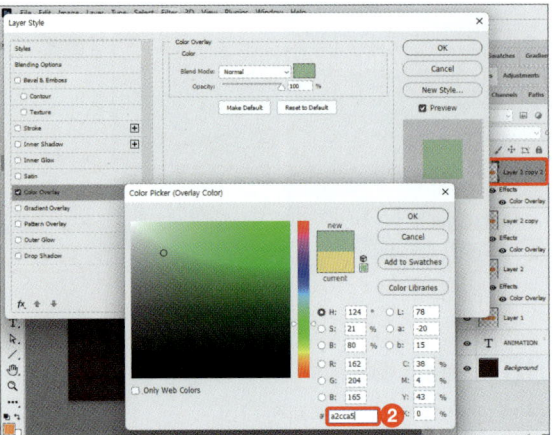

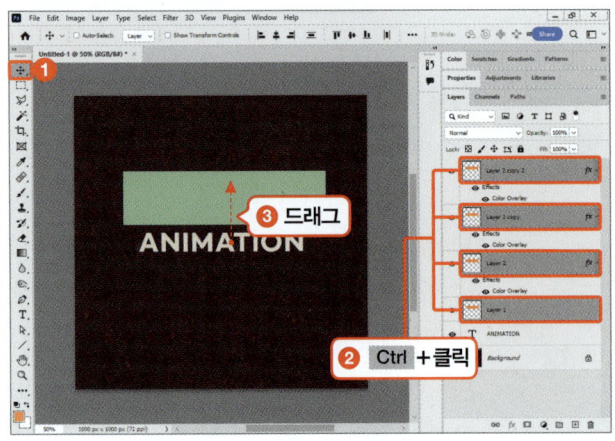

11 ❶ 도구바에서 이동 도구를 클릭합니다. ❷ Ctrl 을 누른 채 [Background] 레이어를 제외한 레이어를 모두 선택합니다. ❸ 작업 화면에서 위로 드래그하여 위치를 옮깁니다.

클리핑 마스크 적용하기

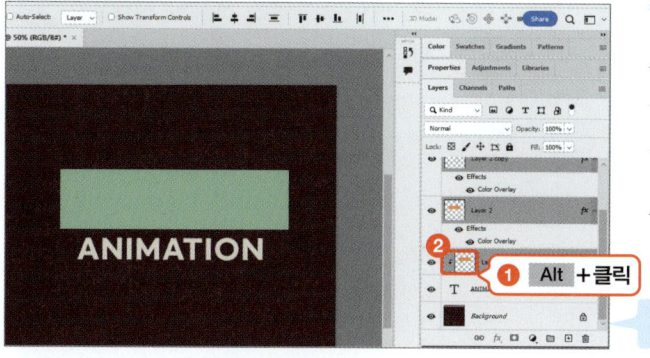

12 ❶ Alt 를 누른 채 [Layer 1] 레이어와 문자 레이어 사이로 마우스 포인터를 옮깁니다. 마우스 포인터가 모양이 되면 클릭합니다. ❷ [Layer 1] 레이어가 문자 레이어 속으로 들어가 클리핑 마스크가 적용됩니다.

> 클리핑 마스크에 대한 자세한 설명은 212쪽을 참고하세요.

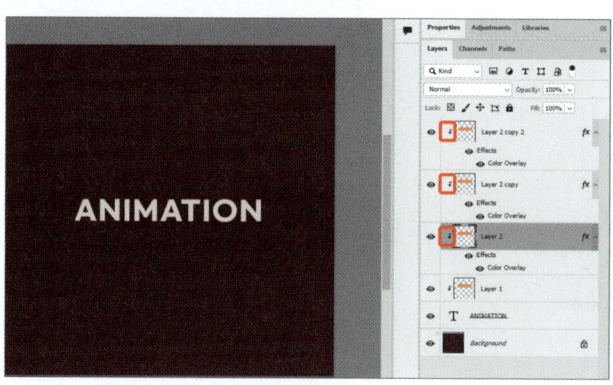

13 12 단계와 같은 방법으로 [Layer 2], [Layer 2 copy], [Layer 2 copy 2] 레이어에 모두 클리핑 마스크를 적용합니다.

타임라인을 활용해 애니메이션 적용하기

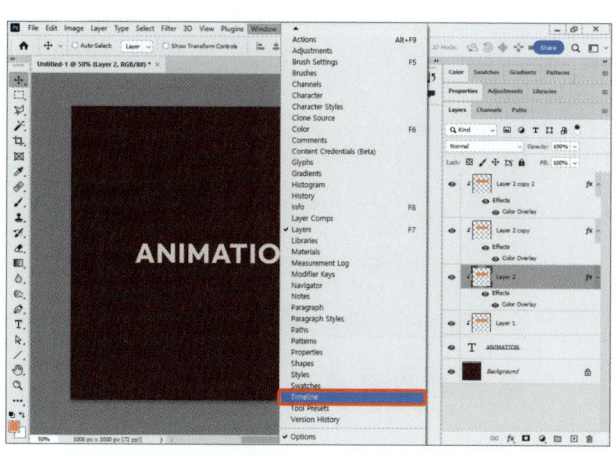

14 [Window]-[Timeline] 메뉴를 선택합니다.

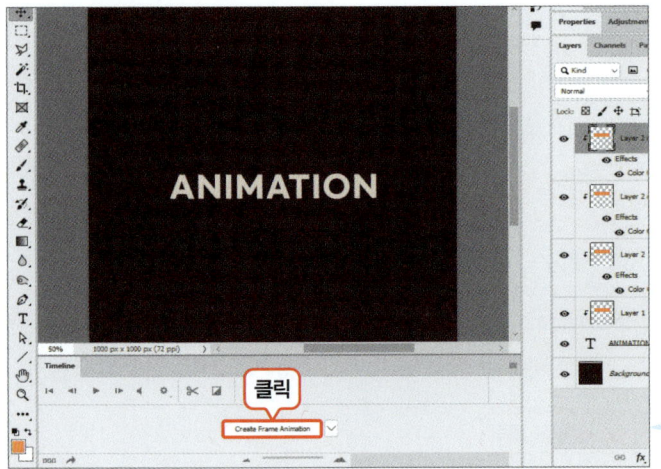

15 작업 화면 아래에 [Timeline] 패널이 나타납니다. [Timeline] 패널의 [Create Frame Animation]을 클릭합니다. 애니메이션을 시작할 프레임이 생성됩니다.

[Create Frame Animation]이 보이지 않는다면 더 보기를 클릭해 선택합니다.

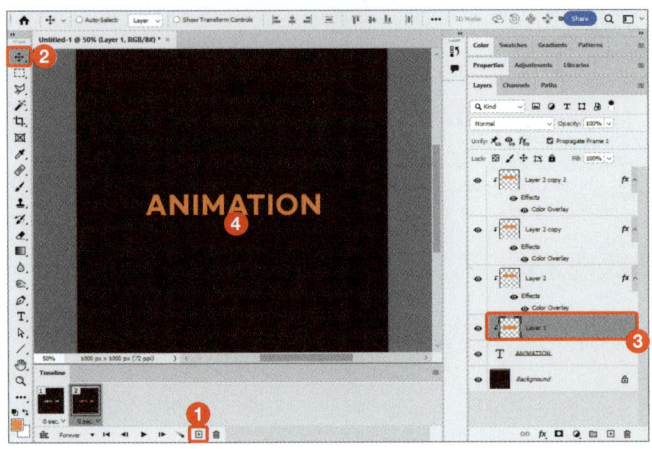

16 ① [Timeline] 패널의 새 프레임을 클릭해 새 프레임을 추가합니다. ② 도구바에서 이동 도구를 클릭하고 ③ [Layer 1] 레이어를 선택합니다. ④ 주황색 사각형 영역을 드래그하여 문자 위로 옮깁니다.

17 ① Ctrl 을 누른 채 [Timeline] 패널의 [1], [2] 프레임을 선택합니다. ② 트위닝 애니메이션을 클릭합니다. ③ [Tween] 대화상자가 나타나면 [Frames to Add]에 5를 입력하고 ④ [OK]를 클릭합니다. ⑤ 동일한 애니메이션 프레임이 다섯 개 더 생성됩니다.

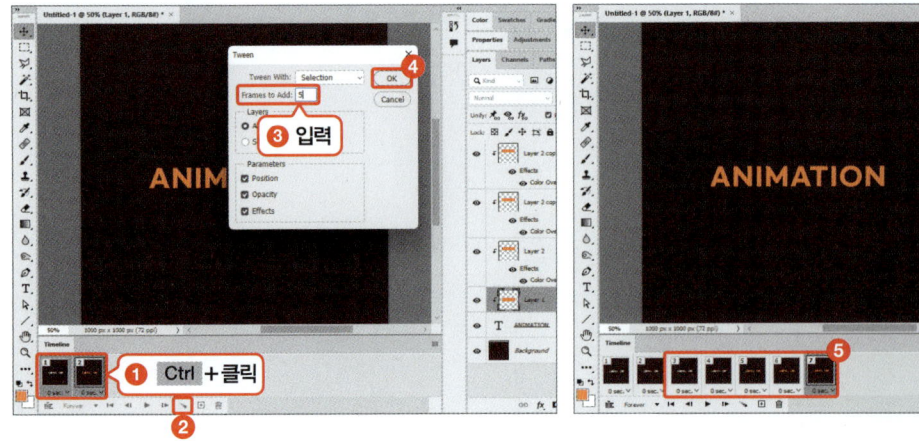

18 16~17 과정과 같은 방법으로 문자에 애니메이션을 적용합니다.

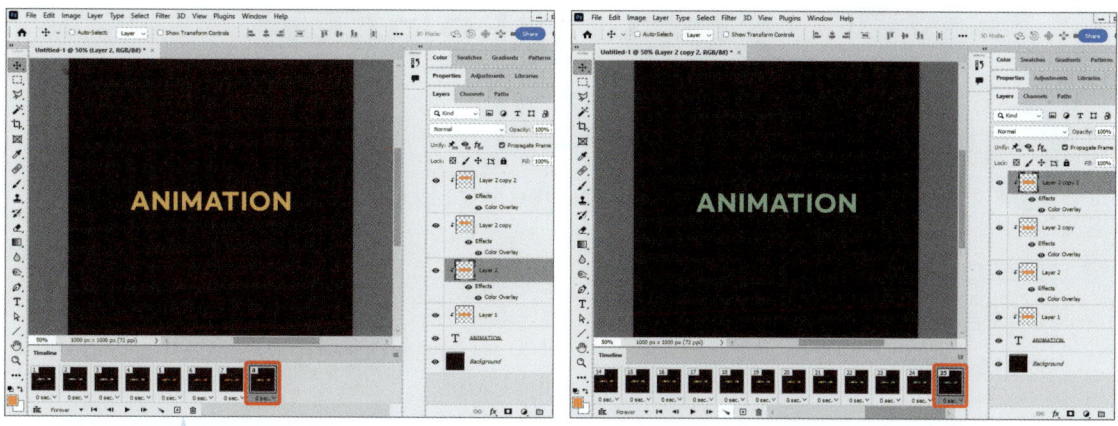

새 프레임을 만들고 각 레이어를 선택해 사각형 영역을 드래그하여 문자 위로 옮깁니다. 맨 끝에 있는 두 개의 프레임을 선택한 후 트위닝 애니메이션을 추가합니다. 예제에서는 [Frames to Add]에 3을 입력해 프레임을 세 개씩 추가했습니다. 프레임을 설정하는 게 어렵다면 완성 파일(글자 애니메이션_완성.psd)을 열어 [Timeline] 패널을 참고하세요.

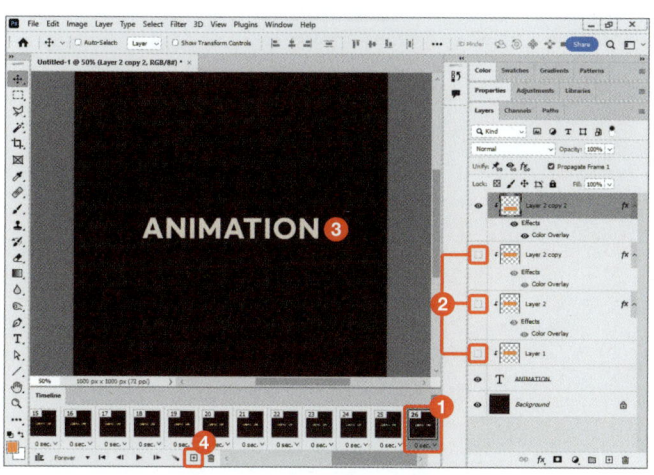

19 애니메이션의 마지막을 처음 입력했던 아이보리색 문자로 돌아오게 해보겠습니다. ❶ [Timeline] 패널에서 마지막 프레임을 선택하고 ❷ [Layers] 패널에서 다른 레이어의 눈 👁 을 클릭해 끕니다. ❸ [Layer 2 copy 2] 레이어의 사각형 영역을 맨 아래로 드래그하여 아이보리색 문자가 보이게 합니다. ❹ 새 프레임 🔲 을 클릭해 애니메이션을 적용합니다.

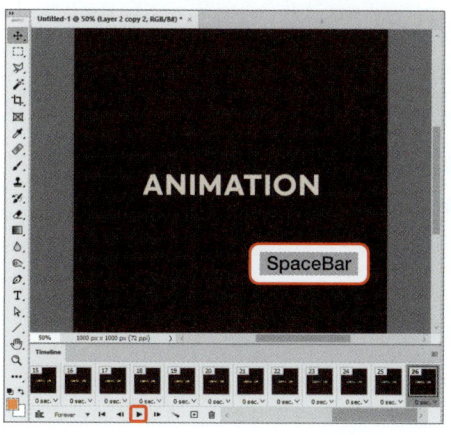

20 재생 ▶ 을 클릭하거나 SpaceBar 를 눌러 GIF 애니메이션을 확인합니다.

CHAPTER 04 실력을 업그레이드하는 트렌디한 이미지 활용 예제   **457**

Ps LESSON 09

손으로 그린 일러스트 패턴 만들기

Offset 기능으로 패턴 적용하기

☑ CC 모든 버전
☐ CC 2025 버전

준비 파일 없음
완성 파일 활용/Chapter 04/일러스트 패턴_완성.psd

AFTER

이 예제를 따라 하면

브러시 도구를 이용해 간단한 손그림 일러스트를 그려봅니다. 그런 다음 포토샵의 다양한 기능을 활용해 일러스트 소스를 자유롭게 배열해 패턴으로 만듭니다. 이번 실습을 통해 Offset 기능과 새 패턴을 등록하고 패턴으로 채우기(Fill) 기능을 익혀보겠습니다.

- 브러시 도구로 손그림 일러스트를 그릴 수 있습니다.
- Offset 기능으로 여러 오브젝트를 정렬할 수 있습니다.
- 새 패턴을 등록하고 원하는 영역에 패턴을 채울 수 있습니다.

새 문서 만들고 손그림 일러스트 그리기

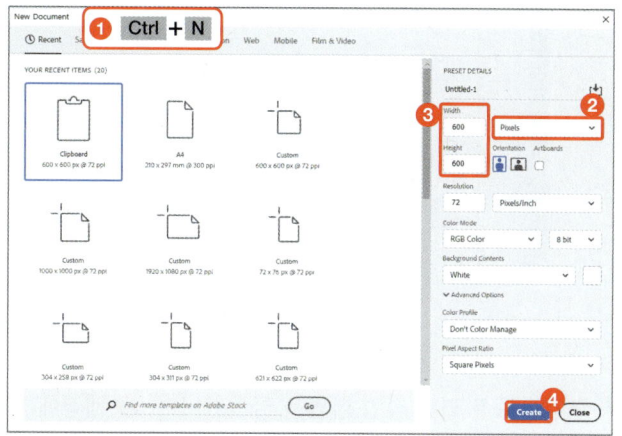

01 ① Ctrl + N 을 눌러 [New Document] 대화상자를 불러옵니다. ② [Pixels]를 선택하고 ③ [Width], [Height]에 600을 입력합니다. ④ [Create]를 클릭해 새 작업 문서를 만듭니다.

02 ① 도구바에서 전경색을 클릭합니다. ② [Color Picker] 대화상자가 나타나면 색상값을 **f1efdf**로 입력하고 ③ [OK]를 클릭합니다. ④ Alt + Delete 를 눌러 전경색을 채웁니다.

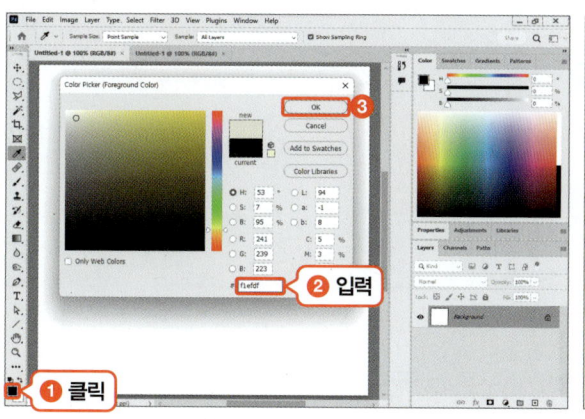

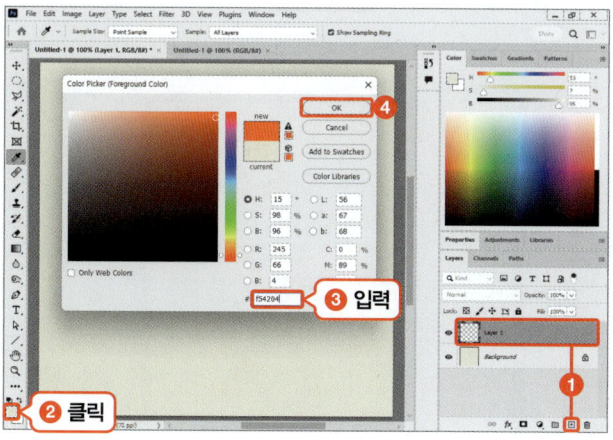

03 ① [Layers] 패널에서 새 레이어 만들기 ⬚를 클릭해 새 레이어를 만듭니다. ② 도구바에서 전경색을 클릭합니다. ③ [Color Picker] 대화상자가 나타나면 색상값을 **f54204**로 입력한 후 ④ [OK]를 클릭합니다.

04 ① 도구바에서 브러시 도구를 클릭하고 ② 그림처럼 꽃잎을 그립니다.

> 브러시 도구를 사용할 때는 옵션바에서 브러시 종류와 크기를 설정한 후 작업 영역에 드래그하여 원하는 모양을 그립니다. 브러시 종류를 [Soft]로 선택하면 브러시 가장자리가 흐리게 표현되고, [Hard]로 선택하면 브러시 가장자리가 진하게 표현됩니다. [,] 를 눌러 브러시 크기를 조절하면서 쉽고 빠르게 그려봅니다. 브러시 도구에 대한 자세한 설명은 123쪽을 참고하세요.

05 ① 도구바에서 전경색을 클릭하고 ② [Color Picker] 대화상자가 나타나면 마우스 포인터를 작업 화면으로 옮겨봅니다. 마우스 포인터가 스포이트 모양으로 바뀌면 작업 화면을 클릭합니다. ③ 배경에 설정한 색상값이 적용됩니다. ④ [OK]를 클릭하고 ⑤ 꽃잎 가운데에 원을 그립니다.

06 ① 도구바에서 이동 도구를 클릭합니다. ② Alt 를 누른 채 꽃 이미지를 드래그하여 복제합니다. ③ Ctrl + T 를 눌러 자유 변형 기능을 적용하고 ④ 조절점을 드래그하여 회전시킵니다. ⑤ Enter 를 눌러 변형을 완료합니다. ⑥ 같은 방법으로 꽃을 하나 더 복제해 변형합니다.

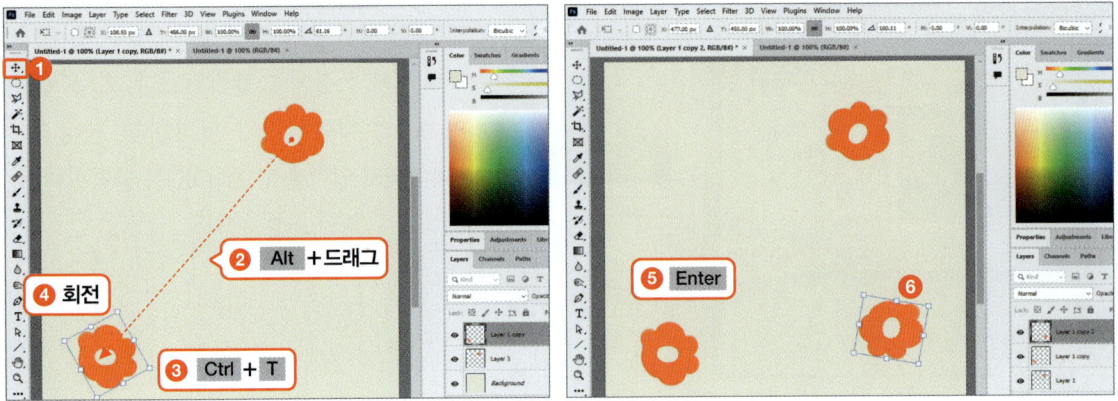

07 ❶ [Layers] 패널에서 새 레이어 만들기 ▣를 클릭해 새 레이어를 만듭니다. ❷ 도구바에서 전경색을 클릭하여 ❸ [Color Picker] 대화상자가 나타나면 색상값을 **b7d4a5**로 입력한 후 ❹ [OK]를 클릭합니다. ❺ 브러시 도구 ✏️로 잎사귀를 그립니다.

08 ❶ 도구바에서 이동 도구 ✥를 클릭합니다. ❷ Alt 를 누른 채 잎사귀를 드래그하여 복제합니다. ❸ 복제한 레이어를 선택한 후 ❹ 위치를 조금씩 조절하여 보기 좋게 만듭니다. ❺ 같은 방법으로 잎사귀를 복제합니다.

09 일러스트를 그려 추가합니다. 나뭇가지의 색상값은 **592204**로 설정하고 흰색 솜뭉치의 수술은 **f57108**, 노란색 원은 **fee320**으로 설정합니다. 원하는 대로 그려보세요.

> 새로운 일러스트를 그릴 때는 꼭 [Layers] 패널에서 새 레이어를 만든 후 작업합니다.

10 ❶ `Ctrl` 을 누른 채 [Background] 레이어를 제외한 모든 레이어를 선택합니다. ❷ `Ctrl` + `E` 를 눌러 레이어를 병합합니다.

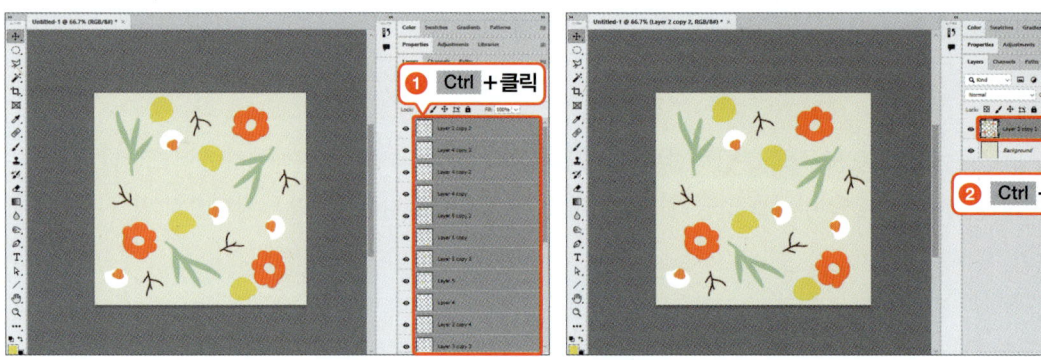

Offset 기능으로 오브젝트 정렬하기

11 ❶ [Filter]-[Other]-[Offset] 메뉴를 선택합니다. ❷ [Offset] 대화상자가 나타나면 [Horizontal]을 **+227**, [Vertical]을 **-237**로 입력하고 ❸ [OK]를 클릭합니다.

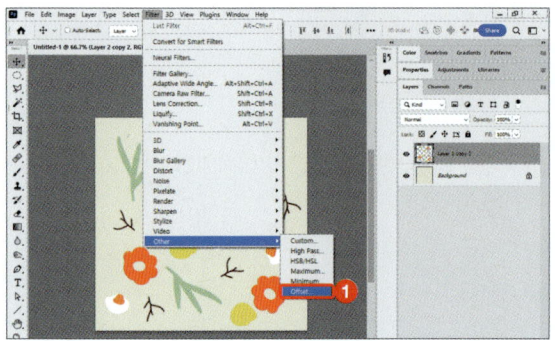

> [Offset] 대화상자의 [Preview]에 체크하면 결과물을 작업 화면에서 미리 볼 수 있습니다. 작업 화면을 보며 설정값을 조절해봅니다.

12 비어 있는 공간을 일러스트로 채워보겠습니다. ❶ 도구바에서 다각형 올가미 도구 ☆를 클릭합니다. ❷ 잎사귀를 선택합니다.

13 ❶ 도구바에서 이동 도구 ✢를 클릭하고 ❷ 선택한 잎사귀를 드래그하여 비어 있는 부분으로 옮깁니다. ❸ 같은 방식으로 나뭇가지도 선택한 후 비어 있는 부분을 찾아 어색하지 않도록 채워줍니다.

이미지를 패턴으로 등록하기

14 ❶ [Edit]-[Define Pattern] 메뉴를 선택합니다. ❷ [Pattern Name] 대화상자가 나타나면 [OK]를 클릭하여 패턴을 등록합니다.

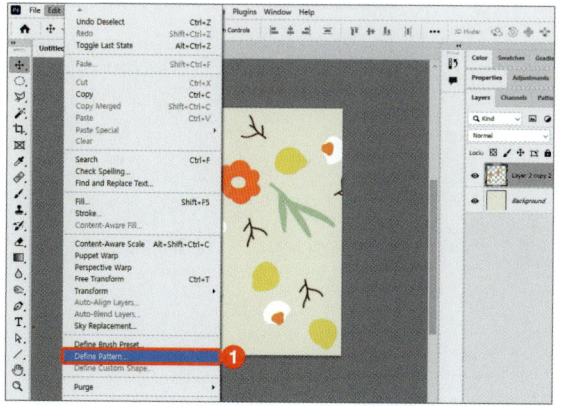 

[Pattern Name] 대화상자의 [Name]에 'Pattern 숫자'가 나타나지만 원하는 이름을 입력해도 됩니다.

원하는 영역에 패턴 채우기

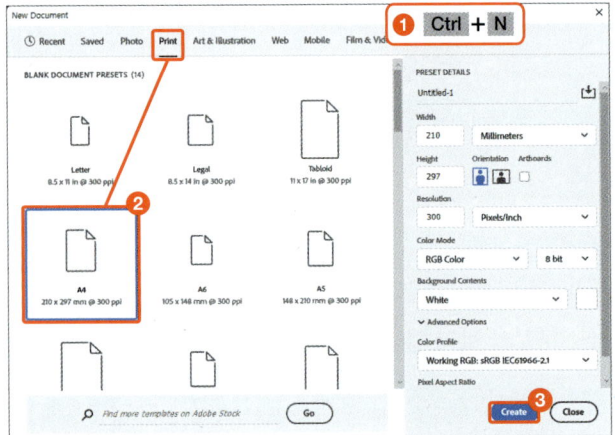

15 ❶ Ctrl + N 을 눌러 [New Document] 대화상자를 불러옵니다. ❷ [Print] 탭의 [A4]를 선택한 후 ❸ [Create]를 클릭하여 새 작업 문서를 만듭니다.

> [Print] 탭의 [A4]를 선택하면 인쇄 작업에 사용할 수 있는 해상도인 [Resolution]-[300]으로 자동 설정됩니다.

16 작업 영역을 패턴으로 채워보겠습니다. ❶ [Edit]-[Fill] 메뉴를 선택합니다. ❷ [Fill] 대화상자가 나타나면 [Contents]를 [Pattern]으로 선택하고 ❸ 앞서 저장한 일러스트 패턴을 선택합니다. ❹ [OK]를 클릭합니다.

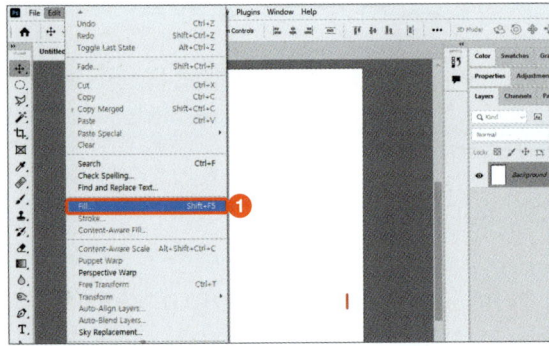 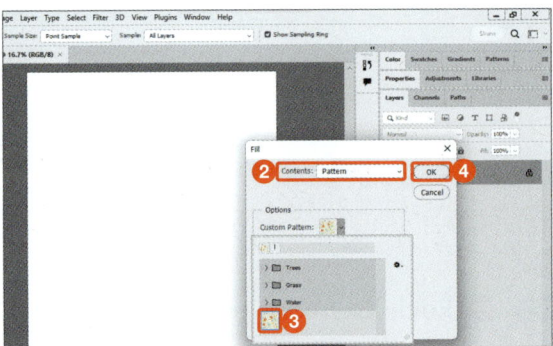

17 일러스트 패턴이 문서에 적용되었습니다.

유튜브 채널아트 디자인하기

LESSON 10

그룹 레이어에 마스크 적용하기

☑ CC 모든 버전
☐ CC 2025 버전

준비 파일 활용/Chapter 04/유튜브 채널아트 폴더
완성 파일 활용/Chapter 04/유튜브 채널아트_완성.psd

AFTER

이 예제를 따라 하면

유튜브 채널 상단의 채널아트를 만들어보겠습니다. 유튜브에서 배포하는 템플릿 파일을 활용해 디자인 안전 영역을 확인하고 TV, 데스크톱, 태블릿, 모바일 등 모든 기기에서 잘림 없이 보일 수 있도록 디자인합니다.

- 그룹 레이어에 마스크를 적용할 수 있습니다.
- Contents-Aware 기능으로 빈 영역을 채울 수 있습니다.
- 레이어의 투명도를 설정할 수 있습니다.

BEFORE

채널아트 템플릿에 배경 이미지 합성하기

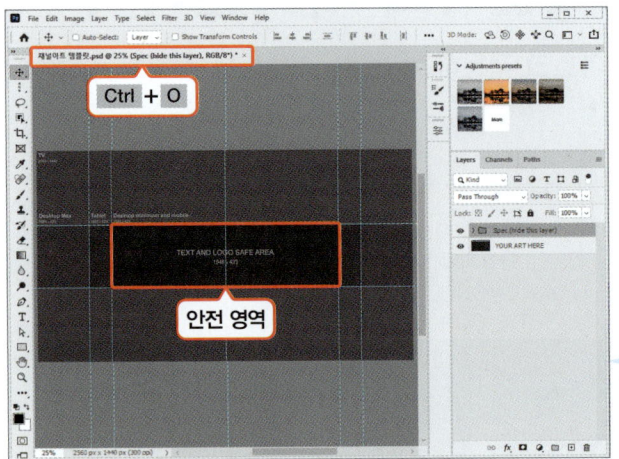

01 Ctrl + O 를 눌러 **채널아트 템플릿.psd** 파일을 불러옵니다.

> 유튜브 채널아트는 기기(TV, 데스크톱, 태블릿, 모바일 등)에 따라 다르게 보입니다. 이 예제를 통해 만드는 한 개의 이미지 파일은 모든 기기에 최적화되어 보입니다. 가운데 진한 회색 영역이 안전 영역입니다. 이 영역 안에 채널아트를 디자인해야만 모든 기기에서 제대로 보입니다. 자칫 이 영역을 벗어나게 디자인한다면 특정 기기나 보기 모드에서 보이지 않을 수 있습니다.

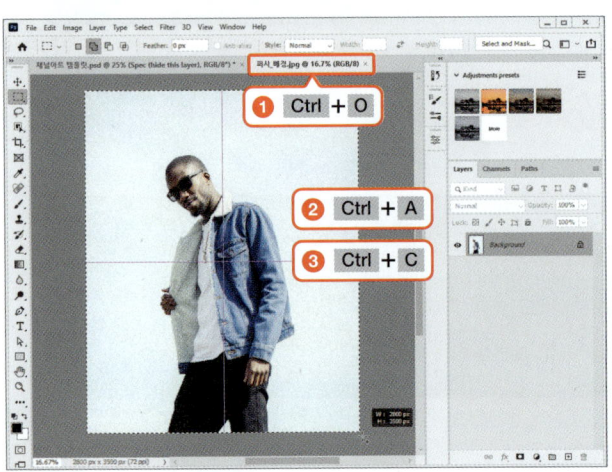

02 배경에 이미지를 삽입해보겠습니다. ❶ Ctrl + O 를 눌러 **퍼시_배경.jpg** 파일을 불러옵니다. ❷ Ctrl + A 를 눌러 전체 선택하고 ❸ Ctrl + C 를 눌러 이미지를 복사합니다.

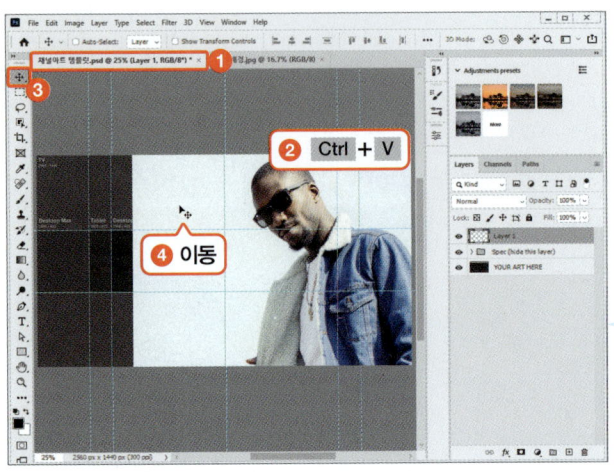

03 ❶ [채널아트 템플릿.psd] 탭을 클릭하고 ❷ Ctrl + V 를 눌러 이미지를 붙여 넣습니다. ❸ 도구바에서 이동 도구를 클릭하고 ❹ 이미지를 오른쪽 아래로 이동합니다.

> 퍼시_배경 이미지를 붙여 넣을 때 아래와 같은 메시지 창이 나타날 수도 있습니다. [OK]를 클릭하고 진행합니다.

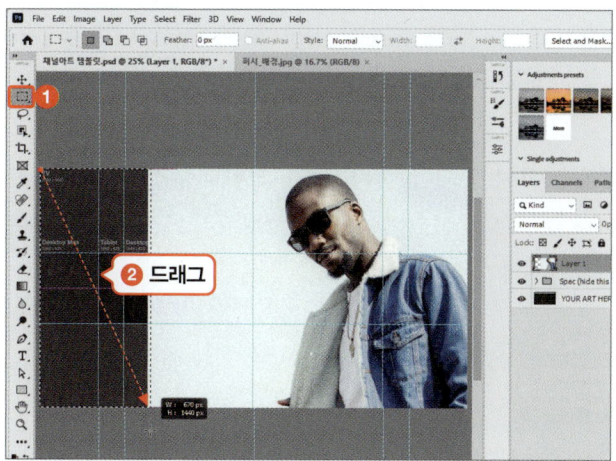

04 왼쪽에 빈 배경을 채우겠습니다. ❶ 도구바에서 사각형 선택 도구를 클릭하고 ❷ 왼쪽 영역을 드래그하여 선택합니다.

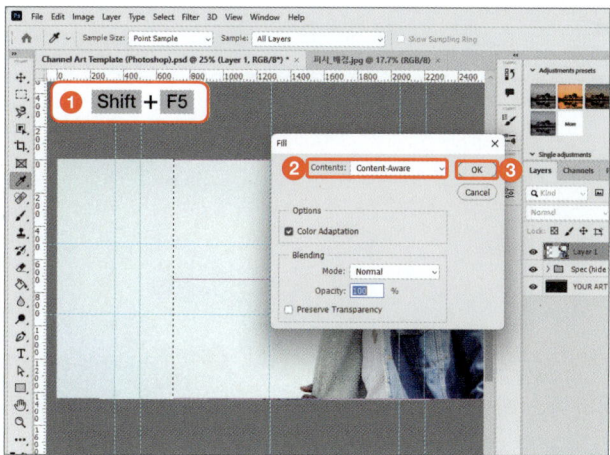

05 ❶ Shift + F5 를 눌러 [Edit]-[Fill] 메뉴를 실행합니다. ❷ [Fill] 대화상자가 나타나면 [Contents]를 [Content-Aware]로 선택하고 ❸ [OK]를 클릭합니다. 빈 영역이 자동으로 채워집니다.

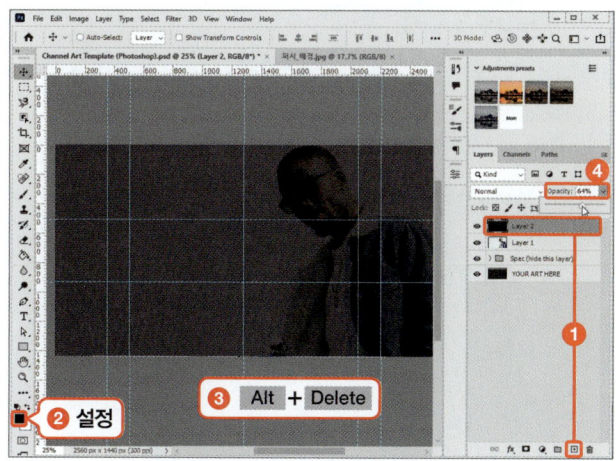

06 ❶ [Layers] 패널에서 새 레이어 만들기를 클릭하여 새 레이어를 만듭니다. ❷ 전경색을 **검은색(000000)**으로 설정하고 ❸ Alt + Delete 를 눌러 전경색을 채웁니다. ❹ [Layers] 패널에서 [Opacity]를 **64%**로 설정합니다.

안전 영역에 이미지 합성하기

07 ❶ [Layers] 패널에서 새 레이어 만들기 를 클릭하여 새 레이어를 만들고 맨 위로 옮깁니다. ❷ 전경색을 f3f1eb로 설정하고 ❸ 도구바에서 사각형 선택 도구 를 클릭합니다. ❹ 그림처럼 가운데 안전 영역을 드래그하여 선택하고 ❺ Alt + Delete 를 눌러 전경색을 채웁니다.

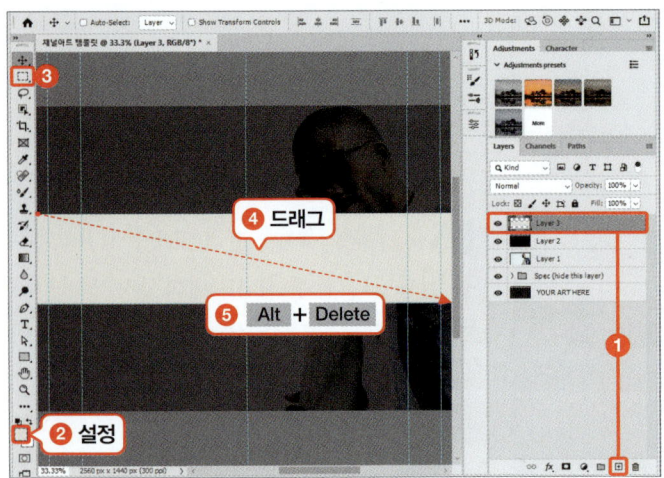

08 안전 영역에서만 콘텐츠가 보이도록 그룹 레이어에 마스크를 적용하겠습니다. ❶ [Layers] 패널에서 Ctrl 을 누른 채 [Layer 3] 레이어의 섬네일을 클릭하여 선택 영역으로 만듭니다. ❷ 새 그룹 만들기 를 클릭하여 새 그룹을 만들고 ❸ 레이어 마스크 를 클릭해 마스크를 적용합니다.

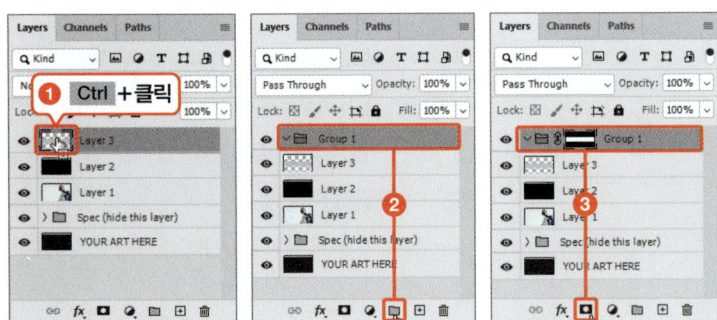

09 인물을 합성해보겠습니다. ① Ctrl + O 를 눌러 **퍼시.jpg** 파일을 불러옵니다. ② 도구바에서 개체 선택 도구 를 클릭하고 ③ 옵션바에서 [Object Finder]에 체크합니다. ④ 인물 영역 위에 마우스 포인터를 올리면 분홍색으로 표시되고, 클릭하면 선택 영역으로 지정됩니다. ⑤ Ctrl + C 를 눌러 선택 영역을 복사합니다.

개체 선택 시 최초 한 번은 이미지 인식을 위해 로딩이 진행됩니다. 클릭 한 번으로 영역을 선택하는 기능은 포토샵 CC 2022 버전에 추가된 신기능입니다. 하위 버전을 사용 중이라면 선택 도구, 퀵 마스크 모드 등을 활용해 인물을 선택합니다.

10 ① [채널아트 템플릿.psd] 탭을 클릭합니다. ② Ctrl + V 를 눌러 복사한 이미지를 붙여 넣습니다. ③ Ctrl + T 를 눌러 자유 변형 기능을 적용합니다. ④ 조절점을 드래그하여 크기를 조절한 후 그림처럼 배치합니다. ⑤ Enter 를 눌러 변형을 완료합니다.

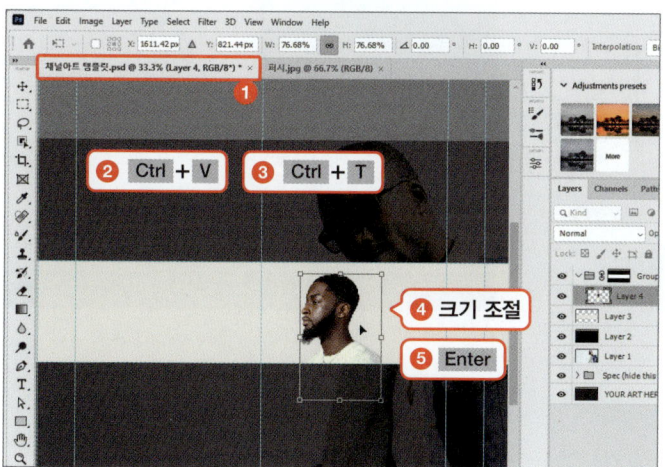

11 어깨 부분에 잘린 영역을 채워보겠습니다. ❶ 도구바에서 돋보기 도구를 클릭하고 ❷ 어깨 부분이 잘 보이도록 확대합니다. ❸ 올가미 도구를 클릭하고 ❹ 그림처럼 어깨 부분을 드래그하여 선택 영역으로 만듭니다.

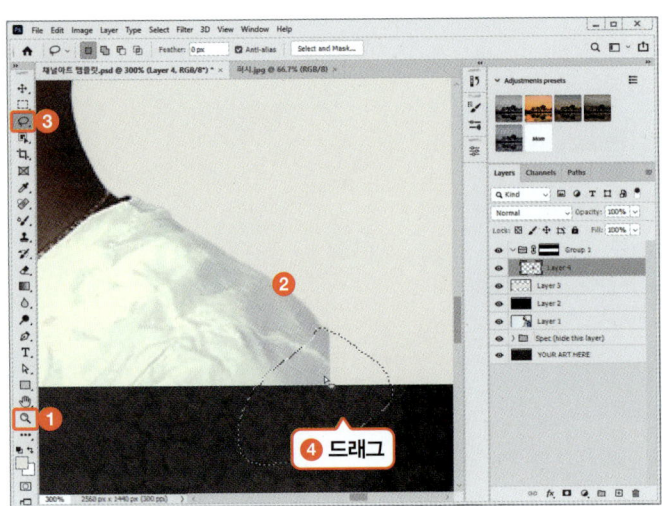

12 ❶ Shift + F5 를 눌러 [Edit]-[Fill] 메뉴를 실행합니다. ❷ [Fill] 대화상자가 나타나면 [Contents]를 [Content-Aware]로 선택하고 ❸ [OK]를 클릭합니다. 잘린 부분이 자연스럽게 채워집니다.

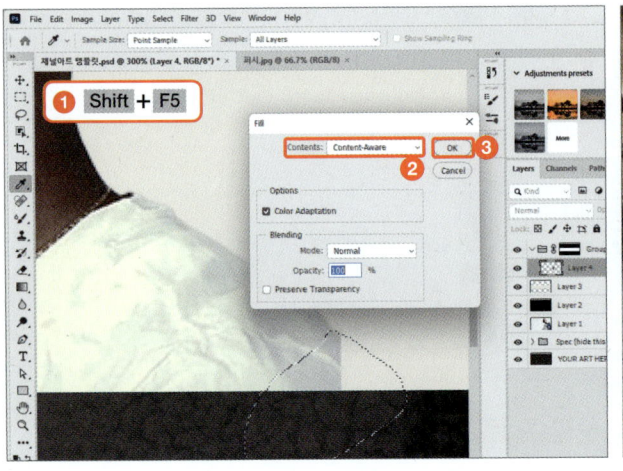 

13 인물의 배경 그래픽을 만들어보겠습니다. ① 도구바에서 타원 셰이프 도구 ◎를 클릭합니다. ② 옵션 바에서 [Fill]은 **9256d1**, [Stroke]는 [None]으로 설정합니다. ③ 그림처럼 드래그하고 ④ 이동 도구 ⊕를 클릭하여 완료합니다.

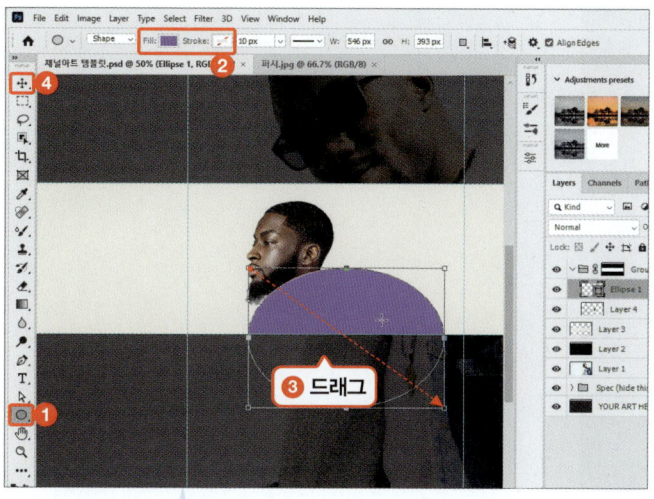

작업 화면을 키우거나 줄이며 이미지의 전체 느낌을 확인합니다.

14 ① [Layers] 패널에서 [Ellipse 1] 레이어를 인물 레이어 아래로 옮깁니다. ② Ctrl + T 를 눌러 자유 변형 기능을 적용합니다. ③ 마우스 오른쪽 버튼을 클릭하고 ④ [Warp]를 선택합니다.

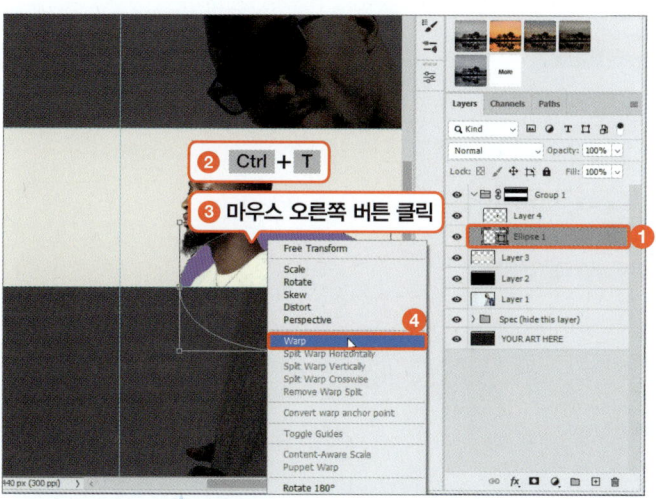

타원 셰이프를 그린 [Ellipse 1] 레이어를 인물 레이어 아래로 옮길 때, 그룹 레이어에 속한 채로 배치해야 합니다. 그래야만 인물 하단에 보이는 원이 잘립니다.

15 12개의 기준선과 조절점 핸들이 생깁니다. ❶ 각 조절점을 드래그하여 도형을 휘게 만듭니다. ❷ Enter 를 눌러 변형을 완료합니다.

16 ❶ 13~15 과정과 같은 방법으로 두 개의 타원을 추가합니다. 예제에서는 [Ellipse 2] 레이어의 [Fill]은 **6df4d8**, [Ellipse 3] 레이어의 [Fill]은 **fdd62f**로 설정했습니다. ❷ [Layers] 패널에서 [Ellipse 3] 레이어의 [Opacity]를 **74%**로 설정합니다.

안전 영역에 타이틀 입력해 완성하기

17 타이틀을 삽입해보겠습니다. ❶ 도구바에서 문자 도구 T를 클릭합니다. ❷ 작업 영역을 클릭해 문자를 입력한 후 ❸ Ctrl + Enter 를 눌러 문자 입력을 마칩니다. ❹ [Character] 패널에서 문자 스타일을 설정합니다. 예제에서는 my playlist를 입력하고 Black Han Sans, 76px, 짙은 보라색(7b33dc)으로 설정했습니다.

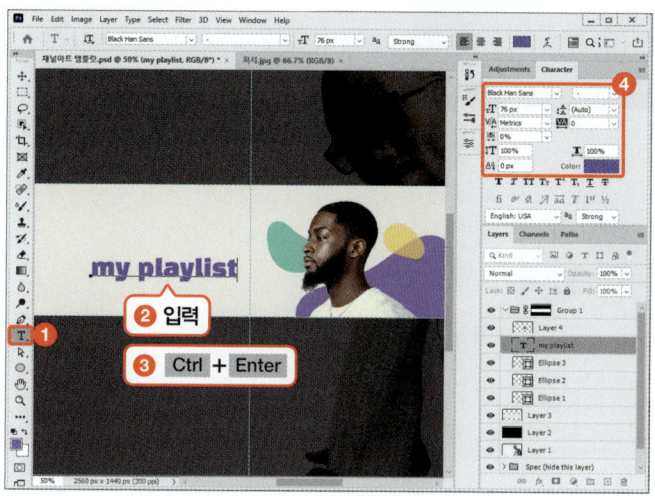

18 타이틀 위에 해시태그를 입력해보겠습니다. ❶ 문자 도구 T로 작업 영역을 클릭해 원하는 문구를 입력하고 ❷ Ctrl + Enter 를 눌러 문자 입력을 마칩니다. ❸ [Character] 패널에서 문자 스타일을 설정합니다. 예제에서는 **나의 플레이리스트**를 입력하고 Spoqa Han Sans, 30px, 자간 –50, 회색(636363)으로 설정했습니다.

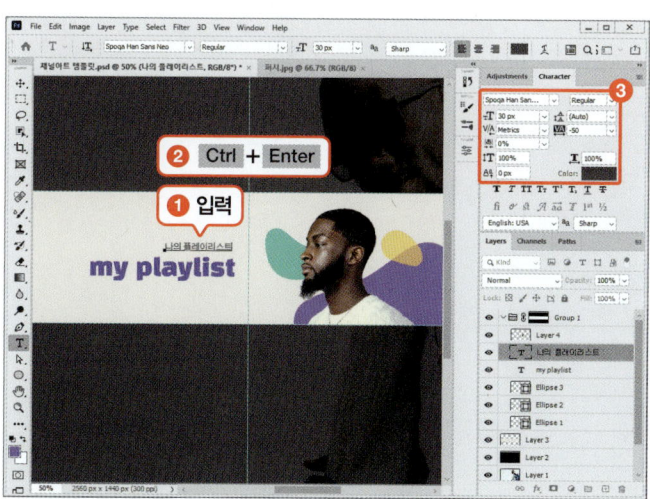

19 각 기기에 적용되는 완성 이미지를 확인합니다.

▲ TV 적용 예시

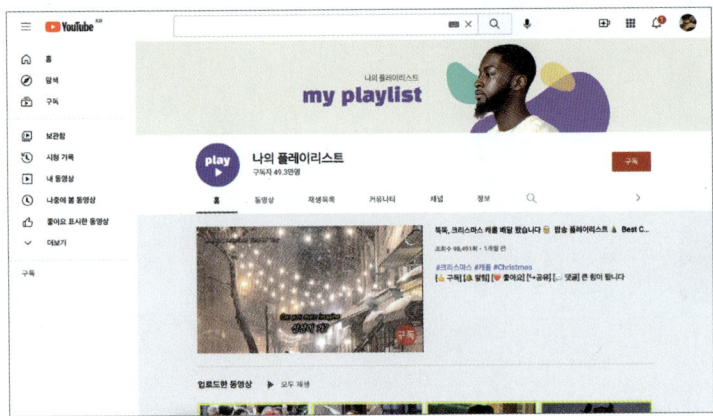

▲ 데스크톱 적용 예시

포토샵 실속 단축키

단축키를 사용하면 작업 시간을 효과적으로 줄일 수 있습니다. 모두 외울 수는 없지만 중요한 단축키를 알아둔다면 매우 유용하게 활용할 수 있습니다.

선택 영역

- `Ctrl` + **드래그** 이동하기
- `Alt` + **드래그** 가운데부터 선택 영역 지정하기
- `Shift` + **드래그** 정비례로 선택 영역 지정하기
- **영역 지정 후** `Shift` + **드래그** 선택 영역 추가하기
- `Ctrl` + `D` 선택 영역 해제하기
- `Ctrl` + `Shift` + `I` 선택 영역 반전하기
- `Ctrl` + `A` 전체 영역 선택하기
- `Ctrl` + `C` 선택 영역 복사하기
- `Ctrl` + `Shift` + `C` 눈에 보이는 이미지의 선택 영역 복사하기
- `Ctrl` + `V` 선택 영역 붙여넣기
- `Ctrl` + `Shift` + `V` 원하는 위치에 선택 영역 붙여넣기
- `Ctrl` + `X` 선택 영역 잘라내기
- `Ctrl` + `J` 선택 영역 새 레이어로 복사하기
- `Ctrl` + `Shift` + `J` 선택 영역 새 레이어로 잘라내기

이동 관련

- `Ctrl` 이동 도구로 전환
- `Ctrl` + `Alt` + **드래그** 복사하여 이동
- `Ctrl` + **방향키** 1px씩 이동
- `Ctrl` + `Shift` + **방향키** 10px씩 이동
- `Alt` + **드래그** 새 레이어로 복사하여 이동
- `Shift` + **드래그** 45°/수직/수평으로 이동

패널 관련

- `Alt` + `F9` [Actions] 패널 보기/감추기
- `F5` [Brushes] 패널
- `F6` [Color] 패널
- `F7` [Layers] 패널
- `F8` [Info] 패널
- `Shift` + `Tab` 모든 패널 보기/감추기
- `Tab` 도구 패널 보기/감추기

포토샵 실속 단축키

작업 취소/재실행

`Ctrl` + `Z` 작업 취소하기

`Ctrl` + `Shift` + `Z` 취소했던 명령 복구하기

`Ctrl` + `Alt` + `Z` 한 단계씩 작업 취소하기

파일 변형

`Ctrl` + `N` 새 작업 문서 만들기

`Ctrl` + `Shift` + `S` 다른 이름으로 저장하기

`Ctrl` + `O` 파일 열기

`Ctrl` + `P` 인쇄하기

`Ctrl` + `W` 작업 창 닫기

`Ctrl` + `Q` 포토샵 종료하기

`Ctrl` + `Alt` + `W` 열린 작업 창 모두 닫기

`Ctrl` + `K` 포토샵 환경 설정 실행하기

`Ctrl` + `S` 파일 저장하기

레이어

`Ctrl` + `Alt` + `Shift` + `N` 대화상자 없이 새 레이어 만들기

`Ctrl` + **새 레이어 만들기 아이콘** 선택된 레이어 아래에 새 레이어 만들기

`Alt` + **눈 아이콘** 선택한 레이어만 보기

`Alt` + **배경 레이어 더블클릭** 일반 레이어로 전환하기

`Alt` + **레이어 마스크** 검은색 마스크 생성하기

레이어 이름 더블클릭 레이어 이름 수정하기

`Ctrl` + `G` 레이어 그룹 만들기

`Ctrl` + `Shift` + `G` 레이어 그룹 해제하기

`Ctrl` + `Alt` + `G` 클리핑 마스크 적용/해제하기

`Shift` + **연결된 레이어 클릭** 연결되어 있는 레이어 여러 개 선택하기

`Ctrl` + **떨어진 레이어 클릭** 떨어져 있는 레이어 여러 개 선택하기

`Ctrl` + `E` 선택된 레이어와 하단 레이어 병합하기

`Ctrl` + `Shift` + `E` 눈에 보이는 모든 레이어 병합하기

`Ctrl` + `Alt` + `Shift` + `E` 병합하여 새 레이어 생성하기

(블렌딩 모드) + **방향키/마우스 휠** 블렌딩 모드 순서 빠르게 변경하기

숫자키 불투명도(Opacity) 값 조절하기

자유 변형

`Ctrl` + `T` 자유 변형(Free Transform) 기능

`Ctrl` + `Shift` + `T` 최근 적용한 변형 재실행하기

`Ctrl` + `드래그` 이미지 자유롭게 왜곡하기

`Ctrl` + `Shift` + `드래그` 이미지 자유롭게 기울이기

`Ctrl` + `Alt` + `Shift` + `드래그` 이미지 원근감

`Enter` / `조절점 더블클릭` 변형 완료하기

이미지 보정

`Ctrl` + `L` [Levels] 대화상자 열기

`Ctrl` + `Shift` + `L` Auto Tone 적용하기

`Ctrl` + `Alt` + `Shift` + `L` Auto Contrast 적용하기

`Ctrl` + `M` [Curves] 대화상자 열기

`Ctrl` + `B` [Color Balance] 대화상자 열기

`Ctrl` + `Shift` + `B` Auto Color 적용하기

`Ctrl` + `Alt` + `Shift` + `B` [Black&White] 대화상자 열기

`Ctrl` + `U` [Hue/Saturation] 대화상자 열기

`Ctrl` + `Shift` + `U` Desaturate 적용하기(흑백 이미지)

`Ctrl` + `I` 이미지 색상 반전하기

`대화상자에서` + `Alt` [Cancel] 버튼이 [Reset]으로 변경되어 초기화 가능

화면 관련

`Ctrl` + `+` 100% 단위로 화면 확대하기

`Ctrl` + `-` 100% 단위로 화면 축소하기

`Ctrl` + `0` 작업 창을 화면에 맞게 조절하기

`Ctrl` + `1` 화면 100%를 적용하며 화면에 맞게 작업 창도 조절하기

`Ctrl` + `Alt` + `+` 100% 단위로 확대되며 화면에 맞게 작업 창도 조절하기

`Ctrl` + `Alt` + `-` 100% 단위로 축소되며 화면에 맞게 작업 창도 조절하기

`돋보기 도구 더블클릭` 화면을 100%로 보기

`SpaceBar` 손바닥 도구로 화면 이동하기

찾아보기

숫자

3D 패널	059

A ~ B

Actions 패널	056
Adaptive Wide Angle	262
Adjustments	214, 226
Adjustments 패널	055
Artistic	265
Blur	267
Brightness/Contrast	229
Brush Settings 패널	056
Brush Stroke	265
Brushes 패널	056

C ~ D

Camera Raw	242
Camera Raw Filter	263
Canvas Size	076, 091
Channels 패널	055
Character Styles 패널	056
Character 패널	055, 150
Clone Source 패널	059
CMYK	062
Color	203
Color Balance	235
Color Burn	202
Color Dodge	201, 207
Color Picker	135
Color Range	105
Color 패널	057
Comments 패널	059
Curves	231
Darken	202
Darker Color	202
Difference	203
Dissolve	202
Distort	115, 265
Divide	203

E ~ F

Exclusion	203
Export As	081
Exposure	233
Feather	096
Find distractions	180
Focus Area	106
Free Transform	112

G ~ H

Generative Background	183
Generative Expand	117
Glyphs 패널	059
Gradient Map	241
Gradients 패널	056
Hard Light	202
Hard Mix	203
Histogram 패널	059
History 패널	057
Hue	203
Hue/Saturation	234

I ~ L

Image Size	070, 088
Info 패널	057
Invert	240
Layer 패널	055
Layers	198
Layers Comps 패널	057
Lens Correction	263
Levels	230
Libraries 패널	058
Lighten	202
Lighter Color	202
Linear Burn	202
Linear Dodge	202
Linear Light	203
Liquify	263
Luminosity	201

M ~ N

Modifier Keys 패널	058
Modify	107
Multiply	201, 204
Navigator	175
Navigator 패널	057
Neural Filters	258
Neural 필터	257
New	069
New Document	084
Noise	267
Notes 패널	059
Nueral Filters	297

O ~ P

Open	070
Other	269
Overlay	201, 206
Overlay Options	118
Paragraph	153
Paragraph Styles 패널	058
Paragraph 패널	058
Paths	167
Paths 패널	057
Patterns 패널	057
Perspective	115
Photo Filter	236
Pin Light	203
Pixelate	268

Place Embedded	075			레이어 삭제	195
Posterize	239	**V ~ W**		레이어 순서 바꾸기	195
ppi/dpi	064	Vanishing Point	263	레이어 숨기기	197
Properties	155	Version History 패널	058	레이어 스타일	208
Properties 패널	057	Video	269	레이어 이름 바꾸기	194
		Vivid Light	202	레이어 합치기	197
Q ~ R		Warp	115	레트로 포스터	433
Quick Mask Options	103	Warp Text	156	리터칭	137
Rasterize Type	154	Wires and cables	180		
Reference image	291			**ㅁ ~ ㅂ**	
Refine Hair	101	**ㄱ ~ ㄴ**		마술봉 도구 옵션바	099
Render	268	가로선 선택 도구	093	목업	315
Replace Color	238	가변 글꼴	155	무료 이미지 웹사이트	347
RGB	062	개체 선택 도구	047, 072, 098	문자 간격	150
		개체 선택 도구 옵션바	099	문자 단축키	155
S ~ T		곡선 패스	161	문자 도구	050, 077, 148
Saturation	203	그레이디언트 도구	049, 130	문자 도구 옵션바	150
Screen	201, 205	그리기	123	문자 디자인	357
Selective Color	237	글리치 효과	374	문자 비율	151
Shadows/Highlights	232	기본 화면	042	문자 속성	154
Shapes 패널	056	깨지지 않게 확대	090	문자 입력	149
Sharpen	269	내용 인식 도구	143	문자 정렬	330
Sketch	265	노이즈 애니메이션	370	문자를 이미지로	154
Skew	115			배경 생성	183
Sky Replacement	250	**ㄷ ~ ㄹ**		배경색	134
Smart Portrait	259	단락	152	번 도구	140
Soft Light	201	닷지 도구	050, 140	벡터	051, 160
Styles 패널	058	더 보기 도구	052	변형하기	112
Stylize	266	도구바	045	보정하기	137
Subtract	203	도구바 설정	053	복구 브러시 도구	141
Swatches	136	도움말	178	복사, 붙여넣기	071
Swatches 패널	058	도형 그리기	167	복제 도장 도구	048, 147
Texture	266	돋보기 도구	051, 072, 171	북 커버 디자인	306
Threshold	240	라인 일러스트	338	분할 도구	121
Timeline 패널	059	레이어	190	브러시 도구	048, 123
Tool Presets 패널	059	레이어 그룹	194	브러시 도구 옵션바	124
Transform	073	레이어 마스크	076, 211	브러시 설치	125
		레이어 복사	195	블러 도구	049, 137

찾아보기

블렌딩 디자인	390
블렌딩 모드	078, 200
비트맵	061
빠른 선택 도구 옵션바	099

ㅅ

사각형 선택 도구	093
사진 보정	250
산만한 요소 제거	180
새 선택 영역	095
새 작업 문서 만들기	082
색 보정	227, 253
색상으로 채우기	133
색의 3속성	065
생성형 채우기	146
샤픈 도구	138
선택 도구	046, 093
선택 영역 교차	095
선택 영역 빼기	095
선택 영역 추가하기	095
선택하기	093
세로선 선택 도구	093
셰이프 도구	051, 077, 167
손바닥 도구	051, 080, 174
스마트 오브젝트	216
스마트 필터	256
스머지 도구	138
스트라이프 패턴	320
스팟 복구 브러시 도구	048, 074, 141
스펀지 도구	140
스포이트 도구	047, 079
실속 단축키	475

ㅇ

아트보드	328
안내선	318
알파 채널	222
애니메이션	450
연필 도구	123
올가미 도구	046, 074, 097
옷 바꾸기	285
원근 자르기 도구	120
원형 선택 도구	093
유사 항목 생성	182
유튜브 채널아트	465
이동 도구	046, 071
이동하기	109
이미지 보정	144
이미지 불러오기	084
이미지 왜곡	115
이미지 저장하기	087
이미지 크기 줄이기	088
이미지 확장	117
인물 사진 보정	245
입체 글자	350

ㅈ ~ ㅊ

자르기 도구	047, 080, 116
작업 내역 브러시 도구	049
작업 화면 설정	184
잡티 제거	145
적목 현상 도구	143
전경색/배경색	052
전체 화면 모드	177
조정 레이어	214, 226
조정 브러시	049
지우개 도구	049, 129
직선 패스	161
참조 이미지	290
채널	218

ㅋ ~ ㅍ

캔버스 크기 조절	091
컬러 모드	221
콜라주	405
퀵 마스크 모드	052, 103
크레딧	181
클리핑 마스크	212
타이포그래피	317
파이어플라이	274, 278
파일 관리	082
파일 형식	064
패널	055
패널 조작	060
패스 선택 도구	051
패스 수정	163
패스를 따라 흐르는 곡선	158
패치 도구	142
패턴	134, 458
페인트 도구	133
펜 도구	050, 161
포스터 디자인	399, 420
포토샵 종료	092
표준 화면 모드	176
풍경 바꾸기	261
풍선 텍스트 디자인	274
프레임 도구	047, 122
필터	256
필터 갤러리	262

ㅎ

해상도	063
홈 화면	041
화면 변경 모드	046
환경 설정	187
회전 보기 도구	176
회전하기	112
흑백 배경 만들기	104
흑백 이미지	222, 228, 260